FAITS DIVERS
ET CHÂTIMENTS

DU MÊME AUTEUR

Aux Éditions Le Pré aux Clercs
Les Grands Criminels
La Méthode à Mimile
(En collaboration avec Luc Étienne, dessins de Trez)

Aux Éditions de la Table Ronde
L'Hôpital
La Cerise (Prix Sainte-Beuve 1963)
Cinoche
Bleubite
Les Combattants du petit bonheur (Prix Renaudot 1977)
Le Corbillard de Jules
Le Banquet des léopards
La Métamorphose des cloportes
Le Café du pauvre
Théâtre : *Les Sales Mômes*

A la librairie Flammarion
Les Enfants de chœur

Collection « Livre de Poche »
Le Café du pauvre
La Métamorphose des cloportes
La Cerise
L'Hôpital
Cinoche
La Fermeture
Bleubite
Le Corbillard de Jules

Collection « Folio »
Les Enfants de chœur

Aux Éditions Robert Laffont
La Fermeture

Aux Éditions Grasset
L'Éducation d'Alphonse

Aux Éditions Albin Michel
L'Age d'or des maisons closes
(En collaboration avec Romi)

ALPHONSE BOUDARD

Faits divers et châtiments

Le Pré aux Clercs

ISBN 2.7144.2856.8

La justice est une sorte de miracle qu'on n'a le droit d'exiger que de soi-même.

Marcel Jouhandeau
Essai sur moi-même

Pour les affaires où j'ai pu légitimement craindre de troubler certaines sensibilités en rappelant des noms et des lieux, j'ai pris la liberté d'user d'appellations fictives.

Cela ne change en rien l'examen des faits et des mentalités, les cheminements sociaux qui ont amené des individus au mal et à la catastrophe, non plus que l'examen, parfois surprenant, des rouages judiciaires.

Et ne nos inducas in tentationem. Sed libera nos a malo. Amen.

L'oraison dominicale

Avant-propos

LE CRIMINEL INNOMBRABLE

Les faits divers...

Y a des mots comme ça... Des formules... Celle-ci a été inventée par un journaliste... un rédacteur en chef ou un metteur en page, pour qui un débat à la Chambre sur la taxation des crottes de chien avait davantage d'importance que l'assassinat de trois rentières dans la rue des Popinettes (XXIe arrondissement). Les faits divers...

Les dames du temps jadis, les bignoles des années 20, elles disaient « les crimes ».

– Eh, mame Michu ! Quand vous aurez lu les crimes, vous me passerez *Le Petit Parisien !* Y paraît qu'y a des photos.

Elles parlaient comme ça.

Les journalistes, eux, ils disaient : « les chiens écrasés ». Ça veut tout dire. Ça remet à sa juste place le prix exact de la vie humaine. Je sais pas ce qu'en penserait la C.O.B. (la Commission des opérations de bourse), de cette cotation à la godille... Moi, je pense que c'est important, les « faits divers », que ça doit pas tomber dans le toutim, dans le tout-venant et, finalement, dans l'oubli.

Que voulez-vous ! On se refait pas.

D'abord, moi, je trouve que c'est terrible, qu'on ait déchiqueté un petit gosse, deux petites filles pour se passer ses fantasmes, se donner comme ça un petit plaisir. Que « ça pose problème », comme disent certains.

Le prix du sang

C'est pas une question de vengeance... de désir de punir, comme a dit un débarbot... c'est-à-dire un avocat. Moi aussi, je suis un humaniste ! J'aime tout le monde : les noirs, les bleus, les jaunes... Les gentils et les méchants. Les énarques et les égarés...

L'ami du genre humain est tout à fait mon fait, comme n'a pas écrit Molière. Faudrait pas me prendre pour un féroce. Mais je crois que tout doit être réglé en ce bas monde... que les bons comptes font les bons amis.

Et que, finalement, le sang a un prix... Une vue bien actuelle en cette saison !

Quand je m'amuse, moi, je paye... J'ai payé... Si je m'offre une roteuse... une rouille avec ses bulles jolies, j'ai intérêt à douiller comptant... content ! Si je vais au cinoche, au théâtre, j'achète mon billet. Et pas avec un chèque en bois. Je me paye le droit de rigoler... de siffler, comme disait le poète.

Je vois pas pourquoi ceux qui s'amusent à supprimer leurs contemporains, ils se régaleraient l'imaginaire à la cloche de bois... sans acquitter la facture. Après tout, y a pas grand-chose de gratuit en ce bas monde. On finit toujours par payer. D'une façon l'autre...

Je vois pas pourquoi certains, et non des moindres... ils passeraient à l'as. Dans un vague pot-bouille... À l'oubliette. Faits divers, d'accord. Mais châtiment aussi. Et pour nous, jolie mémoire. D'où ce petit recueil de malfrats, de paumés... et parfois d'innocents. C'est bien notre intérêt à tous, de se rappeler... comment ça fonctionne dans les citrons des mabouls... les conséquences.

Tout ça nous concerne.

On peut être criminel demain. On peut aussi être *criminé*... incriminé. Vous, moi... nos femmes et nos enfants d'abord. Nos petits-enfants pour les plus chenus. Des choses importantes je crois. Qui nous pendent au pif ! Comme un sifflet...

Tout ça mérite d'être examiné, débattu. Qu'on soit pas absent du colloque.

Tout « fait divers » est un événement historique... Les débats conjugaux qui s'achèvent à la carabine... les satisfactions intimes... viols en tous genres et boucheries sadiques... les questions d'argent... les mille raisons qu'on peut avoir, comme disait le Père Ubu, de tuer tout le monde et de s'en aller.

Le prix du sang, quoi... c'est aussi le prix de l'époque, de ses traumatismes collectifs, de ses délires. Faut pas rigoler avec ça.

Notez, je cherche pas non plus à donner des leçons, attrister les gens... le lecteur. La lectrice surtout pas. Je vous dirai tout à l'heure...

M'enfin... faut pas négliger. Georges Brassens, qui était fort économe de mots, a dit un jour, avec un vague sourire désabusé sous sa moustache, et ce curieux air faussement résigné que lui inspiraient certaines sottises :

– Ils me mettent dans les *variétés*...

Il parlait de ses éditeurs de disques, ses marchands de vinyle qui, en effet, ne connaissaient guère que deux catégories : classique, variétés... Un mot qui pouvait surprendre un artiste comme celui-là.

Il est bon que les « faits divers » ne soient pas dans les *variétés*... Ce qui me rappelle une locution : peau de balle, balai de crin et variétés diverses... Tout un programme.

La machine à peser

Un autre aspect de ces choses-là... pas contradictoire pour deux sous... c'est l'examen de la machine judiciaire. Et à ce titre, l'histoire des « faits divers » est tout à fait instructive. Et puisque, comme je vous disais, nul ne sait qui vit ni qui meurt... qui y passera ou pas... Un autre avocat, Me Soulez-Larivière, il a publié un livre, *Justice pour la justice*. Instructif. Que je relisais l'autre jour. Il citait des chiffres d'enquêtes, de sondages... Je vous en citerai rien qu'un, moi, pour pas abuser : 84 % des Français trouvent la justice... *aléatoire*! Quel joli mot! On n'avait pas trouvé mieux depuis *Les Plaideurs*... Racine... Brid'oison...

Voici pourquoi les histoires de « faits divers », c'est aussi et peut-être surtout des histoires de procès. Personne n'est parfait... non! Mais la justice est acte chirurgical, et on voudrait au moins qu'au bord du XXIe siècle ses bistouris soient propres. Désinfectés. Si possible!

Or, que voyons-nous...

Justement, vous allez voir.

Me Daniel Soulez-Larivière s'est beaucoup occupé d'une affaire sinistre qui a gardé le nom de l'inculpé, du condamné : Ranucci. Il a défendu (novembre 1991) une demande de révision. Il n'a pas gagné. Et je l'entendais causer à une radio et dire tout ce qui lui semblait peu orthodoxe dans l'enquête de police, l'instruction, l'audience... Je crois qu'il avait vraiment raison. Le journaliste qui le questionnait, lui, n'a pas très bien fait son travail. Il lui a pas posé la question complémentaire : Et la défense, maître ?

Sous-entendu : et la défense, elle a été conforme ? Elle a bien fait son travail ? En mon âme et conscience, pour autant que j'en sache, devant Dieu et devant les hommes, la réponse est : non!

Donc une telle affaire – dont il ne sera pas autrement question ici

– peut pécher par tous les bouts et néanmoins, comme aux abattoirs de Chicago, vous sortir un coupable parfaitement ficelé... le cas de le dire.

Qu'il le soit ou qu'il le soit pas, coupable. Car, dans tous les cas, tout contribuable a droit à une machine qui fonctionne, puisqu'il la paye. Je pense pas seulement à la défense, aux bons maîtres... Que Soulez, il pouvait difficilement... sans être forcé... dauber sur les joyeux confrères! Les impôts payent la justice de A à Z, matons compris, depuis que tout ça a été nationalisé... ça fait jolie lurette!

N'importe qui, qu'on se le dise, peut se retrouver entre deux gendarmes. Erreurs... pas erreurs... contestations... épurations... mutation de société... On a vu ça dans nos courtes mémoires. Même si on se rappelle rien... Qu'on préfère n'y plus penser...

Tout un chacun peut se retrouver enchristé... je sais pas, moi... disons à Bruay-en-Artois... à côté de chez Grégory... ici, là ou ailleurs. Rencontrer un petit vieux juge rondouillard qui n'aime pas les accusés... les notaires. Ou un « jeune juge en bois brut » (Brassens) avec des lunettes et de l'acné sur la cafetière, qui rigole tout le temps, qui a les dents cariées... Les eaux sont basses dans le recrutement. C'est comme les curés. On prend ce qu'on trouve. Ils font des livres. On les retrouve à la téloche. Le petit écran... ça éclaire.

Vous allez voir plus loin... une affaire justement, terminée au couperet. Le nœud gordien... Qu'était pourtant pas du bronze!

Me Soulez, justement, il écrit des choses... Quelques lignes. Je lui emprunte... pour un rendu. Qu'il cite Boudard dans ses plaidoiries. D'avance j'autorise... Page 103 :

« Sait-on que la police française [...] demeure aujourd'hui l'une des plus nulles des pays post-industrialisés? Citons pour mémoire l'affaire Markovic qui défraya la chronique des années Pompidou. Le médecin légiste fit un diagnostic de crise cardiaque alors que ce maître chanteur yougoslave avait une balle dans la tête. Dans l'affaire Lucet, directeur de la Sécurité sociale de Marseille, on n'a toujours pas compris pourquoi la victime s'était suicidée de deux balles dans le crâne. Dans l'affaire Dassac-Cons-Boutboul, les premières constatations policières concluaient à une mort par noyade et contusion alors que la victime avait aussi une balle dans la tête. Dans l'affaire Ranucci, on n'a jamais obtenu, malgré l'autopsie, la date même approximative de la mort de la petite victime. Dans l'affaire Grégory Villemin, toutes les preuves matérielles ont été saccagées : les lettres du corbeau trop abîmées pour être expertisées sérieusement, les cordelettes enlaçant la victime abandonnées, les moulages des roues de voiture au bord de la rivière, perdus puis trop tard retrouvés... » Etc. C'est lui qui parle, hein! le bon maître. Moi, j'ai rien dit.

« Chaque grande énigme judiciaire française, chaque *scandale* judiciaire commence par une sottise scientifique », conclut-il... Je vous laisse lire tout le reste!

Vous trouverez tout à l'heure un joli festival du genre dans l'histoire du marquis Bernardy de Sigoyer.

On a tendance à gommer ces réalités. Y a des juges, en France..., dit le proverbe. Ça rassure. Devant la porte du commissariat, de la gendarmerie. On se raconte ça pour se rassurer. De même, devant l'hôpital de Poitiers, la malade se dit qu'elle aura affaire à des compétences. Des professionnels éprouvés. De même le cochon à Chicago... je vous disais... on lui a raconté qu'il allait passer à la télé... faire ressortir le point de vue du Syndicat porcin unifié (S.P.U.)... qu'il a rien à craindre... que c'est la routine. Tout à fait exact d'ailleurs, c'est la routine pour les exécutants, les Deiblers du coin. Les techniciens du corned pork... Pour l'intéressé, c'est la grande aventure individuelle... qu'on va le mettre en boîte. Le saler soi-soi. En faire d'avenantes saucisses... L'aventure dernière. Ce qui nous attend.

Le mauvais chemin

L'analyse criminologique vaut-elle mieux?

Voilà des générations qu'ils se battent les flancs, les spécialistes, pour fabriquer un portrait-robot, un schéma plus ou moins général du criminel. Une doctrine. Bien difficile!

Déterminer les mobiles... Mobiles... le cas de le dire! Très mobiles. Inattrapables!

On comprend que les magistrats soient déconcertés. Lassés. Chacun a son itinéraire. Le criminel est innombrable.

Les psychiatres. Les docteurs. Le nommé Paul, le bon gros, qu'avait dit-on une solide fourchette entre deux découpages de cadavres obsolètes, il avait la partie belle. Il décrivait que l'extérieur des choses. Quand on gratte un peu, qu'on examine le carburateur de la bête... Autre histoire! C'est chaque fois à recommencer.

Un mot. Facile, tenez: amour.

Crime passionnel... crime par amour. Il a bon dos, l'amour!

Ça me fait penser... Un historien, il parlait d'un grand poète... Lamartine. Un expert en amour aussi, lui, *Le Lac*... sûrement vous vous rappelez!

Ô temps, suspends ton vol...

Or, l'historien écrivait : « En 1847, il publia l'*Histoire des Girondins*, magnifique histoire " romancée " à la gloire de la Révolution. Les deux premiers volumes s'enlevèrent furieusement... En 1861, Lamartine faisait son examen de conscience : " Honte à moi pour de telles complaisances! Amnistier de tels crimes sous prétexte de nécessité révolutionnaire, ce serait déshonorer à jamais toute la Révolution car aucune révolution ne vaut le sang d'un juste. En relisant les dernières pages, j'ai été indigné contre moi-même et je prie les lecteurs de les déchirer comme je les déchire devant la postérité et devant Dieu. "

« A quel moment Lamartine était-il sincère ? demande l'historien [Maurice Soulié]. En 1847, il espérait tout d'une révolution. En 1861, il en avait connu l'amertume et il avait besoin de la caisse des fonds secrets. Car il est difficile d'admirer Lamartine sans connaître ses besoins d'argent qui... »

Quel rapport ? demanderez-vous.

Ceci.

Que je vais vous raconter trois histoires de femmes criminelles, trois bouleversées de la dernière guerre mondiale (la dernière en date...) que je vous ai présentées avec un infini sens des nuances. Une compréhension que beaucoup jugeront coupable.

On dit qu'elles ont tué par amour, comme Lamartine, peut-être, réagissait par scrupule de conscience : la tueuse de ministre, la tueuse de docteur, la tueuse d'enfant.

Il a bon dos l'amour!

L'une tue parce que son mari qu'elle entrave et emmerde, devenu ministre, va la larguer pour poursuivre sa carrière et courir le guilledou. L'autre tue parce que, alors qu'elle s'est résolue à épouser un futur médecin de province, rasoir et « collant » dit-elle, mais joli garçon et promis à une existence confortable, il a décidé de la jeter pour arraisonner une jolie blonde. La dernière parce qu'elle veut épouser, à tout prix, un bel officier bon tringleur et brillant esprit... qu'elle croit, et dépouiller à jamais la peau d'âne de l'enfant pauvre qu'elle a été.

Vous avez dit l'amour ?

Peut-être... mais il y a le délire en plus...

Et puis... pour la première, une profonde bêtise et beaucoup de méchanceté... Souvent les connes, par compensation, font des mégères très présentables. Pour la deuxième, un désespoir foncier nourri d'une longue familiarité avec la mort. Et pour la troisième, la fâcheuse arrivée d'une autodidacte dans les eaux profondes d'un aquarium universitaire...

Allez exposer un tel flot de *mobiles* devant un jury rural...

La justice populaire

C'est une belle histoire que celle de l'instauration du jury... le suffrage universel dans un bocal... l'intime conviction à la portée de tous...

J'ai raconté ailleurs l'histoire de l'assassin Troppmann, qui zigouilla, en 1869, à Pantin, une famille entière.

Son avocat, qu'on appelait *le grand Lachaud*, un surnom difficile à porter pour ses homonymes à venir... se trouva un soir au ministère des Affaires étrangères en face de l'ambassadeur d'Autriche, Richard de Metternich, qu'il entraîna dans une embrasure.

Tout le monde questionna l'ambassadeur : que Lachaud avait-il pu lui dire ? Il ne se fit pas prier : l'avocat lui avait affirmé que Troppmann avait été entraîné par des « complices » mystérieux... Seul, ultime espoir d'un criminel hystérique et glacial, stupide et machiavélique... une pâle petite frappe dont la cupidité était le seul mobile.

Troppmann fut guillotiné.

Après, vous pensez, l'ambassadeur, à sa première rencontre avec Me Lachaud, lui rigola au nez et lui demanda des nouvelles des complices que Troppmann, par grandeur d'âme, se refusait à nommer. Il obtint cette réponse, que rapporta l'ambassadrice dans ses souvenirs :

« Je savais très bien que Troppmann était le seul coupable, et je n'ignorais pas non plus que les curieux allaient vous accabler de questions pour savoir ce que je vous avais raconté... S'ils apprennent que Lachaud a dit au prince de Metternich qu'il est convaincu de l'existence d'un complice, cela peut revenir aux oreilles des jurés, d'une manière ou de l'autre, et les influencer en faveur de l'accusé... Ils sont si bêtes, ces gens-là ! »

Le grand Lachaud était un précurseur, lui qui confiait à l'impératrice Eugénie : « Oh ! Madame, pour ce qui est du jury, je sais en jouer comme un autre du violon. »

Là il avait fait un couac ! Mais quelle leçon !

Le crime spectacle

J'ai pas entrepris de réviser tous les procès que nous allons maintenant rencontrer. Ça lasserait votre patience, et d'ailleurs ça passerait mes ambitions aussi bien que mes compétences.

Mais enfin, chemin faisant, je vous rapporterai quelques faits ou documents tombés dans l'ombre ou dans l'oubli : le couteau de Bontems, la vie sexuelle de Violette, les « mobiles » de Gorguloff, la terrine du chef du cuisinier de Hanovre, le pistolet du marquis... entre autres.

Des petits aspects amusants en passant par le crime... Ce qui permettra de découvrir quelques secrets de gestion de l'appareil répressif.

Car, pourquoi se le cacher, le crime est un spectacle passionnant. Un roman policier, et parfois des plus subtils... mais VÉCU ! Avec de vraies balles, de vrais surins et de vrais cadavres... De vrais attendus intimes. De vraies canailleries de monnaie et de vraies impulsions d'alcôve. Qui dit mieux ?

Et cinquante ou nonante ans plus tard, c'est encore plus intéressant. La perspective du temps qui passe... L'aisance de l'historien dégagé des contraintes de l'immédiat... De la nougatine !

★

Découvrez donc sans complexes les aventures narrées ci-après... Les tragédies des autres qui, n'en déplaise à Oscar Wilde, sont parfois bien savoureuses.

Sans compter que le crime, dans sa perversion et dans ses excès, est fort souvent un lumineux révélateur de l'époque, de ses misères, de ses complaisances aussi.

Intéressez-vous...

Voyez par-ci, voyez par-là...
Comment trou-ouvez-vous... cela ?

Une chanson du bon vieux temps.

Car toute société a les crimes qu'elle mérite.

On va frapper !

Les trois coups...

Place au théâtre !

PIERRE-FRANÇOIS LACENAIRE
ou
La littérature à coups de surin

La guillotine, c'est le prix Goncourt des assassins.

Louis-Ferdinand Céline

A l'époque de la bande à Baader et de Mesrine, la modernité de Lacenaire est toujours une évidence.

Jacques Laurent

L'AFFAIRE LACENAIRE

LES FAITS
Fils de famille dévoyé par le jeu et l'idéologie, Lacenaire recourt au crime. Le 14 décembre 1834, il assassine avec son complice Avril, passage du Cheval-Rouge à Paris, la veuve Chardon et son fils surnommé la Tante Madeleine, un receleur. Le 31 décembre, rue Montorgueil, 66, un encaisseur de dix-huit ans, Louis Genevey, tombe dans un guet-apens mais parvient à s'échapper. Lacenaire, possédé par l'obsession du suicide véhiculée par les romantiques, avait décidé de se tuer.... par le canal du crime, de la justice et de la guillotine.

L'ACCUSÉ
Pierre-François Lacenaire, né à Francheville près de Lyon, le 20 décembre 1803, de Jean-Baptiste Lacenaire, négociant retraité, et de sa femme née Gaillard. Ses études auraient pu le mener au notariat, mais il renonça et fut un temps écrivain public. Se disant commis voyageur.

LES COMPLICES
Pierre Avril, vingt-cinq ans, menuisier. Martin François, trente ans, parqueteur.

LE PROCÈS
Cour d'assises de la Seine les 12, 13 et 14 novembre 1835. Président : *Dupuy.* Ministère public : *le substitut Partarrieu-Lafosse.* Avocats : *Me Brochant pour Lacenaire, Me Vidallot pour Avril, Me Laput pour François.*

LE VERDICT
Peine de mort pour Lacenaire et Avril, travaux forcés à perpétuité pour François. Double exécution à la Barrière d'Arcueil le samedi 9 janvier 1836.

Lacenaire !

C'est bien vieux, tout ça... 1834... Le XXe siècle est encore loin. Pourtant, ce criminel médiocre jouit d'une *image* toujours brillante. C'est que, par son discours plus que par ses crimes, il a su se rendre célèbre et afficher une stature inhabituelle.

Et puis, ses confrères en littérature lui ont fait sa place.

En 1940, André Breton, pape du surréalisme, publie son *Anthologie de l'humour noir* aux Éditions du Sagittaire. Guerre oblige ! Les Français ne la découvriront que cinq ans plus tard. Mais quelle surprise ! La bande publicitaire dit : « L'ouvrage le plus explosif d'André Breton. » Je crois que c'est vrai.

A côté de gens fort célèbres, comme Baudelaire, André Gide ou Frédéric Nietzsche, Breton a collé, dans ses quarante auteurs cités, de parfaits inconnus du grand public : Pétrus Borel, Charles Cros, Christian-Dietrich Grabbe, Jacques Vaché... Et Pierre-François Lacenaire.

Auquel il n'emprunte qu'un poème... et non des plus agressifs. Au contraire. Ça s'intitule : *Rêves d'un condamné à mort...*

Que l'on est heureux quand on rêve !...
Sans dormir, rêver est charmant.
En moins d'une heure ainsi j'achève
Le plus agréable roman.
Je me crée un monde à ma guise,
Tous les meilleurs lots sont pour moi,
Aussi jamais je ne m'avise
De me choisir celui de roi.

C'est plaisant, non ? Un tantinet bucolique et assez bien venu dans le ton de la chanson tendre... Breton n'en rapporte que quatre strophes : une page de son livre. Je vous cite juste la fin :

... A l'ombre d'un épais feuillage,
Je lis et j'écris tour à tour.
Mais hélas! survient un orage.
Pourquoi ce rêve est-il si court?

L'orage qui va tomber sur le colbac de l'ami Lacenaire sera purement mécanique : il s'appelle Guillotine et il faut bien dire qu'il l'a cherché.

Voyez plutôt! On l'a même surnommé, le « Suicidé de la guillotine »... Un moyen comme un autre!

Un fils de famille

Oui, mais il avait une bonne griffe pour trousser les vers, Pierre-François... une « facilité » évidente... peut-être un tantinet chansonnière... plus près de Béranger comme diapason... que de Nerval, de Baudelaire c'est sûr. Des fois ça s'envole, comme dans *la Sylphide :*

Je te rêvais dans la grotte sauvage,
Au souffle aigu des autans furieux...
... Si tu n'étais qu'une vaine chimère,
D'un cœur malade enfant capricieux!
Mon âme enfin va percer ce mystère,
Vierge immortelle, attends-moi dans les cieux.

On y est presque... Mais Lacenaire, en définitive, est plus à son aise dans la polémique (il aurait fait sans doute un bon journaliste de ce temps-là). La *Pétition d'un voleur à un roi son voisin* en témoigne. Écoutons-la :

Sire, de grâce, écoutez-moi :
Sire, je reviens des galères...
Je suis voleur, vous êtes roi,
Agissons ensemble en bons frères.
Les gens de bien me font horreur,
J'ai le cœur dur et l'âme vile,
Je suis sans pitié, sans honneur :
Ah! faites-moi sergent de ville.

Ça commence bien!

Bon! je me vois déjà sergent :
Mais sire, c'est bien peu je pense.
L'appétit me vient en mangeant :
Allons, sire, un peu d'indulgence.
Je suis hargneux comme un roquet,
D'un vieux singe j'ai la malice;
En France je vaudrais Gisquet :
Faites-moi préfet de police.

Grands dieux! que je suis bon préfet!
Toute prison est trop petite.
Ce métier pourtant n'est pas fait,
Je le sens bien, pour mon mérite.
Je sais dévorer un budget,
Je sais embrouiller un registre;
Je signerai : « Votre sujet »...
Ah! sire, faites-moi ministre.

Pierre-François, mon petit, tu vas tomber dans l'actualité... Méfie-toi, on va encore te faire des bricoles! Pour peu qu'on te reguillotine un coup!...

Sire, que Votre Majesté
Ne se mette pas en colère!
Je compte sur votre bonté
Car ma demande est téméraire.
Je suis hypocrite et vilain,
Ma douceur n'est qu'une grimace,
J'ai fait se pendre mon cousin : [allusion!]
Sire, cédez-moi votre place!

On peut comprendre pourquoi Lacenaire n'a pas fait carrière! Sale esprit, mon pote! Sale esprit!

On pourrait multiplier les citations, comme cette confession assez touchante :

Je suis un voleur, un filou,
Un scélérat, je le confesse,
Mais quand j'ai fait quelque bassesse
Hélas, je n'avais pas le sou!
La faim rend un homme excusable...

Mais on arrête. Le lecteur curieux retrouvera tous ces titres dans les *Mémoires* publiés par Jacques Simonelli (Éd. José Corti, 1991).

Lacenaire est mort en faisant des mots. Goûtez celui-ci : « J'arrive à la mort par une mauvaise route, j'y monte par un escalier ! » Mais avant de narrer sa curieuse aventure, il faut dire encore un mot de la postérité. En 1940, Breton cite Jacques Prévert qui n'est encore connu que comme cinéaste : scénariste et dialoguiste. Le poète, l'auteur d'admirables chansons, ne sera révélé au public inattentif qu'en 1947 par l'éditeur René Bertelé (« Le Point du jour ») qui publie le recueil *Paroles.* Mais en 1947, Prévert est célèbre grâce au film monumental que demeure *Les Enfants du paradis* (mise en scène de Marcel Carné). Sur le Boulevard du Crime, entre deux théâtres et deux amours, la splendide Garance, que joue Arletty, fréquente un peu la boutique d'écrivain public d'un certain Pierre-François... Celui que son pâle complice Avril considère avec une admiration stupéfaite, non exempte d'effroi :

– Ah ! M'sieur Lacenaire... qu'il lui dit toujours, épaté par cet intellectuel glacial au surin facile, qui sourit peu, et toujours sarcastiquement.

– Ah ! M'sieur Lacenaire...

Il n'en revient pas, Avril. Et d'ailleurs, il n'en reviendra pas. A lui aussi, l'avenir réserve le même escalier, celui de l'abbaye de Monte-à-regret... la grande sensation de la Bascule à Charlot ! A se demander si ce ne serait pas une bonne opération que d'en coller une à la Foire du Trône... Je verrais très bien les *pantes* faire la queue et donner cent balles... allez ! disons deux cents... pour se faire découper la tronche en musique ! Sensation certes définitive mais fort symptomatique.

Revenons à notre Lacenaire, que jouait le comédien Marcel Herrand, et que rejouera en 1990 Daniel Auteuil pour le film de Francis Girod.

Tout compte fait, papa Lacenaire était un bon bourgeois. Me Brochant, l'avocat de Pierre-François, en a fort bien parlé au procès : « Lacenaire est né au sein d'une famille riche et respectée. Son père était un honorable négociant de la ville de Lyon qui lui-même avait édifié sa fortune dans le commerce des fers. Parvenu à un âge déjà mûr, il jouissait dans la retraite du fruit de ses veilles, lorsqu'il se maria. Et de cette union naquirent treize enfants... »

En effet, mon bon maître !

Le père Lacenaire était le fiston d'un labourateur franc-comtois qui ne roulait pas sur l'or. C'est le curé du cru qui décela chez lui un esprit éveillé et lui donna gracieusement des leçons sur ce qu'il savait : lecture, écriture, calcul et orthographe. Un bagage ! Le seigneur du lieu lui fila ensuite quelques lettres de recommandation pour des Lyonnais qu'il connaissait, et sans doute un peu de carbure puisque notre jeune homme, à vingt ans, se pointa à Lyon avec une bonne santé et, disent les historiens, « trente écus » soit vraisemblablement six cents balles de l'époque! Une petite fortune, en somme.

On est en 1765 et les Lyonnais ne savent pas encore qu'ils vivent leurs dernières bonnes années. Dans moins de vingt ans, la démocratie en action va leur tomber sur la gueule sous forme de décapitations et de fusillades au point que le représentant du pouvoir central pourra écrire cette phrase brève mais mémorable : « Lyon n'est plus! »

Pour le moment, papa Lacenaire entre comme commis chez des grossistes en fer, les frères Albert. Dix ans plus tard, il est associé dans la boîte. Autant dire qu'il a dû travailler comme un sauvage et qu'il n'a pas eu beaucoup le loisir d'aller courir la fesse. Durant une vingtaine d'années, il tient encore sa place de négociant associé. On le dit « âpre et rude ». Bref, mon pote le ferrailleur, c'était pas un marrant.

En 1792, le secteur étant encore à peu près vivable, papa Lacenaire a quarante-sept balais et une situation... enviable. Il rencontre une jeune fille de vingt ans sa cadette. La mère tient une pension de famille. Elle est veuve, le mari, un peintre, un artisse, s'étant suicidé après avoir perdu ses jaunets au poker... de l'époque. C'était pas l'opulence. Mais la petite est, dit-on, fort ravissante, chaste, bien élevée et tout... Il hésite un peu, papa Lacenaire... vingt piges de différence, c'est de la graine de cocu! On savait tous ça bien avant Rabelais! Enfin, comme il avait pas déjà tellement rigolé, il résiste pas à la tentation et joue le tout pour le tout... Ajoutez à ça que l'époque incitait pas à économiser ses chances. Mourir pour mourir... autant se régaler un peu au préalable. On verra bien.

Avec une minette sous son édredon, papa Lacenaire, si peu enclin qu'il fût à la faribole, a dû se déchaîner. Mettez-vous à sa place. D'autant qu'il avait peu de pratique à son actif...

Or, chose curieuse, si content qu'il fût d'avoir échappé aux divers massacres et autres saccages, il constata en 1797 qu'il n'avait pas réussi à fertiliser la charmante. Cinq ans de mariage, cinq ans de plantage, et nib de récolte! Papa Lacenaire, sans doute las d'empiler son vieux fer dans les entrepôts, décida de poser les dés. Avec cinq cent mille balles de capital, il pouvait voir venir. Il se paya donc une belle propriété non loin de Lyon, à Francheville, et se décida à prendre sa retraite... du moins quant à la ferraille.

Ainsi, Jean-Baptiste Lacenaire, né, nous dit Pierre-François dans ses mémoires, « autant que je puis croire en 1745 », pouvait-il se consacrer d'autant mieux à bichonner et bidouiller Marguerite Gaillard son épouse. Est-ce cette soudaine invasion des loisirs dans l'existence des conjoints (quel joli mot!), est-ce l'air particulièrement tonique de Francheville ?... J'en entends qui rigolent au fond de la classe en évoquant la vélocité légendaire des facteurs franchevillois... L'allure martiale des gendarmes locaux... et tutti frutti... Ne nous dissipons pas! Rien ne nous permet de soupçonner la vertu de Marguerite Lacenaire! Toujours est-il qu'elle se mit à pondre avec un acharnement imprévu.

Décembre 1799, naissance de Jean-Louis. Juillet 1801, Julie. Août 1802, Louise-Jeanne. Décembre 1803, Pierre-François... notre ami, justement, que trop de biographes ont fait naître en 1800. Et ainsi de suite... Signe à mon avis évident que Jean-Baptiste était toujours sur la brèche. Autrement, il aurait eu des doutes...

Mais les enfants, ça coûte. Et la retraite, c'est la retraite! Devant cette avalanche de marmots, Jean-Baptiste décida de reprendre du service. Comme il en avait un peu ras la casquette de l'odeur de la rouille, il prit le parti d'aller le faire... ailleurs. Il se lança dans un tas de spéculations auxquelles il n'entendait que dalle, et se fit lessiver en moins de deux. Dans le même délai, il se retrouva en calsif au milieu de son abondante famille.

Ce qui fit que lorsque Pierre-François sollicita l'avantage de s'inscrire, à Paris, à la faculté de droit, le papa l'envoya au bain, sans trop avoir le courage de lui donner la vraie raison de cette attitude. Or, Pierre-François, qui avait fait jusqu'ici des études chaotiques mais après tout profitables, fut plutôt déçu.

Après avoir perdu une année à l'âge de neuf ans par suite d'un changement d'école, le petit Pierre-François avait eu quatre prix en sixième. Ça démarrait bien. La cinquième paraît avoir été plus molle et, en quatrième, le caractère ombrageux de l'adolescent semble avoir mis une fin prématurée à cette année scolaire. On est alors en 1815, année particulièrement agitée dans l'Hexagone où les Cosaques commencent à arriver par cohortes nombreuses. On imagine quelle devait être l'ambiance parmi les jeunots! Pierre-François, de surcroît, était assez rebelle à l'enseignement religieux : « On me regardait comme une âme déjà damnée », note-t-il dans ses Mémoires! Et encore, à propos de camarades qu'il appelle « ces séminaristes » : « Ils me prenaient volontiers, d'après tout ce que les cafards débitaient sur mon compte, pour un véritable suppôt de Lucifer. » En plus, le Pierre-François avait commencé à « faire des vers »...

On comprend que, de séminaire en collège, Pierre-François ait fait plutôt des études en dents de scie. De plus, un conflit latent s'installait entre le gosse et son père, et Pierre-François estimait, à tort ou à raison, qu'on l'avait assez vu dans la famille.

Ses six mois au collège de Lyon ne connaissent pas de suite : on l'accuse d'avoir participé à une révolte de garnements – il le nie – et d'avoir crié – il le nie aussi – *Vive la République* ! Notons en passant tout ce qu'il y a d'odieux, lors de certaines périodes troublées, à voir les adultes exiger des enfants qu'ils soient plus raisonnables qu'eux-mêmes...

D'après Pierre-François, les raisons de son éviction, du moins en tant qu'interne, sont tout autres... D'après lui, son maître de quartier était un « chien de cour, homme composé de tous les vices ». Et, lors d'une sortie, Pierre-François s'était payé, chez un bouquiniste, un ouvrage intitulé *Les Galeries du Palais-Royal,* petit ouvrage illustré qui, on s'en doute, n'avait que peu de rapports avec les enseignements de saint Ignace de Loyola, patron des Jésuites. A.M.D.G. en l'espèce ne signifiait pas *Ad Majorem Dei Gloriam* mais plutôt *A la Meilleure Découverte du Guilledou...* Le *chien de cour* piqua le livre, s'en délecta sans doute durant quelques soirées puis, bien sûr, alla cafter au directeur. Tout restait souterrain dans cette affaire qui offensait, peu ou prou, les « bonnes mœurs ». Même en gravures sur cuivre, les fesses des dames n'avaient déjà pas très bonne réputation dans le corps enseignant !

Des histoires d'argent brochaient là-dessus. Comme tous les mômes, Pierre-François avait besoin de fric. A l'exemple de Pinocchio (qui n'existait pas encore...), Lacenaire vendit son dictionnaire grec ! Puis, sur la suggestion de son frère aîné, il participa à des prélèvements familiaux. La chose est mal vue partout, c'est normal. Quand on ne roule pas sur l'or, ça prend des proportions...

Dans ces cas-là, ça se termine toujours par la même réplique que, dit-on, papa Lacenaire, nourri de classiques, ne manqua pas de reprendre :

– Tu finiras sur l'échafaud !

Parole, en l'espèce, éminemment prophétique !

Dans ses Mémoires, et malgré les censures qu'un éditeur pas gêné s'arrogea le droit de faire, Lacenaire s'étend sur toutes ces années. Il y voit l'origine de ses débordements et les profonds mobiles de « sa perte ». « Je devenais méchant, et cruel même ! » note-t-il chemin faisant.

Si elle est absente du film de Jacques Prévert, la jeunesse de Lacenaire est largement évoquée dans celui de Francis Girod. On l'y découvre effectivement orgueilleux, violent, révolté, ambitieux et déçu. Cet adolescent contrarié va produire un homme déconcertant.

Au-devant de la vie

Accélérons un peu le mouvement. En 1818, Lacenaire a quinze ans. Il fait deux mois de stage chez un soyeux lyonnais, puis intègre la classe de rhétorique au collège de Chambéry. L'année suivante, le 8 mai, sa sœur Julie meurt à dix-huit ans. En septembre, les études étaient terminées : Pierre-François est placé chez un avoué où il passe pour un franc couillon : son air ahuri, sa difficulté à entrer dans le concret, à assumer les rapports avec les adultes, sa propension à la rêverie font qu'on le regarde avec pitié. Son existence est de plus en plus chaotique... Le 1er février 1821, c'est sa sœur Louise qui disparaît : elle avait dix-neuf ans...

Dans les années qui suivent, Lacenaire va exercer diverses activités, notamment deux emplois dans des banques... plus quelques articles et autres travaux plus ou moins littéraires. En 1826, sans doute complètement paumé, il s'engage sous un faux nom, ce qui lui permet de déserter sans dégâts quelques mois plus tard. Il rentre à Lyon, et s'y livre à quelques menues escroqueries... que la famille remboursera stoïquement.

Sous le couvert d'une vague qualité de « commis voyageur en liqueurs », Lacenaire se promène un peu partout, notamment en Italie et en Suisse. C'est à Vérone qu'il fait copain-copain avec un Genevois. Il se montre courtois, chaleureux même et ne résiste pas aux demandes de prêts de son nouvel ami. Mais une indiscrétion met celui-ci au courant des démêlés douteux de Lacenaire en France, et il n'a rien de plus pressé que d'aller porter le pet au patron de leur hôtel puis aux magistrats locaux. Lacenaire n'aime pas ça ! Pas du tout ! Il invite le Suisse à bouffer et l'emmène se promener dans la campagne, tout sourire.

Près d'un petit bois, Lacenaire abat ses cartes :

– Môssieur, qu'il lui dit, vous vous êtes conduit comme un lâche ! Vous avez voulu me perdre, moi qui pourtant... Rendez-moi-z-en raison !

Et il lui présente une paire de pétoires. Le Suisse en bafouille. Saisi d'une trouille bleue, il s'excuse platement. Il consentirait à tout ! Mais Lacenaire est inflexible.

– Des deux pistolets, l'un est chargé, l'autre non. Choisissez !

Le Genevois se dégonfle lamentablement. Il refuse le duel en pleurnichant. Lacenaire lui fait trois sommations. Décidément, c'est non ?

– J'en suis fâché pour vous, annonce-t-il courtoisement.

Et il lui décharge le pistolet (chargé!) en pleine poire. Avec un hurlement, le malheureux Suisse s'effondre et défuncte sur-le-champ. Lacenaire a commis son premier meurtre! Il jette le pétoire près du cadavre, rentre peinard à l'hôtel et fait sa valoche sans coup férir. Le lendemain, il arrive à Genève.

Lacenaire a alors vingt-cinq ans. Physiquement, il se décrit ainsi : « J'avais un corps grêle et délicat en apparence. Quoique j'ai toujours été d'une constitution robuste, je crois qu'il y a peu de personnes plus maigres que moi. Mais comme pour donner un démenti à cette chétive construction, je n'ai jamais été malade de ma vie. J'étais très coloré dans ma jeunesse. Je pense même que, sans avoir été précisément beau garçon, j'avais une physionomie assez remarquable. J'avais de fort beaux cheveux, quoique clairsemés... Il semble que la nature se soit fait un jeu cruel de rassembler en moi tous les dons les plus précieux pour me faire parvenir à ce que le monde appelle le comble de l'infamie et du malheur... »

De 1828 à 1829, Lacenaire s'engage dans l'infanterie... et déserte. De retour à Lyon, il trouve la maison familiale vidée de ses habitants : papa Lacenaire a décidément fait faillite et a pris la tangente avec son épouse et les enfants qui lui restent. Plus de position de repli.

Pierre-François file vers Le Havre, rêvant – c'était déjà la mode – de s'embarquer pour l'Amérique. Puis il se ravise, et rentre à Paris. Désormais, son destin est scellé.

Arrêt sur image.

Pour des raisons psychologiques évidentes, Pierre-François ne s'est pas inséré dans la société. L'effondrement de la fortune paternelle l'a privé de tout soutien de ce côté-là. Il n'a pas achevé les études auxquelles il rêvait. Son ambition le porterait à « de grandes choses », mais la vie est alors aussi difficile que maintenant. Pierre-François est allergique à la carrière militaire parce que, dit-il, « il ne sait pas obéir ». C'est un solitaire orgueilleux, ombrageux, déçu, qu'aucune corporation ne *coopte*, dont les foucades étonnent et font peur, et son incontestable talent littéraire ne suffit pas à lui ouvrir les colonnes des journaux, moins encore à lui permettre d'y gagner sa vie.

Le personnage peint par Jacques Prévert et joué par Marcel Herrand dans *Les Enfants du paradis* restitue bien ce climat farouche dans lequel va évoluer désormais Lacenaire. Voyez-le, tiré à quatre épingles, les cheveux bouclés avec attention, les manchettes de dentelles impeccables, le visage imperturbable dans son amertume, son mépris. Et observez comment il va glisser dans la délinquance avec de pâles complices comme Avril, estimant un paquet d'argenterie, loupant – là encore – ses guets-apens comme il a loupé ses autres entreprises, dégringolant sordidement jusqu'au crime pour finir...

Bientôt, l'ambition de Pierre-François apparaît : mourir sous le couperet triangulaire... La chose n'est pas exceptionnelle, et les archives judiciaires conservent les cas de suicidaires qui se sont fabriqué eux-mêmes des guillotines « artisanales »! Mais Pierre-François veut davantage... et mieux. Il ambitionne l'échafaud que lui a prédit son père et d'où il contemplera la foule, *le trèpe* qui est venu le voir, mais qu'il balaie d'un coup d'œil de mépris. Il suivra ce chemin avec l'élégance de la mise et les grâces de l'esprit, dialoguant d'égal à égal avec les magistrats les plus lettrés et les chefs de police les plus mondains...

Il y a du gratuit dans son cas. Le 9 juin 1829, il vole... un cabriolet. Avec ses chevaux! Un peu comme, aujourd'hui, il aurait piqué la Cadillac ou la Bentley rose de l'Aga Khan... Chemin faisant, il a un duel avec un neveu du littérateur Benjamin Constant, qui « lui a manqué » dans un tripot. Lacenaire est heureux au duel. Sa main ne tremble pas... Il faut bien réussir quelque chose dans son existence! Il envoie le neveu au cimetière.

Le 29 septembre suivant, il ramasse un *sapement,* c'est-à-dire une condamnation pour vol à un an de placard, et se voit transféré de la prison parisienne de La Force, à Bicêtre, puis à Poissy! Tournant fondamental! Car c'est à Poissy que :

• il va s'intégrer – enfin! - à une société, celle des truands, des criminels... Au procès, son avocat soulignera qu'il fera effort pour « apprendre la langue » des marginaux : l'argot!

• il va rencontrer ceux qui seront bientôt ses complices, ou ses victimes, ou... les deux, mon général!

• il va « virer sa cuti »... Lui qui, jusqu'alors, semblait assez sensible au charme féminin, découvre les facilités carcérales des camarades complaisants... ou actifs. On le retrouvera dans le lit d'Avril. Mémorialistes et magistrats, et jusqu'au président des assises, insistent... discrètement sur cette particularité. Prévert le montre équivoque, mais très sensible à la beauté de Garance... sans qu'il passe jamais à l'acte ni même au geste! De même, cela sera indiqué dans le film de Girod.

C'est donc un nouveau Lacenaire qui va sortir de prison. Pourtant, il semble se reprendre. Le voici écrivain public... encore que sa boutique soit aussi celle d'un *fourgue*, d'un receleur. Une vue certainement très juste. Cette vocation ne dure pas : le vol lui fournit des revenus plus confortables.

Tout de même, en 1831, il envisage d'investir le capital ainsi rassemblé dans une étude de notaire. Allez! C'est dit! Pour marquer le coup, il offre un balthazar aux clercs. On s'en met plein la lampe, on boit comme des éviers. Et puis on flambe un peu... comme le punch. Aux cartes, Lacenaire se fait repasser... Plus un rond! Adieu le notariat! Revoilà Pierre-François écrivain public! Sacré Lacenaire... encore un qui résiste à tout, sauf à la tentation!

En 1833, ça dérive encore davantage. Les vols dérisoires se multiplient : attaque d'un flambeur à la sortie d'un tripot. Vol de couverts dans un restaurant. Il est arrêté et condamné à treize mois de prison qu'il va purger à La Force.

Là, il rencontre des politiques, donc des journalistes. Un certain Vigouroux aime à bavarder avec lui. Il lui enverra une quinzaine de chansons et poèmes, dont certains seront insérés... gratuitement. Cette expérience doit renforcer en lui le dégoût de la « Société ».

Un peu plus tard, on guillotine un certain Lemoine, dont on dit qu'il avait avec Lacenaire des rapports plus qu'intimes. Ah! l'amour... Que se passera-t-il alors dans l'âme de Pierre-François? En tout cas, cette sensation que l'ombre de la Bascule à Charlot se rapproche...

Libéré de Poissy le 11 août 1834, il tente une collaboration au *Bon Sens*, le journal de Vigouroux. Le bide! A mon avis, Lacenaire devait manquer de souplesse, pour faire un métier comme celui-là. Alors, il repique au truc.

Notre nouveau Lacenaire, décidément, est aussi déconcertant que l'ancien! Le voilà entiché de théâtre! Il va voir le dramaturge à succès Eugène Scribe (1791-1861) qui lui donne un peu de pognon... Prévert transposera cette visite chez le comédien Frédérick Lemaître (joué par Pierre Brasseur) en lui prêtant une allure folle! Un morceau d'anthologie.

Cela ne change rien aux projets de Lacenaire... Faut bien vivre! Avec un pote, un certain Jules Bâton, il va tenter une nouvelle industrie : le piège aux garçons de recette.

Celle-là est simple, de recette ! On tire une traite bidon sur un personnage qui n'existe pas mais qui... loue un appartement. Et quand le garçon se présente... on l'estourbit.

Serez-vous surpris d'apprendre que, là encore, Lacenaire va faire chou blanc ? Successivement les garçons de Pillet-Will et de Rougement de Lowenberg échappent au piège. Puis, avec Avril, sorti lui aussi de cabane, il fait encore un bide... Décidément, Pierre-François n'a pas de dispositions pour la recette !

Le 14 décembre 1834, c'est l'affaire Chardon.

On ne saurait dire de ce fourgue qu'il est « équivoque » puisque son blaze dans le milieu n'est autre que la Tante Chardon... Ça se passe de commentaires. Opération spectaculaire : Avril et Lacenaire se pointent chez ce Chardon qu'ils ont connu en centrale. Il est absent. Bon ! Ils ont l'habitude. Ils redescendent. Or, voilà juste Chardon qui se pointe. Salutations. Ils remontent.

Et là, dans un décor et dans un rythme proprement dostoïevskiens, les deux malfrats vont se payer deux victimes... assez peu intéressantes par ailleurs. Et c'est bien vrai qu'il y a, chez Lacenaire, un côté Raskolnikov, le héros du roman *Crime et Châtiment.*

En plein mois de décembre, dans une piaule plutôt dégueulasse... il ne devait pas faire chaud, chez la Tante Chardon ! Et tout ça faisait encore plus « russe » que nature ! Au procès, Lacenaire n'a fait aucune difficulté pour fournir tous les détails sur cette sinistre soirée.

Oui, il connaissait Chardon depuis 1830. Oui, il savait que Chardon attendait une « subvention » de la reine pour « fonder une maison hospitalière destinée aux hommes ». Dix mille balles ! Somme considérable alors. La dénomination bizarre du projet Chardon ne doit pas nous abuser. Il s'agit sûrement d'une œuvre de bienfaisance, dans la mesure où l'on ne voit pas la reine de France financer un bobinard ou une boîte de pédés !

– Vous aviez dû vous munir des moyens de mettre à exécution votre affreux projet, suggère le président. Vous aviez un carrelet (« Grosse aiguille angulaire du côté de la pointe », nous dit Littré). Qu'avait-il, lui, Avril ?

Après avoir évoqué la rencontre de Chardon comme je viens de la résumer, Pierre-François confie :

– Nous remontâmes. Avril entra le premier, moi le second, Chardon le dernier. Avril était sans armes, il est vrai. Mais, lorsque Chardon est entré dans le petit cabinet, il lui tint quelques propos insignifiants et, selon nos conventions, il lui sauta à la gorge et lui serra le cou. Tandis que je le frappais par-derrière à coups de lime [le carrelet], Avril le fit glisser le long du lit. Comme il se débattait encore, Avril saisit un merlin pendu derrière la porte et il l'a achevé.

Le fidèle sténographe note la réaction du public à ce récit « prononcé d'un ton leste et indifférent ».

A maman Chardon, maintenant. Dans la piaule d'à côté, elle somnole dans un plumard. Lacenaire précise :

– Quand j'ai vu Avril qui *finissait*, j'ai été à la femme Chardon. Je lui ai porté plusieurs coups et quand j'ai pensé qu'elle ne pouvait plus se défendre, j'ai bousculé les matelas par-dessus elle...

Là, Pierre-François est plutôt discret. En fait, il a tapé la vieille au visage, et on a dit que c'était pas joli à voir.

– Avril vous a-t-il aidé dans le second assassinat ?

– Non, j'ai tout fait cette fois.

– Avril est-il venu vous rejoindre ?

– Oui, quand je *finissais*, il est venu m'aider à faire effraction à la grande armoire. Il fallait déranger le lit et Avril m'a aidé.

« Ici, résume un commentateur, Lacenaire sans hausser ni baisser la voix, entre dans des détails fort minutieux des localités, des circonstances de l'effraction. Il emploie des termes pleins de précision : on dirait un professeur démontrant une théorie scientifique. »

– En frappant cette vieille femme, relance le président, n'avez-vous pas été vous-même blessé à la main par la force du coup ?

– Oui, monsieur le président, répond Lacenaire, dont on appréciera la courtoisie. Comme vous le dites, par la force du coup.

– M. le commissaire de police avait présumé cette circonstance à la vue du tire-point [toujours le carrelet] ensanglanté par le manche.

Il énumère alors le pauvre résultat de ce pillage ! « 500 francs en argent, de l'argenterie, un gilet couleur rose (!) dans lequel nous enveloppâmes l'argenterie, et quelques hardes. Je pris aussi une petite Vierge en ivoire qui était sous la pendule de la veuve Chardon. Je la croyais d'un grand prix et j'envoyais Avril la vendre chez un marchand du quai Malaquais, mais comme on n'en offrait que trois francs, nous la jetâmes à la rivière afin de ne pas laisser pour si peu une pièce à conviction aussi compromettante... »

Ces détails peignent notre Lacenaire au naturel. Le ton y est. Que firent-ils ensuite ?

– Après l'assassinat, nous allâmes nous baigner aux Bains Turcs où nous fîmes disparaître les taches de sang de nos mains et de nos habits, Avril alla vendre l'argenterie et le manteau tandis que je l'attendais à l'estaminet de l'*Épi scié*...

Un établissement qui suscita un « amusant » pataquès, le président, qui ne devait pas sortir beaucoup le soir, ayant ordonné qu'on fasse comparaître « cet épicier »! Et de rire... Lacenaire rectifia, avec une amabilité digne d'une meilleure farce.

L'*Épi scié* se trouvait boulevard du Temple. Avril récupéra deux cents balles pour les couverts et vingt pour le manteau...

– Ensuite, nous avons été dîner ensemble, et nous passâmes le reste de la soirée au spectacle.

– A quel théâtre avez-vous été?

– Aux Variétés...

Stupeur dans la salle, qui eût sans doute trouvé plus décent une petite prière à saint... Eustache! Ils se séparèrent sous le coup d'onze heures, tout bouillon mis à part.

– Avril m'a quitté et a été, je crois, dans une maison de filles.

– Il me semble, dit le magistrat, qu'il résulte de l'instruction qu'Avril vous a proposé de passer la nuit chez un nommé Soumagnac?

Goûtez le ton de la réponse :

– Pardon, monsieur le président, vous faites une méprise. C'est dans l'affaire de la rue Montorgueil que nous avons été chez Soumagnac.

Étonnant! On comprend mieux dès lors l'engouement qu'exerça Lacenaire sur le public de l'époque, moins blasé d'horreur et de cynisme que nos contemporains...

Tout le compte rendu serait à citer. On ne le peut. Qu'il suffise de dire qu'une vraie bagarre éclata dans le box entre Lacenaire et Avril... qui se prétendait innocent comme l'enfoiré qui vient de naître! Lacenaire, lui, tenait à emmener son petit camarade à la Butte qu'il revendiquait et qui faisait une sainte horreur à son complice. Motif : Avril l'avait gracieusement *balancé* au début de l'enquête. Et ça, ça ne se pardonne pas!

Mais reprenons en vitesse l'itinéraire de nos lascars, marqué de menus incidents qui, après ce que nous venons de lire, ne nous semblent que de joyeuses balivernes.

Une semaine après le crime, Avril se fait coxer par... des poulets des « mœurs » alors qu'il s'oppose à l'arrestation d'une prostituée. Lacenaire, tranquillos... va le réclamer au quart et tente, vainement, de le faire libérer. Relâché une semaine plus tard, il retombe aussi sec pour un vol qu'il vient de commettre! Ça sent l'amateur, tout ça! Les nommés Bâton et François s'investissent ensuite dans la préparation, avec Lacenaire, de ce que ce dernier a appelé aux assises « l'affaire de la rue Montorgueil » : l'attaque – ratée! une fois de plus! – du garçon de recette Genevay. Quand je vous parlais d'amateurisme.

Le 4 janvier suivant (1835), Lacenaire vole... une pendule chez un certain horloger Richond, rue de Richelieu. Ayant gagné un peu de fric au tripot, Lacenaire décide de prendre des vacances : voyage à Dijon, Beaune et Genève, où il se livre à diverses gamineries sous une kyrielle de noms empruntés. Et puis à Lyon, où il adopte curieusement le blaze de Jacob Lévy pour escroquer un effet de commerce! Arrêté, il se retrouve à la prison de Dijon, où il s'appelle cette fois... Gaillard! Que les journaux, toujours aussi précis, transcrivent aussi sec en... Guichard! « Un jeune homme fort instruit qui passe son temps à composer des vers pour ses camarades de captivité! » Puis ils annoncent sa comparution sous le nom de... Laffener! A l'audience, ce... Laffener, dit Mahussier, revendique des crimes qui font paraître bien pâles les inculpations de chapardage et escroqueries pour lesquelles on voudrait le condamner! Le juge, sidéré, renvoie son inculpé à l'instruction. Et, trois semaines plus tard, il revendique le double crime des Chardon.

Le secret de Pierre-François

Par cette initiative, Lacenaire entame le chemin qui, à coup sûr, va le mener à la fameuse Abbaye du Monte-à-regret. Il va mériter le surnom, qui lui restera, de « Suicidé de la guillotine ».

D'abord incarcéré à La Force, puis à la Conciergerie, il y rencontre pas mal d'inculpés *politiques*, dont le fameux Raspail, plus ou moins mouillé dans l'attentat de Fieschi.

Dans ce milieu, il semble que cet intarissable bavard se trouve comme un poisson dans l'eau! Entre bavards, on se comprend...

Pour diverses raisons, on lui réserve un traitement de faveur : cellule spéciale, bonne bouffe, mobilier, plume et encre...

Enfin, relayant les codétenus *politiques*, des sommités de tout poil viennent tailler des bavettes avec lui : poulets huppés, journalistes curieux, avocats divers, morticoles farfelus en mal d'innovations qui vont le mesurer, le doser, le titiller, lui tâter le crâne et, même, lui mouler le visage. Ce qui amène Lacenaire à une réflexion qui le fait hennir de rigolade : et si, sous le plâtre, il avait arrêté de respirer... Quelle nasarde pour le bourreau ! Mais non ! Pour notre assassin homme du monde, ce ne serait pas urbain ! Il se prive donc de cette bonne farce ! Et surtout, il ne veut pas manquer le spectacle dont il doit être la vedette !...

Enfin, le 12 novembre 1835, le grand jour arrive ! Et Lacenaire entre dans le box. Victor Cochinat, un journaliste, le décrit ainsi : « Jeune, frais, élégant, d'une figure riante, agréable et relevée par une moustache soyeuse, il franchit lestement un gradin placé devant lui et, après avoir promené un regard plein d'aménité sur tout l'auditoire, s'assit avec aisance au banc d'infamie... »

C'est-y pas beau ? Et puis, il engage avec son avocat, le bon Me Brochant, « une conversation qu'interrompt souvent son sourire. Il paraît entièrement étranger au débat qui se prépare, et son assurance contraste de la manière la plus frappante avec l'attitude morne et silencieuse des deux complices que ses révélations ont amenés aux assises avec lui. Lacenaire porte un habit bleu fort propre, à collet de velours, et un pantalon noir. Il tient de temps en temps à la main un mouchoir de fine batiste, ce qui est une nouveauté luxueuse. Car généralement, à cette époque, les hommes se servaient de foulards en soie ».

Tiens donc !

Le procès, je vous en ai déjà un peu parlé. Mis à part les empoignades entre Lacenaire et ses complices, fâchés l'un et les autres d'avoir été donnés les uns par les autres, il n'y a guère eu d'incidents. Mais quelques sensations... D'abord quand l'argot échappait à quelque spécialiste. Et puis lorsqu'un accusé ou un témoin livrait quelque information sur la manière de vivre dans les prisons et dans les bagnes. Je compte pour rien les éclats de rire cyniques, mais sincères, que Pierre-François laissait échapper aux moments les plus pathétiques... La sténographie des débats est, à coup sûr, d'une lecture assez tonique !

J'ai pu lire aussi ces morceaux de bravoure que sont, comme souvent, le réquisitoire et les plaidoiries. Incontestablement, ce sont de bons morceaux. Les faits y sont rapportés avec exactitude. Il est vrai que Lacenaire était perçu comme un censeur possible, peu facile à manipuler. La plaidoirie de Me Brochant comporte notamment une biographie du mauvais sujet intelligente et non dénuée de sensibilité : elle fait la part des choses. Un échantillon ? Voici l'évocation du duel avec le neveu de Constant :

« Une de ces querelles puériles qui moissonnent cependant chaque année tant de têtes jeunes et précieuses les conduisit sur le terrain. Lacenaire évita, dit-on, le combat tant qu'il put. Il semblait pressentir les conséquences funestes de cette malheureuse affaire. Enfin, forcé de défendre sa vie ou de passer pour un lâche, il essuya le feu de son adversaire et eut le triste avantage de le tuer sur la place. Hélas! Que n'a-t-il péri dans cette déplorable rencontre! Dès lors, tout son avenir fut brisé. L'affaire eut de l'éclat, les feuilles publiques en retentirent, le nom d'un orateur à jamais célèbre s'y attacha [Benjamin Constant]. Ses plus généreux protecteurs le repoussèrent. On l'eût blâmé de refuser le combat, on le punit de l'avoir accepté. On n'osa plus prononcer le nom d'un duelliste, d'un meurtrier : on le plongea dans l'abîme. Que faire? Que devenir? Seul... Sans amis... Sans famille! Car il n'avait plus même le cœur d'une mère pour y verser ses douleurs ni les conseils d'un père pour retremper son âme abattue! Travailler? Eh oui sans doute! C'est là le conseil de la vertu. Travailler! Mais cela est-il possible mon Dieu... alors que l'éducation vous met au-dessus de ces travaux manuels et serviles qui sont l'apanage d'une classe souffrante et malheureuse mais grossière et inculte... Mille projets sinistres bouillonnèrent dans sa tête : le suicide ou le crime, il n'avait plus d'autre alternative... »

La citation, à mon avis, valait le détour. Outre la chaleur qu'on y décèle, elle situe bien l'origine de la dérive... Avec le petit coup d'œil sur la... classe inculte...

Avant le verdict, Lacenaire fit un petit discours, fort bien venu également, terminant ainsi :

– Je ne viens pas demander grâce, je ne tiens pas à la vie. Oh, je ne dirai pas que je suis stoïque. Si la société m'offrait les jouissances de la vie, la fortune, j'accepterais. Je ne tiens pas à l'existence, messieurs, je vis dans le passé. Depuis huit mois, la mort est assise à mon chevet. Je ne demande pas grâce, je ne l'attends pas, je ne la veux pas... elle serait inutile!

Sur cette conclusion d'un propos allègre qui avait tout de même duré une heure, on passa aux délibérations. Non sans qu'Avril eût causé lui aussi, et que François ait pris une parole assez... grandiloquente :

– Misérable! Toi qui as juré haine et vengeance à tout le genre humain, tu ne crains pas la justice des hommes mais en allant à la mort...

Le résultat n'apporta aucune surprise : Lacenaire et Avril passaient à la découpe. François filait au bagne jusques à plus soif.

– François a sauvé sa tête, dit Lacenaire, ce ne sera pas pour longtemps...

Au retour dans leur cellule, on mit la « camisole de force » aux condamnés à mort. C'était comme ça qu'on faisait dans ce temps-là. Y avait pas à discuter... Un peu plus tard, on remplacera cet instrument par des fers, sans doute sur l'impulsion d'un humaniste distingué.

Tout de même, une certaine considération continuait d'entourer Lacenaire. Il obtint de réveillonner en compagnie d'Avril, dont le caractère s'était adouci. Cela nous vaut une jolie réplique. Au milieu du repas, Avril remarqua que Lacenaire ne touchait guère à une tranche de rôti saignant qu'il avait sous le nez.

– Tu n'aimes donc plus le sang, Lacenaire ?

– Ma foi non, dit Pierre-François, rêveur.

– Eh bien, moi, je l'aime toujours, fit l'autre.

Et saisissant l'assiette de son convive, il siffla le jus rouge et éclata de rire. Pour ne pas être en reste, Lacenaire poussa une petite chanson dont voici deux couplets :

Nous n'avons à notre table
Point de femme et c'est fort bien.
Il serait désagréable
D'engendrer un orphelin...

A nous, saucisse et poularde !
A nous, liqueurs et vin vieux !
Fais la nique à la camarde
Qui nous montre les gros yeux !
Noël ! Noël ! etc.

Voilà deux gaillards qui maniaient solidement l'humour, ou je ne m'y connais pas !

La fin, le 9 janvier 1836, fut digne du reste.

On a dit bien des choses sur la mort de Lacenaire. Certaines feuilles de choux avaient reçu de la police consigne de le montrer *capon* devant la Veuve... Il paraît que c'était plus moral... Il y eut bien des versions. Voici celle de Cochinat, le journaliste. Avril passa le premier, criant : « Adieu mon vieux Lacenaire ! adieu, courage ! J'ouvre la marche. »

Le bourreau de Beauvais, à défaut de celui de Béthune, était venu prêter la main à Monsieur de Paris. Il voulut pivoter Lacenaire pour l'empêcher de voir fonctionner le couperet. Lacenaire lui dit :

– Seriez-vous assez bon, monsieur le bourreau, pour me laisser voir Avril ?

Tel quel ! Et il vit... Puis ce fut son tour. Parmi les récits plus ou moins contradictoires, celui-ci doit être le plus exact. Sachez apprécier, et consommer avec considération :

« Il arriva, pour cette exécution, ce qui s'était rarement vu. La guillotine était très vieille : aucun ouvrier de Paris ne voulait la réparer, et le bourreau et ses aides étaient obligés eux-mêmes, de temps en temps, de la raccommoder tant bien que mal.

« Lacenaire gravit les degrés de l'échafaud et adapta sa tête dans la rouge lunette.

« Il était déjà dans cette horrible position depuis plus d'une minute – intervalle immense dans un pareil moment ! – que le couperet n'avait pas encore glissé dans la rainure qui l'emprisonne. Au lieu de tomber sur son cou, le triangle s'était arrêté en route...

« Il fallut le remonter !

« Pendant ce temps, par un suprême effort, Lacenaire se redressa sur ses coudes et regarda fixement l'instrument de mort qui semblait reculer de lui avec horreur.

« Peut-être aiguisait-il en ce moment suprême une dernière et funèbre moquerie, car sa bouche se crispait pour railler. Mais la mort faucha sur ses lèvres blêmes cette dernière plaisanterie. Une partie de son menton fut emportée... La veuve Chardon était vengée ! »

La *tante* aussi !

Un dernier mot pour parler de François...

« Il partit avec le dernier départ de forçats qui eut lieu à Bicêtre, et scandalisa la foule par l'immoralité de ses propos. Il se vanta d'avoir *fait voir le tour* aux jurés par ses discours devant les assises, et arriva au bagne en riant.

« Quelques jours après son arrivée, il fut envoyé en mer avec d'autres forçats pour accomplir un travail pénible. Ses compagnons revinrent sans lui et prétendirent qu'il s'était noyé.

« On se rappelle que François avait été le premier délateur dans l'affaire Chardon et que Lacenaire l'avait condamné à mort... »

Plus condamné à mort que lui tu meurs, comme on dit !

★

Voilà. Pour l'essentiel, pour ce qu'on peut savoir, vous en savez autant que moi. Avons-nous pour autant percé la mécanique de cet homme insolite qui annonce le XXe siècle avec soixante ans d'avance ?

Dandy, ambitieux, déçu, révolté. Desservi par la malchance au moins autant que par son caractère... Il était aussi... « poète », si toutefois on peut lui appliquer ce titre noble et rarissime. En tout cas littérateur, « homme de lettres » jusqu'au bout des ongles, dans une impuissance que peut-être la société lui imposa. Et puis, médiatique en diable. Fanfaron. Suicidaire...

Pierre-François, voilà autant de titres à ta modernité, à notre fraternité. Pédé, en plus... un virus carcéral qu'on attrape souvent dans les vieux murs aux inscriptions obscènes...

Est-ce que cela explique tout ? Où chercher encore ?

Il y a dans l'œuvre d'Edgar Poe un conte qui s'appelle *La Lettre volée*, et dont la moralité pourrait être : si vous voulez bien cacher quelque chose, mettez-le en évidence, tant le regard des hommes est inconséquent... Ainsi, en frontispice de ses Mémoires, Pierre-François a-t-il un beau portrait de lui, que l'on devine bien ressemblant, signé Sévilly.

Et dessous, ce quatrain manuscrit en anglaise, d'une écriture qui est sans doute celle de l'auteur fidèlement reproduite, avec la signature et la date du 22 « Xbre » 1835 :

Il est un secret qui me tue,
Que je dérobe aux regards curieux,
Vous ne voyez ici que la statue,
L'âme se cache à tous les yeux.

Ainsi, il est là, le secret de Lacenaire ou, mieux peut-être, le secret de Pierre-François ! Dans ces vers placés en évidence, que tout le monde a lus parmi ceux qui se sont intéressés au Criminel, mais auquel nul ne semble avoir réfléchi très profondément.

Quel était ce secret ?

Quel est-il ?

Bien malin qui le dira aujourd'hui...

★

Sous la plume de Jacques Prévert, Garance-Arletty dit à Lacenaire-Marcel Herrand :

– Vous... vous parlez tout le temps... On se croirait au théâtre. Ça distrait, et puis c'est reposant!

On lui a coupé la parole... ou le sifflet, si vous préférez. Pourtant, l'ombre de Lacenaire continue de nous occuper.

Vous avez dit bizarre ?

LES AMOURS DE CASQUE D'OR
ou
En sapin dans le siècle

Amanda n'a qu'un défaut,
C'est d'aimer trop la friture,
Mabille, Valentino
Et les courses en voiture.
Quand à Neuilly en sapin
Seuls nous nous faisons conduire
Sa joie éclate en chemin,
Surtout lorsqu'elle entend dire :

Voyez ce beau garçon-là,
C'est l'amant d'A...
C'est l'amant d'A...
Voyez ce beau garçon-là,
C'est l'amant d'Amanda !

Émile Carré
L'Amant d'Amanda
Chanson, 1876

L'AFFAIRE
CASQUE D'OR

LES FAITS

Le 10 décembre 1901, Amélie Hélie dite Casque d'Or abandonne son amant Joseph Pleigneur dit l'Homme, dit Manda, avec lequel elle vivait depuis quatre ans, pour rejoindre François Leca. Il en résulte une violente bagarre, revolver en main, rue des Haies, dans la nuit du 5 au 6 janvier 1902. Leca y est blessé de deux balles. Soigné à l'hôpital Tenon, il y est interrogé par la police et décide de prendre du large. Le 9 janvier, il monte dans un fiacre en compagnie d'Amélie Hélie et de deux copains. Chemin faisant, la voiture est attaquée par Pleigneur et sa bande. Leca, derechef, est blessé de deux coups de couteau, au bras et à la poitrine. Ces événements, rapportés par la presse et notamment par Le Petit Parisien, *retiennent l'attention du public. Son surnom exploité par de nombreuses publications, Casque d'Or devient célèbre.*

Le 4 février, Pleigneur est arrêté à Alfortville après quelques-uns de ses complices. En fait, Pleigneur et Leca sont entourés chacun d'une petite « bande » *de voyous : respectivement, celle de la Courtille ou des Orteaux, et celle de Popincourt, du nom d'artères parisiennes.*

LE PROCÈS

Avec une promptitude qui nous surprend aujourd'hui, le procès de Pleigneur vient à l'audience. Il est entouré dans le box par Heil, dit la Boulange et Ponsart, le Petit Rouquin. Verdict : travaux forcés à perpétuité pour Pleigneur, cinq ans pour Heil, acquittement pour Ponsard.

Durant ce temps, Leca a été arrêté en Belgique. Extradé, il comparaît six mois après son adversaire sans que l'opinion (la presse) s'en occupe beaucoup. Condamnation à huit ans de travaux forcés.

Pleigneur mourut en Guyane en 1936.

A vrai dire, dans le genre tragédie du siècle, l'affaire Casque d'Or ne vaut pas un coup de cidre.

En ce temps-là, que les bêtes de la télévision ne parlaient pas encore, les pouvoirs de l'image... imaginaire avaient déjà atteint une bonne vitesse de croisière. Et ce conte bleu-rose n'était certes qu'un petit « fait divers ». Tout à fait divers. Mais il a passionné et amusé les foules. Les « journalistes », les « reporters » comme on disait alors, n'y furent pas étrangers.

L'amour, ça paye, et la femme garde sa puissance de suggestion. Pourquoi deux loustics des rues ouvrières du XXe arrondissement se sont-ils chamaillés, tabassés et finalement lardés de coups de surin ?

Mais pour un chignon, voyons...

La fille de Nini Peau d'Chien

D'abord, une précision : l'âge des trois protagonistes se situe entre vingt-quatre et vingt-sept balais ! A cet âge-là, on a le sang chaud... Et l'on sait ce que le sang chaud pensa. Si vous me passez la plaisanterie...

Quand on regarde les photos... On se dit... que tout ça aurait pu se régler à la belote, comme dans la chanson ! Car le chignon, c'était celui d'Amélie Hélie, une petite nana pimpante qui portait allegro son jeune âge.

D'accord, elle était rousse... et les rousses, on n'y peut rien, ça fait rêver... ça fait humer. On se demande si c'est des vraies... on est tenté d'aller y voir ! Oh ! chères rousses... Vous en fîtes rêver plus d'un, c'est vrai, ça. Celui qui a écrit *Nini Peau d'Chien*, par exemple, un certain Aristide Bruant :

Elle a la peau douce,
Aux taches de son !

A l'odeur de rousse
Qui donne le frisson...

A... la Bastille on aime bien
Nini Peau d'Chien!
Elle est si bonne et si gentille!

Vous connaissez le reste. En chœur au refrain!

Qu'avait-elle de plus pour susciter de tels enthousiasmes, Casque d'Or, aujourd'hui desservie, il est vrai, par le recul de la mode. Essayons de l'imaginer cette année en mini, la touffe à l'air... en collants bariolés... ou bien l'été, en robe imprimée décolletée à l'excès, coiffée par Tartougne Bis... Comme elle nous plairait, avec

son p'tit nez oùs'qu'y pleuvait d'dans!

Ses rondeurs... Ah! on la trouverait pas trop belle, la mariée! Ni trop ronde, d'ailleurs! On en redemanderait. Ce que firent deux petits malfrats un peu ombrageux.

Et en plus, eux, ils savaient ce que cachaient les roupanes et les longs jupons... les costumes d'abbé Pierre qu'elle se portait. Sous les jupes, sous le corsage. Quels petits détails anatomiques! Quelles fantaisies! Quels menus secrets de plumard, chaudrons de suaves liqueurs mijotant à la douce sous le triangle de cuivre... Car elle était rousse, Casque d'Or, je crois vous l'avoir suggéré.

Hélas! A quatre-vingt-dix... cent piges de distance, il est bien tard pour s'en assurer. En tout cas, moi qui vous cause, je suis pas encore partant pour y aller voir...

Peut-être au fond qu'elle avait rien de bien spécial, Casque d'Or, qu'une langue bien pendue, un abricot bien fendu, une insolence, une gaieté flambarde, une certaine façon de sauter du pucier en marche dans le plus simple appareil, une jolie voix pour chanter son plaisir... Et puis ensuite, une certaine manière de taper du talon au son du biniou dans les guinches de la barrière, les musettes... où le biniou s'apprêtait à céder la place au piano à bretelles, celui « du pauvre », et à des chorégraphies moins innocentes.

En ce temps-là, les émigrés auverpins, ils avaient amené à Paname leur grand galure (Bruant l'a repris!), leurs blouses plissées, leurs sabiots... et leurs traditions musicales. Rappelez-vous... à l'époque... on savait par cœur

Jouez hautbois, résonnez musettes...

Ils régnaient peinards sur la limonade, les plouques, les originaires du Massif... d'où le nom des *bals musettes*... Pas feignants les gars, joviaux ou taciturnes, avec leurs femelles brunes bien plantées sur la terre, leur peau mate, travailleuses, bonnes pondeuses, et le sens du porte-monnaie, ce qui ne gâte rien...

C'est un Auverploum qui a fait basculer la mode, un beau soir, en faveur de ce soufflet bizarre importé d'Italie... Bouscatel, il s'appelait. Il tenait bastringue dans la rue de Lappe, une adresse qui fait songer. Et puis plus tard, Léo Ferré nous a chanté ça...

Le piano du pauvre
Se noue autour du cou...
La chanson guimauve,
Toscanini s'en fout!

Je me laisse entraîner... les souvenirs... la nostalgie! Excusez ces rappels, joyeux lecteur, frémissante lectrice! Amour rime toujours avec tambour... Et les bonheurs ne vont pas sans musique. L'histoire de Casque d'Or non plus! C'est son charme, en somme, et on sera bien obligé d'y revenir! Ça vaut-il pas mieux que toutes ces histoires qu'on va vous narrer, affaires à viande froide terminées immanquablement sur les dalles fraîches de la Médico, ou dans la terre à limaces, la

... terre grasse et pleine d'escargots

chère à Baudelaire, du carré des Suppliciés?

Laissez-vous faire! Ça va nous détendre un peu.

Reposons-nous dans ces bals de barrière où l'*ouverrier* rencontre la *cousette* et côtoie l'*apache*, le voyou à *bâche* avec son bénouze à pont

minc' des g'noux et larg' des pattes...

et où, en définitive, la flamboyante Amélie a rencontré son premier marlou... Fouchtra! Au paradis des bougnats parmi les tas de margotins. Tout de suite, naturellement, ç'a été le coup de foudre...

Le premier « grand amour » d'Amélie, il s'appelait Joseph Pleigneur, vingt-six ans, polisseur de son état (un bien joli métier). Et puis aussi un peu maquereau, à ses moments perdus. N'y voyons pas malice! Faut bien mettre un peu de beurre dans les épinards.

Amélie avait vingt-quatre ans.

Joseph, je précise, il avait un surnom comme tout le monde dans le milieu... à cette époque faudrait dire. Il en avait même plusieurs. Joseph, on lui disait Manda. Me demandez pas pourquoi... peut-être à cause d'une chanson... L'amant d'Amanda... Faudrait voir. Et surtout, ce qui me paraît très symptomatique, on lui disait *l'Homme*... Pas moins... Ce qui peut supposer de bons rapports avec le sexe faible, et puis aussi qu'il valait mieux ne pas lui écraser les espadrilles... lui casser les noix à la petite cuiller.

Pour des personnes distinguées comme nos deux tourtereaux, point n'était besoin pour s'épouser d'aller mobiliser les corps constitués, les élus, avec leur bide tricolore, le représentant officiel du Bon Dieu. Ça se passait sans manières. Il a chanté ça, Bruant. Écoutez :

Un soir d'automne, à c' qu' i' paraît,
Pendant qu'la vieill' butte r'tirait
Sa rob' verte,
Nous nous épousions, dans les foins,
Sans mair', sans noce et sans témoins,
A Montmerte...

Allez pas tout de même soupçonner nos zigotos de légèreté coupable pour autant. En sortant du Bal des Vaches, au Point du Jour près de l'île de la Grande-Jatte, ils en ont pris pour quatre ans! Un vrai serment d'amour. Faut le faire. Moi, je connais des mariages de ministres qu'ont pas duré aussi longtemps.

D'après Armand Lanoux qui s'était penché lui aussi sur cette équipée, c'est Casque d'Or qui dévoya *l'Homme*! « Cette fille adorait les bals, les fêtes foraines, les " mouises " aux Halles (autrement dit, les soupes à l'oignon, les petites bouffes), les 14 Juillet, les feux d'artifice et les déjeuners sur l'herbe. Elle était jolie, drôle, insolente, bonne danseuse et savait pousser la romance comme personne. Elle connaissait tous les guinches de Paris... Mais si elle gagnait beaucoup par des moyens faciles, c'était une personne coûteuse, un vrai panier percé! »

A l'époque déjà, y avait des « bandes ». *L'Homme* dirigeait, en toute modestie, celle de la Courtille qu'on appelait aussi les Orteaux. Les amateurs chercheront sur le plan de Paris.

Or, il était non loin de là une certaine bande dite de Popincourt drivée par un nommé François-Dominique Leca, mécanicien de vingt-sept ans, qu'on lui disait... le Corse, tiens! Un Corse qui entretenait des affinités électives avec une femme de chambre en rupture de balai, Germaine Van Maelle dite la Panthère! Tout un programme...

Que se passa-t-il? On entre là dans la zone d'ombre où s'abritent les aventures du tafanard. Qui qu'a commencé? Qui qu'a agacé? A ce qu'on dit, c'est Casque d'Or, un peu lasse de son bail d'amour, qu'aurait louché vers le Corse.

Casque d'Or, c'est sûr, n'avait qu'à loucher pour être servie. Provoqué d'une œillade, le Corse tomba dans les draps du bonheur, et s'en trouva bien.

Bien qu'elle exerçât par-ci par-là le plus vieux métier du monde, la Panthère était paradoxalement jalouse comme une duchesse. Et c'est – disent les historiens – en faisant une réussite (« Tiens, une femme rousse... ») qu'elle découvrit son infortune et les égarements de son coquin...

Le schproum ne tarda pas à éclater.

Le Corse faisait-il « du genou » à Amélie ? La Panthère l'affirma d'un ton sans réplique. Raisonnables, les deux mecs restèrent silencieux : calmos !

Mais, lors de l'explication qui s'ensuivit dans l'intimité, la Panthère lâcha son atout maître.

– Pauv' cloche, susurra-t-elle à François Leca, c'est-y pas que tu t'imagines qu'ils nous ont attendus ? Si tu veux l' savoir, c'est pas d'hier que ta Germaine et mon julot se sont envoyés en l'air pour la première fois...

– L'Homme est loyal ! répliqua le Corse.

Pour lui la régularité de Manda ne faisait aucun doute.

La Panthère éclata d'un rire sardonique et régla la question d'une formule abrupte encore qu'imagée :

– Pauv' con ! lâcha-t-elle.

Son sourire, l'éclat de son regard et l'humidité de sa lèvre sensuelle suggéraient des remarques plus gracieuses. Croyez-en Jacques Brel, les Flamandes ont plus d'un tour dans leur sac.

Un tenancier de bistrot surnommé Beau-Blond fut appelé comme juge de paix. Mais il garda un silence prudent. Cette réserve même était une condamnation.

– Moi, j'ai rien dit ! souligna le tenancier.

La cause était donc entendue.

Après avoir été gambiller dans un établissement circonvoisin, le Corse et Casque d'Or s'en allèrent de concert prendre un instant de repos... agité dans un plumard du secteur. On n'a que le bon temps qu'on se donne. Et, vous pouvez m'en croire, ils s'occupèrent là d'en suer une et même quelques autres « qu'étaient pas dégueulasses », comme chantait Bernard Dimet.

Dans ces coups-là, vous remarquerez, y en a toujours un pour balancer la sauce, éventer la mèche, foutre la merde.

Qui ?

Toujours est-il que bien que l'ayant, comme on dit, à la caille, *l'Homme*, très calme, demeura maître de lui comme de l'univers, au moins celui de la Courtille. Et il expédia près du Corse un ambassadeur extraordinaire et plénipotentiaire dont l'histoire n'a pas retenu l'identité.

La réponse du Corse, bien qu'elle fût brève, peut, je pense, se résumer ainsi :

– Va t' faire foutre, eh ! pauvre cave ! Si *l'Homme* a besoin d'Amélie pour un petit service, il sait où elle est. Il a qu'à venir la chercher lui-même. Et là-dessus, casse-toi en mille morceaux, nous, on a à faire.

Sous les yeux du messager écarquillé et figé sur place, joignant sans nulle vergogne le geste à la parole, il se replongea sous le drap en compagnie d'Amélie à des fins que les ondulations du linge ne laissaient aucunement dans le secret. L'ambassadeur n'avait plus, lui, qu'à se retirer, ce qu'il fit sans coup férir...

Les gloussements d'Amélie bientôt achevés en hululements significatifs le poursuivirent jusque dans l'escalier, confirmant son impression première.

L'Homme, autant dire Manda, accueillit de sang-froid le compte rendu de son envoyé, précisions à l'appui. Au lieu de pousser des cris de porc frais comme le firent et le feront bien d'autres dans des circonstances autrement moins passionnelles, et d'évoquer « sa patience » en tortillant des hanches comme un pensionnaire de chez Michou, il pinça légèrement les lèvres, lâcha un jet de salive et déclara *mezza voce* à l'intention des fidèles lieutenants qui l'entouraient :

– D'accord. C'est la guerre, les mecs. Veuillez ajuster vos deffes et vous munir de vos surins et de vos feux. On y va ! A l'assaut.

Ce qui fut fait recta. Dans la nuit du 5 au 6 janvier 1902, dans un coin tranquille de la rue des Halles.

L'attaque de la diligence

Le lendemain, un brave cantonnier découvrait, éparpillés, les vestiges du combat : casquette dégradée par des coups de feu, pistolets en godille, poignard de fort calibre, eustache avec son cran d'arrêt et même... ô témoignage d'un affrontement sans merci, une hache !

Il s'en fut confier son angoisse au mannezingue du coin, le nommé Beau-Blond déjà mentionné. Qui lui répondit :

– Écrase, Mimile ! T'as sept gosses, je crois ? Eh ben, ça te fait sept raisons de la boucler. T'as compris ? Allez, Mimile, te désole pas. Reprends un p'tit coup de blanc : c'est moi qui régale. Il est fameux...

Mimile essuya ses moustaches d'un revers de manche et laissa quimper, comme on venait de le lui suggérer éloquemment. Et c'est ce qu'il avait de mieux à faire.

Au même instant, l'officier de police Deslandes s'entretenait sur un autre ton avec un blessé à l'hôpital Tenon : Leca en personne, augmenté des deux bastos qu'il recelait dans sa carcasse.

Aux sollicitations de l'honnête lardu, le Corse sut opposer une discrétion à toute épreuve : celle qui s'impose aux vrais hommes dans des cas analogues. Et lorsque deux de ses affidés vinrent le quérir, en compagnie, faut-il le dire ? de la flamboyante Casque d'Or, le Corse n'avait rien confié d'autre à la police que :

– Je sais rien. On m'a tiré dessus dans le noir et j'ai pas vu qui !

C'est le 9 janvier 1902, donc, que Leca se fit hisser dans le fiacre n° 8907, seul disponible. En ces temps lointains, la notion même d'ambulance était encore peu précise.

Alors le conflit mérita de prendre le nom de guerre ! Une demi-douzaine de « pâles escarpes » – une appellation qui s'appliquerait difficilement aux bandes de *beurs*, de *blacks* et de *zoulous* de nos modernes banlieues – prit la voiture publique à l'abordage ! Une technique nouvelle qui frappa les esprits...

Si vous avez vu *La Chevauchée fantastique* à la téloche, vous avez une idée suffisante de ce qui s'est passé ce jour-là dans les rues de Paname.

En deux mots : Pleigneur, dit Manda, dit *l'Homme,* avait sauté avec quelques compagnons à la bride du canasson. A l'intérieur du sapin, comme on disait alors, le Corse se faisait dorloter, encore douloureux de ses blessures récemment pansées. La Grande Mélie, Amélie Hélie, Casque d'Or enfin, lui prodiguait les câlineries que vous pouvez imaginer...

Casque d'or... Les journalistes d'alors, en gants beurre frais et guêtres en peau de zébi, allaient s'en emparer et lui décerner ce surnom spectaculaire en l'honneur de sa... que dis-je ? De ses crinières flamboyantes !

Tout le monde n'éprouvait pas cette tendresse admirative. Un certain Émile Chautard, gentil compagnon typographe et historiographe des *Goualantes de La Villette et d'ailleurs* la retapisse avec moins d'indulgence : « Vulgaire prostituée [qu'il s'exprime!] qui fut en passe [le cas de le dire...] de devenir dompteuse, lutteuse, artiste dramatique, dont le portrait, exécuté par un peintre de talent, faillit voir le jour au Salon de 1902, quittant ses amants pour se mettre en concubinage avec d'autres filles [tiens donc!...] se teignant les cheveux et *puant de la gueule à quinze pas*, comme dit le populaire. Cette fille fut l'instigatrice des meurtres de *Bicot de Montparnasse* tué aux Halles, du *Jockey* et de *Ninas*. »

Intéressant!

Admettons l'exactitude des informations du père Chautard. N'empêche qu'elle devait bien avoir quelques charmes, la Grande Mélie.... Pour ce qui est de la prostitution, la chose semble incontestable, et d'ailleurs incontestée. « C'est incroyable ce que je m'appuyais comme grosses légumes, narre-t-elle elle-même dans ses *Mémoires*, évoquant son passage à l'Hôtel du Libre-Échange. Ce que l'argent tombait! Dufayel [une grande maison de crédit] repassait jamais deux fois à la maison [pour récupérer ses créances, je précise pour les jeunes lecteurs...]. Ma spécialité? Jouer les fillettes. On m'appelait Fanfan. »

Tout cela n'est pas forcément contradictoire : toutes les fillettes ne se nourrissent pas de fraises à la crème. Y en a qui apprécient l'aïoli, le roquefort et la Boulette d'Avesnes...

Revenons à l'attaque de la diligence... pardon, du fiacre! Le grand journaliste Marcel Montarron l'a évoquée en ces termes :

« Le fiacre venait de quitter l'hôpital Tenon. Il ramène un homme qu'on y soignait à la suite d'une blessure (deux balles dans le buffet). Dès que la voiture s'est engagée dans la rue des Haies, elle est prise en chasse par une demi-douzaine de truands. L'un d'eux, tel Ravaillac, grimpe sur le marchepied. Il brise la vitre et porte au malheureux deux coups de couteau. »

A côté du cocher, un copain du transporté ne fait ni une ni deux : il sort son flingue et tire, mais les agresseurs sont déjà loin. Amélie poussait des gloussements qui, cette fois, n'étaient pas de plaisir... On en fut quitte pour retourner fissa à l'hosto où les bons docteurs en requimpette se firent un devoir de lui recoudre derechef la paillasse.

Parmi les agresseurs, un des *lieutenants* mérite un court arrêt sur image : le jeune Auguste Polly surnommé *le Dénicheur* ou plus simplement *Dénicheur*, ou même *Déni* « parce que, dit encore Chautard, dans sa jeunesse, il était d'une agilité surprenante pour monter aux arbres du parc des Buttes-Chaumont et y décrocher les oiselets. Beau garçon, bien musclé, cassant et brutal, Déni était redouté de tous ses camarades pour sa violence, et ceux-ci évitaient toute querelle avec lui, sachant que l'homme vidait ses différends au couteau ou au revolver. Quelque temps après avoir quitté son métier de polisseur, dont il fit l'apprentissage à l'atelier que sa mère avait loué dans une usine du quai de Jemmapes où elle exerçait cette profession, Déni fut employé par un ami dit *la Boulange* comme commis de marchand de biftons à la porte des théâtres des Grands Boulevards. Polly, en guise de remerciement, le blessa d'un coup de couteau à Belleville, rue Dénoyez, pour s'emparer du poste plus lucratif de l'ancien mitron ».

C'est à l'évidence en songeant à ce joyeux drille que Léon Daniderff composa son immortelle valse du *Dénicheur*, le Daniderff en question se nommant, pour l'état civil, Ferdinand Niquet en toute modestie (1878-1943). Ses valses chaloupées lui valurent la fortune, ainsi d'ailleurs qu'un titre dont le succès fit pâlir ceux du *Vaisseau fantôme* de M. Wagner, ou du *Faust* de Gounod : *Je cherche après Titine*... qu'utilisa Charlie Chaplin dans *Les Temps modernes*.

Mais revenons au *Dénicheur*, un nom dont Daniderff suggère une autre origine :

On l'appelait le Dénicheur.
Il était rusé comme une fouine,
C'était un gars qu'avait du cœur
Et qui dénichait des combines...
Il vivait comme un grand seigneur
Et quand on rencontrait sa dame
On répétait sur toute la ga-a-a-ame :
« Voilà la femme au Dénicheur... »

Un dernier vers que Marcel Mouloudji, peut-être plus proche de la vérité, chante : « Voilà *la femme à* Dénicheur !

Ce qui reste sûr, c'est que le *Dénicheur* en question, en fait de nids, ne fouillait pas que ceux des Buttes-Chaumont, attiré qu'il était, et non sans succès, par ces nids triangulaires où tant d'oisillons vont volontiers s'abriter. Pour ses beaux yeux, conte Marcel Montarron, « rue de Bondy un soir de 1904, une nommée Jeanne Ponciaux poignarda sa rivale Louise Perrin, toutes deux se disputant l'honneur, et sans doute le plaisir, de l'entretenir ». Heureux homme !

Restons en 1902 qui verra, grâce à une justice particulièrement véloce, le début et la fin de l'aventure de Casque d'Or, celle-ci ayant fait, notons-le, de premières armes spécialement précoces : à treize ans et demi, elle avait rencontré, au bal de *La Pomme au lard*, un certain « Matelot », quinze balais, beau comme un Saint-Jean... « On nous prenait pour le frère et la sœur », observe-t-elle suavement... Et peut-être qu'on leur offrait des sucettes.

Celui qui demeure le héros de notre histoire, Leca, avait une fameuse santé. Il se tira tant bien que mal de ces spectaculaires agressions, malgré les perspectives pessimistes des médecins.

Ici se place la sombre histoire de deux pirates de moindre envergure pris en otages par les Orteaux : Schmidt, dit le Lillois, et Rosa sa régulière.

Est-il nécessaire de préciser que la presse, qui en cette année bénie n'avait pas grand-chose à se mettre sous la canine, monta en épingle tous les épisodes de cette histoire : une attaque à main armée, une bataille rangée, une prise d'otages, des bandes, une pute flamboyante, des blessés ?... Tout ça pimenté d'un certain exotisme puisqu'un journaliste nommé Arthur Dupin avait décerné à toutes ces équipes des noms tirés des romans du Far West... les Apaches, etc. Ce qui permit plus tard au fameux Fernand Trignol d'évoquer « les quartiers de peaux-rouges ». Ce qui marquait bien la frontière entre les « braves gens » soumis en principe à l'autorité de la Loi, et les « classes dangereuses » qui n'en avaient rien à secouer (ou à cirer, bien entendu).

Pierre Mac Orlan, notre vieux « père Mac » qui, à côté de son œuvre de romancier, de poète, de chansonnier, fut un *reporter* de grande classe, notamment à *Détective*, a peint tout ce petit monde marmiteux et agressif avec beaucoup de compréhension et même de tendresse. Par le cœur et par l'observation, Mac savait de quel prix se règlent les défis à l'ordre social, à la résignation quotidienne et aux lois qui régissent la circulation des espèces sonnantes et parfois hélas ! trop trébuchantes. « L'ombre d'une jeune femme est infiniment plus fantaisiste que la jeune femme elle-même. » C'est sans doute ce qu'on pourrait dire de Casque d'Or, sans grand risque de se tromper.

Mais la fantaisie, fût-elle celle des ombres, est une denrée que la magistrature, et son auxiliaire de principe la police, apprécient médiocrement.

Et voici pourquoi sans doute l'« affaire Casque d'Or » devait finir en queue de poisson, d'autres préciseraient : en queue de morue... mal finir, si vous voulez!

Les journalistes, soucieux de pondre le « bon » papier, jetaient de l'huile (de vidange) sur le feu grégeois des ardeurs judiciaires et montaient en neige des incidents plutôt secondaires : « La confrérie Leca et le commando Manda, notait l'un d'eux, narguent la police depuis plus d'un an. On arrête Leca, on le libère deux jours plus tard et on le retrouve à la tête de ses troupes, bellevilloises ou charonnaises. Et comme ce fait divers a fait de lui une sorte de héros romantique, les puissants amis de Casque d'Or interviendront auprès des pouvoirs judiciaires. » Un texte exemplaire où rien n'est innocent... Ni la petite provocation que MM. les Lardus n'aiment pas voir imprimer... Ni l'allusion, sans nul doute fondée, aux services intimes qu'Amélie ne devait pas marchander aux personnes influentes, sinon « puissantes ». Voir plus haut l'allusion aux « grosses légumes » qu'elle affirmait s'être « appuyés »...

Si, en démocratie, la séparation des pouvoirs est la règle, il faut se rappeler que le pouvoir du cul, tout comme celui de l'argent, se glisse facilement partout, fait allégrement la liaison et se mélange assez volontiers...

« L'argent c'est rond, c'est fait pour rouler », a dit un philosophe du bitume. Il aurait pu en dire autant du derrière des jolies femmes, si vous voyez ce que je veux suggérer... On pourrait ajouter : et quand c'est roux, ça roule encore mieux...

Leca, j'ai dit, s'était requinqué. Y avait pas mort d'homme... le cas de le dire! Casque d'Or, elle, avait tenté sans grande suite une échappée vers le théâtre des Bouffes-du-Nord.

Profitant d'une quête à son profit dans les rades interlopes, Manda, autrement dit Joseph Pleigneur, avait été faire une balade sous d'autres cieux. Mais l'attrait de Paris était plus fort que tout et, le 4 février, il était alpagué dans un bistrot d'Alfortville. Quant à Leca, c'est à Bruxelles qu'on l'avait coxé, devant un verre de lambic sur une table de brasserie, peut-être à la Mort-Subite, rue Montagne-aux-herbes-potagères... Un établissement bien nommé pour écarter toute superstition, sinon toute extradition...

Et le 31 mai, sans perdre une minute, le procès de Pleigneur s'ouvrait devant la cour d'assises de la Seine. A ses côtés, Ponsart, dit le Petit Rouquin, et Heil, dit la Boulange... des troisièmes couteaux, le cas de le dire!

En criminalité comme en politique, l'approche des vedettes fabriquées par les médias est toujours assez décevante. Et ça n'a pas manqué.

Manda ne niait pas les faits. Bien obligé... Mais il plaidait la pulsion passionnelle, l'amour, quoi! Pourquoi pas? Toutefois, le président ne l'entendait pas de cette oreille : Accusé, vous n'êtes qu'un souteneur, soutenait-il, et en vérité je vous le dis, si vous avez si obstinément poursuivi celui qui vous avait soustrait Amélie Hélie, c'est qu'elle était votre *marmite* et que vous comptiez sur elle pour assurer votre subsistance...

Voilà ce que notre vieux camarade Lacenaire aurait appelé à juste titre « un dur boniment »! On a beaucoup discuté, au guignol du boulevard du Palais, sur le montant des droits versés par Casque d'Or : deux francs par jour, cinq francs de temps en temps... A peine un pour... liche, si j'ose écrire. Quant aux apaches, aux mohicans, aux peaux-rouges, elle ne faisait qu'en rigoler : « Nous, on s'appelle les copains! », précisait-elle.

Manda, faut bien dire, il en a pris plein la gueule pour pas un rond : le bagne à perpète! Heil se contenta de cinq ans de taule. Ça se fait sur une jambe... Quant au Rouquin, il fut acquitté. Tant mieux pour lui!

Leca fut jugé six mois plus tard et s'entendit *saper* à huit ans de trav'. Il ne partit pas pour les Antipodes sans épouser la Panthère dont les infidélités et les indiscrétions furent peut-être à l'origine de l'affaire. Libéré à l'expiration de sa peine, il ne voulut pas demeurer sur place et mit, comme on dit, les voiles.

Des chercheurs d'or qui devaient chercher mieux et valoir encore moins que lui l'ajustèrent, et l'envoyèrent fissa au paradis des voyous, là où les fiacres sont remplacés par des nuages.

Quant à Manda, après un long temps occupé à l'infirmerie du bagne où il soignait, a-t-on précisé, ses congénères avec un grand dévouement, il avait été libéré et assigné à résidence à Saint-Laurent-du-Maroni. Il y mourut, misérable comme il se doit, en l'an de grâce 1936. *Requiescat in pace*...

Et Casque d'Or, demanderez-vous.

Casque d'Or, de moins en moins dorée et adorée, n'épousa pas un lord anglais, comme Mme Steinheil que nous rencontrerons plus loin, mais un brave ouvrier vernisseur du XXe arrondissement. Elle avait, on s'en souvient, préalablement tenté diverses carrières dans ce qu'on n'appelait pas encore le « show-biz ». Dont une de dompteuse!

Le mari de Casque d'Or se nommait André Nardin, et, lorsque Jacques Becker tourna en 1952 un très beau film qui transposait l'aventure en prenant pour titre le surnom médiatique de l'héroïne (avec Serge Reggiani, Claude Dauphin, Simone Signoret, Raymond Bussières...), il engagea une instance judiciaire... qui fit chou blanc.

Casque d'Or s'était mariée en 1917. Joyeux millésime. Elle était morte le 16 avril 1933. Certes, Jacques Becker avait pris bien des libertés avec les faits réels, mais André Nardin se pointait un peu tard.

– Vous comprenez, disait-il à Armand Lanoux, ce film, ça me fait du tort devant la famille!...

Le mot valait d'être cité.

C'était celui de la fin.

★

La justice des hommes avait donné une conclusion assez tragique à ce qui n'était peut-être qu'une aventure d'adolescents énervés.

Mais tel quel, le scénario avait du tonus et de la prescience. Il n'est pas mal placé à la porte du XXe siècle. Il en a le mouvement, sinon la cruauté. Gardons-le comme ça : il fait un peu partie de notre nostalgie.

Le tort valait d'être cité.

LES DESSOUS DE MADAME STEINHEIL

ou

De l'Élysée à l'impasse « Roussin »

Flor moja como los labios de mi zagala,
flor bella que yo he cortado para mi amada,
un beso pone mi boca con todo el alma.
De amores esta flor sea la más preciada.

Jose Ramos Martin
Los Gavilanes *

* *Fleur rouge comme les lèvres de ma chérie,*
Belle fleur que j'ai cueillie pour ma bien-aimée,
Mes lèvres et toute mon âme y déposent un baiser.
Que cette fleur d'amour soit la plus précieuse.

Jose Ramos Martin
Les Filets. Zarzuela

L'AFFAIRE
FÉLIX FAURE

LE MORT

Félix Faure, président de la République française. Né à Paris le 30 janvier 1841. Fils d'un fabricant de fauteuils de la rue Saint-Denis, il fait de brèves études au collège puis dans une école commerciale, avant d'accomplir un séjour de deux années en Angleterre.

A Amboise, il devient apprenti tanneur et épouse la petite-fille du sénateur-maire, dont le père, avoué de Tours, avait dû fuir en Espagne avant la naissance de l'enfant, en raison de malversations. Condamnation par contumace.

Il gagne Le Havre en 1865, année durant laquelle il est initié à la franc-maçonnerie. Il fonde avec un associé hollandais une maison de commerce qui pratique l'import-export du cuir. Il y réussit et devient conseiller municipal et adjoint au maire, commandant des mobiles en 1870, puis député de la Seine-Inférieure. Il accède alors à divers postes ministériels (sous-secrétaire d'État au Commerce et aux Colonies, ministre de la Marine). Élu président de la République le 17 janvier 1885 avec les voix des monarchistes et des modérés, contre le candidat de « gauche ».

Il renforça l'alliance franco-russe (réception du tsar à Paris) et assura la mise en œuvre, par un artifice budgétaire, du canon de 75, dont la conception révolutionnait l'artillerie légère. Confronté à l'affaire Dreyfus, il se montra opposé à la révision du procès. Il avait dû gérer la politique coloniale et l'incident de Fachoda qui pouvait déboucher sur une guerre avec les Anglais. Sa connaissance de l'état de la marine française l'incita à l'arrangement. Le 16 février 1899, sans doute à l'Élysée, Félix Faure succomba à une crise cardiaque à l'issue d'un rendez-vous avec sa maîtresse, Marguerite Steinheil, qui accomplissait une fellation.

La mort du président levait bien des difficultés politiques et dissipait certaines appréhensions de réformes de l'État dont il aurait pu prendre l'initiative. Une partie importante de l'opinion estima que ce magistrat prestigieux avait pu succomber à une manœuvre criminelle. Il y eut embaumement « en catastrophe » et aucune autopsie ne fut faite.

MARGUERITE STEINHEIL

LES VICTIMES

Émilie Raux, veuve d'Édouard Japy, mère de Marguerite Steinheil.

Adolphe Steinheil, artiste peintre. Fils d'un peintre et maître verrier, neveu du peintre Meissonier. Époux de Marguerite Steinheil.

Étranglés dans la nuit du 30 mai 1908 au domicile de ce dernier.

L'ACCUSÉE
Marguerite Japy, veuve Steinheil, dite Meg, sans profession, née le 16 avril 1869 à Beaucourt (Territoire de Belfort). Fille d'Édouard Japy, industriel, petite-fille et petite-nièce de deux inventeurs de machines-outils.

LE PROCÈS
Cour d'assises de la Seine, du 3 au 13 novembre 1909. Président : *de Valles.* Ministère public : *Trouard-Riolle, avocat général.* Défense : *Me Anthony Aubin.*

LE VERDICT
Acquittée.

Il était une fois...

– La princesse de Monaco! vont s'écrier quelques-uns de mes chers lecteurs et pas mal de mes honorées lectrices.

Eh bien, non, mes amis! Il était une fois une jeune fille bien élevée, jolie et tout... qui s'appelait Marguerite, prénom quasi virginal. On effeuille, on rêve à de chastes amours... Un peu... beaucoup... Passionnément peut-être...

Marguerite Japy, car c'était elle, se trouvait par ailleurs l'enfant d'une famille gâtée par le destin. Elle était née en 1869 à Beaucourt, près de Belfort, dans le domaine familial confortable d'Édouard Japy, son papa, industriel coté; le père et l'oncle de ce dernier avaient été des inventeurs et des patrons dont le souvenir a mis longtemps à s'effacer. Bien des gens se rappellent encore avoir fait la soupe dans des casseroles dûment émaillées de marque Japy... d'avoir tapé des choses sur des machines à écrire du même nom. Japy! Un bel arbre du paysage industriel français... le PIF, pour causer comme aujourd'hui.

Marguerite va grandir... très bien. Elle va devenir ce qu'on est convenu d'appeler « une belle femme ». Ses photos montrent un visage équilibré, un regard vif. Elle est brillante, intelligente, gracieuse, élégante aussi, à la mode de son temps. Et peut-être dotée d'un tonus sexuel tout à fait au-dessus de la moyenne. Sûrement, même, encore que les témoignages sur ce sujet restent enfouis dans le secret des tiroirs intimes. Tout le monde n'est pas Paul Léautaud!

Pour nos goûts actuels, Marguerite paraît peut-être un peu enrobée. Encore que... La statue qu'en a fait Jean Hugues (né en 1849), *La Baigneuse* (ou *La Source*), que vous pouvez encore contempler, voire caresser... discrètement dans un salon du Palais du Luxembourg, c'est-à-dire du Sénat, en présente une image altière, élancée, où, comme a dit un poète, y a vraiment rien à jeter...

La jeunesse de Marguerite fut quasi sans histoires. Elle se passa gaiement et elle y reçut, a-t-on dit, une « formation très raffinée ». Qu'en dire ? sinon en rapporter quelques... détails ? En passant... comme ça...

Qu'à huit ans, elle a fait la bise à Adolphe Thiers en l'appelant, bouquet en main, « Monsieur le sauveur »... ce qu'on disait alors... Mais si, mais si ! On a les sauveurs de la patrie qu'on peut !

Qu'à partir de quatorze ans elle avait couché très fréquemment dans le lit de son papa...

Qu'un peu plus tard, elle fit ses débuts à un bal de Belfort, dans une ravissante robe de tulle bleu...

Que sur le coup de dix-sept ans, Marguerite – que nous appellerons désormais de son diminutif préféré, Meg – a rencontré un jeune officier, le meilleur ami de son frère, le lieutenant Scheffer, qui avait bien de l'allure, qu'elle en était tombée folle amoureuse et qu'il le lui rendait bien. D'abord, papa Japy ne marqua nulle réticence aux rencontres des deux jeunes gens. Mais un an après, quand il fut question de mariage, il découvrit que le lieutenant était trop jeune, trop ballotté par la vie de garnison et puis, pas assez riche, quoi. Il expédia alors la belle Meg « en vacances » chez sa sœur, à Bayonne... où y a de si bon jambon et qu'est si éloigné de Belfort... C'te bonne paire !

De cette séparation, la belle Meg dira plus tard qu'elle en a eu « le cœur brisé ». C'est toujours ce qu'on dit dans ces cas-là. Mais comme toujours... dans ces cas-là... elle se remit assez vite de son chagrin d'amour. Hélas ! C'est durant ces vacances qu'elle apprit la mort brutale de papa Japy. Un arrêt cardiaque survenu... retenez la leçon, cher lecteur... après l'absorption d'un verre d'eau ! Un accident qui ne risque guère d'arriver, soit dit en confidence, à certains copains !

Un artiste

Cette mort était une rude épreuve, tant pour les sentiments que pour la vie familiale. Tout de même, pour lui changer les idées, on expédia Meg à l'Exposition « universelle », puis elle repartit chez sa sœur... qui tint beaucoup, mais vraiment beaucoup !, à lui faire rencontrer un excellent ami, le peintre qui requinquait alors la cathédrale de Bayonne. C'était le neveu de Meissonier... alors, vous pensez ! Et on lui prêtait aussi beaucoup de talent. Il s'appelait Steinheil et se prénommait Adolphe. Un prénom fort à la mode alors... depuis on a changé.

Adolphe Steinheil n'était pas de la première fraîcheur, ayant vu le jour en 1850. Ce qui lui faisait trente-huit automnes alors que Meg ne comptait que dix-neuf printemps...

Bof... L'idée des épousailles était dans l'air et Adolphe tirait une langue de trois pieds de long ! Appétissant, non, mon vieil Adolphe ? Il s'y voyait déjà !

Meg, de son côté, était tout de même moins enthousiaste, d'autant que les prétendants faisaient la queue dans l'antichambre : aristos divers, universitaires distingués, avocat à moustaches, pimpants officiers, industriel prospère... L'affaire, faut dire, était séduisante. Le joli bouilli qu'était la belle Meg ne se présentait pas sans biscuits : notoriété du nom, respectabilité de la famille, rêves d'un peu de carbure... Tout cela était plutôt alléchant.

Et ce fut Adolphe qui enleva le morceau...

Comment se fit-ce ?

Le secret de l'opération est peut-être expliqué par une chanson de cette belle époque.

Pour avoir la fi-i-i-ille
Charmante et gentille
C'est à la maman
Que l'on doit faire du boniment...

De son côté, certes, le neveu de Meissonier ne comptait plus ses efforts : il s'était fait raser la barbiche et soignait sa présentation. On sait ce que c'est, hein ! quand on approche la quarantaine... C'était certes un brave type dépourvu de méchanceté. Il faisait sérieux, et puis enfin, c'était un « artiste ». Ça pose !

Comme on a vu, la sœur de Meg était gagnée d'avance, et elle avait dû bassiner pas mal la môman. Finalement, toute la famille était « pour ». Meg se laissa convaincre. Va pour Adolphe. Et en juillet 1890, s'étant converti au protestantisme des Japy, le neveu de Meissonier se pointa à Beaucourt, les doigts dans le nez, avec ses gants beurre frais et son habit à queue-de-pie. Dans la poche. Adolphe ne se sentait plus de joie ! C'était la fiesta ! Tout le village était là avec des fleurs et des compliments. Y avait de la musique dans l'air, la fanfare envoyait ses flonflons et les parfums de rôti flottaient dans l'atmosphère.

Le brave Adolphe ne s'imaginait pas qu'en signant le registre de la mairie il signait du même coup son arrêt de mort ! Vous me direz... un peu plus tôt, un peu plus tard... On signerait plus jamais rien !

L'encre était à peine sèche que les « amoureux »... ou supposés tels... partaient toutes voiles dehors pour un séjour d'un mois en Italie.

Voyage de noces! Voyage atroce? Qu'advint-il?

Dix jours plus tard, le couple revenait à Beaucourt. Meg prétendait avoir eu... le mal du pays! On peut supposer, quant à nous, que le bonheur de flâner sous le ciel de la péninsule en compagnie d'un coquin que les hôteliers devaient prendre obstinément pour son paternel... que le « sérieux » Adolphe avait vite fait un compagnon emmerdant... et que du côté des entreprises du paddock, notre virtuose du pinceau s'était trouvé un peu embarrassé... La chose s'est vue... et sans remonter jusqu'en 1888! Meg aurait bien voulu lâcher le morceau, mais Adolphe se transforma suffisamment en carpette, la maman eut l'air si ennuyée que Meg céda et prit la route de Paris où elle s'installa conjugalement dans le logis de l'artiste, une maison de dimensions moyennes sise dans le secteur de Vaugirard, impasse Ronsin. C'était le début d'une étrange aventure.

La piaule était déjà occupée par la sœur d'Adolphe qui, bien qu'elle se prénommât également Marguerite, n'avait nulle ressemblance avec sa belle-sœur. Pour tout dire, c'était une tocarde encore plus emmerdante que son frangin. Meg ne tarda pas à s'en débarrasser de la manière la plus officieuse qui soit : elle lui trouva un mari! Exit la frangine!

Les amours d'une belle

Voilà donc notre Meg, maîtresse de maison et maîtresse de son sort, âgée de vingt balais, les dents longues et l'esprit ouvert. Cette jeune louve est acoquinée à un gaillard que tous les commentateurs s'accordent à présenter comme discret, timide, un père tranquille enfin tout adonné à sa palette et plutôt faiblard en ville comme au plumard.

Pourtant, Meg joue le jeu. Elle lui prête la main, pour faire ses petits tableaux. Elle pose, elle fabrique des costumes « historiques ». Un détail situe les choses cependant : la spécialité d'Adophe, c'est... la miniature! Vous en êtes une autre, mon cher maître! A l'huile... ou au vinaigre, tout est dit!

Une belle technique sans doute, pour ces bricoles comme pour l'art difficile du peintre en vitraux, mais pas plus de « génie » que d'entregent. C'est pas lui qui se serait fait cirer les moustagaches ou qui aurait été barbouiller les rhinocéros comme Salvador Dali... Après lui avoir essuyé ses poils de brosses, Meg, toujours dans le cadre d'un ménage qu'elle n'envisage plus de rompre, va se charger du « commercial » et des relations... bibliques! En voiture, Simone!

A Paris, Meg ne connaît personne. C'est avec les relations de son époux, peintre plaisant et fils d'un certain Louis Steinheil, peintre apprécié, qu'elle va faire la pelote de son entourage. Près d'un an après le mariage, Meg devient mère d'une petite fille : Marthe. Cet événement conforté par les objurgations de Mme Mère et les conseils d'un grand juriste, ami de toujours du peintre, contribue à écarter le spectre du divorce qui, en sous-main, continuait de tourner dans l'air à la ronde.

Il y a un côté femme-torpille chez Meg. Elle notera dans ses Mémoires : « Je ne serais capable de vivre qu'avec intensité, avec ardeur, même avec fièvre. Je m'intéressai passionnément aux gens, aux choses, aux événements. J'étudiai la musique, l'art et même la politique. »

Vaste entreprise! eût dit Ky-Vuh-Saveh...

Les relations d'Adolphe sont essentiellement des magistrats, des fonctionnaires, quelques artistes... Meg va tenir salon « une fois par semaine » et elle évalue à « trois ou quatre cents personnes » (??!) ceux qui avaient coutume « de passer dans les pièces de la villa ». Et elle énumère : « hommes d'État, diplomates, acteurs, compositeurs *célèbres*, généraux, amiraux, hommes de science, fonctionnaires, magnats *[sic!]* du monde des affaires, grands financiers, conseillers d'État, explorateurs [!...], hommes portant un nom historique ou " en train de se faire un nom "... » N'importe quoi!

Comme recevoir signifie aussi visiter... faut rendre la politesse... on se demande comment la belle Meg trouvait encore le temps d'aller pisser.

Mais tentons de dresser un tableau « synoptique »... de la démarche de Meg, objectif par objectif.

Primo : élargir le cercle de ses relations. Reçu cinq sur cinq! On a vu.

Secundo : servir la notoriété du Maître (Adolphe, pour vous servir) et trouver des acheteurs pour ses impeccables croûtes.

Tertio : entretenir avec des personnes « bien », et du sexe masculin de préférence, des relations affectives, et même intimes, propres à les convaincre de faire jouer leur influence ou même – et l'un n'empêchant pas l'autre – d'ouvrir leur portefeuille à des fins de subventions occultes et... amicales. Pour cela, nul besoin de fausses factures. Un sourire enjôleur et l'éclat de quelque décolleté faisaient l'affaire... de cinq à sept en particulier.

Ne vous y trompez pas! Meg n'était en aucune façon une pute trafiquant de l'usage de ses charmes. C'était une amie charmante et compréhensive, spirituelle et indulgente. Une « geisha », si vous voulez... Une dame de compagnie pour laquelle les vêtements superflus – et Dieu sait si l'époque les faisait encombrants – étaient toujours de trop pour une aimable conversation.

Je dis cela sans me marrer. Ces nuances existent et on rencontre encore aujourd'hui de ces jeunes femmes spirituelles et gracieuses pour lesquelles une partie de jambes en l'air avec des gens bien élevés ne prend pas les dimensions – et les inconvénients – d'un tremblement de terre.

On dit même, et l'on touche là au fond du problème, qu'un certain prince de Galles, le client du *siège d'amour* du Chabanais [1], qui devait étendre son commerce sous le nom d'Édouard VII, fit partie des familiers de Meg.

Un nommé Chauchard était assidu... Chauchard, oublieux lecteur, c'était le fondateur des Magasins du Louvre. Un type dans le genre de Cognacq-Jay ou de Lafayette, le propriétaire des fameuses Galeries qui portent son nom... Qui n'irait pas faire un petit tour avec Lafayette pour peu qu'on soit des plus appétissantes et qu'on ait un mari tout disposé à lui vendre la énième édition de *Suzanne et les vieillards* ou de *L'Enlèvement des Sabines*?

Sur la ligne également, un certain M. Groult qui était quelque chose comme l'inventeur des nouilles au poids!

Tout rien que des collectionneurs, tout ça, et qui trouvaient tout naturel que leurs désirs fussent des ordres... Croyez-moi, innocente lectrice : ça aide, le pognon. Surtout quand on en a de trop, et qu'on aime bien la peinture.

On dira ce qu'on voudra, mais Mme Steinheil, hein!... la classe... la grande classe! Telle la Semeuse du timbre-poste, elle s'en allait par la nature, abreuvant nos sillons, non de « sanguimpur » mais bien de complaisances sympathiques et mondaines parmi des messieurs bien élevés qui, j'en suis sûr, ne se faisaient guère d'illusions sur les contrats, oraux, d'exclusivité dont ils auraient pu jouir... théoriquement. Mais comme dit le proverbe, l'amour, c'est comme les petits pains, quand y en a pour douze, y en a pour quarante-cinq. Le tout est d'avoir le temps et de prendre son tour!

---

1. Voir *La Fermeture*, éd. Robert Laffont.

Meg, elle te vous gérait ça de première. Jamais un malentendu, jamais une discutaillerie.

Et le mari ? demanderez-vous. Ben le mari, il peignait ! Et pour des raisons que vous subodorez, étant donné que Meg avait renoncé aux joies du mariage, les époux vivaient « en camarades », c'est-à-dire en se regardant en chiens de faïence des deux côtés de la cheminée. Les affaires communes du ménage, ils les traitaient d'un commun accord... mais par écrit ! Pour éviter de s'engueuler.

Étrange carrière, n'est-ce pas... Libre comme l'air, Meg s'occupe de son salon et de ses affaires. Musicienne, elle chante à ravir, raffinée et – lisez ce mot clé avec une attention soutenue – DISPONIBLE, elle a tout pour plaire. Ajoutons, comme l'a écrit un jour Céline, « du cul comme trente-six flics » ! Et c'est peut-être le moment d'ajouter ce que je gardais pour la bonne bûche :

Quatro : les services qu'elle rend aux personnes choisies, élues par elle, ne lui coûtent aucun effort. A l'évidence, Meg joint l'agréable à l'utile. Faire l'amour l'enchante, en tirer profit la charme, exercer ainsi sa puissance sur de riches personnalités comble son légitime orgueil.

Autour d'elle, on papillonne et on reluit. Qu'on en juge : Bonnat, le super-peintre mondain, Massenet, François Coppée le po-haite du siècle, Gounod, Loti (surnommé « Pierre Loto, lieutenant de vessie »), Bartholdi, le barbu auquel on doit la Liberté... enfin celle qui est à New York... Émile Zola même, ce qui n'est pas du goût de tout le monde... J'en oublie ! Bien sûr, Meg ne les éponge pas tous. Y en a que pour les meilleurs : on peut pas soulager toutes les misères du monde, c'est un qui s'y connaît qui l'a dit : il avait essayé ! Mais elle les charme, elle les cajole, elle leur laisse entrevoir... espérer... rêver !

Ni prostituée, ni cavaleuse, ni messaline, ni même « entretenue », Meg a toutes les qualités d'une hôtesse prestigieuse et délicieuse. Et le mari ? re-demanderez-vous.

Eh bien, le mari, il est comme beaucoup de ses semblables. Il écrase. D'abord, sa présence est essentielle à la respectabilité de l'entreprise. Meg est *une femme mariée*, fondamental, mon cher Watson, en ces temps d'obscurantisme. Il entérine, il sanctifie, il justifie... Du moment que... y a pas à s'en faire ! Sans doute athlète sexuelle, Meg est mariée à un barbouilleur pâle des genoux qui doit pas casser les briques avec le manche de son pinceau. C'est-y pas mieux comme ça ?

Pour les historiens, c'est en août 1897 que... le destin va se prononcer... Trois coups ! Le rideau s'ouvre.

La connaissance du président

Aux manœuvres de la Vanoise, disent-ils, les historiens, il y avait des invités. Le président Félix Faure ne détestait pas d'être entouré... Et voici comment le commandant Lemercier (du cadre de réserve) avait été amené à inviter le couple artistique que vous avez deviné : Adolphe, peintre talentueux et précis... tous les vecteurs d'un peintre d'histoire... officiel un jour, peut-être, et son épouse, la très belle et fine Meg, une grande amie des militaires et la petite camarade très proche, très intime du commandant Lemercier...

Savait-il ce qu'il faisait, Lemercier, en amenant Meg en manœuvres ? Allez savoir... Toujours est-il que le regard du président se porta vers cette prestigieuse silhouette et qu'il en résulta ce qu'il devait en résulter.

Permettez-moi de vous présenter Félix Faure.

Né en 1841, il avait donc cinquante-six ans à la Vanoise. La fleur de l'âge...

Comme notre ami, le comédien Piéral, Félix Faure avait commencé petit. Fils d'un ébéniste de la rue Saint-Denis, il était passé vite fait au collège puis avait « fait », y a pas de honte, une école commerciale. L'école Pompée, pour ne vous cacher nul élément prémonitoire. Ensuite, il avait été travailler deux ans en Angleterre, ce qui fait qu'il en causait la langue en un temps où ce n'était pas si fréquent.

Il s'installe ensuite à Amboise où, bien qu'apprenti tanneur, il épouse la petite-fille du sénateur-maire. Or, l'intermédiaire (c'est le père de la fille que je veux dire), avoué à Tours, condamné par contumace pour des opérations pas très claires, avait dû se tirer *tras los montes*, c'est-à-dire en Espagne. Ce que certains saligauds auront le front de lui reprocher plus tard. Mais la politique, vous savez, comme disait ma nourrice, c'est rien que du beurre mal lavé !

En 1865, il s'installe au Havre et fonde une société d'import-export de cuir. Du même coup, il entre dans la franc-maçonnerie, chausse le tablier de cochon et se fait *initier* à la loge *l'Aménité*. Une enseigne qui lui va bien.

Ses affaires marchant, il lâche un peu la bride à son associé néerlandais et se laisse tenter par le suffrage universel : conseiller municipal, adjoint au maire, commandant des mobiles en 1870...

Ne vous énervez pas, tous ces détails sont importants, comme vous verrez...

... il est ensuite élu député de la Seine... qui n'était alors qu'inférieure, pas encore maritime. Dès lors, ça marche sans anicroche et il se retrouve sous-secrétaire d'État au Commerce et aux Colonies. Et puis ministre de la Marine...

Partout, il bouscule le pot de fleurs des habitudes et des avantages acquis, mais en douceur et gentiment. Ne vous y trompez pas, ça emmerde ! Ça emmerde même beaucoup. Mais le Félix, comme son prénom l'indique, a la manière et la baraka. L'autorité par là-dessus. On narre que, prenant possession d'un de ces postes de responsabilité, il convoqua, cordial, ses chefs de bureau, et leur balança dans les guibolles cette phrase douce-amère que chacun appréciera :

– Messieurs, je vous salue bien ! Et j'ai une bonne nouvelle à vous donner. Désormais et jusqu'à dorénavant, vous allez pouvoir faire la grasse matinée ! Suffira que tous les matins vous soyez ici-même, au rapport et comme je le serai, à sept heures pétantes !

Cette initiative, qui semble extraite du célèbre ouvrage *L'Art de se faire des amis*, ne fut pas sans soulever quelques commentaires. Mais *mezza voce* et dans la pénombre, vous pouvez m'en croire !

A l'évidence, Félix n'avait pas pris en compte l'incidence fâcheuse de ladite initiative sur la courbe de la natalité chez les ménages de fonctionnaires. Tant pire ! C'est lui aussi qui, ministre de la Marine comme j'ai dit, lança cette formule douteuse, archaïque et de nature à jeter la suspicion sur l'esprit vraiment démocratique de l'orateur : « L'État devrait établir ses budgets comme le ferait un particulier ou une compagnie, surtout lorsqu'il s'agit des exploitations industrielles dont il a la charge. Ce n'est qu'à cette condition que les comptes seront sincères et qu'ils pourront donner au pays une idée exacte des sacrifices qu'il s'impose ou des bénéfices qu'il retire de ces exploitations... »

Vous voulez mon avis ? Eh bien, le Félix, il devait avoir une musaraigne dans les combles ! Imaginez-vous l'honnête et compétente classe politique du XXe siècle finissant nous bonnir des fariboles pareilles ? Un coup à finir en asile psychiatrique, si vous voulez m'en croire.

C'est cet homme qui rencontra la femme qu'on a dit. Le petit Adolphe suivait la foule avec sa boîte de couleurs, croquant au passage les épisodes les plus pittoresques de cette balade en montagne. Regardons-les, et étonnons-nous une fois encore de ce curieux attelage. Enfin... Bien des femmes élisent le plus faible, la « pâte à tarte » qu'elles pourront aplatir et plier à leur gré. Ce qui donne parfois de curieux attelage, à la Dubout...

Bien sûr, les amours présidentielles se déroulèrent dans la discrétion. Félix était marié, je vous rappelle, et, à sa façon, fidèle. Non moins naturellement, cela déboucha sur des commandes au peintre Steinheil, un peintre éminemment « contemporain », vous pouvez m'en croire. Qui s'en serait plaint ?

Pour certains soupçonneux, il est très vraisemblable que, lors de la rencontre à la Vanoise, Félix et Meg se connaissaient depuis un petit bout de temps et s'étaient donné déjà le loisir de quelques rencontres des plus intimes, à leur satisfaction réciproque. Allez savoir ! Meg nous l'a quand même laissé entendre...

Une chose certaine, c'est que Félix ne faisait pas dans les soldes. Pour cézigue, c'était toujours du premier choix, du « prix de Diane ». Exemple, Mlle Cécile Sorel, à vingt-cinq ans, une pure splendeur... et de la Comédie-Française. Plus quelques autres. Dans ce domaine aussi, le Pouvoir ne recule pas... et il lui arrive d'être gâté.

Il est évident qu'en l'espèce Meg fut pour Félix plus et autre chose qu'un objet de plaisir sensuel. Ce qui n'empêche rien. Au contraire, j'ai remarqué pour ma part que les plaisirs de l'esprit suscitent et prolongent les satisfactions de l'épiderme, voire des muqueuses. Jusqu'à quel point fut-elle « la confidente », voire au sens le plus fort « la compagne du président » ? Les enquêtes, comme les confidences très calculées de Meg permettent de savoir que les préoccupations politiques n'étaient pas absentes de leurs entretiens, et que Meg a été la détentrice de documents très personnels que le président hésitait à laisser dans ses tiroirs : il savait qu'ils étaient fouillés, les tiroirs... Les palais nationaux grouillaient alors de mouches de diverses couleurs... C'est pas de nos jours qu'on verrait des choses pareilles !

Et puis, faut bien causer, non ?

Mais revenons à Meg.

Les documents publiés, lettres ou confidences, montrent dans quel climat d'anxiété politique et de suspicion de son entourage vivait le président de la République. A proprement parler, il n'avait confiance en personne et observait des disparitions de documents, des désordres...

Félix s'était fait bien des... adversaires avec une manie pourtant innocente : restaurer le lustre de la fonction.

Lorsqu'il lui revenait aux oreilles des propos selon lesquels il « singeait » les monarques d'antan, il s'indignait. Il avait simplement une haute idée de son titre et entendait le montrer.

Il y avait plus grave. En 1899, date de la mort de Félix Faure, la France était en pleine affaire Dreyfus. Les pressions se multipliaient autour de lui pour qu'il donne le feu vert, ou à tout le moins favorise de tout son pouvoir la mise en œuvre d'une procédure de révision (Dreyfus avait été condamné en 1894). Il s'y refusait. Sec. Non par esprit partisan, non parce qu'il avait une opinion arrêtée sur la culpabilité ou l'innocence du condamné, mais simplement parce que sa conception de la séparation des pouvoirs lui semblait interdire au président d'intervenir dans un litige où l'autorité judiciaire avait tranché.

Peut-être... peut-être...

Il n'en reste pas moins que sa position intangible bouchait l'évolution du dossier, au grand dam de tous ceux qui s'étaient engagés dans le sens d'une révision, les « révisionnistes » on les appelait.

Parmi eux, le prince de Monaco n'était pas le dernier. Ce que ce souverain, après tout étranger, était venu confier à Félix Faure cet après-midi-là. Comme il insistait un peu beaucoup, Félix lui aurait confirmé la position que je viens de résumer. Loin de lui faire connaître qu'il se mêlait de ce qui ne le concernait en rien et de l'inviter à aller se faire cuire un œuf à seule fin de boire le bouillon, Félix avait courtoisement écourté l'entretien. Moyennant quoi, le prince, sans rire, s'était fait la paire plutôt furax.

On était le 16 février 1899, et Meg Steinheil attendait son audience dans la piaule voisine. On peut penser que Félix lui aussi, de son côté, attendait également avec quelque impatience.

Que voulez-vous! Il y a des audiences plus agréables que d'autres. Sans que l'on sache exactement quelles seront les conséquences des unes et des autres!

Donc, selon une des versions des faits, le président de la République introduisit la belle et familière visiteuse et se mit en position de l'aider à dépouiller... j'allais écrire « son armure »! Non, plus simplement, c'est « ses vêtements » qu'il faut mentionner. Mais à l'époque, rien n'était simple. Y avait des trucs et des machins, et puis l'ultime cuirasse, j'ai nommé le « corset », de sinistre mémoire. Pour ma part, à mes débuts, j'ai connu la Gaine Scandale, cylindre caoutchouteux dans lequel les mignonnes se croyaient obligées d'enserrer la partie peccante de leur individu.

Grâce à cet accessoire vestimentaire peu facile à ôter, plus difficile à mettre, elles pouvaient tenter de faire croire aux naïfs qu'elles n'avaient qu'une seule fesse.

A côté du corset, la Gaine Scandale n'était qu'un modeste paquet-cadeau! Une peau de saucisson...

Les mecs de ce temps-là portaient, eux aussi, des *impedimenta* mal pratiques : boutons de cols durs, limaces empesées, costards en bois et le comble obligé, on se demande aujourd'hui pourquoi : gilet de flanelle !

Ces éléments vestimentaires alimentèrent par la suite bien des commentaires.

Avant de poursuivre, mentionnons d'abord un point contesté. La scène se passait-elle bien à l'Élysée, où résidaient pourtant Mme et Mlle Faure ? Ou, comme l'ont dit certains, dans l'une de ces petites maisons louées « en garçonnière » dans la rue de l'Élysée (et non « du Colisée », comme l'a écrit l'historien André Galabru, auteur de *L'Assassinat de Félix Faure*, éd. du Trident). La chose n'a que peu d'importance en soi, mais elle illustre la difficulté de préciser les faits dans les questions d'histoire.

Auparavant... notons un témoignage qui n'a jamais été repris par les historiens. Il compte, et un peu !

Dans un petit livret de souvenirs paru en 1953, l'avocat Georges Guilhermet (1876-1965), qui fut notamment le conseil du Douanier Rousseau, et ne semble nourrir nul a priori à l'égard de Félix Faure, reproduit le récit d'un de ses clients, Louis Bravais, huissier de l'Élysée (en retraite lorsqu'il parle) :

« Le 19 mars 1899, le président me demanda un verre de son élixir de Jouvence, du *quinquina cantharidé.* Quelques minutes après, il m'en demanda un second. Je fis la respectueuse observation sur le danger d'un aphrodisiaque si abondant mais le président ne voulut rien entendre. Je connaissais la signification de cet ordre, aussi ne fus-je pas surpris *[sic !]* lorsque, vers trois heures, Mme Steinheil se fit annoncer dans le cabinet du président. »

Suit un couplet, juste d'ailleurs, sur « les tentations auxquelles les hauts personnages sont exposés de la part des femmes ambitieuses ». Mais, comme on le dira plus tard, les rapports de Meg et de Félix avaient passé le stade de « l'ambition » et ne se limitaient pas à ces indispensables baisers et caresses. Elle était vraiment devenue, au sens le plus fort, « la confidente ».

Notre joyeux Bravais poursuit un récit qui confirme les circonstances connues généralement, et qui semble écarter l'hypothèse de la rue de l'Élysée.

La belle visiteuse poussa des cris de terreur qui alertèrent la garde. Laquelle dut enfoncer la porte. On découvrit alors Félix « inanimé sur le tapis », revêtu de son seul gilet de flanelle... (Voir plus haut.) Il tenait « dans sa main crispée la longue chevelure de la visiteuse, le seul voile qu'elle avait conservé ». Me Guilhermet ajoute : « Ce fut Bravais lui-même qui coupa la touffe [la mèche] de cheveux. »

Ces choses-là arrivent.

A l'Élysée, on ne tarda pas à comprendre. Laissant son corset sur place, la belle Meg s'enveloppa dans une zibeline qui traînait sur un fauteuil et, une voiture appelée en hâte, elle fila, dit-on, par le faubourg Saint-Honoré.

Marie, la femme de chambre de Meg, aurait raconté que « Madame était rentrée à cinq heures du soir, en voiture. Elle était pâle, défaite, décoiffée, à demi dévêtue, sans corset. On dut la mettre tout de suite au lit et sa chambre fut consignée pendant quelques jours ». La même, dans une autre déclaration, aurait rapporté une phrase de sa patronne : « C'est affreux, Marie, Félix Faure est en train de mourir. » A cinq heures du soir... C'était l'estocade.

Alors, mort naturelle ?

C'est possible...

Mort provoquée ?

Il n'était guère difficile d'administrer un poison, peut-être par le fameux « quinquina », un meuble de l'époque, tout aussi trivial et obligé que le gilet de flanelle ! Ou autrement. L'Élysée, c'est vraisemblable, fourmillait d'*agents*... officiels ou officieux. Une femme de chambre de l'Élysée, située par la police, avait-elle soustrait une tasse à thé suspecte ?

Mais qui ? Mais pourquoi ?

Félix Faure était haï par bien des gens. Son autorité, son goût d'un certain faste, ses répliques cassantes... sa volonté politique aussi... le fait qu'il était, par son tempérament même, une gêne volontaire ou non... Tout cela est incontestable.

Incontestable aussi que les symptômes, les efforts ultimes des médecins ne semblent pas conforter l'hypothèse d'une rupture d'anévrisme. L'embaumement en catastrophe des restes du président... Tout cela est bizarre.

Celui qui avait voulu, lui aussi, devenir « le président de tous les Français », en une période de guerre civile à peine froide, avait-il rompu sans nulle considération avec la société à laquelle il avait consenti à être initié ? A-t-il transgressé des règles absolues dans des circonstances graves ?

D'autres hypothèses seraient plus simples. Dans son livre *Souvenirs sur l'Affaire* (Gallimard, 1935), Léon Blum, qui devait devenir président du Conseil, écrit cette phrase intéressante, à propos de « la phase aiguë de *l'Affaire* » : « Ni pour mes amis, ni pour moi, la vie ne comptait. Nous nous serions sacrifiés sans la moindre hésitation et surtout sans le moindre effort à ce que nous tenions pour la vérité et pour la justice... et sans doute, quoi que plus malaisément, aurions-nous sacrifié les hommes qui barraient la route à la justice et à la vérité » (p. 15).

La vérité... en ce qui concerne Félix Faure, nul ne la connaîtra sans doute jamais.

La chose se termina par un superbe enterrement, par des couplets, par des surnoms. Le policier historien Ernest Raynaud avait surnommé Félix Faure « le président Soleil ». Après les faits, Léon Daudet lui décernait plus subtilement un « Infélix Faure »... Quant à Jean Lorrain, la langue de vipère la plus suave de la société pédérastique de l'époque, il avait accroché à Meg cette enseigne après tout peu engageante, mais qui ne découragea pas la clientèle : « la pompe funèbre »...

Après vous, mon cher Lorrain. Après vous...

★

La mort du « président Soleil » n'a pas désarmé ses ennemis, et dans certains volumes de mémoires on trouve des commentaires, des images fielleux... Je ne m'y attarde pas, ils sont généralement dérisoires, épidermiques. Lorsqu'on a voulu le ternir, on a dû, comme j'ai dit, lancer des allusions aux mésaventures de son... beau-père!

On peut réfléchir en revanche sur les origines, sans doute bien diverses, de ces antipathies.

Pour moi... à mon sens... ce qu'on lui a le moins pardonné, c'est son itinéraire social. Dans une classe politique qui recrute chez les avocats ou les universitaires, Félix Faure était resté un ouvrier tanneur qui parlait aux simples, et malgré la « vanité » qu'on lui prête, comme les autres ne savaient pas le faire.

Et ça, croyez-moi, c'est la grande « trahison ».

Ça indispose.

Ça indispose énormément....

Ajoutez tous ceux qui auraient bien voulu baiser Cécile Sorel ou Meg Steinheil... Vous prendrez la mesure d'une certaine aigreur...

Bon! Faut bien la rappeler encore, l'histoire du curé qui demande au garde, lorsqu'on l'appelle pour administrer les derniers sacrements :

« Est-ce qu'il a encore sa connaissance?

– Non, m'sieur l'abbé, est censé répondre l'autre, a vient juste ed' sortir par la porte ed' derrière... »

Bien entendu, cette « anecdote » n'est que le fruit des mauvaises langues et des esprits irrévérencieux que l'on rencontrait alors sur les Boulevards... Pas bien malin, direz-vous. Exact. Mais après tout, ça vaut mieux que le silence et l'autocensure d'une société révérente...

Non? Les grands de ce monde sont là pour qu'on se paye leur cafetière, et grandement encore! Sinon, leur tâche... et leurs taches... ça deviendrait vraiment trop facile!

On sortait de deux « règnes » quelque peu autoritaires. Après Carnot assassiné par l'anarchiste italien Caserio (1894), on avait eu Casimir-Périer, prénommé Jean. Il a dû se payer les vagues d'attentats des anarchistes qui suivaient le précédent et, en septembre, l'inculpation d'Alfred Dreyfus, condamné trois mois plus tard... Bien sûr, nul ne supposait alors le développement qu'allait prendre cette affaire, plutôt banale en ce temps de suspicions... Pourquoi Casimir-Périer était-il devenu la bête noire d'une bête rouge : Jaurès? Trop autoritaire, on disait. Toujours est-il que le 15 janvier 1895, après sept mois à l'Élysée, il en avait eu ras le haut-de-forme et avait simplement donné sa démission du poste, de la politique, de ses pompes et de ses œuvres. Un sage.

Ensuite Félix Faure... On a vu... Qui donc a dit qu'il arrivait que le char de l'État navigue sur un volcan? Ceux qui prennent l'Hexagone pour un océan... pacifique auraient profit à réviser leurs leçons d'histoire... Enfin, deux jours après la mort que nous venons d'évoquer, on élisait un pépère tranquille, ou supposé tel, le nommé Émile Loubet, soixante et un ans aux prunes. Un veinard, celui-là... Avant de lâcher le manche en 1906, il allait se payer, outre une tentative assez débile de coup d'État le soir même des obsèques de son prédécesseur, la petite guerre anticléricale menée par le « petit père Combes », un Fort Chabrol du côté de la gare de l'Est, l'Exposition de 1900, le renforcement de l'alliance russe, préparée par Félix Faure en même temps qu'il mettait secrètement en route la fabrication du canon de 75, l'affaire des Fiches, mésaventure de basse police assez putride... plus le développement de la fameuse affaire Dreyfus... Ce qui valut à Émile cette petite fable expresse :

De l'Ourcq, un beau matin, un pêcheur retira
Un pli qu'à l'Élysée aussi sec il porta
Et qui, chose imprévue et extraordinaire,
Était un document relatif à l'Affaire.
Moralité
Loubet lit ce que de l'Ourcq sort.

Le poète anonyme avait eu la charité de ne pas parler de « canal de l'Ourcq »... Le mot « canal » était alors mal venu à l'Élysée, en raison des chèques que le président avait reçus avant son élection... de la part de la société du canal de Panama ! On l'avait même surnommé *Panama Ier*...

Enfin... Lui au moins ne mourut pas à la tâche et connut vingt-trois ans d'heureuse retraite, le veinard. D'autant qu'il n'était plus mobilisable : la guerre dite de Quatorze approchait...

Revenons à Meg Steinheil qui, pour sa part, n'avait pas pris sa retraite et, anticipant sur un slogan postérieur, ne faisait pas la guerre mais l'amour.

A l'évidence, la fin brutale du président n'avait pas arrangé les affaires impasse Ronsin. Plus de petits cadeaux, plus de commandes officielles pour le peintre... Loubet, à l'évidence, n'en avait rien à cirer... Fin surtout du rôle d'éminence... rose qui amenait tant de visiteurs en considération de... l'entregent de la maîtresse de maison, et de l'espoir de faire passer le plus directement du monde un petit placet au sommet du pouvoir...

Heureusement, Meg n'avait rien perdu de sa forme, ni de ses formes, ni de son gracieux sourire.

Après le temps d'un deuil décent, encore qu'officieux, elle avait repris ce que je n'ose appeler le collier.

En fait de collier, elle en avait un, de perles, somptueux, donné par Félix avec un luxe de commentaires qui surprennent (« Ne le montrez pas ! Ne le portez pas ! ») et auxquels, pour tout dire, on ne comprend goutte.

Avait-elle reçu également d'autres objets ? Surtout des liasses de papiers émanant des dossiers présidentiels ? C'est vraisemblable, et on aura l'occasion d'en reparler.

Pour le moment donc, ce n'est pas le modeste pinceau d'Adolphe qui va faire bouillir la marmite. La belle Meg doit compter sur une légume plus arrondie... sur des amitiés généreuses. Et s'il vient moins de monde à ses dîners, on sait pourquoi viennent ceux qui viennent...

Il serait assez superflu de dresser la liste... possible des amants de notre chère grande... Citons-en un ou deux, que l'on retrouvera peut-être ensuite...

Meg faisait beaucoup dans le magistrat... Des juges, comme Lemercier... Leydet... des procureurs, comme un certain D., jamais démasqué ou encore Trouard-Riolle qui... bientôt... Des politiques, comme Chauvière, ou Étienne, député d'Oran, vice-président (sans jeu de mots) de la Chambre... futur ministre... Des hommes du monde comme ce comte de Balincourt qui, fauché comme les blés, ne tarda pas à être jeté aux poubelles de l'histoire leste, ou ce Borderel, qui avait un si joli patronyme à l'époque où Alfred Jarry renouvelait un mot célèbre en y ajoutant simplement, lui aussi, un R... Merdre alors! Des industriels « de poids » comme Chouanard... Les Forges de Vulcain, vous connaissez?

Ces occupations comportent leurs risques.

Bel-Ami

Outre ceux auxquels vous songez, il y avait celui de tomber amoureuse. On disait Meg assez froide avec ceux qui ne lui plaisaient guère... La moindre des choses, non? On ne peut pas prendre son fade avec tout le monde. Et puis aussi, un bon moyen d'éliminer ceux qu'on a assez vus, après les avoir assez... essorés.

Avec un mec dont on n'a jamais su l'identité, mais dont on a beaucoup beaucoup parlé, ç'a été une autre musique. Lui, on ne lui prenait pas de carbure, on lui en donnait! Mais il paraît que c'était un Hercule et que, pour ce qui était des choses de l'intimité, fallait pas lui en promettre. Le tempérament de Meg se révélait dans toute son ampleur... Vive l'ampleur!

Ça a duré huit ans! Un bon bail! Pourquoi les journalistes, qui sont volontiers si pipelets, ont-ils été soudain si discrets? On l'appelait d'un surnom à la Maupassant : *Bel-Ami*...

Meg, ce Bel-Ami, elle l'avait dans la peau, d'accord. Tout de même, si on pouvait savoir son nom, ça éclairerait peut-être... Enfin, comme tout, ça a fini par s'arrêter. Bel-Ami était un flambeur qui coûtait chaud et ça devait devenir lourd, même pour les plus fidèles amoureux, de financer l'impasse Ronsin, les couleurs de Dodolphe-la-Barbouille, les frisettes de maman Japy, présente plus souvent qu'à son tour, les petites folies de Bel-Ami, en plus!

A la mort de Félix, question mondanités, Meg était tombée dans un trou noir. Y rester n'était pas son genre. Elle a donc remonté la pente, en quittant un peu l'univers de la haute politique en faveur de celui de la finance. On la voyait notamment en compagnie des frères Renault... Vous connaissez... Renault... les bagnoles... deux explorateurs de l'impossible... Louis Renault qui, lui aussi... devait mourir dans de bien sinistres conditions...

Heureusement, il y a un ami fidèle qui n'hésite pas à douiller.

L'ami fidèle, déjà cité, c'est Chouanard, maître de forges. En 1906, il loue au nom d'une amie de Meg, Mme Mathilde Lorillard veuve Prévost, un petit nid d'amour à Meudon-Bellevue, non loin de l'Observatoire : le Vert-Logis. Soucieux de confort, le Chouanard. Il avait d'ailleurs bien raison. Quand on a de quoi!

Cette résidence « secondaire » va devenir le pôle d'attraction des activités de Meg.

Son alibi. Le séjour de maman Japy.

Son lieu... de travail.

Et le mari, dans tout ça? demanderez-vous une fois encore.

Ah! les maris... On ne sait jamais ce qu'ils ont dans le ventre, ces piafs-là! Ce qu'ils savent, ce qu'ils ignorent, ce qu'ils feignent d'ignorer, ce qu'ils subodorent, ce qu'ils acceptent, ce qu'ils refusent, ce qu'ils tolèrent, ce dont ils profitent, ce dont ils jouissent... Ce avec quoi ils rusent, ce dont ils se nourrissent... Pour Steinheil, les choses semblent plus simples, et si on veut les dire brutalement... plus brutalement peut-être qu'il ne les vit au quotidien... On dira que...

Steinheil est un mollasson. Son échec initial avec Meg, la dépendance qu'il subit, son peu de succès personnel en peinture... Tout, quoi... La maison de l'impasse... l'enfant, le budget du ménage.... Tout cela le réduit au silence. Et comme il n'est qu'un mari sexuellement honoraire qui a sans doute renoncé à ce genre de soucis... que s'ajoute la différence d'âge... d'allure... Eh bien le mari, il *sait* tout bien sûr, mais il se tait et il y pense le moins possible. Maquereau? Oh le vilain mot! A ce titre, on serait toujours le maquereau... ou la maquerelle de quelqu'un!

La vie se continue donc ainsi, caïn... caha! Notre grande fille poursuit sa carrière, ses amours... Elle dont sa boniche déclarera – qu'est-ce qu'elle en sait, celle-là? qu'elle n'a « pas plus de *sens* qu'un panier à bouteilles »! Le mystérieux Bel-Ami... peut-être un officier de marine... dont Meg a d'abord bien connu... très bien connu le père... Chouanard... le sérieux... très discret... très assidu... Borderel...

en parallèle... Et puis encore Bel-Ami... un gaillard qui, peut-être, n'était pas sans rapports avec les milieux officiels... les politiques protégés... ceux auxquels on ne touche pas, ceux qu'on ne nomme pas...

Elle est toujours très belle, Meg! Les photos qu'on a conservées, celles de 1908... 1910... où elle a tout de même ses quarante piges... la montrent toujours fine avec une frimousse ouverte, un visage d'ange étonnamment juvénile. Notez au passage qu'elle a gardé avec la femme et la fille du regretté président les rapports les meilleurs. On l'invite à la messe anniversaire... tcétéra. Et les épouses? Qu'est-ce qu'elles savent? Qu'est-ce qu'elles tolèrent? Voir plus haut.

Les assassins en lévites

Et c'est dans cette atmosphère confortable et idyllique que...

Au matin du 31 mai 1908, coup de tonnerre dans un ciel d'azur. Un larbinouze qui portait le nom amusant de Rémy Couillard est surpris du silence qui règne dans la maison où il dispose d'une chambre de service. Pas étonnant qu'on n'entende rien! Dodolphe-la-Barbouille est étalé dans un couloir, étranglouillé fort proprement. Maman Japy *idem*, ne risque plus de faire du bruit.

Quant à notre belle... amie, j'ai nommé la grande Meg, elle est couchée sur le plumard de sa fille, bâillonnée, ficelée de liens plutôt ténus, la chemise de nuit relevée sur la figure! Surprise donc mélangée pour notre Couillard : le paradis et l'enfer à peu de distance l'un de l'autre.

Bien sûr, le pet est porté. Grand trouble, grand branle-bas de combat dans les sphères du pouvoir. Oh là là! Qu'est-ce qui nous arrive encore!

C'était le dimanche de Pentecôte.

Ce qui explique la présence de Mme Japy, venue comme souvent de sa résidence de Beaucourt, le château de l'enfance de Meg. Adolphe et Meg, qui étaient alors au Vert-Logis de Meudon-Bellevue, étaient venus pour accueillir la belle-doche, laissant là-bas leur fille Marthe en compagnie de son fiancé, Pierre Buisson, du père et des sœurs de celui-ci.

La maison de l'impasse n'est pas grande. Ce n'est pas un « hôtel particulier » mais tout juste un « pavillon ». Au premier, trois chambres et un petit burlingue. Au rez-de-chaussée, un salon et une « salle à manger », pièce alors de rigueur.

Au deuxième étage, c'est l'atelier du maître, là oùs'qu'il concocte ses chefs-d'œuvre. Au troisième, les chambres dites de service, là où dort la valetaille : une femme de chambre et le nommé Couillard, plus Mariette Wolff, boniche sexagénaire et équivoque qui gère les rendez-vous de Meg et la comptabilité des frais engagés... Mais pour raison de Pentecôte, Mariette est, elle aussi, au Vert-Logis.

La daronne a eu droit à la place d'honneur : la chambre de Meg. Celle-ci va donc dormir, comme j'ai dit, dans la chambre de Marthe, et le mari honoraire dans sa propre piaule, le nommé Couillard étant, comme il se doit, dans sa cambuse du troisième.

A la découverte, il est six heures du matin. Impressionné, on le serait à moins, Couillard ouvre une fenêtre et pousse des cris épouvantables! C'est un passant courageux, un certain Lecocq, qui va découvrir :

1. le cadavre d'Adolphe, étranglé, une cordelette au cou;
2. celui d'Émilie Japy, née Ruaux, étouffée par du coton.

Quant à Meg, dont la tenue alors n'est pas précisée, le courageux Lecocq la délivre des ultimes liens qui enserrent plus ou moins ses chevilles.

Tout ça, on en conviendra, sent d'autant plus « le chiqué » comme on disait alors, qu'on retrouve dans un placard le reste de la corde à Adolphe et du coton à Émilie! Quant à Meg, elle livre, à chaud, une histoire tellement bidon qu'on rougit, aujourd'hui encore, de la retranscrire. Allons-y quand même.

A minuit pétant, la belle Meg qui ne dort pas encore, voit surgir dans sa canfouine, affirme-t-elle, trois gaillards coiffés de vastes galurins et revêtus de sombres « lévites », munis de lanternes sourdes (une technique de l'époque!) et de revolvers dont on ne dit pas s'ils étaient à eau chaude! Les accompagne une étrange femme rousse à la flamboyante tignasse. Dans la grande tradition, ils exigent de savoir où sont les bijoux et le pognon. Meg, héroïque, reste muette sur ce sujet brûlant. Ils la cognent alors sur le cassis (nulle trace...) et, résistant aux injonctions de la cruelle rousse qui veut que Meg soit trucidée sur-le-champ, ils se contentent de la ficeler légèrement et de lui mettre du coton dans la bouche. Sur quoi, Meg sombre dans l'inconscience...

Comment croire une histoire pareille?

D'autant que, curieusement, les « brigands » avaient arrêté la pendule qui marquait donc l'heure même du crime!

L'embarras des pouvoirs publics est sensible.

C'est le chef de la Sûreté en personne, Hamard, qui se charge de l'enquête et s'empresse de déclarer aux reporters venus d'urgence, le crayon en main, que « madame Steinheil ne saurait avoir la moindre part, *si indirecte qu'elle soit,* dans le crime affreux qui... », que... et ainsi de suite!

Il faut tout de même bien dire que la désignation de Hamard comme enquêteur avait été faite en haut lieu. Dès les services de police informés, Charles Dupuy, président du Conseil lors de la mort de Félix Faure, s'était précipité chez Georges Clemenceau, ministre de l'Intérieur, et l'avait entraîné à la préfecture de Police puis au Palais de Justice. Au cours de ces entretiens furent expédiés les magistrats du parquet, et désigné Hamard. Est-ce clair? Non, n'est-ce pas...

Du coup, le pauvre Couillard, « témoin principal », devint le suspect numéro un. D'ailleurs, la belle Meg avait sournoisement glissé dans ses affaires une perle fine, supposée volée par les bandits en lévites...

Le procès de tante Lily

Tout fut organisé pour noyer le poisson dans les hypothèses les plus absurdes, comme celle du « Théâtre hébreu » qui, a-t-on supposé, avait loué les fameuses lévites, aux fameux brigands! Un certain inspecteur Pousse s'arrangea même pour que Meg, décidément prête à tout pour jeter la confusion, désigne deux rouquins, mâle et femelle, qui jouèrent un moment le rôle de suspects possibles...

A sa propre demande, le juge Leydet avait été désigné comme magistrat instructeur. Détail de minime importance, il était amoureux de toujours, sinon amant comblé, de la belle victime de l'impasse Ronsin! Tout de même, on finira par le changer et par désigner un autre magistrat : le juge André.

L'affaire, tout doucement, glissait vers un non-lieu, un classement... j'allais écrire : un enterrement.

Pourquoi, au milieu d'une presse exceptionnellement silencieuse, un journaliste du *Figaro*, organe plutôt « à gauche » à l'époque, s'avisa-t-il de sortir une vieille histoire : l'affaire Peuillard, un percepteur indélicat qui, à Montbéliard, en 1885, et donc sous les yeux de Meg adolescente, avait donné lieu à des épisodes, des bavardages, des péripéties imaginaires qui, curieusement, préfiguraient les versions fournies par Meg pour son propre drame?

Les journalistes sont comme ça : prêts à toutes les indiscrétions pour faire leur cinéma, faire parler d'eux. Enfin, on ferait mieux d'écrire « étaient »... Parce que maintenant... à de rares exceptions... on est heureusement devenu plus poli... discipliné. On sait mieux se tenir.

Une chose encore qu'il faut mentionner. Tout comme pour le président Faure, embaumé en fanfare... ou sans tambour ni trompette si vous préférez... Il n'y avait pas eu autopsie des victimes. Ce qui fait qu'on ne savait pas trop exactement ni quand ni de quoi les deux pauvres personnes avaient rendu leur âme éventuelle à Dieu.

N'est-ce pas mieux ainsi ? Plus simple, plus pratique ?... Plus propre ?

Cependant les bavardages allaient bon train. Couillard accusé, puis mis hors de cause, Meg s'avisa de mettre dans le coup un autre éphèbe, le fils même de sa femme de confiance, le jeune Wolff. Sans plus de succès. En définitive, il fallut renoncer à étouffer le dossier.

Il semble que Meg y travaillât elle-même. Mais pourquoi ? La situation était-elle intenable ? Voulait-elle vraiment, comme on le lui a reproché, épouser Borderel envers et contre tout ? Un certain Félix Martin, ami de Borderel, écrit à Meg au cours de l'instruction : « Il est malade de voir l'opinion publique contre vous. Il n'aura aucun rapport avec vous tant que vous ne serez pas sortie avec honneur *[sic!]* de cette histoire. *Le classement même de l'affaire ne pourrait suffire à ses yeux.* » Ce que l'avocat général traduit : « Il vous fallait d'abord tuer votre mari pour épouser Borderel. Il vous a fallu ensuite trouver *un vrai coupable,* car Borderel n'acceptait de vous revoir que si votre innocence éclatait aux yeux de tous. »

C'est ce qui s'appelle extrapoler ! Il n'en est pas moins vrai que, criminelle ou pas, Meg a fabriqué, avec une naïveté, j'allais écrire « une niaiserie » déconcertante, trois machines infernales pour faire tomber trois innocents dans le panier à son. L'un d'eux dira, assez joliment : « Pendant des jours, j'ai marché vers la guillotine ! »

Cela seul justifierait que Meg aille faire, au moins, un petit séjour sur la paille plus ou moins humide !

Ces tentatives ayant échoué, ne restait-il plus à Meg que la ressource d'être jugée... et acquittée ? Avait-elle alors la certitude de posséder les moyens de pression, les complicités internes nécessaires pour être sûre de ne pas tomber sur un os, notamment avec le jury d'assises, les « juges populaires » qui sont surtout des juges amateurs.

L'avocat René Floriot, examinant cette affaire saumâtre, dans son livre *Deux Femmes en cour d'assises* formule une autre remarque tout à fait intéressante : « Mme Steinheil va vouloir frapper un grand coup qui lui sera funeste. Pourquoi ne pas attendre tranquillement un non-lieu qui ne va pas manquer d'intervenir ? *Parce que les coupables* [il ne mâche pas son mot, le bon maître] *ne savent pas rester tranquilles* et qu'une fois sur deux ce sont leurs initiatives malheureuses prises après le crime qui amènent leur arrestation. »

Le 7 novembre, Meg se porte partie civile. Elle reconnaît aussi l'innocence de Couillard, qui est libéré. Pourtant, le juge Leydet, qu'il soit resté amoureux « platonique » ou non, a pour notre héroïne les yeux de... Rodrigue... Il ne l'inculpe pas et Meg sort libre du Palais pour rentrer impasse Ronsin. Elle y trouve des journalistes plus curieux qu'un chef de la Sûreté que René Floriot estime « scandaleux » ou qu'un juge d'instruction qu'il estime « lamentable »...

Alors là, si vous me passez le mot, je dirai que ça déconne sec ! Au milieu de l'article, cet échange de répliques, une véritable « perle » d'un aussi bel orient que celle du portefeuille de Rémi Couillard :

– Vous avez voulu vous débarrasser de votre mari ?

– Oui ! Mais je ne peux rien dire !

Difficile d'imaginer ce qu'elle a dans la tête lorsqu'elle confie cela au *Matin* !

– Vous détestiez votre mari ?

– Oui ! Mais ce n'est pas moi, oh non ! qui l'ai tué. L'assassin, c'est Alexandre Wolff, le fils de Mariette. Il va dire que je suis sa complice et que c'est moi qui l'ai incité à tuer mon mari et ma mère !

Vraiment, les bras nous en tombent.

Le lendemain, évidemment, le juge Leydet inculpe Meg, en pleurant j'imagine, de *complicité d'homicide* (et non d'*homicide*) et il la colle sous mandat de dépôt. Bien obligé, tiens !

Moyennant quoi, un journaliste de *La Libre Parole* déterre, si j'ose écrire, l'affaire Félix Faure, constate que Meg l'a tué « sans le vouloir ou avec intention » et compare le pavillon de l'impasse Ronsin à... « la Tour de Nesles », ce qui, après tout et toutes proportions gardées, n'est pas si bête... et plutôt flatteur !

Floriot mentionne que le nouveau juge d'instruction désigné après que Leydet a été écarté, André, va constituer un dossier de... quinze mille pages ! Là-dedans, bien sûr, un bon paquet de bavardages, de sornettes, de ragots ou même de propos franchement dingues relevant davantage de la psychiatrie que de la justice !

Mais bien sûr, pas un mot sur les amours élyséennes de la prestigieuse égérie... La politesse retrouvait ses droits !

En revanche, on note avec amusement le témoignage d'un tout

jeune menuisier qui se demande si Meg n'avait pas des vues sur lui et s'interroge notamment sur la question de savoir si... autrement... peut-être... il n'aurait pas eu loisir de passer une nuit dans le pageot de la patronne! Quand bien même notre grande amie aurait eu la fantaisie de s'envoyer le petit Mimile! En v'là une affaire! Encore une fois, il n'en fut rien du tout! Et ça aurait pu faire trois pages en moins, soit 14 997 seulement.

Un autre raconte que, selon lui, il « servait de tout et à tout et que bien jobards étaient ceux qui payaient »! Jaloux, va...

Le résultat de cette surabondance était une certaine confusion.

Les quelques mois que Meg passa en taule préventive se déroulèrent dans un climat de confort inhabituel : repas de l'extérieur, literie correcte, sympathie des « bonnes sœurs » pour la pécheresse plus ou moins repentie... On voit le genre.

Enfin, comme toutes les bonnes choses, l'instruction connut sa fin. Et le 3 novembre 1909, le procès s'ouvrit à Paris sous la présidence de M. de Valles, « un magistrat sévère et triste qui porte une belle barbe comme du reste ses deux assesseurs » précise Me René Floriot, et qui n'était pas un rigolo : la preuve : il interdit aux femmes l'accès de la salle, une journaliste (Séverine) et une ou deux « avocates »... Y en avait d'ailleurs guère plus à cette triste époque!

Avec toutes les bourdes qu'elle a lâchées jusqu'ici, Meg va sans doute se faire emboîter très rapidement... Eh bien non! Cette « Sarah Bernhardt des assises » comme l'appelle le polémiste Rochefort est insaisissable. Durant trois audiences, on va jouer au chat et... à la souris. Floriot : « Elle dit n'importe quoi, change de sujet, lance une boutade qui met la salle en joie et répond à côté si la question est dangereuse. Elle joue des mains, des yeux, du mouchoir. »

Débordé, le président de Valles dit « avec hargne » :

– Un peu de méthode!

Elle répond, logique au fond :

– Je me défends comme je peux, avec mon cœur, avec mon indignation et je n'ai à observer, moi, ni un ordre ni une méthode!

Imparable!

Lorsque le président lui rappelle qu'elle a accusé « un jeune Américain, des hommes en lévite, et puis Wolff et Couillard », elle répond sans rire :

– Mes variations sont la preuve de mon innocence. Et j'ai été assez punie : pour avoir fait mettre Couillard en prison un jour, moi, j'y suis restée un an!

Commentaire de Floriot : « Il ne faut pas essayer de ruser avec ces gens-là, car ils mettent les rieurs de leur côté. » Le président glisse :

– Drôles de malfaiteurs! Ils vont chercher des cordelettes dans le placard et remettent les bouts de ficelle à leur place!...

Elle répond :

– Ils vous l'ont dit, monsieur le président ?

Ou on se fâche, ou on rigole, ou on baisse les bras...

Du côté des témoins, on se gardera bien d'accabler Marguerite. Borderel compris, qui écarta l'hypothèse du mariage envisagé :

– Pas avant une dizaine d'années : j'ai une fille de douze ans. Je rappelle qu'il était veuf.

L'avocat général prit ensuite la parole, comme il se doit. Il se nommait Trouard-Riolle et l'on disait que... qu'il avait très bien connu l'accusée quelque temps auparavant. Au paravent chinois, bien entendu...

Commentaire de notre inépuisable bon maître Floriot, qui n'avait pas sa plume dans la poche : « J'avais un adjudant de cavalerie qui enseignant l'équitation à ses recrues disait : Allez voir la statue de Jeanne d'Arc place des Pyramides et faites exactement le contraire. Aux étudiants qui se préparent à la magistrature debout, on pourrait dire : " Lisez le réquisitoire de M. Trouard-Riolle et faites exactement le contraire "...

« Pendant près de trois heures, il va s'acharner sur la jeunesse de Mme Steinheil dans l'espoir d'établir qu'elle n'était plus vierge lorsqu'elle s'est mariée...

« Je ne pense tout de même pas que la perte de la virginité avant les noces soit l'indice d'une prédisposition au crime. Sinon... » Eh! Oh! Attention! C'est pas moi qui ai dit « sinon »! C'est Floriot...

Lequel propose un réquisitoire « d'un quart d'heure » rapportant exclusivement des faits précis et incontestables. Tous ces faits se trouvent dans le réquisitoire de l'avocat général mais noyés dans un flot de détails oiseux et d'argumentations inutiles. Et c'est vrai que la formule de Floriot semble tout à fait suffisante pour envoyer une accusée au bagne, sinon à la guillotine. Et c'est vrai aussi que, si un bijoutier ne s'était avisé par hasard de témoigner au sujet de la perle planquée par Meg dans le portefeuille de Couillard, ledit Couillard se serait retrouvé en mauvaise posture dans le box où Meg se débat en ce moment!

Ultime question sur ce sujet, le proc désirait-il vraiment mettre

Meg dans un mauvais cas ? *That is the question!* comme disait Bertolt Brecht lorsqu'il villégiaturait à Hollywood...

Pourtant, les jeux ne sont pas faits quand le défenseur de Meg, Me Aubin, prend la parole. Lui aussi va passer en revue... presque, oui presque toute la vie de sa cliente, mais sous un éclairage très différent. Difficile de dire, bien sûr, que si papa Japy refuse le lieutenant Scheffer et fait rompre les fiançailles, c'est parce qu'il se pique le nez, que ses affaires ne vont pas bien et qu'il attend du gendre un apport d'argent que le pauvre lieutenant est bien incapable de fournir. Difficile de parler du président Félix Faure... aussi n'en parle-t-il pas. Ces vérités de cour d'assises sont rarement exhaustives, on le sait...

Quant à la villa de l'impasse Ronsin, ce n'est plus, dit joliment Floriot « la Tour de Nesle », c'est « l'Auberge de l'Ange gardien »... ce qui vaut tout de même mieux que « l'Auberge des Adrets » ou même que « l'Hôtel des Trois-Canards »... Et c'est vrai que Me Aubin dit la vérité lorsqu'il rappelle que « des pères de famille comme M. Chouanard y amènent leurs filles »... Pas obligé de parler du Vert-Logis où M. Chouanard n'amène pas ses filles, mais ses passions bien légitimes... Bravo, mon cher maître ! Il se paiera même l'ombre d'*Infélix* Faure, sous cette forme éminemment savoureuse : « Que celui auquel je fais allusion repose tranquille dans la mémoire reconnaissante de ceux qui savent qu'il a aimé et servi la patrie... » Plan, plan et rataplan !

En deux heures et demie, le jury va retourner cette « sombre » histoire sur le gril de ses perspicacités... Trois fois, ils feront appel aux conseils du président pour savoir ce qu'encourt Meg selon telle ou telle réponse... Signe qu'ils auraient bien voulu saler la belle enfant... sans toutefois aller trop fort.

En définitive, ils choisiront la liberté... pour la belle enfant, donc l'acquittement. Réponse négative à toutes les questions, même à celle de savoir si la veuve Japy était bel et bien la mère de Meg ! Non, qu'ils ont dit, les juges populaires. On n'est pas mieux servi !

Acquittée, Meg s'évanouira, soutenue dans les bras d'une pléiade de jeunes débarbots (c'est *avocats* que ça veut dire) pas fâchés sans doute de se régaler du fumet d'un morceau de roi (ou de président) dont, vraisemblablement, ils n'auront pas l'occasion de tâter autrement. Comme le poète de l'histoire qui mangeait sa tartine devant le soupirail de Paul Bocuse...

On fait ce qu'on peut !

Meg, elle, alla se reposer un peu puis, quelques saisons plus tard, eut l'occasion d'épouser sir Robert Brook Campbell Abinger, richissime pair d'Angleterre qui, discret, ne tardera pas à rejoindre Félix Faure, Adolphe Steinheil et la veuve Japy... « qui n'était pas la mère de Meg », du moins selon le jury parisien!

Meg terminera son existence en 1954 et dans les meilleures conditions, heureuse, tranquille, à son aise, dans une de ces merveilleuses gentilhommières de la campagne d'outre-Manche, au sein de la verte nature de ce que le fameux Marius appelait, avec son fort accent du Vieux-Port (P, O, R, T), le Sussesex... Un bien joli comté...

★

Histoire compliquée... Fin morale... Tout est au mieux.

Ce que j'en pense ? Ben...

Pour la première partie (la mort du président)... Je n'en sais absolument rien. Donc, je n'en pense pas davantage... Et vous-même ?

Pour l'histoire numéro 2, celle de l'impasse ?

Deux hypothèses :

La première, celle évoquée par Armand Lanoux. Je résume. Amené par j'ignore quelles secrètes astuces, un grand ami de la France, le grand-duc Nicolas Nicolaevitch que Céline, qui l'a vu de près à Nice, décrit comme « le propre oncle du tsar, le Très Grand Duc... Il est facile à se souvenir, ne serait-ce que par la taille... il faisait au moins deux mètres », avait rendez-vous avec la belle enfant. Adolphe devait-il rester au Vert-Logis ? De toute façon, ça n'avait pas beaucoup d'importance...

Or, dans le noir, survenant à pas feutrés, le grand-duc en question se serait cogné dans Adolphe qui passait par là, aurait eu la réaction d'un homme habitué aux attentats et aux violences dans sa douce patrie, et, lançant la patte un peu trop vivement, il aurait boxé puis étranglouillé notre pauvre Adolphe...

Pour la veuve Japy, elle aurait eu une crise cardiaque, ou se serait étouffée en avalant son dentier, sous le coup de l'émotion. La cordelette ? Mise en scène ?

Double accident! Double poisse! Et une nuit gâtée qui s'annonçait si savoureuse. Là-dessus, intervention des services dits « de sécurité », et surtout de diplomatie, d'où ficelle, cordons et liens bidons...

La seconde, celle que préférait le policier Goron, est plus obscure encore. Une équipe (?) aurait été mandatée aux fins de récupérer les papiers confiés à Meg par le défunt président Félix... pensant tout le monde au Vert-Logis. D'où là encore, surprise, brutalités imprévues, bref... bavure pour Adolphe et râtelier pour la veuve. Et re-mise en scène... D'où le surnom d'impasse *Roussin* (policier) donné par les malicieux.

D'où, encore, ce qui s'ensuivit : certaine de ne pas risquer gros, étant *couverte* en haut lieu, Meg noyait le poisson en déconnant le plus possible... tout de même un peu fort... d'où les dérapages avec trois cent cinquante-trois jours de cabane à la clé. Pour repartir d'un bon pied, Meg jouait l'acquittement.

Enfin... Mais qui était vraiment Meg Steinheil?

Une femme à qui sa beauté, son esprit, sa grâce, son éducation, sa famille promettaient une vie de belle allure et qui, déçue par un mariage maladroit, mal bâclé, décide de ne pas garder trop de scrupules pour récupérer de la main gauche ce qui échappe à la droite. Et faire vaille que vaille une carrière flatteuse dans l'aisance et, tout de même, le plaisir.

La mort spontanée ou pas de Félix Faure avait fichu la confusion dans le programme. Meg n'a pas lâché le fil pour autant... et, en définitive, l'initiative de sir Robert lui a donné raison...

Que la meilleure gagne!

★

Aux temps que les industries de Meg battaient leur plein (ou son plein), soit dans les salons littéraires soit aux sorties du Métropolitain, la belle enfant avait inventé de toutes pièces un personnage rencontré censément dans un wagon, et qui mettait généreusement à son entière disposition le Vert-Logis de Meudon-Bellevue, lui offrait libéralement de jolis bijoux et lui refilait, plus libéralement encore, de petits paquets de pognon, toujours bien venus!

Elle l'appelait : la tante Lily.

A l'usage du brave Adolphe, plus ou moins convaincu, mais aussi de la veuve Japy, elle servait à tout, la tante Lily...

Elle avait bon dos, la tante Lily...

D'autant plus qu'elle n'existait pas!

Les maris auraient intérêt à se faire présenter les amies et les *parentes* de leurs épouses... On ne sait jamais!

Le triomphe de Meg Steinheil, ç'a été le triomphe de tante Lily... Le triomphe du mensonge absolu.

C'est bon à savoir.

Ça peut toujours servir...

HAARMANN DE HANOVRE
ou
« A l'enseigne des fins morceaux »

Là, d'un canard dont reste la carcasse.
Dans une boîte, on la broie, on la moud.
Un rude engin l'écrase, la concasse.
Il en résulte un jus exquis au goût.
Après avoir taillé mainte aiguillette,
servi cuisse, aile, ôté la peau du dos,
Loin de jeter aux toutous le squelette,
La Tour d'Argent tire parti des os...

Lauzières de Themines
Cité par La Reynière
Autour d'un plat

L'AFFAIRE
FRITZ HAARMANN

LES FAITS
Rapt, assassinat et dépeçage d'un nombre indéterminé de jeunes gens, entre septembre 1918 et juin 1924.

LES VICTIMES
Trente ou quarante selon l'assassin. Vingt-deux selon les débris osseux retrouvés. Vingt-sept selon l'accusation, nommément désignés : cinq écoliers, dix apprentis, dix ouvriers, deux commis.

LES ACCUSÉS
Fritz (Friedrich) Haarmann, quarante-cinq ans, marchand fripier. Hans Grans, vingt-trois ans, négociant.

LE PROCÈS
Tribunal de Hanovre. Président *: Bockelmann.* Ministère public *: Wilde, avocat général et Wagenschieffer substitut.* Défense : *Me Benfey pour Haarmann et Me Lotze pour Grans.*

LE VERDICT
Peine capitale pour Haarmann, travaux forcés à perpétuité pour Grans.

LE SORT ULTÉRIEUR
Haarmann exécuté le mercredi 15 avril 1925. Grans, réduction de peine. Libéré ? Fin de vie inconnue.

LES COMMENTAIRES
« La Cour admet que Haarmann a tué non seulement en mordant ses victimes à la gorge, mais en les frappant durant leur sommeil, notamment les jeunes gens les plus vigoureux, et aussi le petit Abeling, âgé de seulement dix ans. Il a tué pour vendre les vêtements. La Cour, malgré le manque de preuves, ne tient pas pour impossible le trafic de chair humaine. » Président Boekelmann.
« Le monde entier me connaît. Ne suis-je pas le plus grand criminel ? A quoi vous sert votre liberté ? Le docteur Schacwitz disait : " Voici l'être le plus déshérité qu'on puisse imaginer. " Cet expert est un foutu menteur ! » Haarmann.

Il faut bien l'avouer, on ne pense qu'à bouffer. Et puis un peu à d'autres choses...

L'histoire de Fritz Haarmann en est une illustration, de cette vérité-là. Une illustration un peu particulière. Vous allez voir... Ce boucher amateur... Ce gourmand de fins morceaux... Cette matérialisation abusive des fantasmes du « Divin marquis »... Donatien Alphonse de Sade qui, comme Stendhal et Marguerite Yourcenar, est désormais « immortel dans la Pléiade », la collection consacrante, le Panthéon en papier bible...

En fait, Fritz Haarmann est un bâton merdeux : on ne sait par quel bout le prendre. Comment faire passer dans les mots son abominable itinéraire ? Sa passion cynique, sa folie dévorante. Cette perversion stupéfiante qui l'amène à compromettre dans l'aventure toute une population, toute une époque, les institutions près desquelles il se glisse, s'insère... Ce sourire... Ce naturel extravagant... Fritz Haarmann est comme une caricature d'homme. Nous-même, et pas tout à fait... Heureusement.

Alors ? Faut-il en parler avec humour ? Essayer de se cacher les yeux ? Que la forêt, son Katyn privé, se planque derrière notre stylo ? Qu'on oublie combien tout cela a été réel ? Que derrière les images, les récits venus du fond du siècle... 1925... le procès... C'était hier, madame Michu !

Ou alors qu'on se réfugie dans l'analyse scientifique. Les catalogues statistiques. Les listes. Les preuves. La loi, article par article. L'appareil de la justice... Le cinéma, quoi... Loin du réel, mais qui permet après tout de supporter...

On ne sait plus.

Et puis, bien sûr, il y a l'époque. Comme on a dit... répété... que chaque criminel est en quelque sorte le fruit de son époque... par un bout, par l'autre... Le Japonais cannibale, « homme cruel et féroce » nous dit le Littré... qui trouvait sa conquête « à croquer »... Né de rien, lui, on dirait... Haarmann au contraire généré par l'atroce ambiant... les besoins fous! Les malheurs. Les gouffres...

La scène se passe à Hanovre, vous vous en doutiez. Personnages : Fritz Haarmann et son petit pote Hans Grans... Pour un conte de magiciens Carabosse! Le gros Ogre hilare et son nain maléfique. Les deux sorcières, les Reines pédoques qui mangent les petits enfants dans leur beau castel en pain d'épice... en pain de vices. Ils sont parfaits tous les deux : leur rôle. Leur emploi. *Ein schönes Liebespaar*, ils disent là-bas. Une belle paire si vous préférez. Sans jeu de mots... allusion... Un choli couple!

Assez traîné. Il faut bien vous dire ce que c'était que Fritz Haarmann. Il croquait le marmot. Et le faisait bouffer aux autres pardessus le marché... Par-dessous plutôt. L'escalope salade, *Wiener Schnitzel*... du veau sous la mère! Le jambon découenné... Saignant!

La période, bien sûr, s'y prêtait à merveille. Sans remuer les piles des encyclopédies, les récits des historiens, des témoins... Je vous rappelle juste un film : *Cabaret*, avec la succulente Liza Minnelli. Un film souriant au fond, qui ne montre qu'à peine les horreurs, la misère... Laisse juste deviner. Sentir.

Et aussi, vous citer un reporter. Un grand journaliste, Pierre Mac Orlan, qui va devenir un grand romancier... Un poète aussi, ses chansons, ses vers, ses rêves... Un de ses livres, *Quartier réservé* (Gallimard), qui est aussi un poème. En 1924... 25, il est donc reporter... alors reportez-vous, grâce à la collection 10/18 (*Le Mystère de la malle n° 1,* n° 1627), il vous donne le tableau des horreurs. Pas les basfonds, non, la population. Les yeux caves, le ventre vide, froid. Les maisons en panique. Le médecin qui vient parfois mais demande à être payé en nature... un morceau de fromage, des chaussettes, n'importe quoi... une boîte d'allumettes. Parce que, le bifton que vous allez lui donner... le banknote de trois milliards de marks... le temps qu'il descende du troisième, il pourra plus rien acheter avec... Une situation étonnante, qu'on n'ose plus appeler l'« inflation ». Qu'il serait bizarre... inhabituel... que tout le monde y perde. Que personne s'y retrouve... Dans la coulisse. Outre-mer peut-être... Que ça soye juste le hasard, la malignité des choses incontrôlables... Les vacheries d'un destin sans visage!

Pierre Mac Orlan nous peint les visages de la misère quotidienne, de la famine banalisée.

Bien sûr, autour de ça, il y en a qui font leur beurre... œufs fromage, comme disait Jean Dutourd. Les riches qui ont une belle voiture, comme celle qu'on voit dans *Cabaret*, les « estrangers », les touristes, qui se pointent avec des devises fortes, qui peuvent se payer ce qu'ils veulent, qui ils veulent. Il y a toujours eu des périodes où un morceau de pain pesait plus lourd que la vertu, ou même que le respect de soi-même. Dans les établissements que fréquente alors Mac Orlan, et qui ne mériteraient pas le nom de « bistrot », il y a, accoudées à des tables vides, de grandes filles blondes à qui la maigreur va bien, mais dont les joues sont trop pâles et les yeux un peu trop durs. Les hommes aussi sont maigres. Ils habitent des immeubles que plus personne n'entretient, des petits « logements » avec une cuisine piteuse qui ne sert plus qu'à se laver les pieds à l'eau froide... s'il y a de l'eau! La rue est sans joie. Et dans les têtes qui ont faim, les idées, les images tournent à une grande vitesse.

L'Allemagne avait « perdu la guerre », comme on dit, le 11 novembre 1918. Mais on y avait faim assez longtemps avant. Si l'on en croit les statistiques de l'administration de la Justice, c'est en 1918, en septembre, que Fritz Haarmann a commencé le cycle de ses performances homologuées, sur la personne d'un petit Hanovrien de quelque douze années, quatorze peut-être, Fritz Rothe. On a recensé vingt-sept victimes, jusqu'en juin 1924.

Mais Haarmann sera moins précis, et sans doute plus exact. Lui, il disait peinard : « *Es können dreizig... es können vierzig sein.* » Bof... Avec son petit sourire. « Il y en eut peut-être trente, peut-être quarante... »

Qu'on n'ose plus y croire, qu'on se trompe dans les chiffres... Quoi ? Vous dites vingt... trente... *Nein! Es können vierzig sein...* Il voyait ça en gros... On est loin des vingt-sept du tribunal! C'était facile dans ce monde de misère. Tout ce qu'on pouvait tirer du désastre... comme coups... marrons du feu... profits. Confort relatif, chair fraîche à tous les étages! En fouillant cette horreur, on pouvait faire son affaire, prendre son pied. Engraisser en ces temps de maigritude.

La Guerre, la Grande, avait promu une équation simpliste : *Un homme égale rien.* Haarmann paraphrase grossièrement. Il dit : un homme égale un cul plus de la viande! Voilà. C'est fondamental. Le cas de le dire. Suffisait d'oser y penser. Il était maboul, faut dire. Mais tout criminel est dingue, à un titre ou à un autre. Un moment ou un autre.

Ce fils de chauffeur de locomotive, cette bête humaine, ô Zola, aurait pu, peut-être, n'être pas fou. Lorsqu'il arrive au tribunal, Eugène Quinche, qui rendit compte du procès pour *Le Petit Parisien,* est tout de même un peu sidéré. Il le voit comme ça : « On a publié une multitude de photos et de croquis, mais personne n'est parvenu à reproduire ses traits dans leur banale simplicité. Sa tête ronde, poupine, son front bombé, son nez petit et très droit, ses moustaches à la Charlot, ses grosses lèvres sensuelles en font un individu neutre et banal, mais sa bouche sait se faire méprisante et son regard parfois s'allume, empli de colère. Le seul trait saillant de sa personnalité extérieure est sa volubilité. » En fait de costard, Haarmann porte la cotte et la veste de toile bleue de l'administration pénitentiaire de là-bas.

« Entré à dix-sept ans à l'école de sous-officiers, il fut un an plus tard surpris dans une cave avec des enfants et condamné pour cet attentat aux mœurs », signale Quinche. Et puis, interné à l'asile d'aliénés d'Hildesheim, il se fait la paire et filoche vers les bas-fonds... Quinche note ses métiers : « brocanteur, boucher, aide-pharmacien, marchand ambulant, camelot, mendiant et... détective ! » Pour lui qui a traversé toutes les sentines de Berlin, de Hambourg, parcouru toutes les galeries de l'aberration, il y a une trouille, une panique : l'asile. Au procès, il dira : « Certains jours, le premier vagabond venu me fait faire n'importe quoi, les actes les plus abominables, tellement je me sens parfois dépendant des volontés d'autrui... et c'est pourquoi je veux être décapité. Mais ne me renvoyez pas à l'asile : j'y deviendrais pire que le plus sauvage des fous furieux. »

Haarmann est né le 25 octobre 1879. En 1918, il a donc la quarantaine. Et il rencontre, j'ai dit, un bougre pour lequel il va nourrir une étrange passion, un paumé comme lui, Grans, qui va jouer dans ses abominations un rôle à la fois effacé et fascinant. Eh oui ! L'amour, ça se commande pas... Et à eux deux, ils vont gérer une étrange affaire de cauchemars drôlement prospère. Haarmann est alors fripier de son état officiel. Il va s'improviser boucher clandestin. Ça complète... Et puis, au moment où tout le monde claque du bec, il y a une belle clientèle en perspective.

Comme la viande fait défaut, Haarmann va inventer une source d'approvisionnement, un cheptel tout à fait disponible et inépuisable.

Pour le moment, Haarmann file le parfait amour avec Hans Grans... *Enfile* serait peut-être plus judicieux. Ah, ce qu'ils s'aiment ces deux-là, une véritable passion ! Haarmann était terriblement jalmince... jaloux, quoi ! Le nommé Grans, qui broutait volontiers à tous les râteliers, fréquentait aussi des putes auxquelles il devait faire des mignardises qui ne sont pas restées dans les archives. Même qu'elles lui donnaient du carbure. Alors ça, Haarmann, il pouvait pas supporter ! Ça le rendait furax que son joli minet, il aille louer comme ça son instrument d'amour ailleurs... surtout chez des femmes... le comble de l'ignominie ! « Il s'était attaché à Grans de toutes les forces de son être », note Eugène Quinche, qui avait la prose poétique. Et c'est sans doute vrai, en plus !

Mais tout de même, quand Grans se repointait dans la piaule, cadre de leur idylle (moi aussi, je donne dans le romantique)... de leur idylle donc, avec un petit cadeau, peut-être deux ronds de violettes, Haarmann il fondait dans ses bras. Il éclatait en sanglots convulsifs. Il se sentait plus de bonheur ! Ça bouleverse, une scène pareille..., rien que d'y songer. Et il faisait alors tout ce que l'autre lui demandait.

Un exemple ? Le cas d'une des victimes, un nommé Hannapel, en 1923, un charpentier. On l'avait choisi parce qu'il avait un pantalon tout neuf qui plaisait bien à Grans. Ça avait duré quelques jours et Grans, il insistait : « Alors ? qu'il disait, tu vas me faire poireauter longtemps avec ce froc ? » Il se tenait plus d'impatience...

Un matin, il se pointe... Haarmann venait d'opérer le porteur du falzard. Il était sur le plancher.

Haarmann, sans complexes, a raconté la scène aux policiers, aux magistrats : « J'étais juste en train de découper une jambe, qu'il a dit. J'avais les mains pleines de sang... Je me rappelle toutes ces bricoles parce que j'en avais souffert, sur le moment. »

Grans, ce jour-là, était de mauvais poil. Il a reçu son gros Fritz comme un malpropre. « C'est pas trop tôt ! » il s'est exclamé. « Tu me l'as fait attendre, ce froc ! Mais, dis donc, ça pue ici ! C'est pas possible de rester là... Je vais faire un tour. Tâche d'aérer la piaule pendant ce temps-là. Mais d'abord, fais voir un peu ce bénouze... »

Et il a tâté la qualité de l'étoffe. Un produit rare en ce temps-là.

Évidemment, le malheureux Hannapel, mort pour un pantalon et pour son poids de muscles, n'était pas le premier. Le dernier non plus d'ailleurs. Selon les « autorités », comme on dit, c'était même le treizième – un chiffre qui ne lui a pas porté bonheur – sur la liste des vingt-sept.

Les méthodes d'un monstre

Procédons par ordre. Je pense que Haarmann nous aurait approuvé. De l'ordre, nom de Dieu !

Tout cela a peut-être simplement commencé par une chasse à l'amour. Et puis, de fil en aiguille... L'occasion, l'herbe tendre... ou ce qui en tenait lieu... De septembre 1918 – premier crime enregistré, avec une longue lacune jusqu'en février 1923... – à la date du procès, les choses allaient mal en Allemagne. Les pauvres soldats déquillaient à tout va, comme chez nous d'ailleurs...

En novembre, les massacres ont cessé, mais la misère a fait tache d'huile, et d'autres massacres se sont mis en route. Le blocus des Alliés ne s'était pas arrêté avec l'armistice et tout manquait dans le pays, le lait pour les gosses, le travail pour les adultes, la bouffe pour tout le monde.

« Au coin de toutes les rues, écrit Pierre Mac Orlan, un soldat mutilé vend des boîtes d'allumettes marquées d'une croix rouge. La plupart sont encore coiffés du calot caractéristique de l'infanterie allemande. Dans les cafés où fréquentent les officiers français (en Rhénanie), des *Schwester* en gris passent de table en table et vendent des boîtes d'allumettes timbrées d'une croix rouge : “ Pour les blessés de la guerre ! ”... »

Le dessinateur Georges Grosz a peint ces choses-là, crayonné... La faim, les ventres creux, la prostitution tous azimuts... « Les palaces sont réquisitionnés et ceux qui ne le sont pas sont à peu près vides. Des femmes de la rue couchent pour une nuit dans les appartements réservés de l'empereur d'Autriche ou du shah de Perse... Les ascenseurs ne fonctionnent plus, les cuvettes des lavabos sont fêlées. Il n'y a plus de savon... Au crépuscule de la nuit, des pédérastes à tête de veau rôdent comme des hyènes édentées dans les boulingrins du Kurpark. C'est gai. »

Ce n'est pas dans ce genre de futaies que notre vieil Haarmann allait chercher son gibier. On n'apporte pas de farine au moulin, de baguettes chez le boulanger... Lui, il allait traîner ses grolles du côté des gares, dans les salles d'attente... le soir.

Des tas de gens circulaient alors là comme des automates, cherchant des parents hypothétiques, des travaux mystérieux, de secrets refuges. La plupart ne cherchaient rien. Ils foutaient le camp, tout simplement, fuyant un endroit, une situation pires. La plus belle invention du chemin de fer, après les gares, c'est bien les salles d'attente. Un endroit où, logiquement, on ne peut pas vous reprocher de vous attarder. D'attendre quoi ? Ah ! Voilà la question !

Les jeunes garçons que Haarmann repérait dans ces coins-là n'attendaient pas grand-chose. J'ajoute que Haarmann, tout en restant dans le vague, s'était fait une réputation de poulet. Bien sûr, il ne faisait pas partie des effectifs de la police. Mais, sans doute indicateur, comme la plupart des ordures, colportant des denrées alimentaires sur lesquelles nous aurons bientôt des lumières, il s'était créé des complaisances parmi la flicaille. Il était... ma plume se cabre à écrire ça... « honorablement connu », Herr Haarmann! Il risquait pas grand-chose à déconner un peu... usurper des fonctions! On a même retrouvé, plus tard, dans ses petites affaires, une espèce de carte bidon... Le gibier n'en demandait pas tant...

Haarmann passait dans les salles d'attente. Tout le monde roupillait. Il avisait sa proie. Il lui frappait sur l'épaule :

– *Papiere, bitte!*

Ou bien il réclamait « le titre de transport »... Il affolait. Le môme, il s'éveillait, les yeux pleins de pisse. Il se frottait la paupière :

– *Was?*

Haarmann, il faisait un peu peur. Et puis il s'adoucissait... Bon Samaritain... Belle jardinière... Fous affez faim pitêt? Oh, il proposait pas de foie gras... du caviar... du gigot de mouton! Il disait que si on venait chez lui, il y aurait un œuf à la coque, un peu de pain. Et aussi un plumard avec des draps bien secs. *Ach!* les gamins, ils en croyaient pas les ondes. Ils fabulaient déjà. Ils se croyaient au paradis. *Jawohl!* ils répondaient, tout émus à l'idée d'avoir rencontré un si bon inspecteur. Un humaniste d'une charité aussi rayonnante.

Haarmann, il avait pas tout à fait menti. En général, il y avait bien un œuf. Et aussi un lit. Seulement voilà, fallait partager. Pas l'œuf, le lit! Il les mignotait. Étaient-ils surpris, les bougres? Ça, je ne sais pas. Mais enfin, ils se laissaient faire. Quand on est vraiment dans la pire mouscaille, affamé, transi, se faire mettre, c'est vraiment une formalité. Après, on pourrait dormir au chaud. Le cas de le dire...

Et parfois... Eugène Quinche raconte, lui qui a assisté au procès, causé avec les personnes au courant..., « dans l'obscurité de cette cervelle insondable, des sursauts étranges d'humanité se faisaient jour. Le monstre rapporte qu'il eut souvent pitié de ses victimes... Tout d'abord, il vivait quelques jours avec... lorsqu'il en trouvait le loisir. C'était une sorte de lune de miel infâme, et qui se terminait un soir de rapide orgie ».

La suite, vous la devinez? Mais non!

C'est encore plus abominable que vous le pensez! Et puis, tenez, je préfère laisser la parole au témoin... il y a plus d'un demi-siècle... qu'on m'accuse pas d'enjoliver!

« Alors se déroulait une scène de bouge, de cabanon et d'abattoir. Au moment de l'étreinte sexuelle, Haarmann, à la façon de ces passionnées qui mordent leur amant à l'épaule, étouffait dans ses mâchoires, en les serrant à la gorge, les adolescents qu'il tenait sans défense et qu'il immobilisait du poids de son corps. Tant que durait leur agonie, sa pensée flambait, incendiée d'inconscience écarlate. Il ne revenait à la réalité que réveillé par l'inertie du cadavre. Mais il cherchait alors un chiffon pour lui en recouvrir le visage, tant il en redoutait le regard d'épouvante qui le poursuivait de reproches immobiles.

« Les premiers jeunes gens qu'il tua, il alla simplement les déposer dévêtus dans les champs où on ne les retrouva que beaucoup plus tard.

« Puis il jugea plus prudent de les découper, de les transporter dans des sacs ou des seaux et d'aller les jeter hors de ville dans la Leine. Mais ces courses elles-mêmes finirent par devenir compromettantes et, venu s'installer rue Neuve, il précipita simplement les têtes et les os par la fenêtre d'où ils tombaient à l'eau.

« Ce dépeçage le rebutait comme une chose atroce, et il s'y épuisait, pâle de peur, s'interrompant et recommençant sans cesse. Quelquefois, les suppliciés étaient encore tièdes. Mais le plus souvent, il attendait jusqu'à la dernière minute et la décomposition répandait une puanteur qui infectait toute la pièce.

« Il commençait par ouvrir le tronc et en retirait les poumons, le cœur, les entrailles qu'il hachait en parcelles infimes. Le sang s'accumulait dans la cage thoracique et le bassin, et il l'étanchait avec une serpillière qu'il tordait ensuite sur un seau. Puis il détachait les membres, découpait les pieds et les mains à chaque articulation. Le cadavre tout entier finissait ainsi par disparaître, morcelé... Haarmann rappelle maintenant tous ces détails avec un calme effrayant, comme s'il donnait un cours à l'usage des garçons bouchers. *Une lubricité* étrange glisse sur ses traits et se fond, tantôt en ricanements troubles, tantôt en pleurs secs, exaspérés... Il concède que cette macabre besogne, si pénible au début, s'accomplissait les derniers temps de plus en plus vite, et chaque fois qu'un corps était dispersé, il s'endormait lourdement, brisé de fatigue... »

Grans, dans tout ça, jouait les brillants seconds, accompagnant Haarmann dans ses chasses... A cette armée de chômeurs qui stagnait dans les crépuscules, Haarmann proposait aussi, souvent, des emplois, des salaires fixes...

Les victimes avaient, dans l'ensemble, entre dix et vingt ans... « La plupart des disparus qu'on lui reproche cherchaient à manger, note Eugène Quinche. Le vice, dans certains cas, leur était si étranger que le monstre, après les avoir *séduits*, devait les tuer pour en obtenir le silence... »

Facile, bien sûr... Dès lors qu'on travaille comme ça! On le voit d'ici, l'Haarmann avec son œuf à la coque... son sourire pourri! Ils tirent la langue, les mômes! Un peu moins faim, un peu moins froid! Haarmann, il a pas précisé le dessert, la mignonne gâterie, la sucette magique! Il laisse pas entendre... On verra bien. C'est vite passé. On s'y fait très bien quand on la crève... Vous verrez.

Je voudrais pas revenir sur le sujet. Mais faut bien expliquer, insister, rappeler. L'en-cas expédié, il file au plumard, câlin en diable. Il invite, il patine, il séduit, il impose, il implique. Il intromet.

Et puis, je vous ai dit, au moment follement psychologique... que tout flamboie dans l'atmosphère... Que les soubresauts deviennent pathétiques... qu'on sait plus où on en est... Il fonce au garguillot... à la carotide! Les dents en avant. Il tranche dans le vif. Il égorge d'un coup. Mort s'ensuit. Alors, après avoir pris un peu de repos, il écorche, il étripe, il dépèce, il débite.

Si des fois, il loupe son coup, que la victime regimbe, sursaute, survit... des balèses, des pas d'accord, il les finit au couteau. Il y va dans les côtes... la lame meurtrière. Le résultat... toute façon... le même.

J'insiste un peu, parce que c'est nécessaire de savoir, rappeler que ces choses-là, ces gens-là existent. Sans ça, si on oublie, on n'a pas une vue assez sérieuse de l'univers. On se rend pas bien compte... Toutes ces horreurs que vous venez de découvrir... Je voudrais pas retourner le couteau... le revolver dans le trou de balle... mais le pire reste à venir.

Au procès, on a été d'une discrétion extrême. On n'a pas remué les choses à fond.

Pour les fringues, ça, pas de question... On les a retrouvées chez le « fripier »... présentées aux parents.

Mais alors... la question clé. Le summum... Que le président va poser tout de même. Un peu enveloppée...

– Dites-moi, Haarmann, qui donc vous fournissait cette viande que vous livriez ensuite, emballée dans des petites boîtes... à vos amis... vos clients?

Là Haarmann, il se fend la pêche! Il ricane :

– Ah ah! Nous y venons... mais je vous l'ai dit. C'est les chevillards... le boucher Karl, vous le savez bien!

– Le boucher Karl, Haarmann, la police l'a cherché. Il n'existe pas!

– Et comment, qu'il existe! Vous n'avez pas su le trouver, voilà tout!

On a discuté... comme toujours dans ces cas-là... sur le nombre des victimes... les statistiques... après tout, quelle importance ? Étriper quarante garçons ou égorger deux fillettes... une... la différence... on voit plus bien. On a du sang plein les yeux!

Grans, de son côté, il a essayé de se tirer des pattes.

– Des cadavres ? Moi, j'en ai pas vu...

La réaction de Haarmann... des plus vives! Colère!

– Quoi! Bien sûr, qu'il les a vus! Il explose, Haarmann, il pleure... Il ajoute : T'as profité de tous les meurtres. Tu m'as menti, volé, trompé! Oui, monsieur le président! Il a tout vu. Il savait tout. Et il revendait les frusques. Il est plus coupable que moi...

Une vraie rogne d'amoureux déçu. Il paraît que, dans son box, il gesticulait comme un guignol, qu'il se frottait la bille comme pour effacer des images, qu'il étreignait, étranglait des fantômes...

Quand on lui demandait des détails, il osait pas. Il avait la pudeur facile. Il se plaignait qu'il y ait des femmes dans l'assistance :

– On n'est pas au théâtre, quoi! Elles ont aucune pudeur! Qu'est-ce qu'elles font là, ces vicieuses ? C'est dégueulasse!

Les artistes ont de ces scrupules.

De temps en temps, Grans se pointait avec des conquêtes, des petits amis jolis. Il demandait à Haarmann de lui prêter sa piaule, de se tirer... Des fois, y en avait deux. Un soir, il s'est pointé, Grans, avec un certain Wittkowski et un autre, un certain Hennies.

– Ils ont bu comme des trous, accuse Haarmann. Et, quand je suis rentré le lendemain, Hennies était mort. Les deux autres s'étaient partagé les vêtements... Pour le cadavre, il a bien fallu que je m'en occupe. Ils osaient pas...

D'autres fois, Haarmann, il se défausse... Un certain Wolff avait quinze ans...

– Un adorable gosse, dit le monstre. C'est peut-être son père qui l'a fait disparaître ? Le 25 octobre, il a disparu... Le jour de mon anniversaire!

D'innombrables nippes circulent dans le prétoire... Aux fins d'identification! On a du mal...

« Certains de ces pauvres morts, note Quinche, le journaliste du *Parisien*, ne possédaient même pas une photo d'identité. Ils descendaient à peine du train. On ne sait d'eux presque rien sinon qu'ils franchirent le seuil de la boucherie et qu'une nuit leurs pauvres os furent précipités dans le froid tombeau de la Leine... et que leurs pauvres défroques furent brocantées par la femme Engel... Une voisine. Et c'est là toute leur oraison funèbre! »

L'avocat de Grans, curieux, demande :

– Est-il exact que l'accusé, sur sa boutique, avait affiché qu'il ne vendait de viande ni aux Belges, ni aux Français ?

Raciste, Haarmann, en plus ?

Ça, il veut pas.

– Mais j'ai jamais rien affiché ! Et j'ai jamais eu d'enseigne sur ma boutique !

Dommage. « Aux fins morceaux », ç'aurait été adéquat comme panneau publicitaire.

On a sorti des crânes sur lesquels de doctes experts sont venus disserter. Et Haarmann a dit là encore quelque chose de pire :

– Ces têtes sont pas à moi ! Je les ai toutes mises en miettes... sauf la dernière peut-être.

Alors ?

Dieu merci, on en a identifié deux... Sinon, on pouvait rêver à un autre Haarmann ! Deux... trois peut-être !

– Enfin Haarmann ! a dit le président. Ayez la franchise de dire ce que vous avez fait de la chair !

Haarmann, il a éludé... Qu'il avait tout découpé en petits, tout petits morceaux. Que c'était pour ça qu'on n'avait rien retrouvé du tout...

Deux clientes, deux putes dont l'une travaillait pour Grans, avaient reçu un rôti en cadeau. Un doute... Elles l'ont porté au commissariat. De l'héroïsme, quand on la saute ! On appela un certain docteur Schackwitz qui affirma qu'il s'agissait de viande crue... Facile ! Mais quoi ? Du veau... ou du porc ? Il était pas fixé ! On aurait peut-être mieux fait de faire signe à Fernand Point, le cuisinier de l'élite !... De la viande... quoi ? humaine ? Vous voulez rire !

Les putes, écœurées, en profitèrent pour communiquer leurs soupçons sur la disparition d'un certain Franke. Le commissaire haussa les épaules et les vira de son bureau. Celle qui témoigne au procès, on l'appelle Dorchen. On la met sur le gril, si j'ose ainsi m'exprimer... Quinche observe : « La discussion continue, précise, interminable. Ces juristes en sont arrivés, emportés par la passion professionnelle, à parler de ces horreurs comme de choses théoriques. Ils poursuivent, jusque sur les fragments méticuleusement rassemblés de ce drame immonde, l'illusion d'élever un monument de droit pur... »

Eh oui, mon pauvre Eugène ! C'est la vie...

N'empêche qu'à part les crânes, on a récupéré près de trois cents fragments d'os... que le docteur Schackwitz a pas dit que c'était du veau... de quoi faire vingt-deux squelettes. Des statistiques...

Tout de même, au procès, on a su que Haarmann avait fondé une agence de police privée en compagnie d'un ancien douanier. Et que ça pouvait expliquer... avec un petit rôti de temps en temps... une certaine familiarité avec les flics, les vrais. Peut-être aussi... qui sait ? l'inertie de la police... Les commissaires qui bougent pas. Un autre qui reçoit en cadeau le galurin d'une des victimes... Ce qui s'appelle « porter le chapeau »... A l'audience, il y en a même qui se sont sérieusement engueulés... entre flics! Toujours la guerre des polices! Finalement, tout ça s'est perdu dans les sables. Peut-être qu'il y a eu des sanctions, mais personne n'a su. Là aussi, on a dû écraser au maximum. Plus remuer la matière... calmer les esprits.

Enfin... mis à part l'aspect police et l'aspect boucherie, le tribunal a pu éclairer quand même bien des choses.

Eugène Quinche, lui, le *Parisien*, ce qui l'étonnait, c'était le couple. Il note : « Haarmann est avant tout un être d'une faiblesse stupéfiante. Il s'était attaché à Grans de toutes les forces de son être. Leur couple monstrueux vécut d'une intimité si étroite que Haarmann débordait de rage [ça, je vous ai dit...] lorsque Grans acceptait quelque argent de ses *fiancées* successives, des prostituées. » Mais si Grans laissait échapper un mot de sympathie, l'autre « se révélait le plus dévoué des amis, pantin tragique dont ce pâle voyou tirait les ficelles ». Et il ajoute : « Il faut se replacer à l'époque pour comprendre... Défaite, révolution, contre-révolution, coups de main extrémistes se sont succédé sans interruption. Le chômage et la chute du mark avaient provoqué une misère indescriptible dans la classe ouvrière. Une multitude de pauvres bougres, à cet âge difficile où l'on cherche une situation, étaient sans emploi et sans ressources. »

Un autre écrivain, allemand celui-là, a parlé de cette époque. Un de ses romans est intitulé *Wolf unter Wölfen* , c'est-à-dire *Loup parmi les loups...* Haarmann avait préféré être un loup dans la bergerie.

« Ah, si vous saviez comme un homme est peu de chose! dit-il. Un cadavre tient si peu de place! Une fois découpé, on peut l'emporter dans trois ou quatre sacs d'écolier... »

★

Le pire du procès, ç'a été sans doute le défilé des familles, celles des victimes, de ces morts sans tombeau, à la lettre *innombrables.* Ombres parmi les ombres, broyées, mangées sans doute. Chacun une unité dans une liste jamais close. Sonnefeld, voyou syphilitique dont Haarmann portera le confortable manteau... mais aussi des innocents... absolus : le petit Brinckman qui a treize ans, Friedrich Abeling, dix ans et demi... Et puis Éric de Bries, le dernier de la liste officielle, un adolescent, un petit mitron, fils excellent, travailleur sérieux, qui rentre chez ses parents. Il arrive tout pimpant. Il a congé. Ah ! La maison est fermée. Ses parents ne l'ont pas entendu frapper. Bof... Il passera la nuit à la gare. Vous voyez la suite ! « On n'a retrouvé de lui que ses lunettes et un mouchoir. »

Et Richard Graef, d'une famille de quatre enfants. Son père tué à la guerre. Sa mère épouse un troufion américain « d'origine allemande », se tire à Richmond en Virginie, laissant les gosses sur place à Hanovre. Sauve qui peut ! Lui aussi est allé à la gare.

Alors les parents, ils pleurent. Comme toujours, ils crient vengeance... Ceux qui sont là.

Voilà ce qu'on peut dire d'une incroyable histoire. Incroyable et pourtant bien réelle. L'histoire de Haarmann, le « boucher de Hanovre ».

★

Haarmann a été guillotiné le mercredi 15 avril 1925 dans la cour de sa prison.

Grans, il avait été condamné à perpète. Il a sans doute... enfin, peut-être, été libéré. Remises de peine pour bonne conduite ? On n'a pas su.

Ainsi finit l'histoire... Sans moralité... Sans commentaires... Pour un assassin « hors série »... comme ils le sont tous. Dans le noir... Au bout de la nuit...

★

Le mot de la fin ?

C'est Haarmann qui nous l'offre : « Je veux être guillotiné avant Noël ! » qu'il gueulait si le président des assises ralentissait l'audience. Tout est dit.

QUI A PEUR DE VIOLETTE NOZIÈRE ?
ou
Le chiffon dans le placard

En condamnant Violette Nozière sans vouloir entendre parler d'inceste, le tribunal s'est montré fidèle à l'une de ses plus chères traditions. Il a voulu affirmer le droit du père à disposer absolument de ses enfants tout compris : droit de vie et de mort, et droit de cuissage aussi.

Marcel Aymé
Du côté de chez Marianne

Je ne veux pas qu'on me coupe le cou!

Violette Nozière
à l'énoncé du verdict

L'AFFAIRE
VIOLETTE NOZIÈRE

LES FAITS
Le 21 août 1933, à son domicile 9, rue de Madagascar, dans le XIIe *arrondissement de Paris, Violette Nozière fait prendre à ses parents, Baptiste et Germaine Nozière, une dose de véronal. Le père meurt. La mère survit et se porte partie civile, excipant d'une éventuelle complicité.*

LES VICTIMES
Baptiste Nozière, mécanicien de locomotive du P.L.M., syndiqué. Après le drame, ses collègues le diront « bizarre » : sur sa machine, il pleurait à sanglots et vomissait le sang. Germaine Nozière est de souche paysanne, sans profession.

L'ACCUSÉE
Violette Nozière, dix-huit ans, élève au lycée Fénelon.

LE PROCÈS
Cour d'assises de la Seine. Président : *Peyre.* Ministère public : *Gardel, avocat général.* Défense : *M*[e] *de Vésinne-Larue, bâtonnier Saint-Auban, M*[e] *Vincey.* Partie civile : *M*[e] *Boitel qui plaidera l'indulgence à la demande de sa cliente, Mme Nozière.*

COMPARSE
Jean Dabin, vingt ans, étudiant en droit. Parti en vacances le 21 août aux Sables-d'Olonne, il est hors de cause. Mais il est malmené par les journaux, et à l'audience. Engagé dans l'armée d'Afrique, il meurt au Val-de-Grâce en 1937, d'une maladie tropicale.

LE VERDICT
Peine de mort, les 10-11 octobre 1934. Commuée à vingt ans de travaux forcés par le président Albert Lebrun, le 24 décembre 1934. Commuée en douze ans de travaux forcés par le maréchal Pétain, le 6 août 1942. Libérée le 23 août 1946 (remise des peines accessoires par le général de Gaulle). Réhabilitée par la cour de Rouen en mars 1963.

SORT ULTÉRIEUR
Mariée en décembre 1945 à Pierre Garnier, fils du greffier-comptable de la centrale de Rennes.

L'affaire Violette Nozière... Elle a remué les échos dans ce 1933 où l'on pensait qu'il ne se passait pas grand-chose. En soi, c'est une petite affaire. Les journaux se sont chargés de la monter en neige. C'est aussi une affaire simple... apparemment, si on n'observe que l'extérieur des choses. Tout de même vous allez voir il y a deux petits détails qui, aujourd'hui, un peu plus de cinquante ans plus tard, n'ont toujours pas été éclaircis. Et ne sont pas près de l'être, évidemment...

Commençons donc par le plus simple. On verra le reste après. Pourvu que Dieu nous prête vie !

Violette Nozière est une grande fille brune, assez bonne élève à l'école, pas très jolie mais avec une certaine allure. Et un vif désir de ne pas trop s'ennuyer dans sa jeunesse. Pas toujours facile.

Et puis... il y a les autres. L'environnement, la société. A ce titre, vous allez voir, c'est plutôt eux qu'on va mettre en accusation, bien plus que la pauvre môme qui, à dix-neuf ans, et non sans mobiles c'est sûr, s'est entendue condamner à la peine capitale ! C'est pas tous les jours que ça arrive, non ?

La vie duraille

Violette est née dans le Sancerrois, à Neuvy-sur-Loire, le 11 janvier 1915. Ouvrier à la Compagnie du P.L.M. (Paris-Lyon-Méditerranée), son père, Jean-Baptiste Nozière, va devenir mécanicien de locomotive. Dommage que Zola (Émile) n'ait pas été disponible pour écrire le roman étrange de cette famille ferroviaire. Des titres me viennent à l'esprit... que je préfère ne pas citer. Je propose : *La Vie duraille.* Ça sonne bien, ça dit tout, c'est « connoté », et y a pas de gros mots. L'idéal pour les libraires.

Il faut croire que c'était un bon mécanicien, Jean-Baptiste, puisque, un jour, on lui confie ce que la république a de plus précieux : son président !

C'est lui qui, un jour, conduira le train officiel. Même que le président sans doute lui serrera la cuiller ! Honneur suprême du mécano...

Un jour, la promotion, les nécessités du service contraignent les Nozière, Jean-Baptiste, sa femme Germaine... et Violette, ces provinciaux, à déménager dans la capitale. Ils s'installent dans un petit deux-pièces sous les toits, au sixième étage d'un vieil immeuble au 9, rue de Madagascar.

Une petite rue non loin de la gare de Lyon, entre la rue des Meuniers et la rue de Wattignies... Violette s'y embête. On la comprend : petite rue, petite piaule, petit horizon, petits parents... Tout est trop petit !

Petite vie, donc. Sur laquelle pèse, a-t-on dit, une grande tendresse.

Alors, Violette commence à étouffer. Et comme clame Raimu dans *Les Inconnus dans la maison*, elle n'a plus qu'une idée : foutre le camp ! Et elle le fout en douceur, le camp. Elle *sèche* les cours du lycée, confectionnant elle-même des mots d'excuse.

Elle ne pratique pas l'art de la fugue, mais plutôt celui du *glissando*. Elle file entre les repas, elle pique un peu de pognon dans le porte-monnaie maternel. Et, comme tant d'autres qu'on a vus ou qu'on verra, elle fabule.

A ses amis de rencontre, elle explique qu'elle est modéliste « chez Paquin », le couturier à la mode. Quant à ses parents, ils ne sont pas ce qu'ils sont : un cheminot et sa bobonne au petit foyer, mais des *grossiums*, des cossus, des « à leur aise ».

Voilà Violette sur le chemin de l'aventure laquelle, comme on sait, est au coin de la rue. De la rue de Madagascar, en l'occurrence !

Elle est pas mal, Violette. Pas jolie jolie, comme j'ai dit déjà. Mais elle a les cheveux courts comme ça se fait depuis peu, une bonne taille, les hanches minces, les seins discrets. Les mains longues et fines... Un peu trop de nez, peut-être, mais les yeux qui brillent. Et puis enfin... en 1932, elle a dix-sept ans et elle entre au lycée Fénelon.

C'est l'époque où le Quartier latin (mots magiques !) est encore un lieu de perdition pour les esprits faibles. On y flâne. On y boit des verres. On écoute Ferdinand Lop lancer des plans sur la comète. On y fait d'innombrables rencontres. Le petit carbure de poche dont la pourvoit maman Germaine ne lui permet pas de briller beaucoup. Une « modéliste de chez Paquin », c'est tout de même autre chose. Alors, l'argent qui lui manque, comment va-t-elle essayer de le trouver ? Je vous le demande.

Bravo ! Vous avez deviné !

Elle a commencé, elle avait seize ans. Les rues de Paris, le Boul' Mich', les Grands Boulevards... autant de lieux de flânerie très fréquentés. On s'y « promène » volontiers. Violette en profite. Mais sans beaucoup de malice.

Ce qui filtrera plus tard dans les témoignages, ici et là, le confirmera.

Quand on se prostitue à cet âge-là, ou bien on a beaucoup de dispositions... ou bien on croit que tout est facile et que les clients – les « clilles » comme dit l'argot – sont honnêtes, sains et loyaux. Erreur ! jeunes filles perdues, grave erreur ! Grande illusion ! Les clients sont des ordures ! Des enfoirés, comme disait Coluche. Avec eux, il faut jouer serré, si j'ose ainsi m'exprimer.

Or, Violette ne sait pas négocier ses avantages. C'est le fameux refrain qui nous chante aux oreilles :

Tiens Marie, voilà cent sous...

Et de fait, Violette récolte plus souvent la pièce de cent sous que le billet de vingt francs, pour ne rien dire de celui de cent balles.

Violette, c'est une enfant perdue avec ses rêvasseries dans un monde de chiens.

Violette ne fait pas le poids. Elle ne fait pas le tri. Tout y passe. Mais il est plus facile de se faire sauter que d'encaisser la monnaie.

Au juge d'instruction, un « clille » algérien déclare : « Elle m'a demandé cent cinquante francs. Je lui en ai donné quinze ! Eh ! Quoi ? Quinze francs ! Faut les gagner ! »

Dans son livre *Basse pègre* (Presses de la Cité), René Masson en cite un autre : « Un croupier égyptien... complet bois-de-rose, sourire aurifié (et horrifiant, sans doute !) déclare : Enfin, monsieur le juge, vous ne l'avez pas connue, vous ! Elle marchandait comme un marchand de tapis. Vous ne savez pas... une fois, elle a voulu me faire signer des traites... »

Des traites des blanches, sans doute ! Il lui a donné vingt balles. Pour s'en débarrasser.

Tout ça est épouvantable, non ?

N'allez pas croire pourtant qu'à ce « métier », Violette ne gagne rien. Elle y gagne la vérole. Vous connaissez ?

Dans ses souvenirs, le peintre Maurice de Vlaminck a conté qu'un jour son père qu'était pas un rigolo lui a confié un soir : « Écoute, Maurice, tu crois que je n'ai peur de rien ? Eh bien si ! J'ai peur de la Vérole ! »

Voyez l'ambiance ! Dans les années 1930, on n'avait pas encore le sida, mais on avait la *chtouille* (la blennorragie) et la *vérole* (la syphilis).

Violette, elle, n'a pas peur. Elle ne sait pas. Elle contracte.

Ce qui ne l'empêche pas d'avoir des amants de cœur. Des amis d'à peu près son âge... pas beaucoup plus intéressants que les autres d'ailleurs. Lors de l'instruction, on les recherchera. L'un d'eux qui s'était engagé a déserté. On le retrouve en prison à Casablanca. Sa déclaration ne prendra pas place dans une anthologie des poètes élégiaques. On la verrait plus volontiers dans une poubelle :

– Ben ouais ! Je me la suis tapée, la môme. En 1930 je crois... ou 31. Je l'aurais bien fait venir ici [au Maroc, il veut dire]... oh, pas pour la placer [dans un bordel, bien sûr]. Si elle me donnait de l'argent ? C'est plutôt moi qui lui en refilais... Oh pas grand-chose... cent sous par-ci, dix francs par-là...

Mais v'là-t-y pas que Violette, la pauvre gosse, tombe amoureuse ! Ce qui ne lui réussira pas beaucoup mieux. L'objet de sa passion est cette fois un étudiant, un jeune homme supposé bien élevé, avec des lunettes et un air godiche. Il fréquente les milieux de l'Action française, le mouvement de droite le plus dynamique d'alors. On dira même qu'il a piqué la caisse de ses militants de choc, les Camelots du Roi... Un comble ! Il s'appelle Jean Dabin, grosse cravate rayée, costard sombre, pochette blanche, cheveux gominés à la Rudolf Valentino. Emmerdé, le gars, de se retrouver dans cette aventure ! Notez que, sur le coup, il s'en tirera bien. Un coup de bol : le jour du drame, il était en vacances aux Sables-d'Olonne. Mais les retombées seront sévères ! Engagé dans l'armée d'Afrique pour échapper à la publicité faite à son nom, il attrape une sale maladie tropicale et il revient mourir à l'hôpital du Val-de-Grâce en 1937. A vingt-quatre ans !

Il s'appelait Jean Dabin... oui, presque comme l'autre, l'acteur qui était déjà une vedette.

N'allez pas croire qu'il s'initie au métier de proxénète, non ! Il est vrai qu'il prend un peu de carbure à la belle qui lui paye sa chambre, de menus frais... S'il prend cet argent, c'est que la pauvre paumée lui raconte que ses parents sont riches... ce qu'il affirmera du moins à l'instruction. Donc, pas de scrupules à avoir !

Conformément à la mode du temps, il porte une « chevalière », une espèce de grosse bague en or... Or... cette « chevalière » est celle du papa Nozière, et la maman aura un coup au cœur lorsqu'elle la reconnaîtra au doigt du mirliflore... Je ne sais pas si notre Dabin a la conscience aussi tranquille qu'il le dit, mais ce qui est sûr, c'est que le pognon qu'il reçoit n'est pas celui du P.L.M. mais bien les miettes que Violette récupère à la sueur du nombril. Péniblement je pense, car outre un certain plaisir de l'irrévérence, Violette ne doit pas y prendre beaucoup de bonheur. Elle apparaît davantage comme une esseulée, une rêveuse et même une sentimentale que comme une « nympho ».

Une histoire de tréponème

Revenons à la syphilis, par laquelle tout le malheur semble être arrivé.

Un beau... ou plutôt un vilain jour, Violette va voir un médecin qui « la suit » à l'hôpital Bichat. Montée en graine, elle est de santé fragile. Là, le bon docteur – il s'appelle Déron – est pris d'une idée... d'un léger soupçon. Analyses. Résultats... Vérole.

Pourtant, sachant vraisemblablement ce que nous savons nous-même, le bon docteur Déron délivre à Violette un certificat de... virginité. En un sens, on comprend sa commisération : évitons de foutre la merde. Mais, et cela lui a-t-il échappé ? cela revient à suggérer une transmission héréditaire.

Le 23 mars 1933, Violette se pointe rue de Madagascar, annonce la couleur. Et elle propose quelques sachets de poudre blanche... « Pour éviter la contagion », qu'elle susurre. Bon. On en prend... Notez bien tous ces détails, ils auront leur importance un jour.

Ma-la-de! La poudre en question n'est autre que du véronal, un produit peu recommandé pour vous ouvrir l'appétit! Finalement, on s'en tire, non sans avoir appelé « police-secours » dans un mouvement d'affolement!

Il faut dire que cette appellation, « police-secours », qui nous paraît aujourd'hui toute naturelle, était alors dans son neuf, fruit des cogitations d'un poulet épris de relations publiques. « Police-secours. » Ça dégage de toute connotation répressive. Avant, on appelait « les flics », ce qui était nettement moins affriolant!

Entre-temps, Jean-Baptiste, le papa, s'est fait faire une prise de sang... Dans le deux-pièces, c'est la perturbation! Il reçoit les résultats le 10 avril. Négatif pour la vérole! Tiens... Bizarre.

C'est vers ces moments-là qu'elle a rencontré le séduisant Dabin... qui déclarera au juge qu'elle lui payait sa piaule et lui donnait « oh! cinquante... cent francs par soir... » Ce qui fait tout de même quelque deux mille balles par mois en un temps où un salaire de mille francs permet de vivre. Enfin... de vivoter.

Un détail encore : Violette fréquente un bar multiracial plutôt équivoque, à l'enseigne des *Petits Quatz'arts*, ainsi nommé par référence au « bal des Quatz'arts » où, en ce temps de décence et de pudeur, la festivité annuelle des étudiants artistes s'est fait une célébrité tapageuse... Au prix d'un huis clos... relatif, les dames y paraissent, oh scandale! dans les tenues les plus légères qui soient.

Quelque temps plus tard, Jean Dabin emmène Violette contempler une voiture à vendre. Une superbe Bugatti que bazarde le Mont-de-Piété... Couleur sang-de-bœuf, en plus.

– On pourrait l'avoir pour dix mille balles! Tu te rends compte des balades qu'on se paierait?

C'est là que le beau Dabin se montre un tantinet sordide. En effet, le journaliste René Masson révèle que la bagnole ne coûte que... six mille francs! Le beau Dabin a prévu sa marge... Pour l'essence, sans doute!

Seulement Violette ne dispose pas d'une somme pareille. Alors, notre innocent Dabin lui suggère en lousdoc :

– Ben, t'as qu'à demander à monsieur Émile...

Monsieur Émile, pour tout vous dire, c'est le monsieur « sérieux » de Violette. Un homme d'âge, respectable et tout et tout.

Sur lequel on ne saura pas grand-chose. Respectabilité et discrétion... Espérons seulement qu'il n'a pas attrapé la castapiane... parce qu'à cet âge-là...

Mais monsieur Émile se montre quelque peu réticent.

Orages rue de Madagascar

Durant ce temps, dans le petit deux-pièces du cheminot les esprits tournent au vinaigre. Avouons qu'il y a de quoi... On parle un peu tréponème. Le 21 août 1933, Violette, pendant que l'élégant Dabin est en vacances aux Sables-d'Olonne, se pointe rue de Madagascar.

Sa décision est prise, semble-t-il : faire passer les Nozière de vie à trépas. Elle a dix-huit ans. Quels sont ses mobiles?

Se débarrasser d'une tutelle? Peut-être. Récupérer ce qu'on appelle alors les « éconocroques »? Sans doute... Se venger?... Mais de quoi? Elle déniche, on ne sait trop où, deux sachets de véronal et insiste pour qu'ils se tapent sur-le-champ cette poudre blanche qui leur procurera un si doux repos. Papa Nozière boit le breuvage qui rime avec veuvage. Maman s'en tape un petit coup puis... inquiète, balance le reste dans la pierre à lévier, comme on dit encore... Violette ramasse les picaillons qui traînent et va prendre une chambre à l'hôtel. Le lendemain, elle glandouille sur la rive gauche, s'achetant des robes et des godasses. Puis à l'heure du dîner, elle se repointe rue de Madagascar, trouve les deux parents inertes, les tient pour morts, déshabille la mère et la couche... Et elle ouvre le gaz.

Cela fait, elle alerte les voisins.

Voulez-vous mon avis? Tout ça, c'est du travail d'amateur. De la bricole...

Vite fait arrivent les pompiers qui ferment le gaz et... regardent le chiffre du compteur. Une habitude... Les poulets surviennent sur leurs talons (les talons des pompiers, je veux dire). Pour Jean-Baptiste, pas d'hésitations. Direction : la morgue. Pour Germaine, c'est une autre paire de manches. Elle respire. Direction : l'hôpital Saint-Antoine.

Le diagnostic est vite fait... N'importe qui sait qu'entre les symptômes d'une asphyxie et ceux d'un empoisonnement, il n'y a pas grand-chose de commun! Soins urgents et adéquats et voici maman Nozière qui sourit à l'existence. Façon de parler!

Durant ce temps, la police a relevé elle aussi la consommation de gaz. Elle est très faible... La police subodore que quelque chose ne tourne pas rond et se demande si... des fois... l'héritière...

Ils décident une confrontation à l'hôpital et y emmènent Violette. Mais celle-ci estime qu'il y a de l'eau dans le gaz... le cas de le dire... Une idée de circonstance. Et elle se tire. Stupeur des poulets! Voilà Violette dans la nature.

Elle réintégrera le Flic-palace le 28 seulement, dans des conditions qui susciteront quelques commentaires. Pour vivre, elle a fait quelques passes ici et là. Un jour, un « monsieur », comme on dit, rencontré au Champ-de-Mars, la reconnaît. Il lui donne rendez-vous un peu plus tard et, lorsque Violette se pointe, elle tombe sur une souricière tout ce qu'il y a de réglée.

Marcel Aymé (1902-1967) tient alors un billet dans l'hebdomadaire

Marianne d'où il ne tardera pas à se faire jeter pour manque de souplesse politique.

En attendant, il s'occupe d'un auxiliaire de la justice, un « détective amateur », écrit-il, nommé de Pinguet.

Engueulé une première fois par Drieu La Rochelle dans les colonnes du même journal, M. de Pinguet se rebiffe par une lettre où il écrit : « J'ai fait arrêter Violette Nozière, qui était deux fois parricide et de plus, paraît-il, atteinte d'une maladie spéciale : cela sans idée intéressée ni au point de vue pécuniaire, ni au point de vue publicitaire. »

M. de Pinguet qui, on le voit, possède un joli brin de plume, donne cette précision qui met Marcel Aymé en joie... intérieure. (On sait que Marcel Aymé ne riait jamais!) « Il avait été entendu que mon nom ne serait pas communiqué à la presse. Il le fut hélas! par l'indiscrétion de certains garçons de brasserie... »

On lira le billet de Marcel dans *Du côté de chez Marianne* (paru chez Gallimard). En voici la conclusion, qu'il attribue à « un écrivain de quelque trente ans plus âgé que moi », qui s'étonne de l'absence de réactions de Marcel : « De mon temps, un monsieur ne se prêtait pas à ce genre de besognes. Il faut dire que nous étions plus prompts à nous indigner que les jeunes gens d'aujourd'hui »...

Je précise pour mes lecteurs les plus jeunes et les moins bien informés que lorsque Marcel Aymé publiait cela, le 27 septembre 1933, le mot « monsieur » avait une acception très particulière. Ce n'était pas un mot, c'était un titre, et quand on avait dit : « c'est un monsieur », on avait tout dit. Le reste ? Eh bien... le reste n'avait pas de nom. On n'en parlait pas.

Enfin... Grâce à M. de Pinguet, merde ou monsieur, peut-être convaincu d'avoir rendu service à l'humanité souffrante en retirant Mlle Nozière de la circulation, Violette était entrée dans le grand tunnel carcéral.

On a des photos d'elle... Une, notamment, sur laquelle on la voit entraînée au pas de charge par deux serviteurs de la loi, coiffés du feutre rituel... Celui qui se tient à sa gauche n'a pas lâché son clope, sa sèche, son mégot si vous préférez... signe d'un hédonisme bien senti et d'une désinvolture essentiellement virile. Au milieu, à l'évidence, avec sa robe au bas des mollets et son *bibi* sur le coin de l'oreille, Violette n'est pas au mieux de sa forme.

C'est drôle l'érotisme... Moi, je ne me serais pas retourné sur Violette... Mais il est vrai que, selon la formule de Daniel De Foe, « telle trouve à se vendre qui ne trouverait pas à se donner... » Et que la tronche à Dabin m'aurait pas inspiré davantage, si j'avais été jeune fille.

J'ai fait allusion aux deux lardus... Ce qui m'amène à dire que tous ces types qui tourniquaient autour de Violette, ils avaient pas des touches très engageantes. Excitantes... Pour dire le vrai, en général, ils avaient même des gueules à chier contre... Que ça soit les pimpants serviteurs de l'ordre, les trous-du-cul qui lui servaient de clients, le pauv' Dabin dont je vous causais et les autres « témoins »... ceux qui, peut-être, la déloquaient pour lui faire prendre des poses alanguies sur une table de salle à manger Henri II... Ah! archives! On a les photos! Moi, j'en ai une où on voit le dessus du panier... des étudiants en droit, en gauche, en médecine... je sais pas au juste... qui seraient, mon Dieu, à peu près comme tout le monde si, sur cette image prise au moment du procès, ils se marraient pas en plein public et sous l'objectif, comme des guignols déglingués!

Tout ça, si j'en parle... c'est que c'était la société... l'environnement. Ici, c'est un aspect des choses qui nous intéresse au premier chef.

★

Rue de Madagascar, la piaule était restée encombrée de valises... Les Nozière devaient partir « se reposer » un p'tit peu... à la campagne. Il y a deux mois, papa Nozière avait eu un malaise sur sa loco, on ne savait pas bien quoi. Il saignait du nez, il vomissait par la rambarde... Il avait mal au cassis. Alors, depuis deux mois, il était « en maladie ».

Interrogée à chaud, Violette avait travaillé un emploi du temps justificatif qui, pour la journée « du crime » l'éloignait de ce deux-pièces maléfique : petites courses, coiffeur, manucure, restaurants, copains et pour finir cabarets... Un emploi du temps d'adulte riche, de mondaine... Emploi du temps en contradiction complète avec les confidences que maman Nozière, revenue à elle dans son lit d'hôpital, susurre entre deux hoquets à ses anges gardiens... Violette, elle avait déjeuné « à Madagascar », et puis elle avait donné de la poudre... Et cetera... La bobonne qui, le matin, à demi inconsciente encore, avait glissé à un autre lardu : « On voulait se suicider... au gaz... »

La maman, elle remélangera encore les faits, les jours... confusions bien normales après toutes ces émotions... ce veuvage...

Entre-temps, j'ai dit, quand on emmènera Violette à l'hosto pour tenter d'y voir plus clair, elle se fera la paire en lousdoc. On connaît la suite. La rencontre, le 28 août sous la tour Eiffel, de M. de Pinguet, un comte à ce qu'on dit, ingénieur, élève officier... Un militant de l'Action française lui aussi... Elle lui racontait qu'elle était noble... la nièce d'un commissaire de police... qu'elle nomme. D'où il sort, celui-là ?

Alors, M. le comte a téléphoné au directeur du cabinet de la préfecture de Police... un ami de la famille... Qu'il avait un rencart avec l'assassine, qu'il devait la retrouver au café de la Bourse... Elle n'aura dansé que trois journées...

Dans son pageot, la maman se requinque de mieux en mieux. Tout lui revient... la mémoire, les souvenirs. Que le jour de la Mi-Carême, Violette avait déjà administré de la poudre à la maisonnée... Et puis l'histoire d'un café dégueulasse l'année dernière...

Quand, le 4 septembre... pas à Sedan... toujours à l'hosto, Violette est ramenée pour une re-confrontation, ça baigne plus dans l'huile du tout. Maman, furax, en pleine possession de ses moyens, fait un très mauvais accueil à sa fifille. Elle lui conseille même... de se suicider. Notez, on la comprend. Toutes ces histoires, ça traumatise!

La môme Violette finit par demander pardon!

Une citation encore, si vous permettez! Du Montherlant. « Que le pardon est vain! Ce qui est fait est fait, irrémédiablement. » Je cite de mémoire... C'est de circonstance, non? Maman tire les conséquences :

– Eh ben ma fille, je te pardonnerai quand tu seras morte... Il sera bien temps!

Quant au grand-père Nozière, à Neuvy-sur-Loire... un retraité, il a fait chorus :

– Qu'elle crève! avait-il déclaré aux journalistes accourus.

Une concision, une économie verbale bien paysanne. Définitive...

A la P.J., vous avez deviné, Violette n'a plus qu'à se démerder toute seule.

Et quand le commissaire, peu convaincu par la petite importance du butin... c'est vrai que le crime ne paie guère! Tout de même... insistait pour essayer de comprendre, Violette avait balancé la sauce :

– C'était pas d'hier, que mon père... monsieur l'inspecteur. La première fois, j'avais douze ans... Je pouvais pas refuser. Me défendre, vous comprenez?

Une petite phrase, comme on dit maintenant... Qui aurait pu être le nœud du procès. Mais qui n'a pas pesé lourd, pas plus que les renseignements complémentaires. Qui tiennent pas lourd dans les médias... à vue de cette année...

Douze ans... A douze ans, elle avait trouvé dans son pupitre, à l'école... une chauve-souris! D'abord, elle avait sursauté, et puis elle avait rien dit. Tous les matins, la chauve-souris était pas « dans le beffroi », mais dans la case. Finalement, en pleine classe, l'autorité (c'est la maîtresse d'école que je veux dire) avait aperçu l'animal. Ouah! Saisie, procès, condamnation à mort et exécution. Violette, blafarde, surgelée, hurlait comme un sauvage! Ce qui lui avait valu une note dans son carnet : « Élève des chauves-souris dans sa case. » Vous noterez le pluriel...

Le père Nozière, comme beaucoup de prolos, il avait un jardin, « un jardin ouvrier », quelques mètres carrés de mâchefer sur la zone avec une petite baraque en planches... Un abri de jardin en somme... Dans les coins déserts, en instance de construction éventuelle...

Le sien, c'était rue de Charenton... Là, dans l'abri... y avait une petite table... un placard... Un petit rendez-vous d'amour en somme... Que les mimiles jardiniers, ils devaient souvent s'en servir comme boudoirs... garçonnières... baizodromes... Tout de même, là, c'était un peu spécial, comme rendez-vous... Trouvez pas?

Rue de Madagascar aussi, y avait un placard... derrière un paravent, elle a précisé, Violette. Et là, voyez-vous bien, il y avait un chiffon. « Une vieille manche de chemise. » Ce qui était encore plus précis! Chaque fois qu'il se relevait du bel effort que l'on devine, papa Nozière, il s'essorait l'instrument dans la manche de chemise... Je sais pas si je suis assez concret... Si je me fais bien comprendre...

Pour dissiper toute équivoque, je dirai que les services de police, pour une fois, ils ont fait fissa.

Perquisition!

Et qu'ont-ils trouvé, les services de police, derrière le paravent? Vous avez gagné un voyage au canari! Un chiffon, une vieille manche de chemise qu'ils saisirent à l'aide d'une paire de pincettes, introduisirent dans un récipient *ad hoc* et transportèrent subrepticement au laboratoire de la Préfecture.

Et qu'y trouvèrent-ils, les spécialistes, dans la manche de chemise? Encore gagné! Du sperme, mes chers lecteurs...

Par la suite, maman Nozière interrogée déclara, toute rougissante, que cette pratique hygiénique la concernait indirectement... Que c'est elle que le chauffeur chauffait, que le mécano mécanisait... Et qu'ensuite...

Je veux bien, mais je ferai observer que, et de une, l'un n'empêche pas l'autre, que et de deux, quand y en a pour une dans une manche de chemise... Et de trois, que si Violette était si bien renseignée, c'est qu'en l'occurrence il devait y avoir... anguille sous roche! Pas de miracle! C'est tout de même pas au dîner, sous les auspices du kiravi familial, entre la soupe à la grimace et les sardines à l'huile, que maman Nozière évoquait pour sa fille de douze ans les étranges voyages du piston conjugal au milieu des vieilles manches de chemise de la rue de Madagascar... Faut pas pousser!

Au demeurant, le poulet concerné a eu du coup la puce à l'oreille. Il a questionné les relations... les jeunes gens plus ou moins distingués qui prenaient la vérole... ou la donnaient... grâce aux charmes juvéniles de miss Violette.

Qu'est-ce qu'ils ont répondu, les relations? L'un avait gardé en mémoire une phrase... « Mon père oublie parfois que je suis sa fille! »

L'autre a dit au juge d'instruction qu'elle lui avait tout narré : la papacabane, la manche de chemise, et tout le toutim... Un homme d'ordre, ce père Nozière. Et d'habitudes... Il laissait rien traîner.

Je suppose que votre religion est éclairée... Pour la mienne, en tout cas... Le juge a demandé à ce témoin ce qu'il en pensait :

– Moi? Ça m'a débecté... Je lui ai balancé une torgnole.

C'est pas superbe? Une préfiguration en tout état de cause.

Le cheminot, à mon avis, il tournait pas rond. Il avait une bielle de coulée... Un de ses camarades de travail a trouvé qu'il était bizarre... En route, il se penchait au hublot pour sangloter.

Bizarre, en effet! En plus, il était jalmince! Il a demandé à un de ses potes l'adresse d'un « privé », d'une agence... Pour faire suivre quelqu'un.

Et la moman, dans tout ça. Quel jeu jouait-elle?

Savait-elle? Savait-elle pas? Était-elle complètement ou un tantinet complice? Écrasée, peut-être, comme le mari de la belle madame Steinheil... Par la honte. Les nécessités de la vie familiale... On fréquentait personne, chez les Nozière, pas même le voisin cheminot... Notez, c'était la vie normale à l'époque... Maintenant encore peut-être. Je pourrais raconter des histoires... donner des exemples. Enfin, passons... L'un dans l'autre, ça puait la fiente dans la maison... le foutre rance et le médicament... A gerber.

Si... je dis bien, hein! super-scrupule! SI... si tout ça est bien comme on l'a compris, question de comprendre, on la comprend tout à fait, Violette, d'avoir rêvassé, mythifié, déconné... Fait n'importe quoi.

Maintenant... l'autre aspect... Que Nozière avait pas attrapé la castapiane... On n'est pas forcé. Ça c'est pas une preuve... L'inceste a sans doute précédé la contamination. Et le certificat du bon docteur

Machin... de virginité garantie sur scellés... A quoi bon? Pour la mère? L'entourage? Le papa... Là, on hésite à comprendre... Dans toutes ces histoires... comme dans les autres... les choses sont jamais simples.

Au *Petit Quatz'arts*, on s'enfile à la queue mieux mieux... Au sous-sol, j'ai dit, dans la cave, y a des piaules hospitalières... Je sais pas si elle avait lu Gide, Violette. Peut-être... au lycée... On sait jamais! Aujourd'hui, y en a bien qui lisent Sartre... le classisque du xxe siècle. L'incon... tournable! Mais elle avait peut-être lu un livre de Maurice Dekobra publié en 1927. Éditions Baudinière... *Tu seras courtisane*... « Précis d'amour vénal à l'usage des Petites Dames aux Camélias ». Morale de ce livre *léger* : « Quand on a vécu de l'amour pendant quarante ans, on peut alors se permettre d'aimer. Pas avant. » Violette en a pris de la graine. Et de l'avance! Pour Gide, ce qui est sûr, c'est qu'on en parlait... *Corydon* siouplait! *L'Immoraliste... La Porte étroite*... de moins en moins étroite... L'acte gratuit. La petite littérature pour intellectuels cyniques... Toujours le cycle! La parfaite panoplie du gambergeur...

En France, c'est marrant on fait toujours la même chose. On fait des guerres... on massacre... on roule les mécaniques. Et quand on a bien tout foutu en l'air, on déconne trois cent soixante-quatre jours par an et on commémore la trois cent soixante-cinquième journée... Les gosses là-dedans, ils se sentent un peu paumés. Faut les comprendre.

Mais Violette, alors... quoi? Les mobiles? Les trois mille balles du secrétaire? Disparus, d'ailleurs... inexplicablement... Les titres? 165 000 francs? Ou la haine? La vengeance qui fait tache d'huile? Le besoin d'en finir?

Dingue? Perverse? Hagarde? Ou poussée à bout d'elle-même? A bout de tout?

D'où vient le poison? Les doses? Y a-t-il un complice? Maman Nozière le pense et c'est pourquoi elle se porte partie civile. Tout en demandant l'indulgence pour Violette aux assises... Qu'est-ce qu'elle pense?

Les assises... Elle y arrive toujours contrite, Violette, toujours le béret sur l'œil. Elle a dix-neuf ans. On est le 12 octobre 1934...

Dix-neuf ans!

Cruelle épreuve...

Le grand jour des assises...

Tu parles!

Pendant sa « prévention », Violette, elle s'était pas tellement amusée.

On sait qu'en prison les assassins d'enfants n'ont pas la vie belle, côté codétenus... Y a intérêt à les mettre à part. Il semble que les parricides... espèce moins répandue... ça soit un peu la même chose. Dans le journal *Détective* du 27 septembre 1934, Henri Danjou, le grand journaliste qui a notamment écrit *La Belle*, histoire des évadés du bagne... note que les voisines à Violette, de leur cellule, elles criaient : « A mort ! A mort ! »

Y a des idées qui sont dans l'air, vous direz ! N'empêche ! Où ça va se nicher... Et Danjou précise : « Violette Nozière se relèvera souvent avec du sang sur la figure. »

Dans la foulée, Danjou publie des pages du petit journal que l'accusée rédige dans sa cellule. C'est intéressant...

Le 1er septembre 1933 la pauvre Violette s'ennuie profondément. « Le temps me paraît morne et long. Que vais-je devenir en Maison centrale ? »... Le 8 : « J'en voulais à mon père et à ma mère. » Mais c'est surtout son papa Nozière qu'elle a dans le nez : « Je l'ai menacé quelques jours [avant] lorsque lui ayant dit que j'aimais profondément Jean Dabin, je sentais que je ne pouvais plus supporter l'affreux outrage que je souffrais depuis de longues années. Mon père, à cette revendication, m'ordonna de cesser les fréquentations avec Jean. Il me dit que je ne devais penser qu'à lui, que d'ici deux années, je partirais avec lui et maman à la campagne et qu'il ne fallait à aucun prix que je songe au mariage car en ce cas, il ne répondrait pas de lui... »

Violette récuse ensuite les accusations de prostitution et d'usage de stupéfiants. Elle poursuit d'ailleurs : « Les derniers mois, je ne suis sortie qu'avec Jean. Je l'ai aimé réellement dans toutes les profondeurs de mon âme... »

Que prendre au pied de la lettre ? La prostitution, en tout cas, ne semble guère faire de doutes. A moins que nous n'ayons pas le même usage des mots, Violette et moi ! En tout cas, c'était une joyeuse compaigne, Violette... Qui se voulait délurée... On dispose dans les archives d'une photo de son anatomie, les pattes en l'air sur une table et dans le plus simple appareil. Je ne dis pas que ce soit mal ou bien. Ce qui est sûr, c'est que, compte tenu de l'état d'esprit des mâles de ce temps-là, ce n'était pas un sûr moyen de se valoriser. Ou alors, il aurait fallu être plus forte que la môme Violette !

Elle écrit ensuite : « On m'a demandé tout le jour de prouver les relations coupables que j'ai eues avec mon père... » Elle cite alors trois noms de zigues auxquels elle a fait des révélations, des confidences... Ils témoigneront effectivement. Elle ajoute : « Il me semble... » – la phrase est à la fois anodine et terrible ! – « Il me semble que la personne qui pouvait prouver le plus, c'était ma mère. Elle a vu plusieurs fois mon père m'embrasser sur les lèvres, me caresser et être toujours après moi. Il me faisait souvent des messes basses dont ma mère ne pouvait jamais savoir le sujet... Lorsqu'elle revenait des commissions le matin, souvent, elle me trouvait couchée [avec] mon père, mais cela ne lui faisait rien car ils m'avaient habituée à cela depuis l'âge de douze ou treize ans. »

Vous me direz... ces pages... elles ont nécessairement transité par la serviette de Me de Vésinne-Larue, l'avocat de Violette qui, d'ailleurs, ne l'abandonnera jamais... Elles ont pu être suggérées... oui... peut-être...

Quoi qu'il en soit, Violette note ensuite : « Je suis une criminelle mais pas une criminelle ordinaire... Je n'en ai ni le fond ni l'âme. Je m'arrête. Trop de pensées bouillonnent en moi et m'empêchent de m'exprimer clairement. »

En juillet 1934, elle écrit encore : « J'ai l'impression que tout le monde est contre moi, qu'on ne veut voir en moi qu'une bête dangereuse. Depuis le geste horrible que j'ai commis, il me semble que personne ne puisse croire que je possède encore de bons sentiments. Je traverse des moments d'atroce souffrance... »

On la croit sans peine.

L'extravagante madame Germaine

Avant d'évoquer... très rapidement... l'audience d'assises, je voudrais vous faire, moi aussi, quelques menues confidences.

Moi, elle m'intrigue, la maman... la bonne madame Germaine. Extérieurement, ses attitudes successives n'ont rien que de très naturel... traumatisée... les événements... je comprends... je comprends! Mais par en dessous, avec tout ce qu'on sait... C'est moins évident.

Bien sûr, la femme que sa fille a tenté d'empoisonner, qui a vu casser le cadre de son existence, son mari partir pour le cimetière... normal qu'elle soit en colère. Qu'elle s'énerve...

Normal ensuite qu'elle se laisse entraîner par la pitié maternelle, qu'elle demande grâce... Normal... normal... Normal aussi qu'elle fasse l'impasse sur cette histoire d'inceste... Ce qu'elle sait... ce qu'elle croit savoir... n'ose savoir... N'ose dire... Le poids du conformisme est toujours lourd. A l'époque, l'inceste était peu apprécié des médias. Y avait pas tellement intérêt à sortir de la tranchée...

Au « grand jour des assises », le bavard, Vésinne-Larue, il avait dû donner des consignes de discrétion, qu'on allait se mettre tout le monde à dos... salir la victime... aggraver son cas! Difficile à gérer, c'est sûr.

Une question que je me pose... que se sont dit, dans la coulisse, le cher maître et les respectés magistrats... ceux du siège... et les debout ? Président... instructeur... et procureur ? On se rencontre, c'est sûr. Comme au théâtre. On prépare le spectacle. On transige souvent.

Alors ?

Pas de réponse... Que je sache. Rien, peut-être.

Sans doute, je vous ai dit déjà... C'est « naturel » que madame Germaine, elle prenne à son compte le chiffon à foutre... la manche de chemise... Tout de même... un peu moins « naturel », il me semble... confuse... en rougissant! C'était pour moi, qu'elle a dit... Onan! que de crimes on commet en ton nom... Personne me démentira... c'est dans la Bible... non ?

Tout de même...

Et enfin, il y a une autre confidence dont j'ai le devoir de faire état. Un monsieur célèbre et pas contesté, lui : le commissaire Guillaume... avec sa pipe. Que Georges Simenon, a-t-on dit, l'a pris pour modèle de son immortel commissaire Maigret! Or, dans le journal *Police magazine* du 18 avril 1937, il confie ces souvenirs. Je vous cite... presque en entier...

L'aveu... dit-elle

Ça se passait, faut vous dire, le jour même de l'arrestation, le 28 août 1934, quai des Orfèvres, dans le bureau du « divisionnaire » Guillaume. Violette est là, effondrée dans un fauteuil devant le bureau, lui derrière. Guillaume ne faisait pas dans le style poulet-terreur. C'était plutôt le genre calmos, bon papa.

Notez qu'il ne *l'interroge* pas, au sens strict du mot. Il bavarde... Selon la loi de 1897, Violette dépend désormais de son juge d'instruction, et plus de la police. On dirait aujourd'hui qu'elle n'est plus en « garde à vue ». Voilà le récit de Guillaume :

« Il y a des cris de sincérité auxquels on ne peut se tromper : c'est un de ces cris que j'ai entendu là. Et qui me fait dire que si coupable qu'elle fût, elle méritait les circonstances atténuantes.

« Je venais de lui lire le mandat d'amener. Elle restait impassible. Je lui demande : Pourquoi avez-vous fait ça ? Elle sursaute. J'insiste. Alors, elle hausse les épaules avec lassitude et, insolemment :

– A quoi bon vous expliquer ! Je suis coupable, laissez-moi tranquille.

– Vous n'avez tout de même pas commis ce crime épouvantable sans raison ? Vos parents avaient contrarié vos projets ? Un moment de colère ? A la suite d'une discussion ?

« Elle avait relevé la tête et me regardait, le visage fermé, l'œil dur.

– Enfin... Pourquoi avoir empoisonné votre père et votre mère ?

« Là, elle réplique violemment, tendue :

– Ce n'est pas vrai ! Je n'ai pas voulu empoisonner ma mère.

– Pourtant, elle a bien failli mourir.

– Je vous répète que je n'ai pas voulu empoisonner ma mère, dit-elle avec irritation.

– Alors ? C'est à votre père seul, que vous en vouliez ?

« Elle hésitait. Je lui dis d'avoir confiance...

– Vous ne comprendriez pas, dit-elle.

« Et brusquement, cette enfant rétive et farouche se mit à pleurer. De grosses larmes coulaient sur ses joues blêmes. Je lui fis rendre son mouchoir resté dans le sac saisi par mes hommes. Je m'approchai d'elle et, posant ma main sur son épaule, je dis :

– Parlez franchement comme à un vieux camarade. Faites un effort, je vous aiderai... Vous verrez, c'est bon de se confier à quelqu'un.

« Elle fut secouée de nouveaux sanglots.

– Vous ne me croiriez pas !

– Je suis sûr qu'en ce moment, vous n'êtes pas capable de mentir.

– Oh, je vous jure ! Je vais dire la vérité !

« Et en courtes phrases haletantes, elle raconta comment un jour, pendant un voyage de sa mère, son père avait odieusement abusé d'elle. Au retour de la mère, la peur l'avait empêchée d'avouer la chose. Et docilement, pendant des mois et des années, elle s'était prêtée à l'odieux caprice de l'homme pour lequel elle ne pouvait plus éprouver que haine et mépris.

« Un jour, elle avait fait la connaissance d'un amant qu'elle avait tout de suite aimé, avec cette inconscience des courtisanes, mais aussi avec cette passion qui est peut-être leur seule pureté. Alors, elle avait essayé de se refuser à Nozière. Hélas !

– Sa mort seule pouvait me délivrer de lui, dit-elle à voix basse. C'est ainsi qu'est née peu à peu l'idée de l'empoisonner... »

La conversation en était là quand le juge d'instruction se pointa, et fit observer à Guillaume qu'il n'avait plus le droit d'interroger la détenue, que c'était « un cas de nullité ». Guillaume s'écrasa.

Il commente ensuite :

« A l'instruction, elle réitéra, précisa ses accusations. Les perquisitions confirmèrent mais madame Nozière affirma qu'il s'agissait d'une odieuse machination de sa fille. Vérité ? Pieux mensonge pour sauver la mémoire du mari ? [Moi, j'ajoute : vengeance ? Conformisme ? Honte d'une certaine complaisance, d'un certain aveuglement ?] Le point d'interrogation reste posé. Le jury donna raison à la mère [notons la formule de Guillaume !]. »

« Durant les longues journées du procès, continue le commissaire, je restai dans les couloirs du Palais prêt à déposer, à faire partager ma conviction que Violette m'avait paru sincère... Mais je n'eus rien à dire... La défense elle-même ne me fit pas appeler. »

Pour Geo Guasco, le journaliste qui a publié ces lignes, le « témoignage » du commissaire Guillaume pouvait constituer un « fait nouveau » propre à ouvrir une procédure de révision. Guillaume en doutait, mais affirmait qu'en tout état de cause il se tenait prêt à déposer.

Guasco concluait : « Le garde des Sceaux, M. Marc Rucart, a trop le souci de l'équité pour ne pas se pencher... » Et sa dernière phrase, plus sympathique : « Répétons-le, il est encore temps de réparer une injustice. »

Il est toujours temps, mon bon !

Toujours est-il qu'à l'évidence Marcel Aymé avait vu juste... Vous lirez ça dans quelques lignes.

En tout cas, l'affaire Violette Nozière, ça payait. On ne parlait que de ça, ou presque...

On en faisait des gorges chaudes. La dernière des concierges connaissait « Violette Nozière » comme sa poche !

... n'est que littérature

A cette époque-là, si lointaine, il y avait des jeunots qui cherchaient à se pousser... à faire carrière... André Breton, René Char... Paul Éluard. Quelques autres qu'on a oubliés.

Ils avaient fait paraître un petit bouquin à Bruxelles, sous un titre bateau : *Violette Nozières*, ça s'appelait. Je suis pas très sûr... que ça lui ait été de quelque utilité, à Violette. Je me demande même si ces lascars... les « surréalistes », ça s'appelait... ils s'étaient pas plutôt servis de l'affaire pour se faire un peu mousser... Pour le reste... la qualité, la poétique! Chacun sera juge.

Jusqu'à plus ample informé l'argent enfantin n'est que l'écume de la vague
Longtemps après la cavalerie et la chevalerie des chiens
Violette
La rencontre ne sera plus poétiquement qu'une femme seule dans les bosquets introuvables du Champ-de-Mars
Assise les jambes en X sur une chaise jaune

Ça, c'est André Breton.

Et ça, c'est de René Char :

Urine eau de vie du rêve
Trouble la trame du tulle
Tu tires sur le jour
Ta perte est une larme
Elle présage une idylle

Et ceci, qui touche tout de même le sujet de plus près, et qui est de Paul Éluard :

Violette a rêvé de défaire
A défait
L'affreux nœud de serpents des liens du sang

Le cas de le dire, vraiment. Et ceci, qui est d'un certain E.L.T. Mesens... et me paraît plus intéressant :

Te voilà muette ou presque à présent
A la faible lueur des quinquets
Du labyrinthe judiciaire

Nous ne sommes hélas pas nombreux
Violette
Mais nous ferons cortège à nos ombres
Pour effrayer tes justiciers

Hélas! La chute semble moins riche :

Au tribunal du corps humain
Je condamnerai les hommes aux chapeaux melon
A porter des chapeaux de plomb.

La morale de tout ça... puisqu'on arrête les citations... c'est que lorsqu'on a décidé d'écrire pour être obscur, pour ne pas être compris, pour faire transpirer les cervelles, on court pas grand risque, sinon de mourir oublié... comme le regretté E.L.T. Mesens. En France du moins...

La réaction de Marcel Aymé fut différente. Il ne chercha pas à faire de la littérature. Silencieux, paisible et même... impassible, Marcel Aymé était capable de violentes colères lorsqu'il estimait que la notion de justice était en cause. Or, je vous ai dit, il disposait alors d'une chronique, exactement un « billet de société » dans un hebdomadaire plutôt « à gauche » publié par Gaston Gallimard, le fondateur de la NRF : *Marianne.* Un hebdo qui avait pour vedettes André Maurois, Georges Duhamel, mais aussi Jean Giraudoux et Paul Morand. La chronique de théâtre était tenue par Édouard Bourdet, celle des livres par Ramon Fernandez... Le 24 octobre 1934, à chaud, Marcel Aymé intitulait son billet *Incestes...* au pluriel. Un billet au vitriol :

« Des juges cambrés de fausse pudeur et peureux de toucher au fond des débats, un jury congestionné par l'envie de faire plaisir à une foule carnassière ont condamné à mort une fillette de dix-neuf ans. Malgré un témoignage de la dernière heure, on a feint de croire à l'invraisemblance de relations incestueuses entre Violette Nozière et sa victime. » « Rien, insistait Aymé, n'a pu éveiller le moindre doute dans ces consciences de ruminants, et faire [ici je souligne...] *que le point central de l'affaire fût pris en considération.* Comme s'il s'agissait d'édulcorer un scénario dont les violences eussent peut-être indisposé la critique, on s'est contenté d'effleurer le sujet avec des phrases bien rabotées, avec des mines de chats pissant dans la braise. Il ne fallait pas jeter une note discordante dans cette jolie réunion du Tout-Paris excité. »

J'aimerais tout citer de cette charge à fond (reprise dans *Du côté de chez Marianne*). Il ne mâchait pas ses mots, Marcel ! Un tel article « mettant en cause une décision de justice » et même « outrageant les magistrats » ne serait pas publiable aujourd'hui. Avec tous leurs défauts, les gens de 1934 avaient au moins le courage, la dignité de se laisser critiquer, voire insulter.

Et Marcel Aymé, qui n'était pas encore l'auteur de *La Tête des autres,* continue du bon pied : les journaux « moralistes » considéraient l'inceste comme « une invention gracieuse de la mythologie grecque »... « Quant aux journaux avancés, turbulents, c'était une autre affaire : la victime, mécanicien aux chemins de fer, était un travailleur, je veux dire *un honnête travailleur* car les deux mots sont inséparables. Or, un honnête travailleur ne couche pas avec sa fille, c'est bien connu. Où irions-nous? » Jean-Baptiste Nozière était, en effet, un responsable du syndicat C.G.T.

« Les chances d'un inceste, continue Marcel Aymé avec cet humour froid qu'il applique aux choses amères, étaient à peu près de cinquante pour cent, et c'est beaucoup trop pour que l'accusée n'ait pas été acquittée au bénéfice du doute. [...] Dans l'hypothèse d'un inceste, quelle pitié ne méritait pas la malheureuse, et quel pardon! [...] Consciente ou à demi consciente de cette tare, comment n'en aurait-elle pas éprouvé une secrète colère et le besoin d'en tirer vengeance. »

« En réalité, le procès de Violette Nozière n'a été qu'une simple formalité... Nous avons assisté, pour notre édification, à une condamnation de principe, qui fait suite à ces acquittements scandaleux dont les tribunaux ont fait bénéficier tant de parents coupables d'avoir assassiné leurs enfants en leur infligeant d'ignobles tortures. Ces enfants assassinés, dont le martyre amusait les juges, étaient au moins aussi innocents, aussi pitoyables que le père de Violette Nozière et je crois bien qu'ils l'étaient davantage. [...] Les tribunaux n'ont jamais vu d'inconvénient sérieux à ce qu'un gosse soit assommé à coups de talon, c'est une vieille histoire qui n'est pas près de finir. »

« En condamnant Violette Nozière sans vouloir entendre parler d'inceste, de même qu'en acquittant des parents meurtriers, le tribunal s'est montré fidèle à l'une de ses plus chères traditions. Il a voulu affirmer le droit du père à disposer absolument de ses enfants, tout compris : droit de vie et de mort, et droit de cuissage aussi. »

Cet éclairage cru, cette évocation du problème au ras des mottes est nécessaire pour bien comprendre le problème posé. Le degré d'information... Et comme pour vérifier, verrouiller l'hypothèse, voici le compte rendu d'audience publié dans *L'Intransigeant* par un nommé Pierre Wolff :

« Elle a tué! Tout le reste n'est que littérature. Cette reine du pavé a l'air d'une bonne sans place. Même pas : d'une boniche endimanchée qui ne possède dans son sac que de mauvais certificats. Son père a abusé d'elle? Si cela était... elle a tué. »

A ce moment du récit, Violette s'évanouit. Et le nommé Pierre Wolff donne son avis, en critique plus dramatique que judiciaire : « Je crois, moi, que Violette s'était mise d'accord avec les photographes. Chiqué! chiqué! »

On n'est pas plus objectif... photographes à part! Dans le même article, on note une curieuse tendance : celle d'être excité « contre le crime » par l'attentat de Marseille où, la veille, le roi Alexandre de Yougoslavie (en fait de Serbie) était revolverisé par des agents croates, et le ministre français Louis Barthou par les armes du service d'ordre. Accidentellement, bien sûr ! Quel rapport ? Aucun.

Certains détails des débats... tout de même... avaient donné un drôle de ton. En commençant son réquisitoire, l'avocat général Gardel avait prononcé cette phrase un peu littéraire mais tout de même assez inhabituelle :

– Jamais ma carcasse d'accusateur n'avait frémi de pareille émotion...

Oui. N'empêche.

Et à la sortie, il déclarait : « Je serai le premier à signer le recours en grâce. » Au profane, avouez, tout ça apparaît un peu bien subtil... Enfin... le 24 décembre, le président Albert Lebrun dont on moquait les grands pieds (en fait, il affectait un type de godasses pointues, qu'il devait juger des plus élégantes, mais qui lui allongeaient les arpions) et la constante émotion larmoyante (en fait, il était affecté d'un incident lacrymal qui lui donnait l'air de chialer à tout va...) signait la commutation de peine capitale en travaux forcés à perpétuité.

Trois années plus tard, l'an 1937 prenait encore des allures d'« année Nozière ». Le 27 septembre paraissait une fulgurante interview de Mme Nozière. Titre : « Pitié pour Violette ! Je m'adresse à toutes les mères... » Là encore, rien de plus normal. L'article d'A.-P. Martineau qui le jouxtait dans la page commençait par ces mots : « La centrale pour femmes d'Haguenau est une des plus lugubres prisons de France... » On le croit sans peine ! Un mois plus tard, le 29 octobre, à l'hôpital des Armées du Val-de-Grâce, le pauvre Jean Dabin claquait d'une maladie récoltée aux confins du Sud marocain. Dans sa fièvre, il braillait et appelait Violette, bien empêchée de se déplacer et qui d'ailleurs, d'après certains journaux, avait déclaré que « c'était trop tard ».

Un inceste qui se complique

Mais je ne vous ai pas dit le plus beau.

Le quotidien *L'Œuvre* publie une enquête sur l'affaire et Violette, décidément bien bavarde pour une prisonnière de *centrouse,* rappelle : « Ils ne m'ont pas crue, et j'ai dû me taire... »

Presque exact ! A mon avis, si elle a effectivement dû se taire, et s'est retrouvée cuite, elle n'en a pas moins été crue... Comme en témoigne l'article de *l'Intransigeant*, le bien nommé, que je vous ai cité plus haut : « Qu'importe, elle a tué ! » Thèse assez peu juridique d'ailleurs car, comme chacun sait, la cour juge un criminel, avec ses tenants et ses aboutissants, et non *un crime*.

Mais remettons-nous à *l'Œuvre*... car la suite ne manque pas de piquant. Le journal continue de citer Violette : « C'est monsieur Nozière qui m'a dit un jour qu'il n'était pas mon père ! » Tiens donc !

Le vrai père de Violette serait... M. Émile... vous savez, le riche protecteur qui ne l'avait jamais... « touchée » et qui aurait pu, s'il avait voulu, financer l'achat de la bagnole à Dabin.

M. Émile... Pas possible ! Enfin, si... possible ! Car, dit toujours Violette, Jean-Baptiste Nozière avait précisé : « Ta mère était enceinte quand je l'ai épousée. »

En effet : le mariage des Nozière est du 17 août 1914, la naissance du 17 janvier 1915... Si je calcule bien...

Même qu'on jasait dans le secteur... Que les nouveaux mariés s'étaient payé un débit de boissons estimé à quelque 100 000 francs d'alors. Multipliez par dix pour avoir une estimation d'aujourd'hui. Ça ne se trouve pas sous le pied d'un cheval !

Mais alors... qui serait ce M. Émile ?

Ce serait Émile Violette... ce qui faisait dire aux mauvaises langues que le nom ne se perdrait pas... Un industriel qui demeurait 58, rue d'Assas et possédait un petit château près de Vierzon...

Le 29 novembre 1933, il aurait pris une chambre dans un hôtel de Wimereux (Pas-de-Calais) et aurait été retrouvé mort le lendemain matin, sans autres précisions, sur une côte voisine dite « la Rochette »...

Avouez que, si ce n'est pas vrai, c'est vraiment bien trouvé... De toute manière, la coupure de presse est allée nourrir le dossier, comme on dit... Je fais allusion au dossier de la commission des grâces...

Aujourd'hui, on est tout prêt à se laisser convaincre. Et on serait encore bien plus convaincu si, quelques années plus tard, un certain Émile Cottet, 60, rue des Tournelles, ne s'était pointé, le bec enfariné, en déclarant tout de go... « C'est moi, môssieur Émile ! Au moment du procès, j'avais hésité à témoigner... j'étais timide [!] et puis les circonstances ne s'y sont pas prêtées... J'étais allé voir l'avocat de Violette, et à force d'attendre, j'ai changé d'avis... »

Pour tout dire, l'initiative de cet Émile-là me semble plutôt dictée par l'oisiveté et le besoin de faire causer de lui.

Enfin... Graciée comme on a vu par Albert-les-Grands-Panards, Violette le fut une seconde fois par le maréchal Pétain. Sa peine fut réduite à douze ans le 6 août 1942. Et c'est... le bouquet... le général de Gaulle qui lui épargna l'interdiction de séjour prononcée accessoirement. Elle avait été libérée le 23 août 1946 après quelque treize années de cabane. Tout de même... Elle avait épousé, dès que sortie, le fils du chef comptable de la prison, un nommé – je change un peu le nom... – Jean Coquinet qui lui avait trouvé bien du charme.

Elle avait alors ouvert un petit restau à Mortagne, près de Rouen. Faut bien faire quelque chose... Les historiens n'ont pas précisé l'enseigne.

L'infatigable maître, de Vésinne-Larue, avait travaillé à sa réhabilitation, une mesure judiciaire peu fréquente... mais bien fréquentée, qui efface toute trace et toute conséquence de condamnations prononcées dans le passé.

En 1953, la cour de Paris l'avait refusée... au motif qu'elle en voyait pas la nécessité et que, de toute façon, empoisonner un employé de la SNCF... non... tout de même. Dix ans plus tard, la cour de Rouen l'accordait après un délibéré... à huis clos. Tiens, tiens!

En 1956, c'est donc Violette *Coquinet* qui demandait justice à son tour, à l'encontre de sa probloque qui entretenait pas bien le clos et le couvert. Ça peut arriver à tout le monde. Non, ce qu'était marrant, c'était le nom de la probloque... Vous devinerez jamais... Je vous le dis : c'était *Marie Besnard*! Mais rassurez-vous, c'était pas celle-là. C'était une autre!

Pour finir... Jean Coquinet a été victime d'un accident de la route. Il était paralysé. Il fallait le soigner. Violette s'y est employée. Et puis il est mort. Et puis elle est morte aussi... d'un cancer, comme bien des gens, hélas! le 29 décembre 1966, il y a un quart de siècle. Parce qu'on en est venu à compter en siècles. Ça nous rajeunit pas tout ça...

Et pis voilà... Violette est morte. Et Jean Dabin. Et Coquinet... Et Lebrun, et Pétain, et de Gaulle... Et messieurs Émile, les deux. Et Jean-Baptiste Nozière. Et maman Nozière... Et les magistrats. Et tout le personnel... Tout le toutim...

... Et la mer efface sur le sable...

disait Prévert... Et la sœur de Marat, quand on lui parlait un peu de son frangin... qu'on lui disait quel bel enfoiré ç'avait été... que son coup de surin dans la baignoire, il l'avait pas volé... elle hochait un peu la tête... Et puis elle rejoignait Prévert... sans le savoir évidemment. La même idée. La même image... « Ce sont là turpitudes humaines, qu'un peu de sable efface »...

Les morts enterrent les morts. Inlassablement... Et le chiffon de Jean-Baptiste est toujours là sous la main, planqué dans le placard de nos mémoires...

Le chiffon...

Le chiffon...

L'ASSASSIN SAUVÉ PAR LA MORT
ou
Les vérités d'un Russe fou

Au restaurant russe :
– Dis donc, Alexis ! Qu'est-ce que c'est, le bœuf Strogonoff ?
– C'est poulet haché avec veau...

Histoire russe, vers 1930

L'AFFAIRE
ALEXANDRE ET EUGÈNE BOYER

LES FAITS
Cambriolage et meurtre d'une dame âgée, Madame veuve Diemer, dans son logement, 47, rue Custine à Paris (XVIIIe). Butin médiocre. Le 17 janvier 1931.

LES ACCUSÉS
Alexandre Boyer, quarante-sept ans, mutilé de guerre, et Eugène Boyer, vingt-neuf ans, son demi-frère, comptable à la société L'Air liquide, marié, père d'un enfant. Tous deux repris de justice.

LE PROCÈS
Défense : *Me Jean-Charles Legrand pour Alexandre Boyer. Me Paul Henriquet pour Eugène Boyer.*

LE VERDICT
Peine capitale pour tous deux par la cour d'assises de la Seine le 30 janvier 1932.

LE SORT ULTÉRIEUR
Alexandre gracié par le président Paul Doumer, mort au bagne. Eugène gracié par le président Albert Lebrun, son exécution ayant été différée à la suite de l'assassinat de Paul Doumer. Libéré le 14 mai 1957.

PAUL GORGULOFF

LES FAITS
Assassinat du président de la République, Paul Doumer, soixante-quinze ans, le 6 mai 1932, à la vente de l'Association des écrivains anciens combattants.

L'ACCUSÉ
Paul Thimotheievitch Gorguloff, trente-sept ans, docteur en médecine.

LE PROCÈS
Ministère public : *Donat-Guigue, procureur général près la cour d'appel de Paris.* Défense : *Me Henri Géraud (qui fut l'avocat de Raoul Vilain assassin de Jaurès) et Me Marcel Roger.*

LE VERDICT :
Peine capitale devant la cour d'assises de la Seine les 25, 26, 27 juillet 1932.

LE SORT ULTÉRIEUR :
Exécuté le 14 septembre 1932.

Cette histoire raconte l'incroyable croisement de deux destins sinistres, l'un sordide, l'autre délirant... deux comètes maléfiques et crasseuses. Hagardes. Et pourtant une histoire qui finit bien... enfin... presque! Parce que, dans ces vies que j'ai entrepris de raviver un instant, y a pas grand-chose qui finit bien... Ça finit toujours de la même façon. Comme nous tous d'ailleurs. Un peu plus tôt un peu plus tard... Puisque, comme disait l'écolier Françoys...

Quiconque meurt meurt à douleur.

Alors préparons-nous. Attachons nos ceintures. Et que le meilleur gagne... Ce qui n'est pas toujours le cas. Il s'en faut! Souvent c'est le plus blèche, qui gagne. Le plus tarte. Le plus sordide. Le plus vicelard... le plus merdeux. Et ça n'en va pas mieux pour autant.

Vous verrez!

... C'est pas d'hier. Déjà, au Moyen Age, nos anciens se plaisaient à peindre sur les murs... à graver dans leurs livres... des histoires comme ça, des danses macabres où la mort se livre à mille singeries, comédies piteuses, farces patibulaires. Elle se marre, la mort! Sûre qu'elle est de faire tout le monde aux pattes, de gagner toujours... de rafler toute la mise... que les plus marioles peuvent juste prolonger un peu. Faut pas croire!

Ainsi de l'histoire que voici. Le commencement... le début, c'était dans le XVIIIe, au 47, rue Custine. Un quartier assez tranquille cher à Marcel Aymé. Il habitait pas loin, Marcel. Rue Paul-Féval.

La victime, Madame veuve Diemer, elle s'appelait. Y avait beaucoup de veuves en ce temps-là, pour des raisons diverses. Que les femmes on les tuait un peu moins que les autres.

La veuve Diemer, c'était pas quelqu'un de très important. Une petite mémère dans un logement... on disait pas *apparte*. Une ou deux pièces, une cuisine sommaire, minuscule... Souvent les chiottes sur le palier. Salle de bains mon cul!

Elle était pas riche du tout. Elle avait quatre sous, deux trois bijoux d'autrefois. Une retraite... de guerre éventuellement. Des bricoles. Pour s'attaquer à des gibiers comme ça, pardonnez mon opinion... fallait vraiment être un minable. Un sordide. Pas mériter la corde pour être pendu!

Des frères ennemis...

Un dégueulasse.

Qu'on cambriole la Banque de France... *Why not?* Les saucissons Olida... le Comptoir des Entrepreneurs... la Société Générale à Nice... On peut comprendre. Mais la veuve Diemer!

Remarquez, Eugène Boyer, c'est bien un peu le destin qui l'avait conduit là!

Au départ, il s'était pas mal conduit... Comptable, qu'il était, à *L'Air liquide*... Une maison qui risquait pas de faire faillite. *L'Air liquide*, c'était du bronze! Aujourd'hui encore, il me semble, la seule qui gagne du carbure, exporte aux States! Au Japon peut-être... Je ne connais pas beaucoup ces choses-là. *L'Air liquide*, c'est les procédés Georges Claude, un génie tout à fait exceptionnel. Le mot est pas trop fort... que j'aime pas beaucoup employer : génie! C'est vite dit. Mais là... incontournable! Curieuse rencontre tiens, parce que Georges Claude, il a été condamné à mort aussi... très vieux. Comme son comptable, pour des motifs quelque peu différents... de collaboration... Ça fourmille de condamnés à mort, ce conte-là. Alors... Georges Claude, ils ont pas tout de même osé le flinguer... Ils l'ont gracié... selon la formule. En cabane, à Liancourt, il continuait ses expériences... Une manie. Dans des petits pots sur le bord de la cellule... Des machins qu'on n'y comprenait rien. Les savants... ça emmerde. Au fond, ça s'ennuie jamais. Ça bricole toujours quelque chose. Avec sa tête... Alors, comment les punir? C'est comme les mômes qu'aiment pas le dessert. Qui se touchent au cabinet noir.

On n'a pas prise...

Faut les battre! Les taper.

Mais revenons à Eugène Boyer, notre héros pour ces pages.

Il se trouve que je l'ai connu, Eugène Boyer... Moi qui vous jacte... On s'est trouvés un jour, dans une hostellerie qu'était pas gastronomique du tout... Un hôtel crasseux sans étoiles. Un relais-château pour minables dans notre genre, à lui et moi. A Fresnes-lès-Rungis on appelait ça...

Sur la porte... l'enseigne... insolite ô combien! « Maison de force », ils avaient écrit. Tout un programme. Alors Eugène et moi... le hasard a voulu... qu'on occupe la même suite... la même cellule plutôt. Le mot juste... Une cellule « de transit ».

Eugène Boyer, je le revois... Il rentrait du bagne. Ça devait être en 1957... 58. Il portait dans les soixante ans... Son âge, à peu près. Il était né en 1901 autant dire avec le siècle. Une belle gueule dans l'ensemble... burinée, tannée par les tropiques, le merveilleux climat du bagne d'outre-mer... La Guyane. Le grand air... les loisirs... Un sacré *Club Merd,* c'était. On vous laissait pas vous ennuyer.

Notez, tout le monde résistait pas. Y avait les fièvres, la dysenterie, les chaouchs, les crocodiles... On a raconté déjà... Et puis les autres bagnards. Les pires animaux sans doute, les plus féroces... vicelards.

Quand j'ai connu Eugène, il avait pas un poil blanc. Le soleil l'avait conservé. Sec. J'ai passé quelques jours en sa compagnie, et c'était pas un mauvais ratier. Il savait... d'expérience... qu'on n'a pas intérêt à foutre la merde quand on cohabite forcé... Tout le monde a pas sa science! Il était pas agressif... furieux. Pas fou comme y en a, qui font peur... Qu'on n'ose plus tourner le dos pour aller pisser.

Et puis lui, avec son profil aigu, il se racontait volontiers. Ses prisons, ses aventures, son crime même... Il faisait pas mystère. Sa version bien sûr... qu'il plaidait pas coupable! Pas qu'il se défarguait, non... mais le coup fatal de la rentière, c'était pas lui... pour un butin si médiocre. Un accident, quoi, comme il en survient dans tous les métiers. C'est ça : un accident du travail. L'intéressant surtout, c'était son frère... enfin, son demi-frère... Alexandre Boyer. Longtemps, il l'avait perdu de vue. Normal en un sens : le jour de la veuve Diemer, le 17 janvier 1931, Alexandre, il avait quarante-sept ans et lui, Eugène, le comptable, il en avait que vingt-neuf! Une différence!

Alexandre Boyer, il avait fait la guerre, la Grande, la Grosse Guerre. Pas une sinécure : la preuve, il y avait laissé la main droite. Ça marque. Et après, il s'était pas très bien recyclé. Il faisait dans l'illégalité... la bricole... les petits casses...

Or, voilà-t-y pas qu'un jour qu'il se baladait avec son père dans les rues du XVIIIe, Eugène, il rencontre son frère! Ah! y avait longtemps... Salutations, perniflard et mêlé-casse... Et les deux frangins se sont revus. L'un a entraîné l'autre. Forcément...

C'est pas un coup du destin, ça?

Finalement, il m'intéressait, Eugène. La descente chez la rentière lui avait pas rapporté lerche... un tout petit paquet de biftons, quelques chaînes en or, des chaînettes de gosses, des colliers de communion avec une petite croix. Là... c'était plutôt la croix des vaches! Enfin... Ça avait pas fait un pli. La veuve, une dame bien âgée, elle était pas tellement d'accord... même ses deux broches « en simili », elle aurait préféré les garder... Et puis ses quatre cents balles aussi... une bague... une montre! Tout de même, les frangins, ils étaient pas montés comme ça au *cintième* sans ascenseur pour des clopinettes... repartir les mains vides! Avec son revolver, son pistolet plutôt, l'un d'eux avait tapé sur la dame, défoncé la tempe... Lequel? Pour Eugène, pas d'équivoque: c'était son frangin... Alexandre... Son frère ennemi. Ils étaient fâchés à présent! Peut-être exact, notez. Finalement, il était peut-être aigri, Alexandre. Ça compte, une main. On vous en paiera jamais le prix, même avec une médaille. Et puis, il buvait peut-être aussi... un petit peu. Ça rend nerveux parfois.

La cellule des condamnés

En ce temps-là, les vieilles dames, ça la foutait vraiment mal. On les massacrait pas encore en bottes, par paquets de douze comme les asperges... Mathurin... Thierry Paulin... la soude caustique... en perruque blonde!

Vers 1930, une rentière en moins, ça faisait frémir. On se mettait à sa place. J'ai vu les photos: la foule frémissante, oui, le mot juste! qui stationnait devant la maison du crime. La porte fatale...

Maintenant on se dérange plus : circulez, y a rien à voir. Vous verrez ça ce soir à la télé. Bien mieux qu'ici. En couleurs. On apprend comme ça à pas s'indigner. Restons serins... l'orthographe exacte.

Là, ça n'a pas fait un pli. Qui avait tapé? Dans le doute, on s'est pas abstenu : crac, deux condamnations « capitales ». Alexandre, on l'avait retapissé aux archives: une empreinte. Même avec une seule main, on a des empreintes! Il était passé « au piano » pas longtemps avant. Eugène, quand son frelot l'a dénoncé, on l'a retrouvé facilement: il était déjà en cabane pour une peccadille.

Comme vous pouvez le subodorer, les frangins se sont chargés l'un l'autre. Une méthode qu'a pas fait ses preuves: on a estimé que *tous les deux* disaient la vérité, et puis qu'au fond, ça n'avait pas beaucoup d'importance. La rentière ne passait pas... Messieurs les jurés ont tranché dans le vif.

Et les deux frangins ils se sont retrouvés dans une belle cellule spéciale... celle des condamnés à mort.

Autrefois, bonnes gens, à l'aube du siècle, on leur collait la camisole de force, aux condamnés à mort. En 1932... date du jugement... On avait amélioré. On les enchaînait. Une image tout à fait effacée des mémoires. Les jeunes gens, ça les étonnerait d'apprendre! Les pieds enchaînés. Les mains aussi. Pour Alexandre... ça posait un problème... administratif. Un mutilé, ça fait la nique au règlement! L'ultime privilège!

Pour aller aux gogues, ça posait des problèmes d'un autre ordre... techniques. Alors, on avait inventé un pantalon d'un modèle spécial... à faire rêver la Belle Jardinière, la reine de la *confection* d'alors... Pierre Cardin... un bénouze étrange avec des boutons tout du long. Suffisait d'y penser. En argot de prison on appelait ça un froc de gaucho.

Des fois, ils restaient longtemps, les condamnés. Alors les fers aux pieds, c'est comme les bêtes. Ça mord... Ça fait mal. Y en a qu'étaient blessés, des condamnés. On leur enlevait pas les fers pour autant, vous pensez! Nos ayatolacs ne rigolaient pas avec le règlement... Le téléspectateur moyen, il imagine pas que le Moyen Age... les cruautés exotiques... les supplices chinois... c'est pas si loin de ses grolles... quelques décennies, quelques kilomètres... y devrait se méfier. Des retours!

Ça empêche personne de dormir. On a oublié. On a le temps.

On ne se rappelle bien que ce qu'on veut se rappeler...

Et le rapide oubli, second linceul des morts,
A couvert le sentier qui menait vers ces bords,

comme disait ce vieux Lamartine... Alphonse pour les dames. Je souligne...

Donc, nos deux lascars marinaient dans la cellule des condamnés, chacun la sienne, dans un climat de commisération et de confort relatifs.

Inutile de dire qu'ils avaient pas tellement le moral. En ce temps-là, en 1932, les personnes se mobilisaient pas pour des tueurs de rentière. Les psychiatres laissaient faire. Ce qu'ils pouvaient dire n'avait aucune importance.

Le président de la République s'appelait Paul Doumer, un petit vieux genre père Noël avec pas beaucoup de cheveux et une barbe de neige.

Il en avait roté aussi, Doumer.

Né en 1857, il était fier d'avoir quatre fils. Des gens bien qu'avaient fait des études. Il leur avait même consacré, un peu avant la guerre, un bouquin intitulé : *Le Livre de mes fils.*

Des conseils.

D'être toujours bien laborieux... bien poli... Ils le furent.

Leur père n'était pas né avec du foin dans ses bottes : il était le fils d'un employé des Chemins de fer d'Orléans... un poseur de rails, on a dit, à Aurillac, où Paul est né le 22 mars 1857. Il est venu travailler à Paris, apprenti chez un médailler de la rue de Turin. Et le soir, sans doute, il ne perd pas son temps, puisqu'il deviendra licencié ès sciences, et en droit... puis professeur de maths aux collèges de Mende et de Remiremont. A vingt ans, il épouse Blanche Richet, qui n'en a que dix-sept... Mariage d'amour, dit-on. Doumer est apprécié de l'historien Henri Martin, qui le prend sous son aile, et le fait nommer rédacteur en chef d'un journal de Saint-Quentin, *Le Courrier.* C'est le pays de ses beaux-parents, Saint-Quentin. Et à la mort d'Henri Martin, Paul Doumer largue *Le Courrier* et fonde un concurrent : *La Tribune.* Question de politique locale, bien sûr : aux prochaines élections, c'est la liste que patronne Doumer qui l'emporte. Il devient alors chef de cabinet d'un certain Floquet, qui avait, paraît-il, alors quelque importance... Charles, son prénom... il a même une belle avenue à Paris dans le VIIe arrondissement.

On va passer sur les détails. Toutes les carrières politiques comportent des hauts et des bas, des qualités et des défauts, des succès et des revers... Lui, Doumer, avocat et journaliste, a été député et ministre des Finances. Là, son idée était de faire adopter l'impôt sur le revenu. Une idée dont beaucoup se demandent aujourd'hui si elle était si bonne que ça. De 1897 à 1902, il a été gouverneur de l'Indochine. Une place, pourquoi ne pas le dire, où ceux qui partaient désargentés ne manquaient pas de revenir plus à leur aise... Quoi qu'il en soit, voici une image de Paul Doumer en janvier 1896, venu dîner chez le Dr de Golen, médecin chef de la préfecture de Police. Doumer était un ministre de trente-neuf ans, le benjamin de l'équipe et non le moins remuant, avec son histoire d'impôts. L'auteur du *portrait* est le fils de la maison, Henry de Golen, qu'on avait fait venir à table pour faire... le quatorzième ! Un gosse, alors. Il y avait là des ministres comme Louis Ricard et Cavaignac, et un certain Bartholdi, sculpteur de son état, un grand ami de l'Amérique, des médecins pompeux, le directeur de la Sûreté générale, etc. Le morceau que je cite est un peu long, mais il situe le bonhomme mieux qu'un récit de carrière détaillé. Alors, voilà...

« Un larbin stylé de la maison Potel et Chabaud qui avait assuré le repas et son ordonnance brailla : *Son Excellence monsieur le ministre des Finances.*

« Nous vîmes entrer alertement un personnage tel que l'ont popularisé les innombrables photographies.

« Il portait la redingote. Une assez pauvre redingote noire classique. Elle apparut quasi élimée en regard de celles des autres convives, toutes avec des revers de soie. Tel qu'il était vêtu et malgré sa désinvolture, le personnage apparut à tous un peu étriqué.

« Ricard le présenta avec affabilité. Comme ma mère regrettait l'absence de Mme Doumer, il proféra avec quelque emphase : Je suis un enfant du peuple... J'ai déjà cinq enfants, madame, et ma femme reste auprès d'eux. C'est son rôle.

« Il y eut un silence.

« On conférait.

« On ironisait.

« On l'épiait.

« Presque tous les personnages de cet épisodique dîner étaient gens riches et mondains. Ils comprenaient mal. Ma mère crut bon d'insister :

« – J'espère cependant faire un jour la connaissance de Mme Doumer...

« Il répondit : Avec le plus grand plaisir, madame, mais d'une façon tout intime. Au ministère, ma femme recevra peu ou pas : elle est mère avant tout.

« Cette épouse n'était cependant pas inférieure, et au contraire ! à Mmes Félix Faure, Loubet ou Fallières par exemple. Mais son mari l'avait autoritairement contingentée au foyer et elle s'y enclosait. Au gouvernement général de l'Indochine, elle végétait à Hanoï tandis que Doumer circulait allégrement. Il faisait des kilomètres pour revenir la voir et ce n'était nullement ridicule. C'est un fait. Elle a été la plus effacée des ministresses. En 1927, à la présidence du Sénat, elle reçut peu, et il fallut 1931 et la présidence de la République pour imposer sur injonction à Mme Doumer l'obligation de sortir d'un rôle timoré. Elle le fit avec une discrétion modeste.

« Certains témoignages ont rapporté que, lors de son agonie à Beaujon, le président Doumer n'a cessé de bégayer le prénom de sa femme jusqu'à son dernier souffle : Blanche ! L'intimité de ces deux êtres n'appartient qu'à eux.

« A ce dîner, Doumer parla peu. J'entendis et retins tous ses propos. L'on était en trouble période des attentats anarchistes : toute la bourgeoisie française suait la peur. »

La conversation entre ces joyeux lurons se menait bon train, certaines épouses de ministres lâchant de considérables bourdes qui faisaient sourire Doumer dans sa barbe. Tout à coup, le garde des Sceaux, risquant une plaisanterie, suggéra au directeur de la Sûreté de coffrer Doumer comme dangereux anarchiste. Motif : un projet de loi sur l'impôt sur le revenu.

« – Outre qu'il projette de nous ruiner purement et simplement, tous ici tant que nous sommes, il risque de faire tomber notre ministère ! Vous devriez l'arrêter préventivement, cela nous rendrait service ! »

Et de rire... Doumer tout le premier.

« Mais tous les bourgeois riches réunis à notre table ne purent se défendre de considérer Doumer avec une inquiétude non dissimulée : il faisait figure d'épouvantail.

« Alors se révéla un Doumer insoupçonné. Il se prit à discourir et s'employa avec chaleur à convaincre les uns et les autres de l'utilité, voire de la nécessité de sa politique fiscale. Tous les convives le désapprouvaient. Il parla longuement et bien, répondit à toutes les objections, mais il ne parvint à convaincre personne. Il le comprit, s'arrêta court et trancha sèchement :

« – En tout cas, quitte à provoquer la chute du cabinet dont je fais partie, quitte à faire campagne postérieurement dans le pays, je poursuivrai ma politique fiscale jusqu'au bout. Parce que je l'estime indispensable et saine !

« On se regarda avec consternation : ce puritain était doublé d'un illuminé. En somme, un homme très dangereux. On se leva de table parmi un malaise et au salon, on s'empressa de parler d'autre chose. Le cabinet croula trois mois plus tard. »

En 1905, il fut président de la Chambre et candidat à la présidence de la République l'année suivante. Il fut battu par Armand Fallières par 449 voix contre 371. En 1912, il est sénateur de la Corse... Ses quatre fils, courageux jusqu'à la témérité, vont mourir dans la Grande Hécatombe :

André, artilleur, disparaît sous un obus le 24 septembre 1914.

René, chasseur à pied, passe dans l'aviation après une blessure qui le handicape. Il est abattu le 24 avril 1917 et les copains d'en face, pas tellement des rigolos, l'enterrent « avec les honneurs militaires » et écrivent sur sa tombe : « mort en héros ».

Marcel est lieutenant de chasseurs à cheval. Lui aussi est descendu par un aviateur dont il a éliminé les deux compagnons.

Armand, gravement atteint par les gaz de combat, est réformé à cent pour cent. Il meurt en août 1918.

On commence à comprendre ceux qui préfèrent la paix à la guerre. Paul Doumer, lui, est resté stoïque, comme on dit. Son visage est marqué par la tristesse mais son ardeur politique n'est pas tarie. Après avoir été élu président du Sénat en 1927, il devient président de la République le 13 mai 1931 par 504 voix contre 334 (à un certain Pierre Maraud). Il ne devait pas le rester un an... à sept jours près.

Que cela ne nous fasse pas oublier les frères Boyer... les duettistes de la mort. Quand Doumer a été élu, ils moisissaient déjà dans leur cellule. Ce qui fait qu'un beau jour le dossier des grâces est arrivé sur le bureau du président.

Ça n'a pas traîné... Il savait faire la part des choses, Paul Doumer. Il connaissait le prix de la mort... Alors il a gracié l'aîné, l'*ancien combattant*, le mutilé. Ça l'aurait un peu foutu mal d'en recouper un autre bout. Quant à notre ami Eugène, il l'a carrément laissé quimper. Bon pour le massicot de Justice!

Entre la condamnation et le rejet du pourvoi... la cassation... quarante-cinq jours s'étaient écoulés... Eugène, après, il comptait les minutes bien sûr. On a beau être prévenu, avoir bon sommeil... Ça fait toujours un peu de souci, la guillotine. Je sais pas si elle est « dissuasive »... En fait, elle l'est ni plus ni moins que le reste... Des peines *dissuasives*, y en a pas, au fond... Sans ça, y aurait plus de crimes, et plus de criminels... et plus de magistrats, et plus d'avocats... et plus de flics... et plus de matons! Voyez chômage! Une peine *dissuasive*, si on en inventait une... la roue... le bûcher... le pal peut-être... dans certains cas bien définis! Ça serait un *gross malheur*, il me semble! Une catastrophe socioculturelle... Que déjà, c'est pas terrible... par les temps qui courent!

Vingt-trois minutes de sursis

A la période la plus cruciale, alors qu'Eugène avait appris déjà que son frangin était gracié... vu que les stocks de grâce étaient pas inépuisables... que ça commençait à sentir vraiment le roussi... un matin, le matuche de service, il se pointe dans la cellote avec sa bâche en godille tout pimpant... Il voulait faire un mot... risquer une blague... faire sourire. Il demande :

– Vous avez bien dormi ?

Humour pour humour, Eugène, il rétorque :

– Comme un plomb!

Il aurait pu dire aussi : comme un procureur! ou, comme un bourreau! Ça lui est pas venu...

Et justement... ce matin-là... Il l'avait en dormant, madame, échappé belle... Il avait juste rêvé qu'on lui clouait son plumard. Un rêve idiot...

Dans la cellule d'à côté... il en savait rien encore... Il avait un nouveau voisin... un nommé Paul Gorguloff. Et ce matin-là, on était juste le 7 mai 1932... Exactement le lendemain du 6...

Or, ce jour-là avait lieu à l'hôtel Berryer, l'hôtel Salomon de Rothschild comme on l'appelait alors, une réunion tout à fait mondaine : la vente de l'Association des écrivains combattants... les survivants de la Grande Dernière... Papa Doumer, il pouvait pas louper ça! Le rendez-vous était pour quinze heures et l'exactitude étant la politesse des présidents...

La bagnole officielle s'est pointée dans la cour... il existe encore, l'hôtel, rue Berryer. Vous pourrez aller y voir... vous incliner...

Le président, il descend de la limousine dans son petit lardeuss, son allure de petit père Noël que j'ai dit, avec sa calvitie, ses bacchantes, sa petite barbouse blanche... Il gravit le perron... il entre... les phoutugraphes, ils se précipitent, pour pas en louper une. Aux stands, les écrivains s'astiquent la plume aux dédicaces, les assistantes, les dames extrêmement bien élevées, elles rectifient la position... le galure... Elles l'avaient toutes sur le coin de l'œil à l'époque, le galure, le bibi. C'était de *rigueur*... Comme la culotte à froufrous. Plus encore... peut-être! Allez savoir! Tout le monde tout sourire.

Le président père Noël, c'est vrai, il avait la cote. On savait ce qu'il avait enduré. Les débats politiques étaient oubliés...

C'est Claude Farrère qui l'accueille... un barbu encore... une belle barbe de neige. Ils se serrent la cuiller. Claude Farrère, l'académicien... le romancier officier de marine. Un cas. Fort bien considéré aussi. Il y a là encore d'autres scribouillards dans mon genre... enfin, en mieux je veux dire. Des gens bien élevés... sans irrévérence.

Et aussi y a Piétri, le ministre de la Guerre... et un certain Paul Reynaud... un petit, un peu chinois sur les bords... Mickey Mouise, on l'a appelé un peu plus tard... Et, précédant le cortège... un certain Paul Guichard, directeur de la police municipale...

A cette époque, cher honoré lecteur, respectée lectrice, on prenait pas des précautions terribles. Y avait pas des gardes du corps extrêmement performants comme plus tard... Kennedy... Anouar el Sadate... Des grands spécialistes de la parade immédiate... Qu'on est sûr absolument qu'il arrivera rien de fâcheux...

Le président il serre des louches, tout à fait au milieu de la foule. Il s'arrête au stand de Claude Farrère... L'auteur prend son dernier bouquin : *La Bataille* ! Il brandit le stylographe :

« Je vais vous cuisiner une petite dédicace soinsoin... aux petits oignons... », qu'il pense à part soi. Il lui tend l'ouvrage... lui fait hommage. Le président il ouvre la bouche pour dire merci... Il a pas le temps.

BOUM !

Kès aco ? Un flash qu'éclate ? Un magnésium qui saute ? Un dixième de seconde, on espère... On souhaite. Mais non ! D'autres coups de pétard éclatent, ici et là.

Avant de l'avoir vu, on s'est jeté dessus. On a saisi le bras... que, dira-t-on, la balle a touché Farrère ! On lui file une pêche... Un mec... entre deux âges... Le Président, il a morflé deux bastos. Une dans la tête, par le maxillaire gauche. Une autre sous l'aisselle... qu'a sectionné l'artère humérale...

L'assassin, il en a déjà pris plein la gueule. Des coups en priorité. Il a l'œil gauche à peu près clos. Tuméfié... Un photographe lui a balancé son appareil dans l'œil.

Curieusement, les Français diront qu'il est grand, les Russes qu'il est très moyen... Costaud en tout cas. Une armoire... On lui a cassé deux dents. Il a la gueule hagarde... la parole hésitante... normal. En outre, il parle pas très bien le français. Il s'exprime par phrases courtes, par formules...

Tandis qu'on mène le président à l'hôpital, les flics entraînent l'assassin. Premier interrogatoire... Pourquoi il était là ? Qu'il glandouillait de si suspecte manière... si suspecte qu'on l'avait remarqué... pas assez pour l'interpeller... Qui était ce Paul Brède... le nom qu'on lui avait dédicacé ? !

Il a pas fait mystère... Il a tout raconté...

Brède ? Un pseudonyme littéraire. Il avait publié des romans... ça arrive à des gens très bien.

Dehors, déjà, tout le monde disait que c'était un fou... un dingue... un sadique venu d'ailleurs... que personne pouvait comprendre. Ça se confirmait, en un sens.

Paul Gorguloff, il s'appelait... Docteur Gorguloff... docteur en médecine.

– ... docteur russe, il précisait.

– Né ?

Bien sûr, qu'il était né ! Hélas !

– 29 mai 1895, à Labinskaya.

– Marié ?
– Oui.
– Où est ta femme ?
– A Monaco.

En effet, expulsé de France, le docteur Gorguloff s'était replié... en Principauté !

Et puis, il démarre :

– Moi ! Docteur russe ! Ai tué le président parce que tout le monde occidental a trahi la Russie ! Laissée livrée au bourreau bolchevique. Tous ils l'abandonnent. Ils soutiennent le bolchevik. Le reconnaissent ! Moi idéaliste russe... fasciste russe... moi président du parti ! J'ai voulu réveiller ! Faire exemple...

Un discours sémantiquement approximatif, factuellement délirant... mais reposant sur un constat inéluctable. Au sortir de la Grande Guerre, la révolution bolchevique montée par des agitateurs financés par les banques américaines mais acheminés (en wagon plombé, s.v.p.) par les soins de l'état-major impérial allemand, a enlevé une belle épine du pied des empires centraux. Un ennemi de moins à combattre après la paix de Brest-Litovsk... Pour les Français, une trahison... A tout le moins une déception. Et des tas d'emmerdements.

Pour les communistes en revanche, tout ce qui se produit côté bolchevique est du nanan et l'URSS non encore née d'ailleurs, un paradis en cours d'édification... en plein milieu d'une effroyable guerre civile. Et pour eux, les émigrés russes ne sont que des « gardes blancs », des criminels en puissance pris en main par une implacable organisation...

Vue en complète opposition avec l'impression globale... puis la mémoire collective des Français : de ce côté-là, les « Russes blancs » sont des gens paisibles et laborieux... Soit qu'ils aient débarqué ici avec leurs picaillons, comme les riches familles de banquiers... Soit qu'ils soient arrivés en calbard et se retrouvent prêts à accomplir tous de petits métiers : le général chauffeur de taxi ronchon et service-service, le prince Alexis ou le grand-duc Vladimir maître d'hôtel dans un de ces restaurants russes qui se multiplient. Il existe tout un folklore d'histoires mettant en scène des restaurateurs scrupuleux mais écœurés et méprisants, des miséreux sans un sou, sans une chemise, mais sauvegardant à tout prix leur extérieur et leur dignité.

Ce n'est pas, mais pas du tout l'avis du fameux Paul Vaillant-Couturier (1892-1937), rédacteur en chef de *L'Humanité* qui écrit :

« Le 6 mai 1932, le cosaque blanc Gorguloff assassine Paul Doumer. Le crime est perpétré dans des conditions déconcertantes de facilité : ce jour-là, le président, manifestement, n'a pas été gardé.

« Gorguloff déclare alors qu'il a voulu venger la patrie russe et pousser la France à déclarer la guerre à l'URSS. Il affirme, conformément à la meilleure tradition des assassinats politiques, qu'il a agi seul.

« Qui pourrait, dans l'atmosphère de surarmement et de guerre de 1932, ne pas rapprocher l'assassinat de Paris de celui de Sarajevo en 1914 ?

« Gorguloff, qui est-ce ? Un fou ? Non pas. Exalté, mystique, taré, jouissant de la confiance des éléments qui dirigent l'action *souterraine* des Blancs, connu de la police française et protégé par elle – puisqu'il a pu, refoulé une première fois, rentrer en France officiellement. [...] Gorguloff est l'instrument rêvé pour continuer la politique de terreur que poursuit l'émigration blanche avec la collaboration du gouvernement français, et qui doit conduire à la guerre contre l'URSS. »

Un rouage, tout de même, va foirer dans cet hypothétique complot : c'est que rares sont les Français qui aperçoivent un rapport quelconque entre la tragédie que commence de subir le peuple russe : terreur et guerre civile, et la personnalité, matée par le temps, de papy Doumer... promu brusquement à la dignité de martyr de l'absurde. Pour eux, si Gorguloff n'est pas un fou – qui sait ce qu'est un fou ? – c'est un chabraque ou, comme le dit justement Vaillant-Couturier : un « exalté, mystique, taré »... Un maboul, quoi ! Et, quoi qu'il en soit des contacts épisodiques qu'il a pu avoir avec certains milieux, un isolé poussé à bout par la misère, et le rejet qu'il doit à son inquiétante personnalité.

Pour en arriver là, c'est plus que sûr... et la lamentable impression que laisse le procès qui l'enverra à l'abbaye de Monte-à-Regret le confirmera... l'abominable Gorguloff a rêvé sa « politique ».

Qu'il partage l'amertume des « Russes blancs » écœurés de voir ces bolcheviks, qu'ils connaissent mieux que personne, entrer dans le *conseil des nations*, c'est l'évidence.

Qu'avant d'émigrer il ait frôlé bien des groupes et peut-être même, dans la confusion d'une guerre civile, des bandes révolutionnaires, c'est vraisemblable...

Aujourd'hui encore, les dictionnaires ne sont pas à l'unisson pour le qualifier...

Mais en attendant... le président, et le seul adhérent... du « Parti vert », du « Parti fasciste russe »... se met à table au commissariat du quartier du Roule.

« La France aide le bolchevisme... dit-il. J'habitais ces derniers temps à Monaco avec ma femme, rue de l'Observatoire, la villa *Horizon...* Je suis venu avec l'intention de tuer le président. J'avais des raisons... La France n'est-elle pas la créancière de la Russie ? Ne fournit-elle pas de l'argent aux Soviets pour achever de ruiner les espoirs des Russes ?... »

Du moins est-ce ainsi que les journaux (*Le Temps* du 8 mai 1932) transcrivent l'interrogatoire auquel, bizarrement, leurs rédacteurs ont pu assister !

A l'instruction, il persistera :

« Si j'ai attaqué M. Doumer, c'était pour forcer la France à agir contre les bolcheviks. »

L'argument débouche sur le délire...

A la Santé, Eugène Boyer est bien le seul à ne pas savoir ce que le petit matin qui vient lui réserve... On le bichonne... Il dort peut-être encore avec le fantôme de la veuve de la rue Custine... Dans la cellule voisine, Gorguloff est obsédé par les ombres des millions de morts de la Grande Guerre... des cadavres de la famille Romanov dans la maison d'Ekaterinbourg ! Effrayante danse macabre ! Peut-être qu'il pressentait les soixante millions qui vont suivre... ceux des *Globalement-positifs...* ceux du Goulag... du canal de la mer Blanche... des paysans de Hongrie branchés par Bela Kun... des deux millions de Cambodgiens rectifiés par les Khmers rouges... Au fond, pas étonnant qu'il y en a qui tournent dingues, non ?

Le lendemain matin, c'était remis pour la fête boulevard Arago.

L'ami Deibler... vous connaissez...

... l' bourreau qui n' s'en fait pas
Fait l' coup'ret à la Pâte Oméga...

chantait Georgius, l'amuseur public numéro 1, comme il s'était surnommé lui-même. Un journaliste de l'époque évoque l'ambiance : « Dès minuit, ceux qu'attirent ces sortes de spectacles, voyous en casquette au bras desquels s'accrochent des filles, gentilshommes en quête de sensations qu'accompagnent des jeunes femmes, songent à gagner le boulevard Arago. Mais déjà la police arrive. Les autocars de la préfecture déversent leur cargaison. Sous les ordres des brigadiers, les barrages refoulent ceux qui, pour mieux voir, n'ont pas hésité à attendre depuis des heures. Les cars sont mis en travers... L'homme ne sera exécuté qu'à l'aube naissante quand s'éteindront les réverbères : quatre heures et demie.

« Deux heures ! Le public se presse sur les trottoirs. Il ne faut plus songer à voir par les fenêtres : les arbres ont reverdi et masquent la guillotine. D'ailleurs personne ne verra : seuls les journalistes approcheront la machine. Refoulé à trois cents mètres, le public distinguera à peine des figures confuses. N'importe ! On est venu parce qu'on sait qu'à quelque distance, un couperet s'abattra, tranchant une tête.

« Mais à deux heures et demie des cyclistes parcourent les barrages qui se disloquent et la plupart des agents regagnent les cars. L'exécution n'aura pas lieu. Le dépit se lit sur les visages.

– Eh quoi alors ? demande un homme, c'est pour rien que j' suis v'nu d' la Chapelle ?!

« L'agent hausse les épaules. On ne lui a rien dit. Et lentement la foule s'égrène... »

Eugène... il a eu du bol. Et aussi, il a eu un avocat... Me Henriquet... Paul Henriquet.

L'avant-veille, le président avait refusé la grâce du frère le plus jeune !

Fallait se résigner. Mais lorsqu'il a appris l'attentat, le sort tragique de Paul Doumer... qu'il était à l'hosto... entre la vie et la mort... Henriquet il a sursauté. Il a bondi jusqu'à la Chancellerie. L'esprit de la loi... que jusqu'au bord de la butte, le président il pouvait gracier... son droit régalien...

Le proc' d'abord, il l'a éconduit. Au ministère, place Vendôme, y a des tas de bureaux. Il fonce voir des tas de personnes... qu'Eugène Boyer, sur l'instant, elles étaient loin d'y songer ! D'abord, le bon maître, on l'envoie rebondir... Il insiste : comme dans *L'Opéra de quat' sous,* au pied du gibet, la reine d'Angleterre elle envoie un cavalier, un horse guard avec son grand bonnet, sa tunique rouge... que les Anglais débarquent ! Stop it ! Un mot. Pas même... un geste, un signe ! Ô couteau, suspends ton vol ! Là-bas, à London, on enlève la corde, la cravetouse de chanvre...

Henriquet insiste, il argumente ! Il sautille ! Que oui... le président est toujours à même... Et s'il est mort... que ça la foutrait absolument mal... pour commencer le deuil... L'argument esthétique... Quelle serait la situation juridique...

– L'exécutif passe alors entre les mains du président du Conseil... on lui dit... les sommités.

– Et le droit de grâce ?

– C'est vrai ça ! On y avait plus pensé. On va voir de près ! Y a pas de précédent...

A trois heures du matin, Paul Doumer entre dans le coma. Le

père Noël va mourir. Il meurt. Décision, comme on a vu : dans le doute, l'exécution est remise...

Le 13 mai suivant, le dossier revient sur le bureau du nouvel élu, le successeur... un certain Albert Lebrun. Il pouvait pas faire moins... En joyeux avènement, il signe la grâce d'Eugène. La bienvenue, quoi. Les vœux. Et puis la tradition régalienne... qui a presque force de loi. Le premier qui se présente *doit* être gracié.

Après...

On connaît la suite, à peu près... Les années de bagne, que je vais pas vous raconter maintenant. Qu'Eugène et son frangin, on évitait qu'ils se rencontrent... cohabitent. Parce qu'entre eux il n'y avait plus que la haine.

Avec les codétenus, on a toujours des mots, des bricoles. Eugène Boyer, il était un peu teigneux. Fallait se défendre, notez... Si on voulait pas passer pour ce qu'on n'était pas... subir les derniers hommages. Un jour, il en a étendu un. Et puis il s'est battu aussi avec Guillaume Seznec. Une vedette... bien malgré lui... Le grand mystère du XXe siècle. L'erreur... peut-être...

Un procès intéressant

Le procès du docteur Paul Gorguloff a servi d'épilogue à cette sinistre histoire.

Un curieux procès celui-là, qu'a duré trois jours.

Deux choses étaient à l'ordre du jour. Et de une, Gorguloff était pas fou. Et de deux, comme il était dingue, son geste n'avait aucune importance. Politique, je veux dire... Arrangez ça comme vous pourrez ! Car la justice est aussi organe de gestion sociale. Et Paul Thimotheievitch Gorguloff, c'était un vrai bâton merdeux... On savait pas par quel bout le prendre.

Une seule chose sûre, au Palais de Justice, le 25 juillet 1932... L'article 12 du Code pénal flottait dans l'air à la ronde... vous le connaissez, ce fameux article 12, tout pimpant dans sa concision : « Tout condamné à mort aura la tête tranchée »... Moi, j'aurais plutôt écrit... « le cou tranché »... Il me semble. Un simple souci sémantique... Peut-être que pour l'élocution... la tête... ça sonne mieux... Fernandel en avait fait un morceau de bravoure, de cet article 12, dans *Le Schpountz*, si vous vous souvenez... Pavel Thimotheievitch... elle te pendait au nez, la guillotine... comme un sifflet de deux sous...

Pourtant, le réquisitoire introductif, comme on dit, l'acte d'accusation... il était plutôt sympa, pour Pavel Thimotheievitch... né à Labinskaïa le 29 juin 1895...

« Il appartenait à une famille de paysans aisés. Il fit ses études primaires au lieu de sa naissance, puis de 1910 à 1913, fut étudiant à l'École de médecine d'Ekaterinovar. Engagé volontaire en 1913, il servit pendant la guerre dans les régiments de cosaques, prit part à plusieurs batailles, fut blessé, cité, décoré puis en 1918 revint à Labinskaïa, et, la même année, il prenait ses inscriptions à l'université de Rostov. »

Que j'aime ce style à la fois précis et vasouillard ! Prudent... Cette ponctuation suspicieuse... Ce ton...

« A Rostov, où il est étudiant, il épouse le 6 mars 1921 Maria Pogorieloff, fille d'un professeur, et, dans le cours de l'été, cherche à se réfugier en Pologne avec sa femme et ses beaux-parents. Le gouvernement polonais lui refuse l'accès de son territoire et Gorguloff se décide alors à franchir clandestinement la frontière, laissant en Russie sa première femme qu'il ne reverra plus : leur divorce fut prononcé en janvier 1925. »

Voilà une bonne base, non ? Un joli socle pour la statue d'un présidenticide. Le texte suit Gorguloff à la trace. Je vous épargne... Finalement, voilà Pavel Thimotheievitch à Paris, dans le XVe arrondissement. Rue du Commerce...

« En novembre 1931, le gouvernement français invite... cet étranger [là, c'est moi qui met les points de suspension. Après *invite*] à quitter son territoire et celui-ci loue, à Monaco, un appartement où sa femme vient le rejoindre en mars 1932. » Cette invitation en vaut une autre.

Monaco, terre d'asile !

« Gorguloff est l'auteur de plusieurs romans [1] : *Le Fils de la nonne*, édité en Tchécoslovaquie, *Le Lointain*, qui a paru à Berlin en 1924, *Le Mystère de la vie des Skiffs*, édité à Paris, enfin le *Roman d'un cosaque*, qui est en ce moment sous presse à Berlin. Ces publications n'ont eu aucun succès et les frais de leur impression n'ont pas été couverts.

« Il n'a pas été possible de préciser quelle fut, en Russie, l'attitude politique de Gorguloff et il est permis de croire que, sans être inféodé à un parti déterminé, il a surtout cherché à sauvegarder sa vie. »

1. Qu'on ne trouve pas aujourd'hui dans la collection de La Pléiade.

On le comprend! Car sans vie, pas de politique. Un militant mort est un mauvais militant.

« En Tchécoslovaquie, il avait été signalé comme étant communiste, mais les enquêtes auxquelles on a procédé sont demeurées négatives. En France, enfin, il n'a jamais été remarqué comme entretenant des relations suspectes avec des révolutionnaires, et il n'est pas établi qu'il ait été affilié à leurs sectes.

« Il avait, au contraire, cherché à créer un organisme indépendant, *Le Parti vert*, qui avait, dans l'esprit de son fondateur, pour but de combattre le bolchevisme et de provoquer en Russie l'avènement d'une dictature nationale. Gorguloff avait fait déposer les statuts de cette association et fait broder un drapeau vert, étendard du parti. Une revue, *Les Skiffs*, devait propager et exposer les idées directrices des *Verts* : mais elle ne parut qu'une seule fois.

« Enfin, Gorguloff entra en relations avec d'autres Russes, et notamment avec un certain Jacovleff, qui était à la tête d'une société politique, *La Grande Russie* et publiait un journal, *Le Tocsin*. Il essaya d'amener la fusion des deux groupes, échoua, et après des querelles assez vives, les pourparlers furent rompus et les partisans cessèrent toute relation. »

A noter qu'en fait de *partisans*, Gorguloff semble n'avoir jamais eu que lui-même comme adhérent à son machin...

« Au cours de cette existence aventureuse et agitée, Gorguloff a connu la gêne et la misère... »

Voilà. Je vous passe le reste. On va juste citer maintenant quelques menus propos de Pavel Thimotheievitch... du haut de son perchoir, qui, malgré l'insistance de ses deux avocats, a été déclaré tout à fait pas fou du tout... sain de corps et d'esprit.

Me Henri Géraud, c'était aussi un barbu de compétition... un vieux, qui avait déjà défendu un célèbre flingueur : Vilain, l'assassin de Jaurès... Il insistait ferme. Le premier président Eugène Dreyfus, il l'a envoyé rebondir. Il a pas dit exactement... « la question ne sera pas posée », mais le cœur y était...

Pourtant, on en a encore beaucoup reparlé. On a même cité des journaux! Pour beaucoup, le geste de Gorguloff était incompréhensible... c'était celui d'un dingue... Signe que pour notre société, le bolchevisme était entré dans les mœurs... passé aux profits et pertes... et que c'est justement contre cet état de choses que Gorguloff, fou ou pas, à tort ou à raison, entendait protester...

Il faut noter tout de même l'étrange communiqué publié le jour du crime par... le ministère français de l'Intérieur :

« Une brochure imprimée sur son ordre chez un imprimeur parisien est marquée de l'emblème néo-bolchevique : à la base deux faux, au sommet un sapin et une tête de mort. »

En fait, le document ne semble en rien « bolchevique », néo ou pas... A la base un croissant marqué de deux lignes russes, trop petites ici pour être déchiffrées. Au-dessus, la tête de mort et les tibias croisées sur lesquels repose en effet un sapin. Là-dessus, deux faux croisés qui semblent symboliser la paysannerie.

Un autre symbole a été diffusé par Gorguloff. Un faisceau de licteur (emblème commun au fascisme mussolinien et... à la révolution de 1789 en France) surmontant une croix tsariste de Sainte-Anne, et là-dessus, ou plutôt là-dessous, toujours les deux faux. En résumé, le ministère de l'Intérieur écrit n'importe quoi. Ce qui se confirme, comme on va voir :

« A l'occasion de l'enquête faite sur lui, il fut précisé qu'il était porteur d'une carte de membre du parti communiste. Ces renseignements officiels avaient été par avance pleinement confirmés par les résultats de l'enquête personnelle sur le passé de l'assassin dont voici le récit, qui est un communiste et qui est un bolcheviste. »

Bien sûr, ce sont les avocats qui ressortirent ce factum saugrenu. Et les communistes, dont le joyeux et vaillant Couturier, ont beau jeu de se marrer et de dénoncer un texte « qui pue à plein nez la provocation et la guerre ». J'ajouterai, si on veut bien le permettre, *la connerie*. Une taupe communiste au ministère n'aurait pas travaillé mieux! Et dans la foulée, on attaque le juge d'instruction Fougery, qui serait un pote des « Russes blancs » et le commissaire qui porte le nom, trop vrai pour être beau, de Fauxpas-Bidet!

Y en a qui en remettent.

A l'audience, Gorguloff dialogue aisément en français et, d'évidence, ignore le cérémonial des assises. Rien de plus normal. Fou ? Bof! Je dirai qu'il *détonne* plus qu'il *déconne*. Nuance! D'ailleurs il n'est pas le seul. Le débat sur son ambition de participer au premier voyage dans la Lune peut faire sourire aujourd'hui qu'on y est allés et qu'on sait que ça n'a servi à rien. D'autant que tout le petit monde réuni là se révèle incapable de traduire le mot allemand *Rakett* qui signifie en l'espèce *fusée* et qu'on s'acharne à transposer en *raquette*... Évidemment, s'il s'agit d'aller dans la Lune, une balle de tennis semble peu adaptée au voyage! Et de rire!

Pavel Thimotheievitch en reste muet, cette fois...

Et voici ses menus propos :

« En Tchécoslovaquie, les communistes m'ont attaqué, ils ont dit que je suis monarchiste. A droite, on m'a attaqué, les monarchistes ont dit que je suis communiste. Le gouvernement tchécoslovaque [alors entre les mains de Bénès et fort inquiet de la proximité des bolcheviques] a dit que je suis agent des Soviets. Où est cet argument, messieurs, où est ce document ?

« Vous pouvez me tuer, mais pas me déshonorer. Pendant tout le temps que j'ai quitté la Russie, jamais en relations avec Russie soviétique. Jamais il n'a pas retourné en Russie comme un agent avec beaucoup d'argent. Ce témoin [un certain Nesmaïanoff], c'est mon traître monarchiste qui renseignait chez moi comme membre. Il m'a trahi, il m'a volé l'argent. J'ai pris le renseignement : c'est un individu criminel, condamné pour vol, c'est un monarchiste de l'armée blanche. Et puis voilà... »

Car notre vieux Gorguloff en somme, du moins dans son imagination, n'était ni bolchevik, ni monarchiste. C'était une sorte de socialo-démocrato-fascisto-bricolo-généraliste de la politique... Une tendance peu facile à dynamiser et qui ne disait pas grand-chose à l'imaginaire des petits Français, tout contrits de voir enterrer leur gentil petit président qui avait passé l'âge de faire beaucoup de bruit, à l'issue d'un attentat qu'ils jugeaient, et non sans motifs, complètement con et tout à fait dégueulasse.

Quand la séance a été sur le point de se clore, on a, selon la tradition, donné une dernière fois la parole à l'accusé. Il y en a eu un paquet...

Ça commençait par : « Ma vie est finie. Vous avez tué mon idée, vous avez tué ma patrie. Il faut me tuer maintenant. Pourquoi parler beaucoup ? C'est la même chose : je me suiciderai. Vous avez tué tout... » Et malgré ce préambule tout à fait rassurant, il a tenu le crachoir un bon bout de temps...

« Je quitte la terre pour toujours... Je quitte le monde et le monde, il ira avec mon idée... »

J'en passe... Mais voici plus sérieux :

« Mon idée vous sauvera, elle sauvera le monde de la catastrophe... là-bas, très près, en Russie, la catastrophe. Mais vous ne comprenez pas cette tragédie qui se passe dans mon âme pendant douze ans... Vous ne comprenez pas et la destinée vous punira.

« Cette catastrophe tuera votre patrie aussi, elle tuera votre âme, cette idée bestiale de communisme, elle tuera vos enfants, elle tuera tout dans votre âme et vous serez comme les esclaves, comme mes compatriotes.

« Je n'ai pas existé au monde. J'ai toujours été malheureux. Je ne peux pas manger, je ne peux pas boire, dormir... Le pain que je mange à la prison, ma mère elle serait très heureuse de le manger, parce que là-bas, en Russie, mes compatriotes, ils n'ont pas de pain, ils ne mangent rien. Ils restent aux travaux forcés. Pour quel crime ? Parce qu'ils ne peuvent pas accepter cette idée bestiale de communisme... qui apporte la mort de votre âme. Cette idée est bonne dans leurs livres, mais dans la vie elle tuera tout...

« La justice, elle n'existe... »

Juste un extrait, je vous ai donné... Quelques phrases parmi les autres. Qu'on peut méditer. Soixante ans après.

C'était le 27 juillet 1932...

Gorguloff, il a été condamné. Et puis guillotiné. Il a pas dit grand-chose. Juste un très petit résumé. Qu'on l'avait dans l'os. Qu'il serait pas le seul à calancher. Et pis tant pis, merde ! Que ça nous ferait les panards... Et en fait, tout ça, in extremis, il l'a pensé. Il fumait pas. Il a bu un coup de cognac, à la russe... cul sec ! Quatre fois de suite. Un vrai cosaque !

Au pied de la machine noire, il a juste dit :

– Pardon à tous !

Le mot qui convenait...

Dans le fourgon, à son avocat, le barbu, il avait juste laissé un message pour sa femme :

– Dites-lui que je l'aime bien... J'espère que l'enfant qu'elle va mettre au monde, ça sera un garçon. Je voudrais qu'il soit médecin... et qu'il ne soit pas un bolcheviste...

On sait jamais ! Et puis il a dit encore :

– Je n'en veux pas à la France !

Et puis... tout à fait en fin :

– Pardon à tous !

L'aide du bourreau André Obrecht a écrit que tout s'était bien passé... Sans bavures. Qu'on a mis la tête avec le reste... Que devant la guillotine, il était moite... inerte. Et qu'on a mis la tête avec le reste.

C'est seulement Marcel Montarron qui a raconté son enterrement. Qu'il tenait difficilement dans la caisse, l'athlète. Gorguloff. Qu'on lui a revissé la tête tout juste. Il a fallu forcer. Un hercule, c'était, il paraît.

Eugène Boyer, lui, il y croyait pas encore aux circonstances. Il hésitait. Il se demandait... La solidité... l'avenir !

Il se grattait la sienne, de tête...

Et puis après il a été au bagne... je vous ai raconté déjà... Eugène Boyer, libéré, il s'est pas très bien recyclé. Réinséré.

Il aurait pu entrer chez Renault, Citroën peut-être. Dans les ordres... Apprenti quelque part. Il avait plus le moral. Sa planche de salut... sa bouée... c'était le picton. Les grosses liqueurs fortes. Le bon marché... C'est Montarron encore qu'a raconté la fin... Que son client, il avait quand même eu quelques années de sursis... de supplément dérisoire.

Je lui laisse la parole :

« Au début de 1964, on annonçait que le rescapé de la guillotine était mort mystérieusement dans un centre d'hébergement en Indre-et-Loire. L'enquête allait montrer que Boyer Eugène avait succombé à une dose mortelle d'alcool.

« A soixante ans passés, il n'avait trouvé pour refuge que ce gîte d'hommes déchus. Il ne pouvait pas y avoir des miracles à l'infini dans une vie comme la sienne.

« On peut sauver sa tête...

« Mais son âme ?... »

Je ne saurais mieux dire.

LE CADAVRE ÉTAIT EN VERT
ou
Le métro qui tue

Un fiacre vide s'arrête devant la Comédie-Française. Sarah Bernhardt en descend.

Aurélien Scholl

Un homme qui ne s'intéresse pas à une femme, moi, ça me semble bizarre.

Édith Cresson

L'AFFAIRE
LAETITIA TOUREAUX

LES FAITS
Le dimanche de Pentecôte 1937, une jeune femme quitte vers dix-huit heures le bal musette L'Ermitage *à Maisons-Alfort. Dans un wagon de première classe, à 18 h 27, alors que la rame de métro allait démarrer, elle est poignardée et meurt durant son transport, découverte une station plus loin.*

LA VICTIME
Laetitia Marie Joséphine (dite Laetitia Yolande) Nourissat, veuve Toureaux, née le 11 septembre 1907 à Ajate dans la vallée d'Aoste (Italie).

LES SUITES JUDICIAIRES
Malgré une enquête policière approfondie, l'assassin ne fut jamais démasqué.

Aujourd'hui, l'affaire Laetitia Toureaux garde tout son mystère. Les hypothèses retenues à l'époque n'ont pas été balayées par les enquêtes, ni par les réflexions des historiens. On peut toutefois, vous allez le voir, se faire une opinion... Et, en ce qui me concerne, j'ai la mienne. Et je la partage... Peut-être avec vous, d'ailleurs.

Il faut dire que les premières constatations avaient tout pour jeter la perturbation dans l'imaginaire des contemporains. Mais d'abord, un petit coup d'œil sur l'époque.

Dans la France plus ou moins profonde de cette année-là, 1937, on vit petitement. Faut pas rêver ! Petits salaires, petits logements, petits moyens. Si on n'est pas un peu démerdard, un peu ficelle, on n'a pas beaucoup de marge entre l'apéro, opération rituelle et universelle qui consiste à absorber un breuvage qui vous coupe généralement l'appétit, et des conditions d'habitation qui n'ont guère changé depuis 1830, sauf en deux points souvent mentionnés sur une plaque émaillée fixée sur les façades d'immeubles : « Eau et gaz à tous les étages. » Gaz... On dit mieux : « gaz d'éclairage ». Et c'est vrai que dans bien des quartiers de Paris, tenez : rue Racine par exemple, en plein centre, l'électricité n'est pas encore au rendez-vous et on s'éclaire avec une « suspension » à gaz...

De salle de bains, point. On se lave la tronche et le cul dans la cuvette où le plus souvent on nettoie les aliments. Une gymnastique qui contribue à assouplir les jarrets. On se récure avec le débarbouilloir et on se sèche avec l'essuie-mains...

Question réfrigérateur, on en est resté au garde-manger, petite armoire à claire-voie en baguettes de sapin équipée d'une toile métallique... Ça favorise les courants d'air et ça empêche les mouches de venir caguer sur le reste de biftèque. Le progrès, on vous dit...

Dans les rues, y a certes des bagnoles. Citroën, André pour les dames, a collé son blaze et ses chevrons en traits de feu sur la tour Eiffel, grâce aux luminaires à gaz rares inventés par l'ingénieur

Georges Claude... le génie de la physique au service du novateur de l'engrenage... Citroën, il a sorti une petite bagnole extrêmement drôle : le Trèfle, avec un spider en cul de poule : la troisième place à l'enseigne des averses et des vents coulis. Mais pour en posséder une et la faire rouler, il faut déjà disposer d'un petit budget. Le travailleur de base a intérêt à se tourner plutôt vers le vélo, voire le tandem comme dans le film *Fric-Frac* où Arletty pédale derrière Michel Simon.

Et même, on doit faire ses éconocroques, pour se payer une petite reine. Presque un mois de salaire.

Question politique, c'est pas le Pérou. A l'est, m'sieur Adolf est au pouvoir depuis quatre ans, et ça va bon train. Au sud, c'est m'sieur Mussolini qui s'agite. Lui, c'est depuis quatorze ans qu'il tient le manche, et rien n'indique qu'il envisage de le lâcher. Derrière les Pyrénées, *tras los montes* comme ils disent, les Espingouins se sont pris aux cheveux depuis un an. Je peux vous dire que ça carbure... Pour étriper, ils font pas dans la dentelle. L'univers observe ça dans un esprit de neutralité éminemment relatif.

A l'intérieur, ça se passe pas trop mal non plus, merci...

Le gouvernement de Front populaire marche vers sa fin mais réunit encore trois belles figures dont le *Bébête-show* ferait aujourd'hui ses choux gras : Maurice Thorez, ou plus simplement Maurice, le communiste, c'est lui ; Léon Blum, le socialiste, c'est l'autre ; et pour compléter la brochette, le futur homme fort du radicalisme triomphant, Édouard Daladier, toujours boudeur comme vous savez, alors que Blum est généralement hilare et Thorez mirobolant. L'Exposition, ou plutôt *l'Expo* bat son plein sur les bords de Seine. Eugène Weidmann en sera la vedette bientôt. Pour le moment, une foule avide d'*attractions* déferle dans des allées où, souvent, les participations françaises sont encore dans les gravats. En revanche, les « pavillons » totalitaires sont fin prêts : Russie soviétique avec un énorme couple de travailleurs brandissant les deux indispensables accessoires : la faucille et le marteau. En face, l'Allemagne hitlérienne, avec un temple néo-grec sommé d'un petit oiseau monté sur une couronne de chêne... Un volatile qui sera bientôt très familier aux Parisiens. Se mirant dans l'eau, la participation italienne a pris la forme d'une sobre villa florentino-vénitienne précédée, côté Seine, d'un cavalier pimpant qui évoque discrètement un personnage déjà nommé.

Les Français s'aiment-ils, malgré la médiocre prospérité dans laquelle ils vivent ? Pas tellement ! En plus, ils ont peur.

Peur de quoi ?

Peur que ça craque.

Peur de subir le sort d'un de leurs voisins ou même, au-delà, d'un grand pays, là-bas... loin dans l'Est, du côté de l'Oural. Un coup de force bolchevique, pour l'appeler par son nom.

Trois ans plus tôt, l'affaire Stavisky où les pouvoirs politique et judiciaire sont fâcheusement mouillés a déclenché des réactions. A la Concorde, une quinzaine de cadavres sont restés sur le bitume, malgré le caractère artisanal des moyens : pas de chars, mais des gardes à cheval qui se cassent la gueule sur des billes d'acier et des autobus auxquels on met le feu.

L'année précédente, on a vu le Front populaire prendre le pouvoir. L'impéritie des gouvernements précédents n'y est pas pour rien, non plus que le caractère obtus d'un patronat qu'on pourrait appeler, comme l'a fait plus tard un socialiste, « le plus bête du monde ». On a « occupé » les usines, les ateliers et les magasins et, dit Blum, on a « mis la légalité en vacances » et « tiré des traites sur l'avenir ». Poil au souvenir!

La belle poignardée

Ce petit tableau, nécessaire pour comprendre les répercussions d'un étrange fait divers, est complété par l'initiative d'un groupe organisé par un noyau d'ingénieurs et d'activistes, soutenus par des personnalités militaires. A l'origine groupe d'autodéfense contre un coup de force communiste, il sera présenté comme un complot visant à s'emparer de l'État. Certains journaux les appellent « les nouveaux carbonari », du nom des conjurés italiens d'autrefois. A leur tête, des personnalités curieuses, prêtes à tout : l'ingénieur Eugène Deloncle, des zigotos redoutables comme Jean Filliol, un tueur sans complexes, d'autres moindres sires... Et un financier sur tout ça, un autre génie encore : Eugène Schueller, autodidacte et néanmoins rénovateur des théories économiques et fiscales, inventeur de *l'impôt sur l'énergie,* et créateur d'un ensemble industriel aux dimensions surprenantes : l'Oréal. Vous connaissez? Des militaires de haut rang comme le maréchal Franchet d'Esperey, ou le général d'aviation Duseigneur cautionnent ces initiatives que l'on appelle indifféremment U.C.A.D. (Union des comités d'autodéfense), C.S.A.R. (Comité secret d'action révolutionnaire) ou plus simplement *Cagoule, Cagoulards...*

Tous ces braves gens, entre autres activités, accumulent des stocks d'armes de guerre... Il est vrai que Pierre Cot, un des ministres les plus actifs de la tendance *Front popu,* déclare en ce qui le concerne : « Nous n'avons pas besoin d'armes pour agir, au besoin nous aurions les arsenaux. »

Dans la rue défilent selon les jours les Croix de Feu (les Froix de Queue, disent les humoristes) en complet-veston sous l'œil inquisiteur du colonel de La Rocque mais aussi la Solidarité française d'extrême-droite et la Jeune Garde socialiste, d'extrême-gauche, inspirées par les chemises brunes et noires, ont curieusement revêtu le même uniforme : la chemise bleue ! Pour ne rien dire des Faucons rouges... L'arc-en-ciel allait y passer, bien que Raymond Asso chante désespérément :

... On met des couleurs aux chemises!
Sous les chemises, il y a la peau!

En fait de peau, pour tout vous dire, moi, si j'avais été grand en ces temps antédiluviens, j'aurais préféré celle de Laetitia Toureaux...

Je ne sais pas si elle était « jolie », Laetitia. Mais si j'en crois les photos, c'est un beau morceau de fille ! De la gueule, du prestige, du pied dans la chaussette et un trésor sous la jupe.

Elle était née italienne, en 1907, mais dans un petit coin très particulier de la Péninsule : le Val d'Aoste, fameux pour un fromage exceptionnel et des vins qui ne le sont pas moins et qui semblent venir, eût dit le César de Pagnol, des vignes du soleil... Faites l'essai.

Elle avait donc trente ans, Laetitia, et elle sortait ni de la cuisse de Jupiter ni du coffre-fort à Rothschild. Sa mère était couturière, et ses deux frangins Virgile et Henri, peintres en bâtiment. Sa sœur Simone a épousé un chauffeur de taxi. C'est pas l'E.N.A... Pour elle, ses activités professionnelles, ou analogues, montrent une démultiplication bizarre. Faisons le compte :

– Et de une, elle est employée dans une fabrique de... cirage. *Why not?* Officiellement, elle a la qualification de manutentionnaire, mais, par exemple, elle anime le stand de la marque au salon des Arts ménagers.

– Et de deux, elle est surnuméraire au vestiaire d'un bal à l'enseigne de *L'As de cœur,* le samedi et le dimanche. Espérons que le vendredi soir, elle s'est soigneusement rincé les paluches... pour autant qu'elle ait touché à une boîte de cirage au cours de la semaine...

– Et de trois, elle se fait engager par un détective privé qui porte un nom évocateur de confit de canard et de Cahors : Rouffignac.

Pour lui, elle assurera « une demi-douzaine » de missions sans grande envergure. Mais bien sûr, certains en concluront qu'elle magouille volontiers dans l'information. On verra ça plus loin...

– Et de quatre, elle s'occupe volontiers du malheur des autres. A l'époque, la charité n'a pas encore ses vedettes... elle n'a pas encore été mise en coupe réglée. Laetitia n'en a pas moins rejoint une association, la Ligue du Bien public. Je ne sais pas ce qu'on y fourgonne, et je soupçonne que ce doit être une modeste pompe à fric à l'avantage de quelques malins. La ligue en question décerne... sur quels critères? quelques décorations, bidon, ça va sans dire. Laetitia en décroche une – à quel titre? – qui comporte un ruban *rouge vif* bordé de deux *faibles* lisérés noirs. Puérilement, elle porte ce hochet sur elle et les bonnes pommes le prennent pour la... Légion d'honneur! encore fort appréciée à l'époque.

Une grande fille de trente piges avec un beau costume et la Légion d'honneur... il y a de quoi faire... saliver plus d'un plouque, ma bonne dame!

Laetitia, en effet, s'habille élégamment. Secret : sa brave maman lui concocte des robes et des ensembles...

★

Il est temps de le dire, elle s'appelle en réalité Laetitia Marie Joséphine Yolande Nourissat. Elle a épousé un jour le fils d'un de ses anciens patrons, nommé Toureaux. Elle est veuve depuis trois ans, à l'époque des faits, le nommé Toureaux ayant défuncté d'une laryngite tuberculeuse.

En ce temps-là, on portait le deuil... au sens littéral de l'expression. Un décès dans la famille entraînait l'obligation de s'habiller de noir durant un temps donné, puis d'autres couleurs conventionnelles durant un autre délai : le demi-deuil! D'où certaines enseignes, non moins pittoresques qu'équivoques : « Deuil en vingt-quatre heures! » Une enseigne pour le Syndicat du crime!

Or donc, le jour fatal dont je vais vous entretenir, après trois ans de veuvage et... de demi-veuvage, Laetitia avait décidé de changer de couleurs.

Sa maman lui avait ouvragé un magnifique ensemble *vert réséda* qu'elle avait décidé de porter en son neuf avec une vaste capeline blanche! La « Légion d'honneur » par là-dessus, ça devait en jeter un rayon! De surcroît, raconta son frère, Laetitia avait soigné l'accessoire : « Collier vert, boucles d'oreilles vertes, souliers verts! Vive l'espérance! » L'en-vert de l'élégance, penserez-vous peut-être. Nul témoin ne nous a précisé si Laetitia portait des dessous de la même couleur... slip vert, pardon, à l'époque on disait « culotte »... soutien-gorge vert le cas échéant... gaine verte dans le pire des cas.

Hélas! Toute pimpante qu'elle fût, Laetitia n'allait pas tarder à découvrir le... *revert* de la médaille!

Le bonheur des guinguettes

Une autre activité de Laetitia, que j'aurais peut-être dû inscrire dans la liste précédente, c'était la danse, le guinche, la passion d'en suer une au son d'un accordéon... Y en avait, à l'époque, des « bals publics », qu'il s'agisse de cet *As de cœur* où officiait notre héroïne, du *Petit Jardin* phagocyté par les Corses de la capitale, *Chez Bousca,* rue de Lappe, *La Boule rouge, Le Petit Balcon, La Java, Le Tourbillon, Le Boléro...* qui ne devait rien à Ravel.

Qu'est-ce que vous voulez ? On a tous nos petites faiblesses. Laetitia, elle, ce qu'elle aimait aussi, c'était les guinguettes, des bals périphériques et volontiers agrestes, autrefois *musettes* à cause de l'instrument du même nom amené de leur terroir par les Auverpins fondateurs de la plupart de ces établissements. Les bals, ils avaient perdu l'instrument au profit de l'accordéon... plus... moderne! Plus coloré aussi, mais ils avaient gardé le nom, l'enseigne.

« Yolande [on l'appelait en famille par cet autre prénom] était impatiente d'aller danser. Elle n'était ni volage ni dévergondée, mais elle adorait la danse. C'était toujours une fête pour elle d'aller *tourbillonner* sur quelque piste, fût-ce en compagnie non d'un *flirt* mais d'une amie... Ce que nous raconte le frangin.

– Allons, Riton, me pressait-elle, va vite déposer ton vélo. Il est bientôt trois heures et il y aura foule à *L'Ermitage.* Tu sais que j'aime à être assise près de l'orchestre. Dépêche-toi, qu'on puisse se caser! »

Car ce jour-là, c'est avec son frangin dénommé Riton que Laetitia-Yolande avait décidé d'aller se distraire. On n'est pas plus innocente.

N'en reste pas moins que Yolande-Laetitia, la pauvre veuve, poursuivait au moins deux intrigues, ô bien innocentes j'en suis sûr, avec deux *mirlitaires.* Il est vrai qu'ils étaient, et c'est heureux pour eux, au feu de Dieu ce jour-là : l'un, René Schramm, montait la garde à

Longwy, l'autre, élève mécanicien de la marine, Jean Martin, se faisait caguer à Toulon, comme il convient.

Un coup de pot, je réitère, parce que sans ça ils se seraient trouvés au premier rang des « témoins » et ils auraient risqué, avec la gomme à effacer le sourire, un fâcheux périple au pays des aveux spontanés... On en a vu guillotiner pour moins que ça! En attendant, ce sont les propres frangins de Laetitia qui durent subir les inquisitions des chevaliers de la Chaussette-à-clous...

Le frère et la sœur empruntèrent un taxi-auto pour filer (quel luxe!) à *L'Ermitage*. Là, Laetitia découvrait une autre ambiance qu'à *L'As de cœur* du 26 de la rue des Vertus (Paris, IIIe) ou du *Lotus*, établissement similaire installé 2, rue de l'École-de-Médecine...

Dans les établissements parisiens, certes fort bien fréquentés par ailleurs, on risquait toujours de rencontrer des individus moins recommandables, et on se méfiait toujours un peu.

L'Ermitage s'abritait, non loin des eaux canotières de la Marne, sous les frondaisons de Maisons-Alfort. Ce jour-là, y faisait beau, y avait du monde! Avec le soleil, c'est connu, les filles ont envie de se tendre... et de se détendre et les mecs ont envie d'autre chose... ou de la même chose.

Et comme chantait Francis Carco :

C'est au son de l'accordéon
Que Nénette a connu Léon
Et que j'ai rencontré Fernande,
Elle était mince, elle était grande...

Laetitia n'avait pas, comme l'héroïne de Carco, *cheveux coupés, l'air d'un garçon...* Elle portait au contraire une belle chevelure frisée et, qui plus est, d'un roux plutôt flamboyant qui se mariait admirablement avec le vert uniforme qu'elle avait revêtu.

Un habitué de ces établissements qui avait bien connu Laetitia livra alors ses confidences au fameux journaliste Marcel Montarron :

« Y a trois genres de femmes dans les musettes! Celles qui viennent pour danser parce que là, on y danse mieux qu'ailleurs. Celles qui viennent pour *frotter* et celles qui viennent pour des *levages...* La frangine du métro ne dansait pas avec des *julots* mais avec des *petits boulots* qui fréquentent, le samedi et le dimanche, les bals de quartier. »

Arrivée à *L'Ermitage,* Laetitia ne s'en laissa pas conter. Voilà le récit qu'en fit le dénommé Riton :

« Le meurtrier de ma pauvre sœur se tenait-il aux aguets? Alors, c'était pour elle un *inconnu* : à aucun moment elle ne parut appréhender menace ou danger. Elle a dansé sans arrêt. Parmi ceux qui vinrent la demander, aucun ne fut refusé, encore moins repoussé comme un ennemi. Moi-même, j'ai dansé avec elle, et elle aurait pu alors me dire si elle avait eu un incident avec quelqu'un. Elle accepta toutes les invitations, le cavalier fût-il laid, débraillé ou balourd.

« Moi-même, j'étais un habitué du lieu, je connaissais les habitués, j'avais des amis qui m'auraient mis en garde si on avait remarqué un suspect. Or, je n'ai rien vu, rien entendu qui soit inquiétant.

« Le soir, Yolande devait passer à *L'As de cœur* poser un mot avant d'aller à un banquet de Valdotains. Elle est partie alors que j'étais avec des amis, sur la terrasse au bord de l'eau. Elle m'a fait dire *au revoir* par le chef d'orchestre, mon professeur d'accordéon... Je ne devais la revoir que morte, ma frangine! »

« Je l'avais conduite à son dernier bal! Elle était déjà assassinée, que son verre était encore à côté du mien sur le guéridon! Que je dansais encore joyeusement sur la piste! Ah! on avait passé un bel après-midi de Pentecôte! Après, on avait été manger des frites avec un pote dans une guinguette au bord de l'eau, et puis à la foire d'Alfort! C'était un beau dimanche! Le printemps, le soleil, la compagnie charmante de Yolande, la gaieté du bal... Tout m'avait souri! Ah! Quel réveil! »

On se met à sa place...

Par ailleurs, il avait dit vrai, Riton. Les enquêteurs avaient tout passé au peigne fin... confirmé les détails.

Laetitia était bien partie comme il avait dit. Tout ça a été précisé, à la minute près. L'accordéoniste, il avait confirmé aussi... il s'en souvenait bien, comment qu'il suait sur son podium à moudre des tangos argentins et des valses musettes genre *Le Dénicheur* ou *Le Grand Frisé,* qu'on lui redemandait toujours :

Quand j'danse avec mon grand... Frisé
Il a un' façon d'm'en... lacer!
J'en perds... la tête,
Ch'suis... comme... une bête!

Donc, à six heures cinq précises, Laetitia s'éclipse, non sans laisser son message au podium. Elle a l'air pressée comme un lavement. Elle dit *au revoir* à personne. A 18 h 16, elle saute dans l'autobus *E 1* qui va la mener Porte de Charenton.

Onze minutes de trajet, pas une de plus, un dimanche! Le receveur, il s'en rappelait bien, avec son petit compteur sur le bide et sa

Pierre-François Lacenaire, le suicidé de la guillotine. Cl. Roger-Viollet / *Détective*

Reconstitution d'époque de l'affaire Casque d'Or. Cl. Roger-Viollet / *Détective*

Amélie Hélie, Casque d'Or
pour la postérité.
Cl. Roger-Viollet / *Détective*

Mme Steinheil et son défenseur Anthony Aubin. Cl. Roger-Viollet / *Détective*

Portrait de Mme Steinheil. Cl. Roger-Viollet / *Détective*

Haarmann, le boucher de Hanovre. Cl. René Dazy / *Détective*

Entre deux inspecteurs, Violette Nozière, sortant de l'hôpital Saint-Antoine après la confrontation avec sa mère. Cl. *Détective*

Violette Nozière.
Cl. *Détective*

Gorguloff, l'assassin du président Doumer, après son arrestation. Cl. Keystone / *Détective*

Les deux frères Boyer aux assises. Eugène, *à droite,* sera sauvé de la guillotine par l'assassinat du président Doumer.
Cl. Keystone / *Détective*

L'assassinat de Laetitia Toureaux reste une énigme. Cl. *Détective*

Le marquis Bernardy de Sigoyer au temps des belles amours. Cl. *Détective*

John Evans, un innocent
condamné à mort et exécuté.
Cl. Keystone / *Détective*

Christie et son épouse, qui deviendra une de ses victimes.
Cl. Mirrorpic / *Détective*

Yvonne Chevallier devant la cour d'assises. Cl. *Détective*

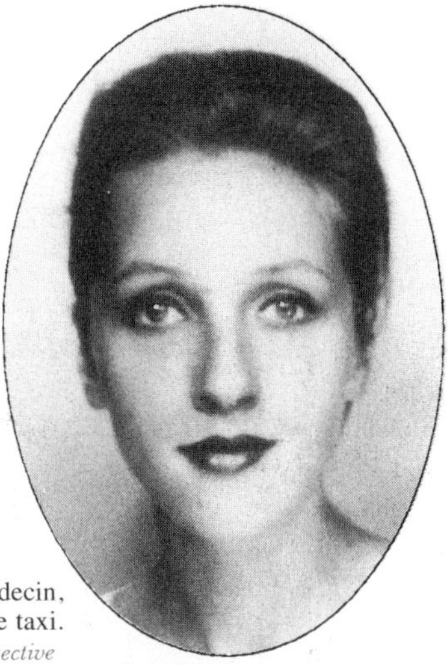

Françoise Besimensky, mannequin, épouse d'un médecin, victime de Claude Buffet, faux chauffeur de taxi.
Cl. *Détective*

Claude Buffet, l'auto-stoppeur de la mort. Cl. *Détective*

Pauline Dubuisson. Cl. R. Cohen, AGIP / *Détective*

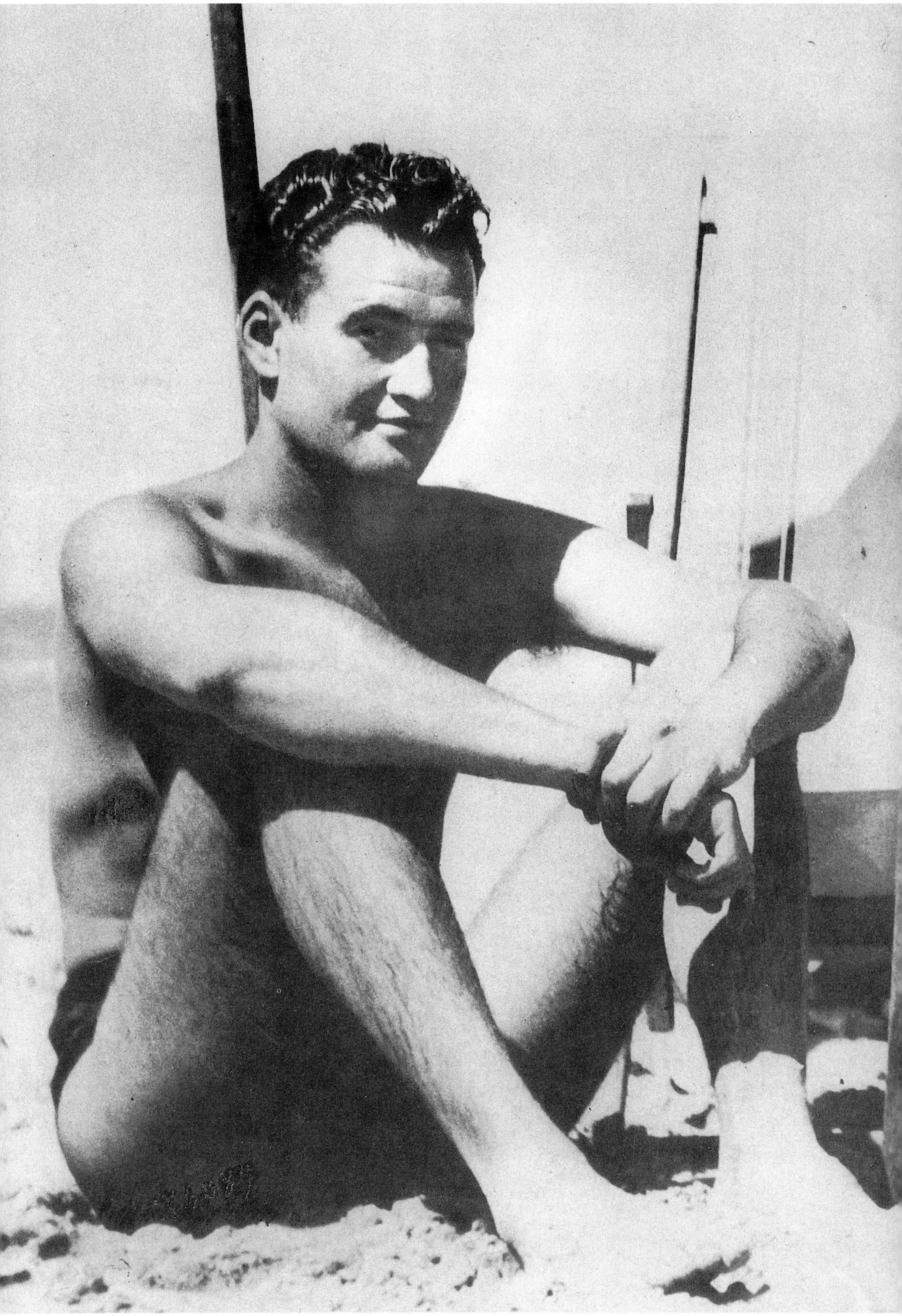

Félix Bailly à l'époque de sa liaison avec Pauline Dubuisson. Cl. *Détective*

L'abbé Guy Desnoyers pendant la reconstitution de son crime. Cl. *Détective*

Régine Fays, la victime du curé d'Uruffe. Cl. *Détective*

Pier Paolo Pasolini, le suicidé des contradictions. Cl. *Détective*

chaîne à sonnette. Il en avait pris un coup dans l'œil avec la fille en vert! Et sa « Légion d'honneur »... Ça vous marque la vie d'un employé de la T.C.R.P.! Ça l'a intrigué, pensez, une grande pétasse comme ça avec la Légion d'honneur! Il connaissait pas *Le Bien public*... Il en était comme deux ronds de flan, on disait alors.

A 18 h 24, le bus s'arrête près du métro. Laetitia descend, toutes voiles dehors, s'engouffre dans l'escalier. Or, une rame quitte *Porte de Charenton* toutes les deux minutes et demie, à cette heure-là, direction *Porte d'Auteuil*. Y a pas à se tromper.

Légion d'honneur ou pas, Laetitia monte en première. Un luxe! On est à la tête de ligne. La voiture est vide. Elle s'assied sur un siège unique, à gauche dans le sens de la marche du train : rame 382, départ à 18 h 27... Guère d'attente donc... Un coup de trompart et l'on pète... euh! je veux dire... enfin, vous m'avez compris!

Une minute plus tard, le métro s'arrête à *Porte Dorée*. Là, six voyageurs grimpent dans le wagon rouge qui occupe le milieu de la rame.

Mais horreur! aux soubresauts de l'arrêt, la belle dame en vert perd l'équilibre et s'étale dans une mare de sang sur le sol du wagon!

Cris perçants!

Sur les six voyageurs, il y a un médecin militaire en uniforme. Il se précipite, pour secourir celle qui, peut-être, n'est que victime d'un malaise. Mais non! Un couteau, un eustache, un Laguiole est planté derrière l'oreille droite de la fille. La veine jugulaire est tranchée. Le médecin pose les dés... Rien à faire! qu'il dit. Il lève les bras, les laisse retomber et s'éclipse. Bel exemple de sang-froid militaire et médical. Quels emmerdements craignait-il? Une permission irrégulière? Un retard à quelque rendez-vous d'amour? Que le gigot soit trop cuit? (fondamental!).

P'têt' aussi que c'était un espion nazi...

Toujours est-il qu'il se fait la paire, et que son attitude, en toute hypothèse, ne laissera aucune chance à la malheureuse : en effet, le premier flic qui se pointe a le fâcheux réflexe d'arracher le couteau de la plaie :

– Ah! j'ai eu du mal, qu'il dit.

Vidée de son sang, Laetitia meurt dans l'ambulance.

A l'hôpital Saint-Antoine, on constate simplement, si j'ose écrire, qu'outre la veine la lame a tranché la carotide et atteint la moelle épinière. Alors... de toute façon... La lame a pénétré de haut en bas et de droite à gauche. La pauvre fille devait, sans méfiance, tourner le visage vers la voie. L'assassin n'a pas dit ouf! Il n'a pas loupé son coup!

Le moins qu'on puisse dire.

Un cadavre dans un wagon vide ! Avouez qu'on n'a pas souvent vu ça !

L'inévitable étant constaté, on va fouiller dare-dare dans la biographie de Laetitia. Sur le fond de société que je vous ai brossé en début de chapitre, la personnalité multiple de la victime va alimenter les imaginaires, je vous dis que ça !

La pauvre enfant habitait 3, rue Pierre-Bayle, une petite artère du XXe arrondissement. A part son poudrier, ses papiers, son morlingue avec à peine cent balles de menue monnaie, on ne trouve pas grand-chose. Si, le petit « mot » qu'elle allait déposer à *L'As de cœur* pour décaler un rencart avec un de ses deux amoureux, pour cause de banquet. Une simple piste, mais en impasse, on a vu pourquoi : l'amoureux est loin... dans les armées.

Tout de suite, on a écarté *l'acte gratuit* cher à André Gide, le crime de con, le crime de fou... Motif : un fou n'aurait pas été aussi précis, aussi assuré. Ah ! Moi, j'aurais cru le contraire... enfin, bon.

Restait trois autres séries de possibilités, mais d'abord on s'est penché sur les circonstances... Comment quelqu'un avait-il pu être tué dans un wagon vide ?...

Regagner un wagon voisin par la porte du fond, sur les tampons ? Absurde ! Tout le monde vous remarque. Frapper et ressortir à *Porte de Charenton* ? Pas impossible... Descendre en marche à *Porte Dorée* et évacuer la station ? Possible aussi. Qui donc observe un voyageur sur un quai de métro ? De toute façon, aucun témoignage dans ce sens. La seule chose certaine, c'est que Laetitia est morte. Et pour elle, c'est le principal, et la preuve que ça a été fait. Et bien fait !

Revenons aux mobiles.

Première série : Laetitia est une indicatrice de police.

Indices : appartenance à une agence de police privée et... peut-être rapports avec des poulets plus officiels. En fait : Laetitia est-elle une donneuse ?

Un personnage, non dénommé, qui fréquente les bals musette, un vieux « mauvais garçon », « estimé de ses pairs, discret et de bon conseil ». Kesskidit, le bon conseil ?

« Elle faisait pas seulement de la police privée. C'était une indicatrice. Jusqu'à la mort de Laetitia, *L'As de cœur* n'a qu'une clientèle de boniches en rupture d'office, des calicots, des demi-sel... et des caves. On n'y voyait guère d'hommes sérieux, à peine quelques *placeurs* en veine de chair fraîche pour les bordels.

« Elle est allée à *L'As de cœur,* maison tranquille, pour surveiller les établissements du voisinage peuplés de clients plus dangereux.

« Un jour, peu après son entrée en fonctions, Laetitia a commis une imprudence : elle a trouvé trois lettres dans un pardingue, les a lues, a noté, et les a repliées en vitesse. Quand l'homme – un vrai – a sorti les bafouilles, il s'est aperçu du coup : le pliage était pas le même. Il a pas hésité : seule Laetitia avait fait le coup. C'est cet homme-là qui, un soir, lui a filé une tarte en pleine poire suivie d'une bonne rouste, pas longtemps avant la fin.

« Et pis, je vais vous dire : à *L'As de Cœur,* elle a pas arrêté de fouiller les poches et les sacs. L'homme aux lettres a prévenu tout un chacun. Y a quand même eu des imprudences. Et des amis qui se sont fait emballer. Tiens, je vais vous en citer trois : un marlou, un casseur qui en a pris pour cinq ans, et un pauv' maque qui s'est retrouvé au ballon pour douze mois ! »

L'histoire du maque dégageait d'ailleurs sur une aventure... déjà... de cocaïne !

« La femme à mon pote était placée dans l'Eure. Mais la comptée ne rentrait pas. Mon pote a fait une enquête et a constaté que la taulière fourguait de la coco à ses pensionnaires et les poussait au vice !

« Un jour qu'elle était venue en congé lui rendre visite, il a trouvé trois grammes de coc' dans son sac. Il les a foutus dans les chiottes, et il a administré une correction maison à la mignonne imprudente !

« Résultat, elle s'est fait la malle.

« A quelque temps de là, mon pote fait le ménage et découvre dix grammes de chnouf derrière un miroir ! Or, faut vous dire qu'à ce moment-là ce brave garçon faisait une cour assidue à Laetitia. Voyez le tableau ! D'une part, il voulait pas se mouiller dans des histoires à la con comme ça, et pour si peu. D'autre part, il hésitait à jeter le carbure par la fenêtre. Alors, comme ils étaient intimes, il a proposé à Laetitia de s'occuper de la chose. Elle a trouvé un client et... Gi ! Vous avez deviné ! Le client, c'était un lardu... Mon pote a disparu, et il a refait surface un beau matin à la correctionnelle : un an, je vous ai dit ! Renseignez-vous sur la tournée qu'a prise Laetitia un peu après, square du Temple, de la part d'un ami de ce pauvre diable !

« Un garçon, sachant tout ça, a résolu de mettre un terme à ses exploits. Pour ça, il a commencé à se mettre au mieux avec elle et à lui proposer de monter des affaires. Ce qui fait qu'un jour elle lui a proposé une transaction, encore sur de la chnouf. Et comme ils se voyaient toujours en dehors du circuit habituel, par prudence, ils se sont donné rendez-vous un dimanche de Pentecôte, au métro *Porte de Charenton.* Sur le quai... Là, comme convenu, ils sont montés dans le wagon, ils se sont dit ce qu'ils avaient à se dire, et un peu avant *Porte Dorée,* l'homme lui a donné le baiser final et à l'entrée de la station, il a ouvert la porte [à l'époque, c'était très possible] et il a sauté en marche et a disparu dans la nature.

« On est pas près de le rattraper ! Si on avait vérifié on aurait vu à la découverte du corps qu'une des portes du wagon était ouverte. Mais tu penses qu'on avait autre chose en tête... »

Voilà un conte de ma Mère Loi tout à fait bien torché. Vrai ? Qu'est-ce que vous voulez que je vous dise ?

Ça n'a pas tardé. Notre ami Marcel Montarron a reçu des avis inverses :

« Ça m'étonnerait que la vestiaire de *L'As de cœur* ait été repassée par un julot !

« Moi qui vous cause, je l'ai bien connue, la frangine. On l'appelait *un prix à réclamer* : on aurait pas joué nos limaces sur ses chances de séduction ! Bof, c'était une brave fille, pas bêcheuse, un peu tordue, qui renaudait quand on parlait argot vu qu'elle entravait que balle-peau !

« Si elle a fait un vanne à quelqu'un, c'est pas à un dur. Les durs règlent leurs affaires entre eux. Ils se mouillent pas pour une gonzesse, même si elle en croque. J'espère qu'on le retrouvera, celui qui a fait le coup.

« On sera tout surpris que ce soit un jeunot qu'a pas plus de cervelle qu'un piaf et qui voulait jouer les hommes ! Le temps n'est plus qu'on sortait son flingue pour une connerie ! Et puis, si quelqu'un sortait la lame, ça serait dans l'intimité, pas dans un wagon de première... Faut marcher avec son temps... »

Élémentaire, mon cher Marcel !

★

Moi, je vais vous dire... L'intérêt essentiel de telles confidences, sans vouloir négliger les possibilités, c'est de nous rappeler un volet oublié de cette affaire : la fréquentation constante d'une frange voyoute par la belle cigarière. Faut rien exagérer, mais enfin, ça comporte un certain risque, surtout si on n'est pas très intelligente. Il y a des gens qui sont morts d'avoir été trop cons. Tenez, Mata-Hari, par exemple, qui jouait les espionnes d'un plumard l'autre...

Et pendant ce temps-là, le guinche continuait :

L'accordéon n'est plus seul, les exigences des temps ont introduit dans les orchestres de musette le piano, le banjo et le saxo des dancings de la haute... Mais certains soirs, les musettes retrouvent leurs traditions.

Et ça tournait, ça tournait, ça tournait... Si une hirondelle ne fait pas le printemps, un cadavre n'arrête pas la ronde. Même habillé en vert...

D'autres hypothèses...

Laissons les petits julots, clopes au coin du bec, embarquer leur mousmée dans les rêves de la chaloupée, une élégante casquette sur le coin de l'œil, et tournons-nous vers d'autres bruits, qui ont eu longtemps leurs fidèles.

Si plus haut je vous ai raconté un petit peu le PPF (paysage politique français) de ces années-là, ce n'est pas pour vous ramener ma science, mais pour vous préparer au deuxième service des hypothèses sur le crime du métro... Alors, j'agite ma sonnette, comme autrefois dans les wagons-restaurants, et je vous sers quelques rêvasseries. Vous en reprendrez bien un peu...

Bien des gens prennent des précautions contre des événements qui n'auront jamais lieu. Ainsi, la guerre froide qui – semble-t-il – s'est terminée sur le coup de 1990, n'était rien d'autre que la trouille de voir l'Armée Rouge se radiner dans le secteur, renforcée, ô vieilles lunes! des armées roumaine, tchèque, slovaque, bulgare, hongroise et même... polonaise!

La Cagoule était, à l'origine, née de la crainte d'un coup qui n'eut lieu que beaucoup plus tard et... à Prague! Après, on peut sourire, mais avant...

L'ennui, dans tous ces trucs-là, c'est qu'il y en a toujours qui débordent!

Ainsi, de comité de défense, la Cagoule devenait, grâce à certains zigotos, comité d'attaque...

Pour se mettre dans les bonnes grâces des autorités italiennes, ladite Cagoule, par la main alerte d'un certain Jean Filliol, dépêcha un jour deux activistes italiens émigrés en France : les frères Rosselli. Deux politiciens rondouillards pour qui le fascisme au pouvoir n'avait nul attrait et qui s'employaient à le faire savoir. Un certain

Corrèze, Jacques pour les dames, un bien joli prénom... avait donné toutes instructions aux fins d'exécution du projet... et des deux rondouillards! C'est au parabellum que se terminèrent leur carrière et leurs ambitions. Une première : généralement, Filliol travaillait à la baïonnette! Toutefois, un bien brave bougre nommé Jakubiez acheva l'un des frères à coups de poignard.

C'est ce même Jakubiez qui, interrogé le 6 juin 1945, raconta les circonstances de l'opération. Et déclara ce qui suit :

S.I. [sur interrogation] : J'ignore tout de l'affaire Laetitia Toureaux.

C'est clair, c'est net et sans bavures. Et, si l'on en croit le journaliste très fouille-merde J.-Raymond Tournoux, cela met un terme à différents bruits qui perduraient encore quelques années plus tard!

Voilà la structure de l'hypothèse.

Laetitia Toureaux est valdotine, donc italienne. Elle est fouinarde, aventureuse et, peut-être, âpre au gain. Il devient donc « logique » qu'elle soit en contact avec les *services* italiens, comme le furent les Cagoulards, dans des proportions difficiles à déterminer.

Dans ces conditions, Laetitia est en liaison avec la Cagoule. Vous me suivez?

Comme elle est un peu bavarde, pas très sérieuse et plutôt légère, elle a la langue trop longue, trahit des secrets cagoulards (oui, mais lesquels?) et suscite l'ire, comme on dit dans les mots croisés, des redoutables bouzilleurs de la Cagoule. Ceux-ci, nés malins, repèrent Laetitia à la Porte de Charenton, lui envoient l'abominable Filliol. Qui la saigne.

Le commissaire Marcel Sicot, qui passa quarante années de sa vie à la Sûreté nationale et fut secrétaire général d'Interpol, n'écrit pas autre chose dans ses Mémoires publiés en 1959. Oyez plutôt :

« La *Cagoule* avait exécuté le 14 janvier 1937 au Bois de Boulogne l'économiste Navachine qui connaissait une partie de son action. L'assassin était Filliol, tueur à gages de l'organisation qui maniait avec dextérité la baïonnette taillée en stylet. Combien de cadavres présentaient la blessure caractéristique de son arme inexorable!

« Le 17 mai, c'était le tour de Laetitia Toureaux, dame de petite vertu, utilisée par une agence de police privée, mais qui avait trop parlé sur les activités de son ami (Gabriel) Jeantet. Son corps fut découvert dans le métro, le poignard planté dans la nuque. »

C'est catégorique. On aurait tout de même aimé quelques précisions, notamment sur les relations entre Laetitia, de petite ou de grande vertu, et de *son ami Jeantet*... Quant aux conditions du meurtre, on a vu qu'elles ne sont pas exactes : le *poignard Filliol* était un couteau Laguiole.

J.-R. Tournoux commet la même erreur : dans son livre, *L'Histoire secrète*, il décrit l'arme de Filliol : « Lame de 20 à 25 cm de longueur, effilée et soigneusement aiguisée, prolongée par un manche en bois blanc grossièrement façonné. Elle s'accompagne d'un fourreau portatif de cuir également de fabrication grossière. » Et ceci : « La victime a été tuée à l'aide d'une baïonnette spéciale que l'on retrouve dans les meurtres de la Cagoule. » Voir plus haut...

Marcel Montarron a verrouillé la piste Jeantet en écrivant : « Lorsqu'il fut entendu à son retour d'Espagne, après la guerre, Gabriel Jeantet, dont on avait dit qu'il avait été l'amant de Laetitia Toureaux alors qu'il ignorait tout de la belle Italienne, insista pour qu'on l'interrogeât à ce sujet. Le juge se récria :

– Je n'ai pas à vous poser de questions sur cette affaire, nous n'avons pas à en parler. De ce côté-là, tout ce qu'on a pu dire est complètement écarté... »

Amour, toujours...

Au début du mois de mai, Laetitia avait dit à une copine de travail :

– Ne soyez pas étonnée si je viens lundi avec un œil au beurre noir : j'ai joué un tour de vache à quelqu'un...

Le jour du meurtre, à *L'Ermitage*, elle avait glissé à l'un de ses danseurs :

– Je rigole, je rigole, mais ce soir, je rigolerai peut-être moins. Ça va aller mal pour mon matricule !

Le danseur, qui s'en foutait complètement, ne demanda aucune explication supplémentaire.

– Elle n'avait pas l'air très inquiète...

Ah bon !

Un autre jour, elle était allée consulter une voyante pour envoûter un soupirant menaçant qui ne lui pardonnait pas de lui refuser les plaisirs de la chair !

D'une façon ou d'une autre, semble-t-il, et même de cent façons, Laetitia jouait avec le feu.

En mars 1948, sans doute désireux de se distraire, un nommé Helleu, interné en asile psychiatrique, écrivit à la police pour revendiquer le crime du métro. Ses allégations ne tenaient pas la route après la vérification qu'en firent les poulets. Il retourna sous la douche. Ce qui est tout de même plus monotone qu'une audience d'assises.

En octobre 1962, le patron de la Police judiciaire, Max Fernet, reçut une bafouille qui le laissa pantois. Un anonyme, qui se disait médecin, né à Perpignan en 1915, revendiquait, lui aussi. Mais avec bien d'autres précisions : il expliquait que, ayant rencontré Laetitia en novembre 1936, il était tombé amoureux d'elle.

« Au cours des rares rendez-vous qu'elle m'accordait, écrivait-il, elle me traitait en gamin. Avec le recul, je pense qu'elle reportait sur moi un amour maternel vacant. Mais cette façon de me traiter avec une douce ironie me blessait. Je commençai à m'impatienter. Lorsque je lui ai demandé de m'épouser, elle m'a ri au nez. Blessé, je décidai alors de l'oublier. Nous étions au mois de mars et j'avais mes examens à préparer.

« Après plus d'un mois de silence, je pensais toujours à elle. Le 2 mai, j'allai à *L'Ermitage* où je savais la retrouver. Elle accepta de monter dans ma voiture et nous prîmes rendez-vous pour le 16 mai, au même endroit, pour dîner ensemble. Mais le 16 mai, elle me fit savoir qu'elle n'était pas libre ce jour-là : elle allait au banquet des Valdotains.

« Dans ma furieuse déconvenue, je l'accusai d'avoir un autre rendez-vous. Elle s'était fait teindre en roux et portait un ensemble de couleur vive. Elle avoua qu'elle avait en effet un autre rendez-vous, et me montra le billet qu'elle avait préparé pour un certain Jean. Elle ajouta qu'elle ne tenait pas à me revoir. J'étais fou de rage. Je rentrai dans ma chambre et y passai plusieurs heures, puis je décidai d'aller, malgré tout, à *L'Ermitage.*

« Avant de partir, je glissai dans ma poche un couteau que j'avais acheté un jour pour épater les filles. Je pris ma voiture et me rendis au dancing. Une fois là, par timidité ou par orgueil, j'attendis devant la porte. Elle sortit vers six heures et alla prendre un autobus que je suivis en voiture.

« Lorsqu'elle descendit à la *Porte de Charenton,* j'entrai dans le métro derrière elle. Elle s'installa en première. Je l'appelai alors qu'elle venait de s'asseoir. Étonnée, elle se retourna. Je sortis mon couteau et le plongeai dans la gorge. Elle n'eut pas le temps de pousser un cri. Je recalai le corps qui avait basculé et descendis rapidement pour remonter en seconde classe dans la voiture suivante. Je ne comprends pas que personne n'ait remarqué mon trouble. A la station *Porte Dorée*, le remue-ménage m'apprit que le corps avait été découvert. J'envisageai d'aller me renseigner pour savoir si Laetitia était morte, mais je fus incapable du moindre geste. J'avais peur d'apprendre que je l'avais tuée. Je vis passer la civière et je faillis me trouver mal. On nous garda encore une demi-heure, ce qui me parut un siècle. Si un policier m'avait interrogé, je me serais effondré.

« J'ai appris par les journaux que j'avais commis un crime parfait, non imputable à mon intelligence, mais à un extraordinaire concours de circonstances. Bien des années ont passé. Je suis médecin, et grand-père. Je n'ai plus de remords. Il me semble vous avoir raconté l'histoire d'un autre. Aussi, mon récit vous paraîtra-t-il froid et sec. En vérité, je ne pense pas être un criminel type et j'aurais sans doute bénéficié de circonstances atténuantes.

« En espérant qu'ainsi sera classée l'affaire Laetitia Toureaux, je vous adresse, monsieur le Commissaire, mes salutations distinguées. »

La prescription interdisait de faire quoi que ce soit, et Max Fernet classa la lettre.

On ne saura jamais...

Il me semble que la lettre est un aveu authentique. Non surtout par les faits, qui ont pu être relevés dans les innombrables articles de presse, mais bien par le mécanisme psychologique mis en cause. Il ne manque pas d'amoureux déçus, tarabustés par une fille qu'ils admirent et qu'ils découvrent soudain inaccessible, et qui sentent monter en eux quelque chose qui ressemble à la haine. Il ne leur manque alors, pour devenir des assassins, que le couteau, le courage... et l'isolement.

★

Qui était Laetitia Toureaux ?

La veuve sérieuse et pimpante qui se distrayait dans les guinches, soit sur la piste soit au vestiaire ?

Une « petite vertu » qui se dissimulait sous ses habits de deuil pour mieux épater ses relations, je n'ose écrire *ses clients* ?

Une idiote aventureuse qui se foutait dans de multiples coups fourrés à seule fin de se distraire et de se donner de l'existence ?

Dans tout cela, y avait-il de quoi fouetter une chatte ? Sans doute pas, comme disait le procureur Mornet à propos de Mata-Hari ! Et pourtant, Laetitia elle aussi y laissa ses os...

En tout cas, si elle allait aux asperges, elle cachait bien son jeu. Même sa concierge ne trouva rien à dire là-contre !

Elle était assidue à sa fabrique de cirage... Mais peut-on penser que cette prestigieuse silhouette passait ses journées, armée d'une cuiller à soupe, à emplir de pâte noirâtre une collection de boîtes en fer-blanc ? Alors, qu'y faisait-elle ? Rien, sans doute, puisque même ses amies d'atelier ne surent rien formuler à ce propos...

On a vu qu'il n'en allait pas tout à fait de même dans l'univers frelaté de ce qu'on appellerait aujourd'hui « des discothèques ». Mais bah... ce ne furent que menus propos.

★

J'en entends ici et là qui me demandent ce qu'est devenue aujourd'hui *la Cagoule*.

Excellente question qui éclaire le débat, et que je vous remercie d'avoir posée. Hélas ! Elle n'éclaire pas l'affaire Laetitia Toureaux, et pour cela, je n'y saurai répondre.

Que ceux que le problème intéresse aillent donc consulter la collection du *Monde*, et lisent notamment les numéros datés des 6 juin et 21 novembre 1991 (respectivement pages 12-13 et page 14). Pour un investissement modique ils auront de la lecture et seront mis à même de comprendre un certain nombre de choses.

Ça ne fera pas revenir Laetitia Toureaux, mais ça leur fera quand même bien plaisir.

Après tout, qui donc saurait, consciemment, souhaiter mourir dans la peau d'un imbécile ?

LES ÉTRANGES CRIMES DU MARQUIS
ou
La guillotine à tempérament

La plupart des hommes emploient la meilleure partie de leur vie à rendre l'autre misérable.

Jean de La Bruyère
De l'homme

X avait, pour exprimer le mépris, une formule favorite : c'est l'avant-dernier des hommes.

– Pourquoi l'avant-dernier ? lui demandait-on.

– Pour ne décourager personne, car il y a presse.

Nicolas Chamfort

L'AFFAIRE
BERNARDY DE SIGOYER

LES FAITS
Le 28 mars 1944, Jeannine de Bernardy de Sigoyer née Kergot, vingt-trois ans, en instance de divorce, se rend au domicile de son mari, 7, boulevard de Bercy, pour percevoir la pension alimentaire à laquelle elle a droit. Elle y meurt. Deux versions sont présentées : celle d'Irène Lebeau, vingt et un ans, servante – et maîtresse – de Bernardy, selon laquelle la victime a été étranglée dans un fauteuil par son mari, en sa présence. Celle de Bernardy, présentée à l'audience, selon laquelle Irène Lebeau, bousculée par sa patronne – et rivale –, se serait munie d'un revolver et aurait tiré une balle, sans doute par accident, dans la poitrine de la victime.

LA VICTIME
Jeannine Kergot, née le 12 mai 1921, épouse Bernardy de Sigoyer le 31 octobre 1939. Elle intente une instance de divorce en décembre 1943.

LES ACCUSÉS
Alain (Jules, Antonin, Romain, Louis, Gaspard, Simety) de Bernardy de Sigoyer, né le 14 février 1905 à Saint-Denis (Ile de la Réunion), cadet de cinq enfants. Orphelin de mère à un an, de père à sept ans.
Retour en France à quatorze ans, quelques mois à Bordeaux puis à Paris chez son frère aîné. Exerce divers métiers. A dix-sept ans, premiers ennuis judiciaires à Toulon (immixtion sans titre dans des fonctions publiques). D'autres suivront.
Irène Lebeau, née à Presles (Aisne) le 17 décembre 1923, de parents fermiers. Trois frères et trois sœurs. Père mort en 1934. Servante. Entre en condition chez les Bernardy (Mme Bernardy de Sigoyer est alors à la clinique) le 20 octobre 1940 et devient la maîtresse de son patron une semaine plus tard.

LE PROCÈS
Assises de la Seine, les 19, 21, 22 et 23 décembre 1946. Président : *Marcel Leser, cinquante-sept ans.* Ministère public : *Avocat général Henri Lemoine, cinquante ans, carrière au parquet.* Juge d'instruction : *Ferdinand Gollety, trente-quatre ans, ancien avocat au barreau de Marseille.* Partie civile : *Me Maurice Garçon, de l'Académie française, cinquante-huit ans.* Défense : *Me Jacques Isorni, trente-cinq ans, pour Alain de Bernardy de Sigoyer. Me René de Vésinne-Larue, quarante-trois ans, pour Irène Lebeau.*

LE VERDICT
Alain de Bernardy de Sigoyer, peine capitale. Pourvoi rejeté le 19 mars 1947. Exécution le 11 juin 1947 à la prison de la Santé.
Irène Lebeau, acquittée.

Sur ce point-là, l'unanimité est faite : le marquis, il avait de la classe ! Une courtoisie à toute épreuve. La grâce, le rond de jambe, le baisemain... Une politesse tous azimuts.

– Monsieur l'inspecteur, auriez-vous l'extrême obligeance de me donner un peu de feu ? Je suis navré de vous importuner, mais voyez-vous, ces menottes gênent quelque peu mes mouvements...

Comme ça qu'il causait, le marquis... Et pas pour se foutre du monde. Non. C'était sa manière habituelle de s'exprimer. Celle qu'il avait élue. La politesse, c'est jamais qu'un parti pris... Comme le reste.

Mais tout de même, il avait ça dans le sang.

C'était pas un marquis bidon ! Alain de Bernardy, marquis de Sigoyer, était tout ce qu'il y a de pur jus... Avec une gueule sympathique, ouverte, insolite... Et sa personnalité ne démentait pas l'extérieur... Il y avait du bon, dans ce drôle de zèbre, escroc folklorique, farfelu impénitent, amateur de filles (et bien reçu, hein !), grand voyageur devant l'Éternel si l'on en croit ses confidences... Un bon vivant, abîmé par la vie et toujours à la quête de ce qu'il estimait lui être dû... Par la nature. Par la société... Par l'ordre général des choses !

En fait... vous allez voir... il avait pas eu de chance, le marquis. Cet arrêt du destin lui restait en travers de la glotte. Une vue personnelle du droit divin... il avait ! Et pas tout à fait à tort... Je dis pas ça pour l'excuser. Mais comment découvrir ce qu'on doit recevoir, quel droit de se récupérer sur les contemporains... Pourquoi, comment est-on frustré... D'où viennent les mésaventures... les failles du caractère.

Alain Jules Antonin Romain Louis Gaspard Simety de Bernardy de Sigoyer (ouf !), il était né en 1905 à Saint-Denis de la Réunion... une île lointaine... exotique... D'abord, ça s'appelait l'île Bourbon. Et puis, en 1793, pour bien souligner qu'elle avait divorcé, la France... elle a appelé ça comme ça. La Réunion ? Quelle réunion ? J'ai demandé à M. Larousse... « La réunion des Marseillais et des gardes nationaux le 10 août 1792 » qu'il m'a dit! Ah ? Tiens... Des choses qui disent plus grand-chose, non ? Peut-être qu'on le changera encore, le nom... Ile Saint-Pétersbourg ? Non... c'est déjà pris. Ile de la Connerie peut-être... Je sais pas si les populations apprécieraient... Allez, changeons rien pour le moment. Et revenons au marquis...

La vie d'un orphelin

Comme son nom l'indique, le marquis n'était pas né à Bethléem entre un âne et une chèvre... Son papa, ingénieur des Mines, exploitait une vaste propriété dans une île où le terrain n'était pas cher. Il plantait... La maman du marquis n'a pas d'histoire, sinon qu'elle avait eu cinq gosses. Pas mal! Le marquis était le plus jeune. Un de ses frères était militaire, une sœur carmélite, une autre notairesse. Un de ses frères s'était suicidé en 1917, en pleine Grande Guerre... on n'a jamais su les circonstances. Il était discret sur sa famille, le marquis. Là aussi, beaucoup de tenue... Il mouillait personne. Il savait qu'il n'avait pas eu raison de se dissiper, de ne pas accepter l'existence telle qu'elle se présente.

Vous direz donc qu'aux débuts elle ne se présente pas trop mal. Un petit cheval, les dorloteries, la nounou « réunion... naise »... Foin de tout cela! La volonté divine a mis vite fait un terme aux présents des bonnes fées... les études qu'il aurait dû faire... le cadre de famille.

En fait, son entrée dans la vie, au marquis de Sigoyer, elle a été loupée d'autor! Et pour la simple raison qu'il a eu le malheur de perdre sa mère sans en rien savoir : il avait un an d'âge! Et il avait sept ans quand son paternel a suivi le même chemin. On se sent seul, dans ces cas-là. C'est bien connu. Et c'est bien connu aussi que, lorsqu'un héritier a cet âge tendre, la succession est plutôt houleuse. Là, il en est resté des clopinettes.

Le marquis en a parlé... En 1938.

« Ma vie a été jusqu'à ce jour à la fois si remplie et si amère, traversée de tant de déceptions, de défaites et de trahisons, que ce qui peut m'arriver encore m'est indifférent. J'ai vu l'étranger avide se partager sans honte les dépouilles de l'orphelin. J'ai vu sur son lit de mort couler le sang de mon frère dont la cruauté de ces étrangers avait armé la main... »

C'est là le début d'un texte intitulé *Écrit en prison*, confession biographique du marquis de Sigoyer, que publia le magazine *Détective* (n°s 486 à 493, février-mars 1938).

C'est la base de tout ce que l'on sait de ses premières aventures. On le cite, généralement sans en fournir les références. Voilà qui est fait.

La vie de notre orphelin peut se diviser en trois épisodes : après les folies de jeunesse, les dérives de l'âge adulte (1937) puis la catastrophe de l'âge mûr (1945). Tout cela s'est terminé... mais n'anticipons pas sur la succession des légèretés et des calamités... A chaque page suffit sa peine !

Pour le moment, Alain n'est qu'un bambin de sept ans tout seul dans la nature tropicale... Une situation que l'on n'a guère évoquée lors du dernier procès quand, inculpé d'assassinat, l'homme y jouait sa tête. Ce n'était pas la mode ? D'ordinaire aux assises, on fouillasse ferme dans les antécédents : puberté, carnets de notes et livrets scolaires... Là, vitesse et discrétion. Bien sûr, le président fait état des événements, des décès, des dates, mais sans aucun commentaire. Il faut attendre la plaidoirie de Me Jacques Isorni, défenseur du marquis, pour en retrouver quelques échos. Les voici :

« On vous a parlé de lui, mais personne n'a dit – et peut-être aurait-on pu le dire – que si, certes, coulent dans ses veines les plus vieilles traditions françaises, que s'il eut pour père un éminent ingénieur, que si son grand-père fut un haut magistrat, un procureur général, que si parmi les statues qui entourent le Louvre figure celle de son grand-oncle, peut-être aurait-on pu vous rappeler qu'il n'a connu ni père ni mère et que cet enfant orphelin a été détenu plusieurs mois dans les prisons de Toulon dès l'âge de dix-sept ans.

« Ne pensez-vous pas que, déjà, cet adolescent qui n'avait eu ni discipline, ni conseils, ni affection pouvait, par les premiers contacts avec la vie sordide d'une cellule, être déjà défait dans sa moralité et devenir l'homme des choses interdites ? »

Voilà tout. C'est bien dit, mais c'est bien court.

Ce que le Bernardy de dix-sept ans faisait dans cette cellule, on va le découvrir bientôt, au fil de la chronologie.

Né en 1905, en février, le gosse devient donc orphelin en 1912. En 1914, début du Grand Massacre, et inopportunité totale d'un retour en Europe. C'est en 1919, donc immédiatement après novembre 1918, qu'il regagne la métropole avec deux de ses sœurs pour passer quelques mois chez une tante maternelle à Bordeaux : il a alors quatorze ans et ne va pas cesser d'être ballotté d'un frangin à l'autre.

D'abord il va à Paris, chez son frère aîné qui l'envoie au lycée Voltaire... où il reste un trimestre. La fin de l'année scolaire ne lui apporte pas le bachot, on s'en doute. Il entre alors avec le titre envié de grouillot, à la Société Générale, une bien belle banque. Il y reste quatre mois...

Ainsi commence l'itinéraire de celui qui, parlant de lui-même, évoque « les causes et les effets qui ont conduit l'enfant naïf et confiant qui, par un jour d'avril, débarqua en 1919 à Marseille, de la prison de Toulon en 1921 à celle de Rambouillet en 1938 ». Mais nous n'en sommes pas là.

Pour le moment, Alain va filer à Nice, chez d'autres parents qui ne s'occuperont guère de lui, et lui laisseront toute licence de se promener ici et là : un garçon de seize ans déboussolé, à l'évidence instable, orgueilleux, insolent... Paumé. Et pourtant actif : à Toulon, il est « représentant » comme il dit... en fait vendeur au porte à porte pour un éditeur qui publie un livre sur... la guerre qui vient de finir.

Un soir, il traîne dans le quartier des plaisirs nocturnes. Il va boire un verre dans les « boîtes » – ce que des mémorialistes sourcilleux lui reprocheront plus tard – et, sur un quai, se fait draguer par une ravissante aux fesses nues sous la jupe plissée de rigueur. La fillasse est jolie, le marquis a seize ans. Il monte dans un hôtel spécialisé, saute la mignonne et, lorsqu'elle évoque un peu tardivement le « petit cadeau », il ne fait qu'en sourire. Pour un peu, il ne serait pas surpris d'être payé lui-même. Un si beau gosse!

Ce type de malentendus tourne généralement vinaigre. Ça ne loupe pas. La nana gueule au charron, la patronne monte, les flics radinent. Et l'on sait que les flics n'aiment pas qu'on fasse du bruit dans ces endroits-là.

Ils emmènent l'insolent jeune marquis au quart. La fillasse continue de gueuler. Pour renforcer son argumentation, un peu faible il est vrai, elle hurle que le marquis a de la coco... de la cocaïne dans ses poches! Comme on voit, c'était déjà la mode...

Écœuré par cette accusation injustifiée, le marquis est furax. Entraîné devant le commissaire de police, il l'engueule copieusement. Ça fait pas un pli... Le fonctionnaire déclenche immédiatement ce que les poètes de l'Administration nomment joliment « une procédure pour outrages ».

Voilà le marquis au violon!

Croyez-vous que, devant le juge d'instruction, le gai chevalier va se dégonfler et baisser sa lance? Pas du tout... pas du tout... Quand le magistrat lui suggère que peut-être... il pourrait formuler quelques excuses, le marquis l'envoie foutre sans autre forme de procès.... Façon de parler, car les autres formes de procès ne vont pas tarder à suivre! Le marquis est condamné et passe quatre mois en prison! Une belle expérience pour un adolescent qui n'est coupable que d'irrévérence. En taule, il se retrouve... j'allais écrire, heureusement... sous la protection d'un puissant malfrat qui, par chance, n'apprécie pas les minets : un certain Delval. Delval est un redoutable tueur qui peut inscrire à son tableau de chasse deux gendarmes dans le Nord et, à Toulon, deux inspecteurs plus le chef de la police lui-même. Un fastueux saigneur qui, comme il se doit, se fera couper la tête à l'aide de l'instrument *ad hoc*. Le sixième cadavre de la série, en somme...

Grâce à Delval, le garnement échappe à ce que les chroniqueurs de naguère appelaient avec décence « les derniers outrages ».

On ne s'en étonnera guère : ce séjour en prison n'a pas remis Alain dans le droit chemin. Mais il avait pu s'y faire quelques relations. Un compagnon de placard avait cru bien faire en le branchant sur un ami parisien apte à lui procurer un travail facile et rémunérateur. On en rêve tous...

On était alors en 1923, cinq ans après la fin de la Der des ders et l'on commençait à se demander si, conformément aux affirmations d'un certain Klotz, qui se prenait pour le ministre des Finances, « l'Allemagne paierait »...

Le travail proposé consistait à aller racheter aux plouques dont la cambuse avait été écrasée par les obus, les titres officiels de « dommages de guerre ». Pour une poignée de clous, de préférence, à charge pour l'acheteur de se les faire payer au maximum par l'Administration. Le jeune marquis n'était dans toute cette magouille qu'un modeste courtier, et l'histoire n'a pas retenu le nom du patron... Tout de même, au bout de onze mois, Bernardy estima qu'il en avait sa ration et vogua vers de nouvelles aventures...

Aventures et mésaventures

On s'y perd un peu, dans son itinéraire... Parce que, en un sens, il est assez picaresque, le marquis! Y a de l'extravagance dans son cas... de la vélocité. Même s'il en remet un peu dans son récit... Possible! pas exclu...

Quand même, essayons de le suivre. Sans garantie...

Ce qui est sûr, c'est qu'en 1923 il bouscule un peu la jeune personne qui lui concède l'usage de ses charmes. Les meilleurs couples ont de ces conflits... *une certaine fille Gounon,* comme dira plus tard le président de la cour d'assises. Ça devait être une bonne rouste, puisqu'elle a fait assez de bruit pour demeurer dans les archives policières.

– Les renseignements de police vous dépeignent comme un dévoyé et un morphinomane, dit le même président.

Et Bernardy, du tac au tac :

– Oh ! les renseignements de police, c'est une chose, et la vérité, c'en est une autre... Dieu merci !

– N'invoquez pas Dieu tout le temps ! lui lance le président en retour...

Il a dû faire un stage au théâtre des Deux-Anes, celui-là. Quel humour ! Quelle autorité !

En 1925, le marquis est derechef à Bordeaux... Insoumis ! Le v'là-t-y pas objecteur de conscience, à présent !

Deux ans plus tard, il est de retour à Toulon et... ça ne s'invente pas... il file le parfait amour avec une señora Braja Marquisio... Et il lui fait une fille sans barguigner. Il devait quand même être séduisant par quelque bout, ce marquis !

La preuve. Passant par Strasbourg, ville de nouveau française, il lève une chanteuse allemande qui l'emmène à Berlin ! Quel tableau de chasse...

Là, gross rikolate ! On fait la java... mais larguant la « cantatrice », qui n'était sans doute qu'une goualeuse de bastringue, Bernardy s'acoquine avec une ravissante, blonde comme les blés, et monte un garage afin de se livrer à la carambouille. Ayant pris des commandes à des prix défiant toute concurrence, il s'en va acheter les voitures un peu plus loin, à perte, mais... à crédit. Vous connaissez le système...

Au bout du compte, le marquis est contraint de se casser... en mille morceaux, en Autriche et en compagnie de la ravissante, au volant d'une superbe Mercedes.

Vienne est en ébullition. S'étant vu refuser par les Alliés l'union qu'elle demandait avec l'Allemagne, l'Autriche se cherche... et ne se trouve guère. En un sens, les désordres servent le marquis. La police a autre chose à foutre qu'à persécuter un garagiste véreux, français de surcroît. Et puis, la frontière est poreuse. Si on le cherche d'un côté, il file de l'autre...

Le côté négatif est qu'en période de guerre civile on est toujours suspect de quelque chose pour n'importe qui. Ça ne loupe pas...

Dans la rue, des personnages armés de fusils et coiffés d'un chapeau en acier lui mettent la main au collet...

Le marquis parle couramment l'allemand (il se situera plus tard, non sans humour, comme « criminel en sept langues! »). Ça ne le sert pas : il n'a pas de papiers d'identité et porte... un revolver! Au bloc... Là, au petit hasard, il se retrouve dans une cave avec quatre autres lascars : la nuit est fraîche et les suspects sont promis au petit matin qui déchante! Pas de quartier! Douze balles!

Durant la nuit, Sigoyer pensait à la jolie blonde... Bluma, dont il dit : « Elle était extrêmement jolie. Blonde, des yeux vert pâle immenses au regard rêveur, mélancolique. Grande et mince avec une jolie poitrine. Un sourire lointain, un peu distant, des lèvres d'un arc très pur sur des dents éclatantes. Elle était orpheline, ses parents, pris dans la ruine générale, s'étaient jetés dans la Spree. Le malheur avait rendu son âme incroyante et étrangère : elle avait dix-neuf ans. Quand elle se donna, ce fut avec fièvre. Ensuite, elle se serait jetée au feu si je le lui avais demandé. »

Le marquis était bon peintre, mais il était inconstant. « Au fond, je m'ennuyais comme je m'ennuie depuis ma naissance. Montherlant a dépeint cet éternel tourment : " Tout ce qui est atteint est détruit. " Bluma n'était pas ma maîtresse depuis huit jours que déjà je la désirais moins que les autres femmes, et je n'étais pas arrivé dans une ville que j'en aurais voulu repartir. C'est un étrange état d'âme qui vous fait tout désirer hormis ce que vous possédez... »

Tout de même, le problème, dans la cave, devenait fâcheusement concret!

« Je m'étais bien préparé à crier Vive Seipel! ou Vive Lénine! selon la couleur des bannières. Mais on ne m'en avait pas tant demandé! Là, un soupirail donnait sur les jardins. Nous étions donc cinq. Des quatre autres, trois étaient jeunes, le quatrième d'un certain âge. Il s'appelait Karcher, un hardi et convaincu militant. Il avait réussi à alerter des amis. Ils vinrent dans la nuit avec des leviers et la grille du soupirail, arrachée en un instant, livra passage à cinq fantômes qui détalaient allégrement. »

Si allégrement que le Bernardy se retrouve d'un seul jet à Munich, puis file sur Budapest... où il monte une escroquerie aux machines de bureau. Contraint de passer en Bulgarie « où ma qualité de Français me faisait regarder de travers dans les hôtels. Pour se consoler de me servir, ils m'écorchaient jusqu'à l'os. Alors, je disais que j'étais allemand, mais ils n'en devenaient que plus désagréables... ». Jamais contents, ces Bulgares...

Voici donc Bernardy en Roumanie. Commentaire :

« Vous souvenez-vous, Maria Lupesco, de nos parties de patinage sur l'étang de Braïloe ? Qu'avez-vous pu penser de ma soudaine disparition après notre premier baiser ? J'ai fui parce que j'ai voulu vous protéger de moi-même mais mon cœur triste a souffert de ce déchirement... »

Toujours poète ce sacré marquis!

Notre bourreau des cœurs, après un passage par le lac Balaton, se retrouve en vacances aux Sables-d'Olonne... « J'y rencontrai une jeune fille qui me fit oublier la Roumanie. » Tel quel!

Coffré à la gare d'Agen pour avoir cassé une chaise sur la gueule d'un Espingouin qui lui cherchait des banderilles, le marquis trouve le moyen d'être libéré...

Passons... Le voici, conte-t-il, à Venise où les scénarios se reproduisent : séduction, amour, querelles, coup de pétard d'un amant jaloux. Mais le marquis ne le dénonce pas et, quand l'Othello de bazar est coffré à cause de sa propre indiscrétion, Bernardy refuse de le reconnaître! O beau chevalier! L'Othello en fond de reconnaissance et déclare :

– La femme est à vous désormais!

Joli cadeau à faire à un enfant, comme disait le poète!

« Mais je lui appris que la Mariza m'avait déjà quitté pour partir avec un troisième larron. Il se mit à rire, ce qui me fit penser qu'il était intelligent... »

Carambouille à Rome... Magouilles à Naples... Tourisme en Égypte... « Alors, j'ai continué vers l'océan Indien et j'ai voulu voir Sumatra. Le souvenir que j'en ai gardé se réduit à un seul mot : *moustiques.* » C'était bien la peine!

Ici, le récit devient un peu confus. Est-ce à Sumatra que, malgré les moustiques, le marquis se plut tant qu'il « loua une petite maison ressemblant à une pagode », est-ce plutôt à *Singapore* ? Toujours est-il qu'une fois encore il y fit une conquête, Kitsou, « une jeune danseuse dont la beauté gracile l'avait charmé ». Kitsou signifie, d'après le marquis, *bonne fortune* mais il préféra l'appeler « O-Kikou, c'est-à-dire Chrysanthème, comme dans les romans »...

Il semble que Kitsou était atteinte d'un mal mystérieux, encore que peu contagieux car... « elle mourut par un soir de mars finissant, à l'heure du crépuscule, sans se plaindre, honorablement.

« Ah! Jizo Kao, me dit-elle tendrement, j'aurais voulu demeurer avec toi encore...

« Elle eut un silence, puis elle murmura : *Sayônara...* et ferma lentement ses grands yeux.

« Je la croyais endormie, mais il me sembla, tandis que je la regardais, que son sourire était devenu plus suave, soudain compréhensif de choses plus mystérieuses. Ainsi, dans un nuage d'encens, sourit la face d'or de Bouddah dans le grand temple de Tokodji. Je pris son pouls. Tout était terminé. »

Ainsi finit *Écrit en prison*, mais non l'itinéraire de notre héros. Il lui restait alors quelque neuf années à passer sur cette machine ronde! Et ce ne seront pas les moins animées...

La farce de Chevreuse

De retour en Europe, fort de sa faconde et de son multilinguisme, le marquis de Sigoyer entreprit de fonder ici et là... des écoles! Pourquoi pas? direz-vous. Certes! Mais ces écoles ne fonctionnaient jamais que sur trois pattes, ledit marquis ne possédant aucun des diplômes ou des titres requis pour une telle entreprise. Écoles de langues étrangères, écoles de commerce, mais aussi écoles... de prestidigitation et de magie qui durent fermer fissa.

Lorsqu'il n'enseigne pas, à l'enseigne de la cloche de bois, le marquis trafiquouille et carambille sur n'importe quoi : mobilier, machines à écrire, autos de nouveau... Que sais-je?

Ces infatigables entreprises, si elles fournissaient notre farfelu en vaisselle de fouille... vite dissipée à coup sûr, devaient un jour ou l'autre tourner mal. Et c'est ce qui arriva.

Le joyeux marquis, pimpant gugusse, persécuteur des vertus féminines, se retrouva un vilain jour avec une méchante inculpation de chèques en bois, voire d'escroquerie... Le marquis rectifiait ultérieurement : « ... de faillite frauduleuse ». Il est vrai qu'à Toulon il avait bien été inculpé, dans des conditions mal perçues, d'usurpation de fonctions et de titres...

A l'époque, tout ça était assez mal vu des autorités. L'orage s'accumulait sur la tête du gai luron. Aussi, pour parer au grain, le marquis de Sigoyer commença-t-il à *battre les dingues*, comme on dit en argomuche... autrement dit à jouer les fous!

Erreur! Fâcheuse erreur! On se fait une idée de la prison, et une autre de l'asile, voire de « l'hôpital psychiatrique ». Et il arrive que la comparaison soit trompeuse.

Le marquis fit le mauvais choix.

– Une faute considérable que j'ai payée bien chèrement! dira-t-il rêveusement dans le box...

Reconnu sur sa propre demande authentiquement fou par trois polichinelles dont le nom ne dirait aujourd'hui plus rien à quiconque, Bernardy fut interné à Hoerdt, en Alsace. Ce qu'il en dira plus tard fait dresser les cheveux sur la tête. Écoutez :

– Je me suis aperçu qu'être reconnu irresponsable d'un délit pouvait être mille fois plus grave que de recevoir trois mois de prison, même sans sursis!

Le marquis était entré là avec la bonne conscience sarcastique du mec qui pense qu'il n'est point fou! Et que, le moment venu, il n'aura qu'à faire état de ce brillant équilibre mental pour faire ployer le système et prendre les jambes à son cou. Fort de cette conviction – ô combien erronée!... – le marquis aborda le médecin-chef. On sait qu'il ne détestait pas de se foutre du monde. Et que ça se voyait. La suite du récit est édifiante :

« Je me suis heurté *[sic]* avec le médecin-chef qui m'a dit " Vous voulez ridiculiser les médecins! " et qui m'a sauvagement torturé durant six années de ma vie!

« Pendant un an, je suis resté tout nu dans une cellule avec une botte de paille par terre. Quand j'en suis sorti, *je pesais trente-sept kilos!* Et c'est M. le Substitut de Strasbourg qui m'en a tiré avant que j'y meure!

« Je m'excuse de préciser ces détails... »

En fait, fâché d'être retenu contre son gré, le marquis avait pris le parti de cracher à la gueule du médecin-chef chaque fois qu'il le croisait! Un bon moyen d'obtenir gain de cause, non?

On comprend qu'un co-interné, auquel il faisait part d'abord de son optimisme, lui répondit sans frémir : « Vous n'êtes pas fou, n'est-ce pas? Moi non plus. N'empêche qu'il y a dix-sept ans que je suis ici. »

– La frousse me prenait aux entrailles! commenta Sigoyer!

Le récit de ses tortures, formulé plus tard dans une enceinte de justice, ne suscita ni scepticisme, ni contestation. Ni scandale, d'ailleurs! La cause était entendue! Et encore s'abstint-il de dire qu'il avait avalé des clous pour filer dans un hôpital plus... hospitalier!

Le monsieur de tout à l'heure, il est vrai, lui avait précisé : « Et moi, ce n'est rien. Tenez, le grand barbu là-bas, il a vingt-trois ans de présence. Et le petit vieux qui sarcle les fraises... quarante-deux ans de boîte, et il n'est pas plus fou que vous et moi. Quand on est ici, on y reste! »

Ici pas plus que là-bas, on n'a intérêt à se montrer intraitable et malpoli avec les autorités...

Pas à moi que ça risque d'arriver... Touchons du bois!

Comptez sur vos doigts, en attendant : entré chez les dingues... pardon, chez les bons docteurs en 1931, le marquis – heureux homme! – en sortit en juillet 1937, trois cents francs en poche, reste du pécule. Un peu de soleil n'était pas superflu pour lui sécher les abatis!

Heureusement, il avait du ressort... et peut-être de la chance dans ses malheurs. Un mois plus tard, il trouvait chez un certain M. Hachette, homme riche, une place de chauffeur et d'homme de confiance. Il est vrai que, comme il l'a raconté plus tard, « le marquis de Sigoyer avait signé des certificats fort élogieux à Alain de Bernardy... ».

Or donc... « un jour que j'attendais mon patron à la gare Saint-Lazare, un monsieur décoré, présentant bien, m'offrit une situation intéressante. " Vous n'aurez même pas à quitter votre place, me dit-il. Venez donc me voir à la Brasserie Lorraine, place des Ternes " ».

Il y fut.

Le monsieur... qu'il appelle M. Robert, lui demande :

– Combien gagnez-vous ?

– Mille quatre cents francs.

– Je vous en offre trois mille, et sans quitter votre emploi.

– Pour faire quoi ?

– Rien de difficile. D'abord, achetez-moi une belle voiture d'occasion, puissante et confortable. Et puis vous chercherez une grande maison à louer dans la banlieue. Et quand vous l'aurez trouvée, je vous expliquerai.

Aussitôt dit, aussitôt fait! Et le marquis dégotte une maison de rêve à Montesson, alors « petit et charmant village »... Consigne du patron : Ne vous faites pas remarquer!

Comme aide, il engage un de ses compagnons de chez les fous : Lucien Richard, souvent « soûl comme une grive des Alpes après une incursion dans le genévrier ». Et pour faire un blot, la « maîtresse » dudit, une gorgone d'âge plus que mûr : Marguerite Dumangouer.

Ça commençait bien!

A cette époque bénie, ça branlait dans le manche. Voir le chapitre consacré au meurtre de la belle Laetitia Toureaux... *Tras los montes*, les Espingouins s'offraient une peignée maison. Ici, les conflits socio-idéologiques marchaient bon train, et certains s'organisaient : les Cagoulards... Tout ça faisait furieusement marcher le commerce ! Le marquis évoquera tour à tour ces Cagoulards (le C.S.A.R...) et un trafic d'armes vers les Pyrénées, la villa en question étant destinée à stocker des armes en transit. En fait, on n'en vit pas la queue d'une...

Ce qu'on vit... en revanche... dans ce castel bourgeois de la vallée de Chevreuse, ce fut un certain Bulgare nommé Nicolas Petroff Gantcheff...

Avant d'évoquer son aventure, je précise... d'autor... que tout ça reste éminemment mystérieux. Ni dans les confidences syncopées du marquis... ni dans le récit que le Petroff en question confia à l'hebdomadaire *Détective*, ni dans ce qu'il vint susurrer sept ans plus tard à la cour d'assises devant laquelle comparaissait Sigoyer, on ne trouve la moindre explication logique des événements. Concluez...

« Dans la deuxième quinzaine de novembre, confie Sigoyer, M. Robert m'avait chargé de lui faire rencontrer un certain Bulgare dont il me donna le nom et l'adresse. Mais il voulait le voir chez moi, à Chevreuse, sans que le Bulgare sache vers qui je le menais... »

Là-dessus, lisant le journal, le marquis tombe sur une annonce du Bulgare... cherchant à vendre sa bagnole ! Comme c'est vraisemblable, n'est-ce pas ?

Un proverbe... bulgare, justement, je crois... dit que, lorsqu'on a commencé à se foutre de la figure des gens, il n'y a aucune raison pour que ça s'arrête...

Toujours est-il que « ma tâche s'en trouva facilitée », observe le marquis !

En effet. Il se pointe chez le Bulgare, engage les pourparlers et lui précise que, la bagnole étant ce qu'elle est, il faut absolument la montrer à son vieux père, qui réside dans un castel de la vallée de Chevreuse.

Introduit dans la maison, le Bulgare ne voit personne et, racontera Sigoyer, « je lui révélai qu'il lui serait nécessaire d'attendre. Je vis qu'il louchait sur une espèce de revolver *[sic] !* qui dépassait de ma poche. Il s'écria : " Je vous fais cadeau de la voiture, laissez-moi m'en aller ! " Je tentai de le faire revenir de son erreur et de le rassurer, mais il était très effrayé et ne voulait rien entendre. Il claquait des dents. Richard intervint alors : " Mettez-vous au lit, le temps vous semblera moins long. " Petroff se coucha, mais la pièce était froide et il grelottait. J'ordonnai qu'on lui mit une bouillotte et des couvertures. Je lui fis boire du café chaud et du cognac... »

Sans avoir nulle sympathie particulière pour qui que ce soit, je comprends qu'un juge d'instruction qui entend des choses pareilles débitées d'un air assuré, en ait vite par-dessus la tête, et expédie le prévenu au frigo pour une paire de trimestres... Ça calme!

Durant ce temps, que disait « Monsieur Robert » ? Sigoyer affirme qu'il alla chercher son patron à Paris, mais que celui-ci refusa de le suivre à Chevreuse.

« Il murmura : Petroff, son affaire est claire. Je protestai que j'étais à son service pour entreposer des armes et non pour autre chose. Il battit en retraite : “ Vous vous trompez, dit-il. Ce qu'il y a, c'est que je ne puis m'occuper de ce Bulgare avant quelques jours. Ne vous alarmez pas sans raison. ” »

Laissé sous la garde de la somnolente égérie Marguerite Dumauguer, le Bulgare est censé somnoler en petite tenue, ficelé comme un saucisson sur son plumard... Mais il réussit, dira-t-il, à faire glisser ses liens... il se lève, assomme Marguerite et saute par la fenêtre...

Il se foule la cheville et claudiquant, pieds nus, en calsif, il débarque dans une ferme... Je vous laisse le plaisir du tableau dans le style du temps, sous la signature d'un journaliste nommé Hubert Bouchet : « Mme Brébant, fermière à la Madeleine, bat son beurre dans sa cuisine donnant sur la cour. Les belles mottes déjà faites étalent leur splendeur dorée! Dehors, il fait un froid de chien. Les hommes vaquent aux travaux de la ferme. Et soudain elle pousse un cri. Un individu à moitié nu, vêtu seulement d'un caleçon court et d'une chemise déchirée qui laisse voir sa poitrine velue, s'est présenté sur le seuil. L'intrus n'a pas de chaussures, ce qui explique que la fermière ne l'a pas entendu venir. Il a, en revanche, aux poignets et aux chevilles des tronçons de chaîne cassée. »

Ne croyez pas que *l'individu* s'exclama, en voyant la fermière : « Ah! les belles mottes! » Pas du tout... Il déclara au contraire, si j'en crois Hubert Bouchet :

« Ne craignez rien! J'étais séquestré depuis deux jours dans la villa près du château. J'ai réussi à m'en échapper. Alertez la gendarmerie! »

Le fermier se pointe, les valets de ferme, les canards, les veaux, les vaches, la couvée, qui n'en avaient pas vu de semblable depuis bien longtemps.

« L'homme disait-il la vérité ? se demande Hubert. Il parlait avec un fort accent étranger. »

Aux gendarmes accourus, il fit un récit simple : annonce, voiture, client, Chevreuse, séquestration. Marguerite s'étant piqué le nez au gros-qui-tache, il avait pu la secouer et mettre les voiles.

Les gentillesses du nommé Richard, qui lui jouait *Le chaland qui passe* sur le phono pour le distraire, ne l'avaient pas convaincu. Les gendarmes arrivèrent et cela détermina l'arrestation de Sigoyer, de Richard et de la vieille Marguerite... décidément ineffeuillable.

Mais de la vraie raison des mésaventures de Petroff, on ne saura jamais rien.

Ne pensons à rien, le courant
Fait toujours de nous des errants...
Au fil de l'eau, pas de serments!
Ce n'est que sur terre... qu'on ment...

Richard et Marguerite, n'en parlons plus. Ils étaient tous deux, à l'évidence, raides cons! Mais en fait de chalands qui passent, Sigoyer et Petroff pouvaient se donner la paluche! Disparu entre-temps, le Petroff refit surface en 1946 pour l'ultime procès de Sigoyer. Là, « au grand jour des assises », on allait enfin sortir le fond du sac. Tu parles!

Plus vasouillard que jamais, le Bulgare affirma que Bernardy de Sigoyer exigeait de lui, à l'issue de sa séquestration « des adresses et des détails sur des personnes seules et riches, dont nul ne s'inquiéterait en cas de disparition ». Pourquoi lui demander ça, à lui plutôt qu'à n'importe qui d'autre ? Mystère! En somme Sigoyer confondait un Bulgare avec le Bottin mondain! Il est vrai que le Minitel n'existait pas encore... Personne ne s'inquiéta beaucoup de cette sornette d'ailleurs, et Bernardy pas plus que les magistrats.

Deux hypothèses pour cette affaire.

Primo, le Bulgare et Sigoyer étaient deux débiles mentaux. Pas exclu, le monde étant ce qu'il est.

Secundo, le Bulgare et Sigoyer avaient des comptes à se rendre à propos d'affaires top secrètes. On pense bien sûr à des trafics de drogue, spécialités moins admises alors que les trafics « d'armes » qui pouvaient les masquer... Pour les armes, la politique noyait quelque peu le poisson.

L'affaire de Chevreuse déboucha sur une autre enquête, celle de la disparition d'un autre gugusse, un certain Bahumil Rychnovsky, né en 1898 à Brezamy (vous connaissez ?), se disant de nationalité tchécoslovaque, habitant successivement à Paris 2 *bis*, rue Herran puis, 2, boulevard de Port-Royal. Ce qui mit le feu au poudre fut la découverte des papiers d'identité du gugusse.

Celui-ci exerçait la profession de représentant au service de la société des Brosses Nonnox... parfaitement! Les deux photos que l'on possède de lui montrent un petit bonhomme déplumé dont l'air parfaitement sépulcral ne devait inciter ni à renouveler les consommations, ni à acheter fût-ce une brosse à dents!

Mais ce triste zombi avait précédemment *travaillé* avec Sigoyer. Celui-ci ayant prétendu avoir découvert une mine *d'uranium* au Maroc avait créé une société des Pieds-Humides domiciliée chez... Rychnovsky. Dans un journal britannique, une annonce avait paru, à mon sens dépourvue de toute équivoque : « Affaire intéressante! Mine de radium! De 5 000 à 10 000 francs pour y participer. Envoyer réponse et chèque à *Rychnovsky*, aux bureaux du journal. »

Quand on retrouve des papiers d'identité d'une personne disparue chez un quidam, la police pense immédiatement que le quidam a bousillé la personne et fait disparaître ce qu'il en restait... Ce pourquoi, des jours durant, on fouilla toute la vallée de Chevreuse pour découvrir un cadavre qui ne vint jamais au jour...

Cela, on s'en doute, alimentait les conversations et les magazines. Durant ce temps, avec sa bouille à la Fernandel, le marquis de Sigoyer se bidonnait ouvertement devant les efforts des terrassiers et des enquêteurs. Visiblement, les inspecteurs étaient à cran et les gendarmes n'y comprenaient que dalle!

On n'excluait pas, tout de même, que mouillé dans une histoire d'escrocs, et peut-être dans d'autres, le brave zombi se soit discrètement fait la paire... avec d'autres papiers...

Bien sûr, il est difficile de faire entrer tout cela dans un strict schéma logique... Ne pourrait-on en dire autant de toutes les manigances que rapporte le présent livre?

Assassinat sans cadavre... Séquestration sans mobile... Situations de vaudeville! Au théâtre, ça fait rigoler, parce que l'homme en caleçon est toujours dans le placard. Au Palais de Justice, ça emmerde, parce que le magistrat se trouve quinaud et risque de passer pour un con. D'autant que, avec le marquis, il y avait toujours du goguenard à la clé...

Poursuivre l'instruction, c'était aller dans une impasse : le marquis se serait retrouvé soit en correctionnelle pour *séquestration arbitraire,* soit aux assises pour *assassinat,* les deux inculpations prononcées un peu prématurément par le parquet de Rambouillet. Dans un cas comme dans l'autre, à supposer qu'il eût fallu choisir, la condamnation n'était pas acquise! Le moins qu'on puisse dire!

On préféra donc trancher le nœud... gordien ou plutôt sigoyesque, et faire jouer l'article 64 : en état de démence au moment des faits, cela dûment certifié par expertise... Alain Bernardy « bénéficia » d'un non-lieu. Et fut immédiatement expédié chez les folingues.

Instruit par son précédent séjour, il se jura de n'y point rester longtemps.

Un aliéniste a licence de garder un homme autant qu'il veut et, s'il est rétif, de lui faire subir des traitements dont – on l'a vu... – il se souviendra durant quelques décennies! Ainsi mon pote René Girier dit *la Canne* fut-il interné à Villejuif pour avoir *battu les dingues* et, reconnu simulateur, torturé de la belle manière. Il n'y a pas d'autre mot. Il a raconté cette expérience dans son livre *Tu peux pas savoir* [1]...

Les heures roses de l'Occupation

On pourrait se faire bien des réflexions sur la gestion de la dinguerie dans nos sociétés imparfaites!

D'innombrables Russes se sont retrouvés en asile parce qu'ils restaient un tantinet sceptiques devant le *paradis* qui devait connaître un peu plus tard, en 1990, 1991, le sort misérable que l'on sait. Aux États-Unis, on a enfermé douze années durant un poète reconnu aujourd'hui comme l'un des plus grands, pour des raisons exactement antinomiques : les uns ne croyaient pas au marxisme, l'autre ne croyait pas au capitalisme! En France, le docteur Petiot, notre vieil ami, fut reconnu fou lorsqu'il déroba le tome d'une encyclopédie à la librairie Gibert. Il fut proclamé parfaitement sain de corps et d'esprit lorsque, convaincu d'avoir estourbi un nombre littéralement *incalculable* de contemporains, de les avoir découpés en lanières et brûlés – ô combien imparfaitement! – dans sa chaudière de la rue Lesueur, il fut jugé aux assises de la Seine qui l'expédièrent sans barguigner sur la bascule à Charlot...

En fait, c'est l'appareil de la justice qui « bénéficia » de l'internement du marquis!

Celui-ci, averti de la relativité des choses humaines, fut interné en juillet 1938. Avertie par les journaux, une certaine Mlle Intsigne, qui avait pratiqué la galipette intime avec notre marquis, et en avait à coup sûr gardé heureux souvenir, courut à l'asile lui faire la bise, et concocta une évasion suivie d'une fuite en Belgique dans la plus haute tradition de l'Escampette.

Hélas! Il y fut bien vite alpagué. L'efficacité policière étant, avec la frite, une spécialité d'outre-Quiévrain.

1. Éditions Londreys.

Il s'en tira on ne sait trop comment, revint en France et régularisa sa sortie clandestine de l'asile par la production de certificats attestant sa parfaite intégrité mentale... Ce qui ne remettait nullement en cause la décision antérieure! Mabouls, cinglés, étripeurs de tous les pays, unissez-vous! Marchez d'un même pas sous la bannière de l'article 64! Mais gérez bien votre course! Ainsi, de dangereux dingues lavés de tout risque judiciaire pourront-ils se retrouver peu après tout à fait normaux. L'idéal étant de se voir atteint, malgré quelque bavure, de folie extrêmement douce... tel cet universitaire de haut grade surnommé *Aïe! Tu serres!* qui ne connut comme conséquence à un fâcheux moment d'irritation que quelques mois de maison de repos...

La chose ne me scandalise pas... en soi. Ce qui pourrait me gêner, c'est le consensus apporté par les médias et l'« opinion publique » aux extravagants privilèges de cette *nomenklatoura*... comme disent les Russes!

Vrai qu'on espère toujours un petit peu en faire partie un jour ou l'autre. L'espoir fait vivre. L'espoir fait se taire... La prudence aussi.

Mais revenons à notre cher marquis!

Désormais sorti, et au mieux, de la pantalonnade de Chevreuse, Alain de Bernardy de Sigoyer avait le devoir... et le plaisir de témoigner sa reconnaissance à l'amoureuse Mlle Intsigne. Il n'y manqua pas, le connaissant... mais il avait toujours, si j'ose écrire, plusieurs fers au feu.

Alors, suivez-moi bien...

Mlle Intsigne habitait 77, rue d'Aboukir.

Dans le même immeuble, un étage au-dessus, demeurait Mme Kergot, âgée de quelque quarante printemps ce qui est, comme le savent toutes mes lectrices, l'âge idéal pour séduire les Don Juan de tous calibres... Cette dame, opportunément veuve, était en possession d'une fillette de dix-sept ans, peut-être encore plus ravissante que sa maman, si possible...

Que pensez-vous qu'il arrivât?

Voici ce que le marquis répondit ultérieurement au président des assises qui lui posait à peu près la même question. Une réponse qui ne vous surprendra pas, sachant ce que vous savez:

– Monsieur le président, je vous sollicite respectueusement d'avoir l'extrême bonté de laisser ce point dans l'ombre...

Toujours homme du monde, canne à la main, le marquis...

Son avocat, Me Jacques Isorni, fut moins discret dans ses *Mémoires*. Je lui laisse la parole:

« Il fit un jour la connaissance d'une veuve accorte, Mme Kergot. La séduction d'Alain joua : séduite, elle devint sa maîtresse. Elle avait une fille charmante, Jeannine. La séduction joua encore, et concurremment. La fille devint sa femme. Il l'épousa le 31 octobre 1939 et contracta même, au Centre des hautes études ésotériques, un *mariage mystique* qui, disait-il, avait pour conséquence de faire des deux époux un seul être »...

Vue quelque peu extensible de la parole sacrée : « ... Et vous ne serez qu'une seule chair. » Ce que le marquis... et feu Raspoutine ne l'aurait pas démenti... interprétait par : « ton plaisir sera mon plaisir... et inversement ». Traduction par le président des assises : « ... Ce centre rassemblait une clientèle bien particulière : on y abusait des jeunes filles et des jeunes femmes qui venaient là. »

Voyons, mon président ! Disons qu'on en usait... Qui sait jamais qui abuse de qui ?

Pour moi, qui ne serai jamais président des assises... sauf révolution fondamentale entre-temps... je dirai simplement que le Centre en question n'était rien d'autre qu'une boîte à partouzes... La chose la plus commune du monde ! malgré ses oripeaux ésotériques.

Remercions Me Isorni de son indiscrétion... Le détail qu'il livre en clair illumine le climat de l'affaire qui va suivre. En un mot, tel l'artilleur de Metz, notre sémillant marquis

... baisait concurremment
la fille et la maman...

Opération certes non dénuée d'agrément, mais propre à créer une situation à haut risque. Comme on va voir...

Le fait pour une maman amoureuse de conduire à l'autel (et non à l'hôtel) sa ravissante fille pour la marier à son petit ami chéri doit tout de même laisser quelque amertume.

Enfin... voilà notre marquis marida ! Et amoureux sans nul doute. Notons qu'un mois avant son mariage... je rappelle... je rappelle une fois encore... le fringant président Daladier avait déclaré la guerre au monstre germanique. Il est donc permis de considérer l'initiative du marquis comme un témoignage d'amour.

Cela n'est pas indifférent.

Le 22 octobre 1940, un premier lardon vient au monde. Ce qui montre... petit a, qu'il y a des gens qui gardent le moral ; petit b, qu'en janvier précédent le marquis avait trouvé un moment à soustraire au service de la patrie en danger. Bravo, marquis ! C'est ainsi que se perpétuent les bonnes traditions.

En fait de bonne, nécessité oblige, les Sigoyer en avaient engagé une. Une bonne d'enfants, même... Mme de Sigoyer était alors à la clinique et il fallait bien quelqu'un pour veiller sur le père comme sur le marmot.

La préposée s'appelait Irène Lebeau et était âgée de dix-sept balais. Age tendre. Age tentant. Huit jours ne s'étaient pas écoulés que le marquis, style noble, lui prouvait la profondeur de ses sentiments. Un honneur qui ne se refuse pas. Irène était entrée en condition le 20 octobre. Aux alentours du 27, crac! c'était dans le sac! A l'indiscret président des assises qui lui tirait les vers du nez, et voulait savoir « comment ça s'était passé », elle répondit cette phrase d'une simplicité bucolique, que tout l'art de la marquise de Sévigné n'aurait su embellir :

– Simplement, monsieur de Sigoyer est venu me trouver dans ma chambre.

Le piano à quatre mains a toujours eu ses amateurs. Dans des conditions qui ne sont pas parvenues jusqu'à nous, Alain de Bernardy de Sigoyer poursuivit ses amours en partie double.

Poursuivait-il *concurremment* ses cinq-à-sept avec belle-maman? Voilà ce que nous ne saurons sans doute jamais.

Le deuxième enfant de Jeannine et d'Alain vint au jour le 13 février 1943 : une jolie petite fille. Le 21, la sémillante boniche accouchait d'une autre! Coup double pour le marquis. Je suppose qu'il était ravi et savourait beaucoup plus le sel de la situation qu'il n'en appréciait les dangers : les témoignages sont unanimes, il aimait beaucoup les enfants.

Il est certain aussi que c'était un bourreau de travail, quand ça se présentait.

Au 60 de l'avenue de la Grande-Armée, Jeannine et Alain avaient pris en gérance un restaurant : *Le Polo alsacien*. Un peu plus tard, ils achetaient une boutique de vin à emporter dans le XXe arrondissement, au 12, rue Étienne-Dolet. Ne vous marrez pas! Tout ça ne se fait pas en soufflant dessus! La clientèle ne chômait pas. Toujours aussi mariole, le marquis devait s'approvisionner où il fallait... et qui avait de la marchandise avait de la clientèle. On connaît le proverbe : c'est pas le pognon qui manque... D'autant que les temps de l'Occupation allemande étant durs, on buvait pour oublier.

A côté des chalands classiques se pressaient alors au comptoir de nombreux consommateurs à la dalle en pente, des buveurs immigrés en quelque sorte, les uns vêtus de vert, les autres vêtus de bleu... la Kriegsmarine, comme ils disaient... Notre marquis, n'étant pas raciste, accueillait tout le monde dans un sympathique climat de compréhension européenne.

Et son commerce prospérait.

Tant et si bien que Sigoyer, marié sous le régime de la communauté légale, se rendait un beau jour à Étalante, en Côte-d'Or, et achetait une propriété...

Hélas! Il y avait maintenant de l'eau dans le gaz!

Profitant de ce voyage, Jeannine déposa une demande de divorce, lasse peut-être de toute cette activité, lasse aussi sans doute d'assister aux copulations de son marquis avec la boniche, et de cohabiter avec la progéniture d'icelle... Elle rentra chez sa maman.

Notez qu'on n'était pas fâchés pour autant. Le bon Me Isorni va nous mettre encore au parfum. Vous avez dit *divorce*?

« Elle allait chercher régulièrement sa pension chez son mari et en profitait pour faire l'amour : Alain restait un séducteur. Ce que ne supportait pas Irène Lebeau qui, elle aussi, élevait un enfant de lui. »

Je n'aurais jamais osé vous dire les choses aussi clairement!

Voilà donc le tableau : d'abord, la maman, la fille et la bonne. Colères, rancunes, jalousies, fâcheries, divorce, adultères au troisième degré... Et à présent la bonne devenue la patronne et l'épouse devenue la maîtresse... Imaginez ça dans votre *home*! Et peut-être encore la maman pour faire bon poids.

Pourquoi pas?

Or, le 28 mars 1944, jour fatal, Jeannine se pointa comme de coutume, après un rendez-vous plus ou moins manqué, boulevard de Bercy au domicile du marquis et... de la bonne. Entre-temps, Sigoyer était devenu un actif grossiste en liqueurs fortes. Et à l'époque, ça faisait du pognon!

Firent-ils l'amour?

Pourquoi pas?

Une chose est sûre. De cette visite, Jeannine de Bernardy de Sigoyer née Kergot ne revint jamais.

Ça, c'est certain. C'est imparable. C'est du bronze...

Le reste...

Vous jugerez. C'est bien votre tour.

Sur les deux versions de la mort de Jeannine, on verra ça tout à l'heure, lors du procès.

Le marquis séduisant, dominateur et sûr de lui, mais irrévérencieux et désinvolte était face à deux clans : les Lebeau et les Kergot, les femmes en première ligne. Le temps n'était plus où l'on allait se frotter à l'érotisme ésotérique du Centre partouzistique du 27, rue

Bleue. En s'institutionnalisant, la galipette avait pris du ventre et du sérieux. La susceptibilité s'était mise dans le fruit défendu. L'intérêt aussi bien sûr.

D'autant que, si l'on en croit le réquisitoire introductif du procès à venir, le commerce de vins et spiritueux (en gros) du marquis l'avait rendu maître de « plusieurs dizaines de millions ».

L'aube de la Libération

Tout ça tournait vinaigre. D'autant que les clans s'étaient renforcés.

Le clan Kergot comptait un élément de plus, un certain Robert Brisset, un marchand de patates de trente-cinq ans, voisin des Bernardy.

Aux assises, le président, décidément curieux, lui demande :

– Irène Lebeau était la maîtresse de Bernardy... et vous vous étiez l'amant de sa femme ?

En pleine poire !

Ce à quoi le négociant en pommes de terre rétorque :

– Non, monsieur le président.

Sec !

Est-il bien nécessaire de le préciser ? Cette dénégation en forme de frite ne convainquit strictement personne. La galanterie autorise tous les mensonges, même si l'on a d'abord prêté serment dans les formes. J'avais tout de même préféré la formule du marquis : « ... avoir l'extrême bonté de laisser ce point dans l'ombre », même s'il s'agit là de l'ombre du slip.

Il est certain que Mme Kergot n'avait plus guère de sympathie à l'endroit du marquis, et que l'arrivée dans le jeu du nommé Brisset avait dû aggraver les tensions.

Quant au clan Lebeau, du nom de la bonne Irène, c'était encore autre chose.

Irène avait un beau-frère, un certain André Héraud, âgé de trente-deux ans en 1944, un cheminot qui – souligne Me Isorni – habitait le pavillon de Bernardy. Un certain Marcel Grimeau, vingt-quatre ans, était un collègue et un pote d'Héraud. Tous deux étaient *résistants*, comme d'ailleurs la quasi-totalité des Français et la totalité de la S.N.C.F. le prétendaient.

Alain de Bernardy de Sigoyer ne faisait pas exception à la règle.

Ayant vendu de l'alcool aux affreux boches, *primo*, il avait récupéré une partie du pognon de l'Allemagne nazie, *deuzio*, il avait miné le moral de l'ennemi, l'alcool, c'est bien connu, tuant lentement... à l'exception du vin chaud du soldat français qui encourage le moral au-delà du troisième litre.

A la Libération, poursuivi bêtement pour collaboration économique, mais ayant obtenu un non-lieu, le marquis était devenu alors chef des Milices patriotiques du XIIe arrondissement.

Alors... vous voyez bien !

Indépendamment de toute sympathie ou antipathie personnelle, le pognon du marquis faisait les yeux doux à tout un chacun. Rares sont ceux qui résistent au charme d'un paquet de billets ou d'une jolie maison, même parfois à des biens plus incertains, voire plus fictifs... bijoux, mobiliers, bricoles, fonds de commerce... toutes choses bien près de tomber en poudre entre les mains crochues de la plupart.

L'étoile du marquis était en train de pâlir.

Sans doute s'en apercevait-il, mais qu'y faire ?

Indépendamment des sentiments patriotiques et concupiscents des deux cheminots, Irène s'était trouvé un petit fiancé qui n'ambitionnait que de succéder au marquis dans le cœur de sa belle.

Tout cela se passait encore sous les heures noires, pour le marquis plutôt roses, de l'Occupation.

Au lendemain du 28 mars 1944, jour qui vit la disparition de sa fille, Mme Kergot déposa une plainte en séquestration. A juste titre, elle était fort angoissée. La police enquêta, le marquis lui inspirant confiance, elle ne trouva rien.

Convaincue de la responsabilité de son gendre, Mme Kergot se confia à ce marchand de patates qui-n'était-pas-l'amant-de-sa-fille... ni le sien... mais en qui elle semble avoir eu une aveugle confiance. Lequel accepta de l'aboucher avec des gens qui... des gens que... bref avec des barbouzes du style *Carlingue*... Bony-Lafont... policiers d'occasion recrutés parmi la pègre la plus sordide et qui *travaillaient* aussi bien pour leur propre compte que pour divers services allemands.

N'ayant apparemment rien à refuser au nommé Brisset, ces sympathiques artisans du crime s'emparèrent du marquis en toute illégalité et le passèrent allégrement à la gomme à effacer le sourire. Puis à la moulinette... Comme il restait muet, on lui fit subir l'apprécié supplice de la baignoire...

Le marquis ne souffla mot.

Or, honoré lecteur, faites ici un effort d'imagination. Ces faits plutôt glauques *et propres à l'Occupation*, le nommé Brisset vint les narrer au procès du marquis, en pleine cour d'assises de la Seine, en 1945, alors que l'aube aux doigts de rose de la Libération avait écarté les funèbres rideaux! En pleine épuration! Étonnante scène d'époque!

A ceux qui firent mine de s'en étonner, le talentueux Me Maurice Garçon, partie civile pour Mme Kergot, lança cette réplique qui ne fit pas jurisprudence :

– Devant le criminel de droit commun, toutes les polices du monde sont égales!

Y compris la Guépéou, mon cher maître?

Y compris le SS Oberführer Kramer, comte von Kermose, auquel en définitive s'adressa la veuve Kergot?

Pas ne le dit pour le lui reprocher! chantait Villon.

Car enfin, toutes bizarreries mises à part, l'effort de cette femme pour rechercher son enfant disparue était légitime et respectable.

Mais le SS Oberführer Kramer ne trouva rien de plus que les autres.

Nous en arrivons maintenant à ce qu'il faut bien appeler le surprenant procès d'un marquis!

Reprenons donc notre héros ce jour de 1944 où la garnison allemande de Paris commence à graisser ses petites bottes... A peine sec, le marquis, à peine sorti qu'il est de la baignoire des *barbouzes* d'alors, la baignoire aux angoisses... Voilà qui crée de la sympathie dans les familles...

Les choses se seraient peut-être arrangées tranquillos en ces temps où l'on disparaissait pas mal, pour de bonnes ou de mauvaises raisons, si le hasard, dieu des policiers malins, n'était intervenu, juste au même moment que la Libération.

Après avoir cédé force flacons aux troufions du Reich, comme on a dit plus haut, le marquis « paradait » à la tête des *Milices patriotiques*, tout comme un certain docteur Petiot, unité informelle qui, a écrit un journal d'alors, « faisait la chasse aux *collabos* ».

Or, fatalitas! il fut arrêté alors qu'il s'employait à congratuler les militaires en kaki... Y a pas! Y a plus de justice! J' vous jure...

Comment fut-il ainsi appréhendé?

Voilà le récit qu'un inspecteur principal de quarante-neuf ans nommé justement Hillard! Georges Hillard, exactement... en fournit officiellement :

« Deux collègues et moi nous décidons d'aller faire un tour place de l'Hôtel-de-Ville. Arrivés à l'angle du pont d'Arcole, nous sommes arrêtés par des FFI qui entouraient les premiers chars arrivés.

« Tout à côté de moi, j'entends la voix de Bernardy, voix que je reconnus. Il faisait nuit noire. On ne voyait pas à deux mètres, mais je reconnus la voix. Il était interpellé par un FFI et il lui disait qu'il appartenait au Comité de libération en tant que responsable du XIIe arrondissement et qu'il était venu féliciter l'armée Leclerc. Je me suis concerté avec mon collègue Julliot et nous avons décidé d'arrêter Bernardy. Il a été écroué le soir même. »

On entendrait ça dans un film de Louis de Funès, on comprendrait tout de suite que le personnage est en train de se foutre de la gueule du monde.

Mais comme Hillard le dit, sous la foi du serment, c'est que ça doit être vrai.

D'où qu'il le connaissait, Bernardy, cet Hillard ? Au point de le reconnaître à l'oreille. Et par le plus grand des hasards encore ! En charge de Mme Kergot mère, pour la séquestration de la marquise, il avait enquêté boulevard de Bercy, au domicile du marquis, et rue Étienne-Dolet à ses chais.

Et bien sûr... BIEN SÛR... il n'avait pas filé le marquis. Pas filé du tout. Le hasard, on vous dit... La police est sans parti pris. Elle n'obéit qu'au hasard. Le génie sonore et fortuit du sieur Hillard l'avait seul mis en présence de Bernardy. Et pourquoi l'avait-il coffré d'une manière aussi spontanée ? Je vous remercie d'avoir posé cette question ! Il s'en est expliqué aux assises. Goûtez avec délectation :

« Il m'avait affirmé qu'il appartenait à un service allemand. Pendant toute l'Occupation, il avait constitué une fortune considérable estimée à quelque trente millions, et il possédait une propriété à Étalante qu'il avait louée à l'Organisation Todt » (agence paramilitaire allemande chargée de travaux publics ou agricoles et de constructions).

C'est toujours comme ça : une fois dans le trou, Alain a commencé à voir surgir les emmerdements. D'autant que sur l'aspect « politique » de ses activités viticoles, ça s'était arrangé.

Explication : pour avoir vendu du pichtegorne et du pastaga à la Wehrmacht et à la Kriegsmarine, le marquis était passible d'une procédure d'*intelligence avec l'ennemi* ! Or il avait « bénéficié d'une mesure de bienveillance qui permet de correctionnaliser certains faits de commerce avec l'ennemi ». Une possibilité sur laquelle les historiens n'ont pas beaucoup insisté. Au lieu d'être un « traître », le marquis n'était plus qu'un « mercanti » coupable d'un simple délit économique. Autrement dit, on se proposait de lui piquer son carbure mais pas de l'envoyer au bagne ou au poteau d'exécution. Positif, non ? D'autant que le marquis avait obtenu, de ce chef d'accusation, un non-lieu !

Cela ne faisait pas l'affaire des ennemis du Bernardy, les Kergot et les Lebeau qui ne songeaient qu'à l'épurer pour récupérer les dépouilles et accessoirement se venger.

Les premiers le poursuivaient d'une haine implacable justifiée d'ailleurs dans une large mesure puisqu'elle se nourrissait de l'angoisse quant au sort de Jeannine.

Les seconds... Irène, tout à ses nouvelles amours, souhaitait se débarrasser de cet extravagant patron-concubin et père de son enfant. Quant à ses cheminots de parents (et amis), ils entendaient bien conserver la maison où déjà ils s'étaient installés.

Requiescat in pace

Sur ce fond d'hostilité, dénonciations et « révélations » ne tardèrent pas à arriver sur les tables de la maison poulaga.

L'ami du beau-frère Lebeau fit partir le bouquet du feu d'artifice : un certain petit fût, supposé contenir des « papiers commerciaux » avait été déposé chez lui (naïf marquis !). Il le remit évidemment à la police. Mais au lieu de documents de nature à relancer la procédure économique il contenait... un sac à main, un manteau et quelques bricoles appartenant à Jeannine de Sigoyer !

Me Isorni, défenseur du marquis, a mis en lumière dans ses *Mémoires* le côté merdique des démarches policières. Les curieux se reporteront aux textes des trois volumes (Robert Laffont, éd.). L'essentiel est que la jeune Irène Lebeau, plus ou moins cuisinée, fit aux enquêteurs des révélations, plus ou moins spontanées, qui les conduisirent aux chais du marquis, dans le Bercy d'alors, bien plus pittoresque que celui d'aujourd'hui.

Là, sous le compteur à eau, dans quelques mètres cubes de terre humide, la malheureuse Jeannine dormait de son dernier sommeil... comme disent les poètes !

Elle était là depuis un an...

Que les estomacs sensibles se rassurent, je ne transcrirai pas ici les descriptions formulées dans les rapports médico-légaux. La belle et athlétique Jeannine, comment vous le dissimuler, n'était plus qu'une bouillie d'*adipocire*, produit spontané d'une saponification sous l'effet de l'humidité. Ce que c'est que de nous, tout de même!

Et dans *cela*, le docteur Derobert, chargé de faire l'inventaire, ne retrouva pas tout son matériel. Manquaient notamment – citons-le – « le radius et le cubitus, éventualité très fréquente parce que les avant-bras sont au contact direct de la terre ».

Ce qui donne à penser.

Il disait encore qu'il lui avait été « absolument impossible » d'envisager les éventuelles lésions subies antérieurement au décès. Seul l'hyoïde, un petit os proche du larynx, lui paraissait comporter une fracture *ante mortem*.

Tout cela, vous le verrez, est important pour la suite judiciaire des choses.

Et ceci, qui ne l'est pas moins : des prélèvements furent faits en vue d'examens toxicologiques : les poumons notamment, ou ce que l'on pouvait tenir pour tels, furent prélevés pour environ le tiers, *les deux tiers restants passant directement à la chaudière*.

Tout cela se rapporte à l'enquête consécutive à la découverte du corps de Jeannine dans sa sépulture clandestine. Lorsqu'une ultime exhumation eut lieu à la fin du procès du marquis, on peut imaginer ce qui restait des... restes de la malheureuse!

Aux enquêteurs, la pimpante Irène Lebeau, la boniche-maîtresse, présenta cette version du drame...

Le 28 mars 1944, Jeannine solide, sportive... en pleine forme, arrive chez son mari à neuf heures moins le quart, l'heure du petit déj'... afin de recevoir sa pension et – suggère Me Isorni – de joindre l'agréable à l'utile. Irène est à la cuisine. Jeannine et Bernardy montent à l'étage.

Quelques minutes plus tard, le marquis appelle Irène. Elle monte à son tour et voit Jeannine assise dans ce fauteuil rouge qui marquera les épisodes du procès. Bernardy, dit-elle, est debout derrière, tenant une corde passée au cou de sa femme. Il lui dit :

– Alors ? Brisset est ton amant ?

Brisset, je rappelle, est le marchand de tubercules, familier des dames Kergot.

– Je ne dirai rien..., aurait répondu Jeannine.

« Elle avait l'air de rire », précise Irène Lebeau.

A la rigueur, tout cela pourrait s'inscrire dans l'ambiance de jeux érotiques de club *Tuyau de poêle* qui régnait chez le marquis. Mais écoutons la suite.

– Je me suis approchée, poursuit Irène. Il avait l'air de tirer sur la corde. Il m'a repoussée brutalement en me disant : « Si vous bougez, je vous en ferai autant. » Mme de Bernardy était dans le fauteuil, elle a levé les mains et sa tête est tombée sur sa poitrine. A ce moment, Bernardy m'a dit de descendre pour faire sortir le petit Simety dans la cour [le fiston qui prenait son Banania dans la cuisine]. Il m'a rejointe au rez-de-chaussée cinq minutes après et nous sommes remontés. Là, j'ai revu Mme de Sigoyer dépouillée de sa veste de fourrure *et juste une corde autour du cou [sic]*. Il m'a demandé de l'aider à descendre le corps...

Coup de flash sur les obsèques : Bernardy place le corps dans une voiturette à trois roues, le mène à son chai 22, rue de Nuits, Irène suivant à pied comme un toutou. Le matin même, Bernardy aidé d'Irène aurait creusé un trou. On devine la suite...

Alain Bernardy de Sigoyer ne s'opposa pas à cette version durant l'instruction de son affaire. Tout de même, à la fin, il sollicita un interrogatoire que le juge Goletty lui refusa sous prétexte que le dossier était bouclé.

La partialité et la brutalité de ce magistrat étaient réputées.

Aux assises, Bernardy fit d'abord savoir qu'il attendrait l'audition des témoins avant toute révélation : c'était le droit de la défense, Me Isorni souhaitant souligner d'abord les contradictions des témoignages. Enfin, l'accusé fournit sa propre version des faits. Que voici, résumée comme il se doit...

« A neuf heures moins le quart, ma femme est montée dans ma chambre, s'est déshabillée et s'est couchée près de moi.

« A neuf heures, coup de sonnette. Et comme je ne fais pas mine de me lever, elle comprend qu'Irène Lebeau – dont le domicile était désormais ailleurs, rue Mercœur – était présente. Une discussion a surgi entre elle et moi, et je suis passé dans le cabinet de toilette.

« Après, Irène m'a raconté ce qui s'était passé en mon absence de la chambre : cette dernière monte à l'étage, y trouve l'épouse légitime qui se permet de l'engueuler, la frappe au visage. Irène Lebeau saisit un petit pistolet 6,35 dissimulé dans un petit chien empaillé, le coup part *accidentellement* et Jeannine s'effondre dans le fauteuil, morte d'une blessure *sous le sein gauche.* »

Affolement !

« La mère de mon enfant, dira le marquis, venait de tuer la mère de mes autres enfants ! »

Il aurait dû s'y attendre, notre joyeux aristocrate, à force de considérer l'amour à travers des lunettes... *à double foyer* !

Si la version du marquis nous paraît vraisemblable, nous comprendrons qu'il ait cherché refuge dans le silence et même qu'il ait suscité, comme il l'a fait, de faux témoignages pour faire croire que Jeannine était partie de chez lui en sifflotant... et sur ses deux jambes.

Hélas! Sombre et triste histoire! Dérisoire aventure!

« Et puis, ajoute-t-il, nous avons rhabillé le corps. » Il y a des séances qui commencent bien et qui finissent mal... Tout le monde devait être bien emmerdé. *Comment s'en débarrasser?* a demandé un jour Eugène Ionesco... On fit alors, affirme le marquis, appel au beauf' d'Irène pour résoudre ce problème, et apporter une « bonne » fin à cet acte de Georges Feydeau qui avait tourné au tragique... Dans la vie, Guignol a de ces retournements!

Voici donc deux versions face à face.

Entre les deux, laquelle choisissez-vous? A quelle vraisemblance matérielle, psychologique, accrocher votre « intime conviction »? Et que penser de ce lien qu'on retrouvera au col du cadavre?

La version la plus proche du vrai paraît être celle du marquis.

Ce qui me fait pencher de ce côté? Pas tellement les détails... ni l'accent des deux accusés qu'on perçoit bien à travers la sténographie des débats que j'ai sous les yeux... Non.

Mais plutôt l'attitude de l'avocat d'Irène, Me René de Vésinne-Larue (qui, par parenthèse, défendit Violette Nozière). Pourquoi, lorsque éclate le coup de théâtre, que le marquis met dans le bain sa co-inculpée, s'obstine-t-il contre tous, et même contre le ministère public, à refuser tout nouvel examen médico-légal des pauvres restes de Jeannine de Sigoyer? Tout comme s'il avait peur de voir retrouvée cette balle de revolver dont il dénie d'abord l'existence, puis...

Pourquoi, dans sa plaidoirie, sort-il comme un lapin d'un chapeau la thèse quelque peu rocambolesque d'un Bernardy tirant un coup de feu sur le corps de son épouse qu'il viendrait d'étrangler... Dans l'intention vraiment extralucide de tromper une éventuelle justice à intervenir...

– Machiavélisme qui fait frémir! s'exclame-t-il...

Certes oui, mon cher Maître. Mais trop, c'est trop.

Et dès lors, dans un scénario aussi subtilement élaboré, que vient faire cette ficelle *oubliée* au cou de la morte?... Ficelle d'ailleurs aussi inexplicable dans une version que dans l'autre...

Enfin...

Malgré l'opposition de Me de Vésinne-Larue, l'examen de... ce qui restait des restes eut bien lieu. Et le projectile resta introuvable. Bernardy avait joué quitte ou double et il avait perdu. Les choses étant ce qu'elles étaient, il avait peu de chances de gagner. Si balle il y avait, elle était vraisemblablement perdue au cours des sinistres manipulations subies par la pauvre victime, tant du fait de ses croque-morts improvisés que des auxiliaires de la justice.

Le matin du jour où les plaidoiries devaient être prononcées... mais laissons la parole à Me Isorni :

« ... Je recevais un coup de téléphone anonyme d'un fonctionnaire du service de toxicologie. Il m'apprenait que lorsque les poumons de Mme de Sigoyer avaient été examinés à la première autopsie, un tiers seulement avait fait l'objet d'un examen *complet* (donc toxicologique) et avait été conservé dans un bocal, alors que les deux autres tiers avaient été jetés par le Dr Derobert à l'Institut médico-légal.

« Et si le projectile s'était trouvé dans les poumons jetés en cachette ? *C'est possible!* me répondit la voix anonyme.

« J'exigeai qu'on fît revenir le Dr Derobert [l'expert] à la barre. Ce serait la quatrième fois. Je me livrai contre lui à une véritable agression. *Il reconnut avoir jeté les deux tiers des poumons et n'en avoir pas parlé.* Mais il affirma que s'ils avaient contenu un projectile, il s'en serait rendu compte.

« Comment ?

« Silence !

« Il ne pouvait dire autre chose. Ma question demeurait dans toute sa force, et dans toute sa force elle demeurait sans réponse. L'avocat général crut pouvoir demander la mort... »

Le marquis s'était refusé avec indignation à ce que sa défense plaide l'aliénation mentale, et du même coup la culpabilité et... le crime passionnel.

Il ne lui restait pas grand-chose en main ! Outre sa biographie quelque peu accidentée, il avait contre lui le témoignage d'un codétenu qui affirmait avoir été chargé de remettre à maman Kergot un colis de confit d'oie... traité à l'arsenic !

Le doute aurait dû jouer en faveur de l'accusé. N'est-ce pas... théoriquement... la règle ? Tintin la balayette !

Bernardy de Sigoyer fut condamné à mort.

Irène Lebeau fut acquittée.

Logique.

En un sens.

Le pourvoi en cassation ayant été rejeté, restait la grâce. Je me permets de citer encore une fois Me Isorni. Voilà le morceau :

« En ce temps-là, le souverain s'appelait Vincent Auriol. C'était un personnage moyen qui dissimulait involontairement ses dimensions réelles sous la rondeur dorée des Languedociens et dans la saveur de son accent. [...] J'exposai au président de la République l'aspect inconnu du procès, ce qu'avait été mon cas de conscience, ce que j'aurais dû plaider, le drame passionnel et la folie, je l'adjurai, en prenant la responsabilité de la faute commise par moi, d'accorder la grâce. A l'audience de l'Élysée, je pouvais le dire, même si ce n'était pas une faute.

« Auriol me répondit, bonhomme :

« – Voyons, Isorni, je ne peux tout de même pas vous faire guillotiner à sa place.

« Le mot était drôle. En ces circonstances, les mots drôles ne font pas rire.

« Alain de Bernardy fut guillotiné. »

En effet...

Au moment suprême, Sigoyer ne prononça aucun commentaire, ne poussa « aucun cri d'innocence ». Ce qui était bien dans la ligne de son attitude *grand seigneur*... Après tout, il n'était pas le premier marquis, et sans doute pas le premier de sa lignée, à passer dans la machine à saucisson. Il ne dit que ceci, alors que, ficelé dûment, « avant d'être poussé sur la planche, il se retourna vers l'avocat général Lemoine et, avec un inexprimable sourire de supériorité, ne perdant pas à la minute où il allait mourir son impertinence seigneuriale, il lança : " Mes respects, monsieur l'avocat général ! " »

C'est Isorni qui nous raconte ça.

Les adversaires de la peine de mort liront avec intérêt les lignes qui suivent, et qui sont du même témoin :

« Ce jour-là, deux exécutions avaient lieu dans la cour de la prison de la Santé. Par une mesure d'économie judicieuse, l'Administration pénitentiaire n'avait mis qu'un seul panier à la disposition du bourreau pour recueillir les deux corps et les deux têtes.

« Lorsque Bernardy s'avança pour mourir, il put apercevoir le corps tronçonné de l'autre condamné qui l'avait précédé sur la machine sanglante.

« Ainsi se manifestait, dans sa mesquinerie administrative, la civilisation judiciaire d'une nation chrétienne. »

On a vu pire, mon cher Maître, on a vu pire !

Avant de monter à la Bascule Fatale, le marquis avait envoyé une bafouille à son débarbot... Elle arriva par voie postale le lendemain matin... Voix d'outre-tombe !

Le texte intégral n'en est pas jusqu'ici parvenu à la postérité, mais son destinataire en a publié la fin :

« Maintenant, vous avez mon sang sur vos mains. Je vous pardonne. Mais aussi vrai que je meurs innocent, Dieu vous punira, vous et cet abominable scélérat de Goletty. Je vous dis : *A bientôt.* »

N'est-ce pas ce qu'un agonisant peut dire de mieux ?

Enfin, Isorni rapporte un cri d'Irène victime d'une crise nerveuse à la prison de la Roquette (donc avant le procès, et la consigne fut de ne pas raconter l'incident) : *Oui, c'est moi ! Brûlez le fauteuil rouge !*

Sombre histoire ! Étrange procès...

DEUX PENDUS POUR UN GIBET
ou
Le gentleman de Rillington Place

Le juge était un singe de la race des gorilles, un vieux singe respectable pour son grand âge, sa barbe blanche et aussi pour ses lunettes d'or, sans verres, qu'il était obligé de porter continuellement à cause d'une inflammation des yeux dont il souffrait depuis plusieurs années.

Carlo Collodi
Les aventures de Pinocchio

L ' A F F A I R E
JOHN TIMOTHY EVANS

LES VICTIMES
Mrs. Beryl Suzanne Evans, dix-neuf ans, sans profession. Son bébé, Géraldine Evans, quatorze mois.

L'ACCUSÉ
John Timothy Evans, vingt-quatre ans, livreur de pain.

LES FAITS
Étranglées conjointement le 7 mars 1949, les victimes ne seront retrouvées que neuf mois plus tard, le 2 décembre, dans la buanderie de la maison du crime, 10, Rillington Place, quartier de Notting Hill à Londres.

LE PROCÈS
Le 13 janvier 1950. Cour d'Old Bailey. Juge : *Mr. Lewis.*

LE VERDICT
Condamnation à la peine capitale. Appel rejeté par le juge suprême Lord Goddard. Mr. Lewis mourut six jours après l'exécution d'Evans.

LE SORT ULTÉRIEUR
Exécuté le 10 mars 1950 à Pennionville (banlieue de Londres).

JOHN REGINALD HALLIDAY CHRISTIE

LES FAITS
Le 24 mars 1953, un Jamaïcain, Beresford Brown, entreprend la réfection du logement qu'il a loué dans un petit immeuble de Londres, 10 Rillington Place, Notting Hill. Constatant qu'un mur sonne creux, il fouille et aperçoit deux cadavres dans une cache. Prévenue, la police trouve en fait trois corps dans un placard camouflé. Plus un autre, identifié comme celui de l'épouse de l'occupant précédent, John Christie, sous les lames d'un parquet. Dans le jardin, on trouve les vestiges de deux femmes. Le 2 décembre 1949, on avait découvert, dans la buanderie de l'immeuble, deux corps, ceux de Beryl et Géraldine Evans, femme et fille de John Evans, colocataire de l'immeuble.

LES VICTIMES
Ethel Christie, quarante-cinq ans, épouse de John Christie. Disparue à Noël 1952.

FAITS DIVERS ET CHÂTIMENTS

Rita Nelson, vingt-quatre ans, Irlandaise, serveuse de bar, modèle d'artistes et prostituée, disparue en février 1953.
Kathleen Maloney, dix-neuf ans, orpheline originaire de Plymouth, prostituée clandestine, disparue en février 1953.
Hectorine Mac Lennan, vingt-sept ans, Écossaise, mariée à un sergent birman de la Royal Air Force. Mère d'un enfant, enceinte. Solitaire, elle disparaît début mars 1953.
Ruth Fuerst, vingt et un ans, Viennoise, réfugiée, disparue avant août 1943.
Muriel Amelia Eady, trente-deux ans, ouvrière en électricité. Disparue le 9 octobre 1944.
Beryl Suzanna, dix-neuf ans et Geraldine Evans, quatorze mois. On peut être assuré, malgré la prudence des policiers et magistrats britanniques, qu'elles furent les victimes de Christie, ainsi, par conséquent, que leur mari et père John Evans, pendu injustement.

L'ACCUSÉ
John Reginald Halliday Christie, cinquante-neuf ans, blessé de guerre (1916), chômeur (ancien policier auxiliaire 1940-1944, ancien employé d'une maison de transport). Cinq condamnations vers 1943 dont une pour violences.

LE PROCÈS
Cour d'Old Bailey, 22 juin 1953. Reconnu fou, mais « sain d'esprit au point de vue légal » selon les lois de Mc Naghten. Défense : *Mr. Mederek Curtiss-Bennett.* Ministère public : *sir Lionel Heald.* Juge : *Mr. Finnemore.*

LE VERDICT
Condamnation à la peine capitale. Pendu le 15 juillet 1953.

Je m'en vais maintenant vous narrer, aimable lectrice et vous, respecté lecteur, une histoire, une fable extrêmement savoureuse, je dirai même : exemplaire. Fable dont la moralité vous sera fournie en fin... de conte ! La matière en est double, et même multiple. D'abord, une question préjudicielle : non pas « tout le monde peut-il être assassin » comme je le pensais pour commencer, mais bien : « tout le monde peut-il être innocent ». La réponse est non. Y a des gens qui sont trop bêtes pour être innocents. Je le dis sans acrimonie : c'était le cas d'un pauvre homme nommé Evans, un sujet de sa *grachiouss majesty ze couine of Englande*.

Ensuite, une question qui ne l'est pas moins, préjudicielle : faut-il faire confiance à la justice ? Réponse : non ! Il ne faut faire confiance à personne...

Le présent livre est d'ailleurs une sorte de catalogue... oh bien partiel... d'illustrations à l'appui de cette vérité première.

Les Français sont le peuple le plus spirituel de la Terre, le plus intelligent, c'est un fait acquis... Ou du moins, un propos fort répandu... autrefois et dans ce pays. Mais chaque réalité comporte une dimension collective et une dimension individuelle. Ce qui fait qu'un peuple *très* intelligent peut se composer d'individus *pas très* malins. Ça surprend mais c'est comme ça. Ainsi, la plupart des Français ont-ils des autres peuples des images stéréotypées que le réel ne vérifie pas... Exemple : l'Angleterre.

Tout criminel hexagonal rêve de se voir réclamé par la justice britannique. Ce rêve est à base de citations en langues étrangères : *fair play, habeas corpus, Lord Justice, Scotland Yard*... J'ajouterais *perruque*, et *pendu haut et court* si je savais comment ça se dit dans la langue de Margaret Thatcher.

L'histoire de John Timothy Evans et de Mr. Christie va casser en mille morceaux cette illusion digne de Mme Tussaud (le *musée Grévin* de Londres) et nous rappeler à la vérité des choses. Un coup d'œil sur l'époque contemporaine du présent ouvrage complétera brièvement notre exposé.

Une tragédie très british

On oublie volontiers que Londres est le pays de Jack l'Éventreur, de Mr. Hyde et du Dr Jekyll. Les images d'Épinal ont la vie dure... Ceux qui ont le mieux dépeint cette société, du moins de ce côté de la Manche, sont sans doute les humoristes. Pour moi, j'élirais volontiers Marcel Carné et Jacques Prévert dont le film *Drôle de Drame* nous promène des quartiers cossus de cette capitale aux rues chinoises peu propices au noctambulisme. On pourrait y ajouter *L'Opéra de quat'sous* de Pabst...

C'est dans une ambiance de ce genre, nonobstant la fuite des décennies, que va se dérouler notre histoire.

En 1949, quand elle commence, le petit coin de Rillington Place nous fait nous demander si, pour reprendre un propos célèbre, « l'Angleterre, comme Carthage » n'a pas été détruite.

Autour de cet espace, de petites maisons qui font songer, pour revenir au cinéma, à *Tueurs de dames*... Autrefois, elles ont dû être coquettes, avec leurs fenêtres à croisillons, leurs petits étages et leurs rideaux brise-bise. De vieilles demoiselles y prenaient le thé *(five o'clock tea)* avec de minuscules biscuits *home made*, un gros *pussy cat* dûment coupé sur les genoux. Notre affaire est moins rassurante ! Car, notamment, la ville se remet mal des cinq ans de guerre qui viennent de s'achever. L'Empire britannique est démantelé, Londres en vivait. Maintenant on y vivote.

John Timothy Evans y vivote aussi. Non qu'il occupe, comme cela se faisait, l'ensemble de la maison qui porte le numéro 10. Ses moyens ne le lui permettent pas. Il vivote seulement dans un étage : le second. Il faut bien que ça lui suffise.

Au rez-de-chaussée subsiste un *gentleman* dont l'évidente respectabilité est soulignée par un parapluie roulé et une calvitie tempérée par un chapeau melon : John Reginald Halliday Christie. Ces deux gaillards-là étaient faits pour se rencontrer.

Je voudrais pas vendre la mèche trop tôt, écarter, comme on dit, tout *suspens*. Certaines choses doivent cependant être mentionnées dès maintenant, pour qu'on suive bien le déroulement des faits. Si ces deux personnages nous paraissent si complémentaires, c'est qu'Evans était un immature à peu près illettré, handicapé par un défaut de prononciation, dépaysé sur cette pauvre planète et réceptif à toutes les suggestions, et que Christie, lui, s'est révélé un effroyable fou pervers, doué comme il est de règle d'une efficace malice dissimulée par une sournoiserie souriante du meilleur effet!

Christie, tout comme son homologue hexagonal le bon docteur Petiot, je l'aurais bien vu sollicitant le suffrage universel et se retrouvant bon an mal an à la Chambre des Communes. Et puis, qui sait : Sir John Christie... ça n'aurait pas fait mal sur une carte de visite!

Il avait le profil... Il aurait pu s'amnistier lui-même... Il avait un bel avenir!

On peut rêver!

Or, dans ce quartier de Notting Hill, on n'y manquait pas. Valait mieux, d'ailleurs. C'était un coin charmant, un peu genre « Goutte d'Or » avec ici et là des immeubles bombardés, fréquenté par des pauvres mecs et de plus en plus d'innombrables Jamaïcains...

Je m'imagine bien... parce que c'est tout à fait l'univers évoqué par un grand dramaturge londonien, Harold Pinter, dans sa pièce *Le Gardien*... joué à Paris par l'extraordinaire Jacques Dufilho... Des immeubles lépreux que personne entretient... qui n'ont plus beaucoup de *clos* ni de *couvert*... envahis par des paumés qui peuvent guère aller ailleurs. Des qui se nourrissent de *fish and chips* de seconde main, des poissons pas très frais qu'ont l'air d'avoir déjà été bouffés... qu'on fait *revenir* dans l'huile de vidange... L'odeur... comme disait l'autre. Je vous dis pas!

Parce que... si j'ose me citer pour une fois... la misère, c'est comme la prison : c'est d'abord une odeur.

Eh oui! Ça devait pas sentir très bon dans la canfouine à John Evans. Un garçon qui, pourtant, n'avait rien demandé à personne. Un Anglais comme un autre... Il savait pas lire... écrire, d'accord. Mais il était livreur... porteur de pain si vous préférez. Sa tête, bien sûr, devait pas être très solide.

Comme il habitait le dernier étage, fallait qu'il descende souvent. Là, il rencontrait le voisin d'en bas... je vous ai dit : John Christie. Ils se saluaient en souriant. Ils se causaient un petit peu :

– *How are you, mister Evans?*

– *How are you, mister Christie?*

Des questions rituelles. Sans réponses... Des impasses. Ils étaient mariés tous les deux. Ça aide.

Mrs. Christie, c'était Ethel. Age mûr. Pas terrible. Plutôt boudin, si vous voulez savoir. Mais au 10 Rillington Place, on faisait pas trop la fine bouche. Et puis, c'est pas les manteaux de vison qui encombraient les placards...

Mrs. Evans, elle, fort jeunette, dix-neuf ans. Beryl, elle se prénommait. Mignonne, il semble. Elle avait juste un bambin, Geraldine, quatorze mois à l'époque des *faits*!

Bien sûr, Evans, c'était pas le mari modèle... Pas le seul, faut pas croire! Évidemment, c'était pas un intello... il avait pas grand-chose dans la cafetière. Ça, ça n'a jamais beaucoup desservi quiconque auprès des dames... Comme il était beau mec, et comme il circulait beaucoup, avec son bricheton... alors il se faisait une nana de temps en temps, entre deux portes cochères. Une blonde, au moment du drame. Y en pas mal en Angleterre... Le soir, quand il rentrait de ses tournées, il s'attardait dans les pubs, il se piquait un peu la truffe... les copains... l'ale... Et puis l'ambiance, quoi! Y avait notamment un certain William Mc Phail, qui l'accompagnait dans son boulot. Forcément, au retour tardif à Rillington Place, Beryl, elle était pas toujours bien disposée. Evans, alors, il lui en collait une... une petite tarte... ou même une pêche. Une tourlousine. Personne y voyait malice. Ça favorisait les réconciliations. Parfois, l'adultère, ça inspire.

Globalement parlant, dans ce cadre... ce climat idyllique... Beryl, elle était pas très satisfaite. A cet âge-là, on a encore des ambitions, des illuses. Elle pleurnichait souvent. Ça énerve, c'est vrai. Et puis aussi, la trouille, que ces réconciliations quasi quotidiennes, elles finisssent par porter leur fruit... C'était pas la hantise, mais enfin lorsqu'un jour de février 1949 elle a regardé son calendrier avec un peu plus d'attention... elle s'est aperçue qu'elle était pas en avance... le moins qu'on puisse dire!

Les entretiens qu'elle a pu avoir à ce moment-là avec son époux n'ont pas donné grand-chose. Le porteur de pain, il avait des principes. La discussion a été épineuse. Evans, la situation lui plaisait plutôt. Il se voyait avec une belle petite famille. Il trouvait aussi qu'à Beryl, ça lui allait bien au teint, à la silhouette.

Mais, il se trouve que *ze respectaboule* Mister Christie, il avait la réputation de traiter ce genre de question. Qu'il avait pas son pareil pour le doigté... Il faisait des anges sans problèmes. On l'appelait l'avorteur du faubourg, si vous voulez savoir. Une spécialité bien appréciée dans le secteur.

Beryl, elle était décidée à y avoir recours. Evans était extrêmement réticent. Il trouvait ça écœurant. Il voulait pas en entendre parler. Mr. Christie essayait bien de le raisonner.

En vain.

C'est donc seule, alors qu'Evans était au boulot, à sa charrette à pain... ou à la petite blonde peut-être... que Beryl alla voir son gentil voisin... sa calvitie, ses petites lunettes...

Là, j'aime mieux vous prévenir... le récit, c'est pas du bronze. Comme souvent dans ces cas-là, le seul témoin, c'est le survivant.

Or, si Evans a pas les idées très fixes, Christie, comme on va voir, est franchement tarabiscoté et même pour tout dire, parfaitement chabraque. Essayons néanmoins de nous y retrouver.

L'honorable Mr. Christie

L'hypothèse la plus vraisemblable est que Christie et Beryl Evans se sont retrouvés dans le logement vide du premier étage. Pour opérer, on suppose. Cependant, Christie a d'autres passions, d'autres ambitions... Pour lui, les choses du plaisir ne sont pas simples et agrestes, comme pour vous et moi et il semble... mais on en reparlera... que le fait d'étrangler sa partenaire lui facilite diablement ces choses... sa prise de panard... son éclatement, comme on dit de nos jours.

On l'a vu, Beryl est assez pimpante. Pourquoi donc ne pas s'en servir, puisqu'on l'a sous la paluche ? C'est sans doute ce qui s'est passé. D'autant que pour pratiquer l'intervention envisagée... y avait de quoi tenter un homme normalement constitué, à plus forte raison un vampire pourri comme ce brave Christie.

Là-dessus, le baby Geraldine, peut-être qu'il braillait... qu'il s'impatientait. Ou qu'il percevait des choses vagues, intemporelles, qui le rassuraient qu'à moitié. Peut-être simplement que ça lui est venu dans le mouvement, à Christie... Une idée comme ça, quoi ! Il l'aurait estourbi dans la minute.

Ainsi, quand Evans revint du boulot, sifflotant comme les nains de Blanche-Neige, Christie l'arrêta au pied de l'escalier :

– *Aoh! dear John! Wait a minute, please. Your wife is dead...*

– Votre femme est morte, mon cher John ! Votre enfant est en sûreté chez une voisine. Tirez-vous des pattes le plus loin et le plus vite possible pour pas avoir d'ennuis. Je m'occuperai des... euh ! j' veux dire... du cadavre. Faites-moi confiance, tout se passera au mieux. J' vais vous arranger les choses aux petits oignons.

Le *dear* John en question a été un peu surpris sur le moment. Bof, après tout, il s'en est arrangé.

Évidemment, si ces deux personnages avaient été... *normaux*... enfin, comme vous et moi par exemple, rien de tout cela ne serait survenu, et Mrs. Evans serait toujours dans sa fiente en train de déguster des chocolats à la menthe et du thé parfumé à la bergamote. Tous les goûts sont dans la nature...

Seulement... si Christie est un fou frénétique et Evans un immature ahuri... éthylique sur les bords... tout devient possible... se passe dans un brouillard. Comme souvent en matière de crime, pour ne pas dire toujours... on est dans un autre monde où les réalités n'ont pas la même valeur, voire pas de valeur du tout.

Toujours est-il qu'Evans file dans le Pays de Galles, se faire héberger chez une tante. Nous sommes alors le 7 mars 1949... Il y restera jusqu'en novembre.

Notez que les enquêteurs ont recueilli le témoignage de la tante. Durant son séjour, John Evans parle fréquemment de son bébé, non sans tendresse. Il tient à choisir lui-même le nounours qu'a décidé d'acheter la tantine : il sait, lui, mieux que quiconque, ce qui fait plaisir à sa fillette.

Dissimulation ? Alibi ? Ouais... bien subtil pour ce grand bovidé d'Evans... Faut pas lui en demander trop. Une chose est sûre : là, il se sent en sécurité comme s'il se trouvait au sommet d'un arbre au fin fond de l'Amazonie. Et puis... quoi... Mr. Christie n'a-t-il pas bien voulu se charger de tout ? Notre ami Evans, c'est un fait attesté, ne voit pas beaucoup plus loin que le bout de son pif... De toute façon, n'est-il pas plus à l'aise que s'il lui avait fallu expliquer à ces messieurs de Scotland Yard comment sa femme était morte à l'issue d'une fâcheuse tentative d'avortement ? Dont il aurait été soupçonné d'avoir accepté le principe.

Pour lui... l'avortement, c'était le comble de l'abomination. Plutôt tout... plutôt n'importe quoi. Et là, on y était en plein...

Et enfin, pourquoi s'en faire, dès lors que le *respectable* Mr. Christie s'est occupé de l'intendance ?... Et prenez le temps d'observer, aimable lecteur, adorable lectrice... que tout ça n'est pas *absolument* absurde ! Ce ne l'est que... *relativement*. Un adverbe dont Evans ne va pas tarder à apprécier l'insondable profondeur !

Christie... pardon de me répéter... n'est qu'en apparence le froid calculateur, le malfaiteur efficace, imparable, qu'on croit d'abord déceler. Mais c'est l'extérieur des choses, la peau du fruit... En réalité, il est fou ! Comme ces hallucinés nocturnes qui se baladent en équilibre sur le bord de la gouttière, il accomplit des choses tellement hors du commun que nul ne s'en avise. Il suffit pourtant d'un grain de sable pour faire basculer le tout, et envoyer l'acrobate sur le pavé de la cour.

Par hasard tout va être découvert. Savez-vous où il les a « dissimulés », les cadavres, le froid calculateur ? Il les a fourrés dans l'appentis dont il dispose pour ranger sa bécane, dans le jardinet du 10 Rillington Place ! Un bel endroit vraiment pour ensevelir ces deux vestiges humains !

On est le 2 décembre 1949. C'est dire que huit mois ont passé. Évidemment, quand on découvre ces deux momies qui ne doivent rien à la discipline de l'égyptologie classique, on se tourne d'abord vers Mr. Christie...

De la fin de Beryl Evans, il fournira ultérieurement un nombre impressionnant de versions. Y compris celle-ci : se pointant au deuxième étage (la piaule des Evans) il découvre sa jolie voisine occupée à... se suicider au gaz d'éclairage ! Il ferme le compteur, aère la pièce puis va se coucher. Et c'est le lendemain que, cédant courtoisement à l'aimable insistance de Mrs. Evans, il lui aurait collé le tuyau dans le bec, puis l'aurait étranglée, non sans avoir derechef fermé le robinet.

Survenant sur ces entrefaites, John Evans aurait cédé à la conviction que la mauvaise ambiance de son ménage le ferait soupçonner. Et c'est subrepticement que les dépouilles se seraient retrouvées dans l'appentis-buanderie du jardin.

C'est donc à Merthyr Tydfile, Pays de Galles, que, feuilletant la feuille de chou locale, Evans a le regard arrêté par une photo. *What is it?* La tantine, qui a fait des études, lui explique de quoi il en retourne. Paniqué encore par cette histoire d'avortement, il se rend chez le *constable* du lieu pour s'accuser du meurtre de sa femme.

Un accusé coopératif

Voilà notre Evans transféré à Londres en grande vitesse, afin d'y confirmer ses aveux. Là, un poulet muni d'une pipe lui dit, un peu sévère, entre deux bouffées :

– *Aoh yes, mister Evans! Of course.* Et ça est vô aussi qui avez étranglé la petite béby, no ?

Déconcerté... on le serait à moins ! Evans n'aurait pas trouvé immédiatement la réplique, et aurait opiné du chef durant qu'il était encore temps.

Il a bon dos, le flegme britannique!

Au cours de l'enquête, il revient sur ses dires. Mais quand il est confronté à ce témoin à charge idéal qu'est Mr. Christie, il se dégonfle encore un coup. Christie déclare :

– Le 6 mars ? *Aoh, yes!* (les Anglais disent toujours « *aoh, yes!* » si vous avez remarqué...) Certainly ! J'ai entendiou des cris chez l'honorable Mister Evans. Et après, plous rien diou tout!

Evans, analphabète... je vous rappelle! et paumé, semble très influencé par Christie... qui lui enlève un sacré poids en lui signalant ce qu'il faut dire... et qui l'a sans doute manipulé au cours des mois précédents.

Tout de même lorsque, le 13 janvier 1950, Evans comparaît devant la cour, il semble prendre conscience de ce qui le guette. Devant Christie, appelé comme témoin à charge, il se dresse et crie :

– C'est lui ! C'est Christie ! C'est cet homme qui a tué ma femme et ma fille!

Il en faudrait davantage pour déstabiliser un maboul! Christie hausse les épaules :

– *Aoh! My poor* voisin a perdu son tête ! L'épreuve, elle a été trop dure!

Très apprécié ! Les hypocrites bénéficient toujours d'un léger plus, dans ces circonstances-là!

Notez que, par une fantaisie de la procédure britannique, l'accusation n'a poursuivi Evans que pour le meurtre de sa fillette. Ce qui fausse évidemment l'examen des faits. Économies... Économies... Ça avait dû sembler payant.

Correspondant de *Détective* à Londres, Maurice J. Simon a eu accès aux pièces de la procédure, et spécialement au mémoire remis par le juge, Mr. Lewis, aux jurés avant leur délibération. L'intention était de simplifier les choses en écartant toute culpabilité, toute hypothèse de culpabilité pour Christie :

« On a suggéré que Christie était un avorteur. Or, il est constant [admirable formule!...], il est constant que Mrs. Evans est morte de strangulation. Au demeurant, la seule question à laquelle vous ayez à répondre est : Evans a-t-il tué son enfant ? Bien sûr, la défense affirme qu'une même main a tué la mère et la fille, celle de Christie. Or, à supposer que ce dernier ait tué Mrs. Evans, quelle raison concevable eût-il pu avoir de tuer le bébé ?

« Je vous rappelle en outre qu'Evans a menti sans cesse : il l'a reconnu lui-même. Alors ? On voudrait vous faire dire que Christie est l'assassin parce que, voici dix-sept ans, il a subi cinq condamnations dont une pour violences ? Allons donc ! »

Allons donc!

Je ne sais pas si le livre Guiness des records comporte une rubrique des sophismes à la con, mais je sais que ce morceau d'imparable logique judiciaire mériterait d'y figurer.

Maurice J. Simon, lors du procès Christie, observe avec un flegme *very british :* « Combien est pénible la lecture de ces mots tracés par ce juge intègre qui, en son âme et conscience, présida le procès Evans! »

On ne saurait mieux dire. Près de quarante ans plus tard, cela apparaît toujours aussi pénible.

Ainsi, ce brave couillon d'Evans fut-il condamné à la peine capitale, en tout *habeas corpus* et *fair play* réunis, et les perruques en plus.

Tout de même, la Couine n'ayant pas cru devoir faire usage de son droit de grâce, le malheureux reçut les secours de la Religion... selon la formule consacrée. Quelques instants plus tard, ayant eu l'ultime avantage de pouvoir parler à sa mère, il lui affirma n'avoir appris la mort de sa petite fille qu'à son retour à Londres.

Sur la trappe fatale, le malheureux Evans cria : « Je suis innocent. » Ce qui lui a fait une belle jambe!

On lui serra le kiki, il hoqueta, se vida comme on sait que cela se produit, puis rendit au respectable Dieu des anglicans « son âme machinale »!

Car il n'en fut pas moins pendu. Haut et court, selon une formule qui ne signifie pas grand-chose.

Aoh, yes!

Un collectionneur de cadavres

Durant que le pauvre Evans filait dans la terre du Royaume-Uni (d'Angleterre et d'Écosse, et d'Irlande du Nord, pour le moment et par-dessus le marché...) rejoindre son infortunée famille, Mister Christie, lui, regagnait son coquet taudis du 10 Rillington Place, rez-de-chaussée et dépendances.

Intérieurement, il devait savourer sa victoire, la bêtise ignominieuse de la justice, la mort définitive de son voisin Evans...

Peut-être même pas. Est-ce qu'on sait ? Sans doute qu'il se contentait simplement de jouir de sa survie, et de la solennelle affirmation d'innocence dont il venait officiellement de bénéficier. Ça pose un homme, *goddam!*

Ex-employé d'une maison de transport, présentement chômeur comme tant d'autres, calvitie, lunettes... very respectable en apparence... melon, imperméable simili burberry, godasses cirées *impeccaboule!* Que demander de plus ? Tranquille comme Baptiste, sournois... et complètement déglingué à l'intérieur, Christie était comme ces immeubles dont la façade intacte fait encore bonne figure alors que derrière, dalles et plafonds, cloisons et planchers sont effondrés dans un enfer de gravats où cavalent à qui mieux mieux les rats et les blattes !

Entre le rez-de-chaussée et la piaule de feu Evans, le premier étage était resté inoccupé.

Faut bien dire qu'Evans avait éructé tout et le contraire de tout... Qu'il avait avoué, s'était rétracté... Tout le monde avait fini par hausser les épaules. Ce que pensait, sans doute, Christie, dans sa solitude !

Au procès, curieusement, en entendant le verdict, il avait éclaté en sanglots ! Ah, mystérieuses profondeurs de l'âme humaine, ou de ce qui en tient lieu !

Au demeurant, j'ai dit, Christie a de l'allure.

Pourtant, il a eu une vie bizarre.

Gazé en 1916 au cours de la campagne des Flandres, il est resté un moment aveugle. Les voies respiratoires en ont pris un coup.

En 1940, il avait été nommé pour quatre ans policier auxiliaire, puis retraité à ce titre, il avait alors pris un petit boulot, chichement rémunéré. Ensuite chômeur. Pour autant qu'on puisse se rendre compte, sa vie sexuelle semble avoir été un enfer glacial... Ça marchait pas du tout, de ce côté-là... Sauf... sauf... Attention !

Comme on sait, Mr. Christie était marié. Or, au début de 1953, son ménage connaît de fortes difficultés financières. Que celui qui... Je ne lui jetterai d'ailleurs pas la pierre.

Un jour, il dit aux fournisseurs... l'épicier... le laitier... qu'il a envoyé son épouse à la campagne... qu'il va aller la rejoindre. Brave homme, va ! En plus, il est tout à fait tristounet depuis que son voisin, *the poor* Mr. Evans, a été un tout petit peu pendu par le cou. Un bien brave garçon pourtant ! On se demande ce qui lui a pris... En plus, un jour, Mr. Christie il a été renversé par une voiture, blessé... Depuis, il a bien mal à la tête... Ah là là ! Rien que des malheurs.

Pour se faire un peu de blé, Mr. Christie décide de vendre ses meubles. Des bricoles : une table, deux chaises, une paillasse... C'est pas Balmoral, le *Christie's castel* de Rillington Place !

Un brocanteur de Portobello, un certain Robert Hookway, s'est chargé de la transaction. Du tout, Christie demandait quinze livres sterling. Il en a eu douze. Mieux que rien. On peut pas tout avoir!

La dernière promenade

L'argent reçu, il est allé bagotter dans la ville... Personne se doutait de rien... Les chroniqueurs ont émis l'hypothèse qu'il se supportait plus, *at home.* Quelle idée! Quelques cadavres de plus ou de moins! Ce qui est certain, c'est que la voisine du 8, Mrs. Lawrence, *of course...* elle commençait à trouver que ça crougnotait sec, dans le secteur. Que déjà d'ordinaire, c'était pas terrible... Mais alors, du côté de chez Mister Christie... Qu'est-ce qu'il pouvait bien faire cuire là-dedans? De la vraie cuisine de célibataire, je vous jure...

Alors, Christie a dit qu'il allait rejoindre sa petite femme, son épouse jolie. A la campagne. Et il s'est tiré comme je vous dit... Il a passé la semaine dans des hôtels crassouillards, Rexton House, *and so on...* Et puis, le mardi 31 mars 1953, un *constable* l'a repéré flânant le long de la Tamise... Il a salué poliment et, ensuite, il l'a enchristé.

Comme de bien entendu.

Tout ça, parce que quelques jours avant...

★

Tout ça parce que, le 24 mars, deux Jamaïcains avaient empoigné la brosse à chiendent pour lessiver la cambuse qu'avait évacuée Christie.

Ils étaient contents d'avoir trouvé un petit gourbi à leur pied... Ils travaillaient bien gaiement, les bons nèg's, en chantant une chanson rythmée de leur lointain pays. Les îles, comme on dit!

Tagada... tagada...

Tout à coup, Beresford Brown, car c'était lui, resta la brosse en l'air, le trille suspendu. Il avait éprouvé l'insolite sensation que ça sonnait le creux là-derrière... Grattouillant un peu la pelure... c'est la tapisserie que je veux dire, il a fait un petit trou dans la planche en bois. Pris la lampe torche... jeté un œil...

Alors là, je vous laisse imaginer la gueulante, dont la typographie est impuissante à évoquer la nature! Il jette la brosse en l'air, se prend les arpions dans le seau à lessive et se précipite vers la sortie.

Au point que son petit camarade et compatriote Cyril Edwards s'étrangle avec son pop corn et saute dans l'escalier.

– Houla houla! Mais c'i la mort dans ci trou-là! Houille houille houille!

Bien vu, camarade! Mais qu'a-t-il vu? Un cadavre, messieurs mesdames, et pas des plus frais, je vous en réponds. L'a-t-il vu de dos? L'a-t-il vu de face? Là les récits diffèrent et c'est bien normal après une émotion pareille. L'un dit qu'il l'a vu de dos, et que c'était pas beau! L'autre qu'il l'a vu de face, et que ça donnait la chiasse! Deux yeux vitreux qui contemplaient le visiteur avec une fascinante indifférence.

Peu importe, d'ailleurs. Ce qui est sûr, c'est que les deux petits oiseaux des îles n'ont pas demandé leur reste. Ils ont fait fissa vers la voie publique, sauté sur le plus proche policeman qui arpentait le bitume avec son casque noir et ses grandes tartines... Le temps qu'il comprenne, le policeman, les fins limiers de Scotland Yard étaient déjà sur les lieux avec leur grosse loupe, leurs ciseaux à froid et leur petite brouette. Ils ne purent que confirmer l'objective vision du Jamaïcain : c'était bien un cadavre! L'intérêt, c'est qu'ils en ont trouvé cinq de plus : six en tout! Six éparpillés en sinistres vestiges... On comprend l'odeur, le remugle... que la cuisine sentait pas le lavendin... La panique!

Dans le placard, il y en avait trois, dont deux allongés sur le dos, les jambes relevées par une ficelle. Rien que des dames... Deux dans le jardin en menus morceaux. Plus l'honorable Mrs. Christie qui dormait son dernier sommeil sous les lattes du plancher.

Les aveux les plus fous

Le Christie, inutile de vous dire, il a eu intérêt à s'allonger presto, se mettre à table! Passer aux aveux. Il a d'ailleurs pas fait de difficultés majeures. Il a même donné des explications... des versions diverses... Qu'il était pour autant dire en légitime défense. Que les dames l'avaient censément agressé...

Quant à son épouse, c'était une autre affaire... Qu'elle s'était réveillée la nuit en très piteux état, toute verte pour ainsi dire... Une crise! Que son ultime poisson frit, il passait pas... Une arête peut-être ! Alors, il l'avait étranglée... Par bonté d'âme. Par gentillesse. Pour mettre un terme à ses souffrances. De l'euthanasie spontanée en quelque sorte.

Peut-être au fond qu'il s'attendait à l'acquittement, Christie... Ça se fait souvent des idées, ces bestiaux-là, ça rêvasse. D'autant qu'avec l'histoire Evans, la précédente, il s'en était tiré de première, et avec les félicitations du jury encore... Mention très bien.

Durant ce temps, la Maison Poullmann, les *yardmen*, ils récoltaient sur lui les meilleurs renseignements : pour les boutiquiers du coin, les fournisseurs, il était charmant, poli, toujours bien propre sur lui et avec une voix très douce... Pas un mot plus haut que l'autre...

– *How do you do, mister Christie...*

– *How do you do, misses Lawrence...*

Vous voyez bien...

Tout de même, il a fallu qu'il s'explique un peu sur les détails... Comment qu'il les attirait, d'abord, les victimes... Rien que des procédés classiques, éprouvés.

D'abord, poser pour des petites photos quelque peu intimes... entre quatz' yeux... Faut dire qu'elles étaient toutes à peu près prostituées, les victimes. Occasionnelles ou pas. Y a pas de honte. La vie à Londres n'est pas si facile... Le petit pognon si accessible.

Ensuite, qu'il voulait céder sa cambuse... Le complexe immobilier... résoudre son problème de logement. Pas évident non plus. Obtenir une reprise...

Enfin, que si elles étaient enceintes, il leur offrirait volontiers ses services d'avorteur... sa compétence. Il avait la main douce, éprouvée... Il trouvait le truc en moins de rien ! Des mains de sage-femme, quoi... comme disent les joyeuses commères du cru. C'est comme ça qu'on se fait une clientèle. Il était si poli. Tout le monde lui faisait confiance. Et puis voilà... La cordelette. Et crac !

Il faut vous dire aussi que les spécialistes du « Yard », des puits de science, ils avaient décelé que les victimes... par des procédés élaborés dont le détail n'est pas parvenu jusqu'à nous... elles avaient toutes été expédiées « au cours d'une étreinte »... Une élégante formule victorienne... qui fait sa part au sentiment... une étreinte ! Celles qu'on a pu voir entières, évidemment...

Une explication pour le personnage, ses crimes affreux. Un mobile...

Le Dr Lewis C. Nicolls, le chef du laboratoire, encore un éminent spécialiste, a déclaré, moins victorien :

– Ces femmes ont été victimes d'un fou sexuel, d'un sadique, il n'y a aucun doute là-dessus. L'assassin était poussé par des désirs dépravés qu'il était décidé à assouvir à tout prix.

Ça lui était indispensable, semble-t-il, pour parvenir à la réalisation, l'épectase... le parfait bonheur. Étrangler... Après tout, c'était pas le premier. Ni le dernier hélas! Le syndrome de Gilles de Rais, en quelque sorte... avec les petits enfants. Je vous raconterai ça peut-être un autre jour... Un bien vilain salaud aussi...

Et c'est au tribunal d'Old Bailey, où trois ans plus tôt on avait condamné Evans à mort, qu'il s'est retrouvé, le cher Christie... La roue tourne!

Le procès a roulé bon train. Y avait pas beaucoup de mystères, au point où on en était. Mais, comme l'a écrit un reporter, « le moment le plus dramatique » fut atteint lorsque l'accusé déclara :

– C'est moi qui ai tué Mme Evans...

Une phrase qui a fait résonner l'écho de cette même salle dans laquelle la voix d'Evans avait crié :

– C'est Christie qui a tué ma femme et mon enfant...

Même que Christie, et tout le monde alors, avait haussé les épaules avec un sourire de pitié...

Souvent, les naïfs imaginent qu'il suffit de crier la vérité comme ça, à pleine voix, et au besoin dans une enceinte de justice... et que tout s'arrange. Ça serait trop simple. J'aime mieux vous prévenir... La vérité n'est pas forcément une monnaie qui a cours... La vérité, c'est extrêmement simple : il suffit de ne pas l'entendre... De somnoler un peu... Comme quelqu'un qui péterait dans un salon en regardant le plafond et... de reprendre en souriant la conversation un moment interrompue.

La vérité n'existe pas... alors!

Christie, pour être sincère, avec son aveu tardif, il emmerdait tout le monde. On aurait préféré qu'il la garde pour lui, sa confidence merdique... Qu'il écrase. On lui demandait rien. C'était réglé. Et comment!

Il mouillait des personnes.

Notez, il y avait que demi-mal, vu que Christie refusait d'admettre qu'il avait aussi étranglé le bébé, et qu'Evans avait été condamné pour cet assassinat!

Mais... et c'était là que le bât blessait... pour condamner Evans, on avait posé pour principe que celui qui avait tué l'une avait tué l'autre. Ça marchait plus, alors? C'était l'imbroglio?... Et puis, enfin, ces cadavres conjoints... Les deux voisins s'étaient-ils partagé la besogne? Deux fous sadiques, deux criminels dans la même maison de Rillington Place? Diable! Comme c'est vraisemblable...

Inutile de vous dire... on a pinaillé à zéro entre magistrats... experts... glosateurs. Pour conclure qu'il y avait rien de fait. Que personne avait dû se tromper... Que de toute façon, l'Evans, il était bien mort. Très bien, même. Et que, lorsqu'on avait le cul merdeux, comme disait Rabelais, c'était pas du tout la peine de monter au cocotier pour exhiber le fondement des choses... Qu'il était tout à fait inopportun d'insister. Et même pas très correct.

A mon sens, Tartuffe est toujours répugnant.

Mais quand il se promène en robe rouge, fines culottes de soie noire, escarpins vernis et perruque blanche à rouleaux, alors, il est encore dix fois plus dégueulasse. Ainsi le *respectable* lord Goddard... le chef de la justice britannique... qui portait la responsabilité d'avoir fait rejeter l'appel de John Timothy Evans, après sa condamnation.

« Nous sommes convaincus que Mr. Lewis a eu raison, écrivait-il. Nous sommes d'avis que l'accusé a été justement condamné. En conséquence... »

Et voilà... le tour est joué.

Un journaliste notait alors : « On se souvint du sanglot qui éclata dans la salle, quand le juge eut condamné Evans à mort. C'était Christie, le principal témoin à charge qui pleurait. » Je vous ai raconté...

« A l'époque du procès d'Evans, Christie était un homme respectable. On ne savait pas qu'il avait déjà étranglé deux femmes dont les cadavres reposaient dans son jardin, à deux pas de la buanderie où l'on avait retrouvé les corps de Mrs. Evans et de sa petite fille. On ne savait pas qu'il en étranglerait encore quatre autres. On ne savait pas... »

On ne savait pas... On ne savait pas...

« Mais on a pendu un homme qui, s'il était encore vivant, aurait vingt-huit ans et sortirait peut-être de prison, ne serait-ce qu'au bénéfice du doute ! »

Un détail : « Six jours après l'exécution d'Evans, son juge devait mourir. »

J'ajoute, pour l'anecdote, que jusqu'à son arrestation le joyeux Christie avait gardé dans sa poche une coupure de presse relatant la fin tragique du procès Evans... Encore un détail, vous direz... Tout à fait d'accord. Je dois reconnaître que tout le monde a écrasé. La mère d'Evans, avec son tablier crasseux et ses charentaises, même en démocratie, elle a pas pesé très lourd, la malheureuse !

Tout ça pour vous dire que le procès Christie n'a pas tellement traîné : quatre jours, c'est rien. D'autant qu'il était pas très fixé dans ses versions, l'accusé...

Comme l'a écrit le journaliste Bernard Cousin : « Si la justice des hommes n'aime pas à se déjuger, Evans doit s'en remettre à celle de son Créateur, pour ce qui est du salut de son âme. »

C'est plus sûr!

La proie des vaches

En effet, ça n'a pas été de la tarte! Il a eu bon dos, le Créateur... parce que les créatures, elles n'ont pas été très performantes.

Je ne voudrais choquer personne avec des images incongrues, mais tous les explorateurs savent que certains prédateurs ne lâchent pas facilement leur proie. Quand ils ont un cadavre entre les griffes, il faut être armé d'une décision et d'un courage exceptionnels pour interrompre leur petit casse-croûte.

Ainsi du cadavre d'Evans!

Le correspondant anglais, Maurice J. Simon, a donné à l'époque une analyse concise et claire du débat : « Christie plaidait non coupable : son avocat, Me Curtis Bennett, voulait démontrer sa folie. Or, plus il y avait de cadavres de femmes, plus le monstre avait de chances de passer pour fou. L'aveu du meurtre de Beryl Evans servait donc son plan. Mais avouer l'assassinat de la petite Geraldine, c'était pour Christie l'abandon pur et simple de tout espoir de finir ses jours entre les murs d'un asile d'aliénés. »

Un système qui, dans l'abstrait, semble efficace, mais qui ne vaut pas un coup de cidre si on le met sur le terrain...

Ainsi, au 10 Rillington Place, si l'on voulait maintenir qu'Evans était coupable de quelque chose, il fallait imaginer deux tueurs. L'un au rez-de-chaussée, le sémillant Christie, qui bousillait les nanas à la chaîne. Et l'autre, le foireux Evans, qui se contentait d'estourbir sa propre fille, un bébé! Au deuxième étage.

Ce *groupé* n'était guère vraisemblable.

La tantine du Pays de Galles où Evans s'était planqué avait apporté un témoignage qui, pourtant, pesait lourd. J'ai parlé du nounours que le pauvre type voulait choisir lui-même. Et puis... « il me parlait très souvent de sa petite fille et il me montrait sa photo ». Il faisait des heures supplémentaires pour acheter des vêtements à l'enfant qui... était morte depuis plusieurs semaines.

Le copain d'Evans, le représentant William Mc Phail, avec lequel il aimait à s'abreuver de bière tiède, faisait entendre un son de cloche également inquiétant :

« Quand on m'a interrogé à l'époque, précisait-il, on ne m'a jamais parlé d'horaire. Le jour du drame, on était restés ensemble jusqu'à six heures du soir. Si, comme ça semble être le cas, les crimes ont été commis avant cette heure, Evans ne pouvait pas être le coupable. »

Et le journaliste Simon ajoute de son côté :

« Il est maintenant prouvé qu'Evans fut menacé de mort par Christie s'il révélait dans quelles circonstances suspectes lui, Christie, avait tué Mrs. Evans. En face de cet individu rusé et diabolique, Evans ne faisait pas le poids. On ne serait pas surpris qu'il ait été capable de mystifier Evans et de lui suggérer que sa meilleure ligne de conduite était de plaider coupable.

« Christie n'a-t-il pas depuis déclaré que, lorsque Evans arriva, ignorant de la mort de Beryl, il lui a raconté qu'elle s'était suicidée, ne pouvant supporter d'être abandonnée pour la blonde à laquelle son mari semblait s'être attaché... »

Une des nombreuses fariboles fournies par Christie après son arrestation.

On a vu par quelle argumentation l'appel d'Evans fut rejeté par un tribunal composé de « trois des plus grands juges d'Angleterre » (M. J. Simon) : Mr. Humphreys, Mr. Sellers et le Lord Chief Justice, Lord Goddard. Une ultime satisfaction que d'être pendu sur décision de personnes aussi distinguées.

Mais à présent, face à la légèreté du dossier Evans, fondé essentiellement sur les contradictions de cet analphabète ahuri, il y avait les réalités bien concrètes du dossier Christie : trois cadavres de jeunes femmes à demi dévêtues portant encore autour du cou la ficelle qui les avait fait passer dans l'autre monde... éventuel. « Deux d'entre elles étaient étendues, les pieds relevés par une corde pendue au plafond, la troisième, celle que Beresford Brown avait découverte, à demi momifiée par la chaux vive dont on l'avait aspergée, laissait émerger sa tête... » Un rapport de l'époque. Sous le parquet de la piaule voisine, encore une étranglée : la propre femme de Christie. Dans le jardin, les débris éparpillés de deux autres victimes. Des femmes que l'enquête permit d'identifier : une serveuse de bar irlandaise, Rita Nelson, était dans le placard avec Kathleen Maloney, dix-neuf ans, une orpheline qui se prostituait, et Hectorine Mac Lennan, vingt-sept ans, écossaise et rousse, épouse d'un militaire... birman qu'elle avait laissé choir et dont, semble-t-il, elle était enceinte. Dans le jardin... une Viennoise, Ruth Fuerst, vingt et un ans, disparue en

1943, et Muriel Amelia Eady, trente-deux ans, une ouvrière disparue, elle, en 1944.

Faites le compte : trois ici, deux là, plus l'épouse sous le plancher, plus la voisine avec son bébé, ça fait bien huit! Un palmarès!

Et même un record national pour le pays de Jack l'Éventreur qui n'avait pas atteint ce score olympique, lui!

Évidemment, dès après le procès de Christie débuta une période sombre pour la justice anglaise. On commençait à protester un peu partout, dans les journaux et même au Parlement. Visiblement, l'opération Evans ne passait plus la rampe.

Le système judiciaire britannique n'a pas compris qu'il était plus raisonnable de mettre les pouces, de s'arranger vite fait, bien fait, pour concocter qu'Evans était innocent mais que... bien sûr, c'était lui quand même qui avait tort... Enfin, vous savez, ces trucs qu'on rédige quand on a affaire à un idiot, à une cloche ou... à un mort!

Pas du tout! Ces abrutis en perruque ne voulurent pas en démordre, et il ne manque pas de mémorialistes pour affirmer que la justice anglaise s'est « déshonorée » dans cette histoire. Vue optimiste, dans la mesure où elle suppose que c'était pas fait depuis longtemps! Un salaud emperruqué nommé J. Scott Henderson fut chargé de fabriquer le paquet-cadeau. Sa mission était de confirmer que le jugement condamnant Evans était tout ce qu'il y a de bien, de justifié, et tout et tout.

Il mena onze jours durant... *onze jours*! une enquête qui apporta les conclusions demandées. C'était pousser le bouchon un peu loin, et il ne manqua pas de gens pour le dire. A ce qu'il paraît, nulle loi anglaise ne s'opposait alors à ce qu'on jette le discrédit sur une décision de justice... qui l'avait bien déjà jeté elle-même...

Tout ce qu'on pouvait dire et écrire en lieu compétent pour insinuer qu'Evans était, en tout état de cause, un assassin tout à fait présentable, fut ramassé ici et là. Finalement, puisque le sens de la justice était à l'évidence tout à fait indisponible, ce fut le ridicule qui tua l'hypothèse. Remarquez tout de même qu'on tergiversa durant seize années... Car c'est en 1966 que la très Gracieuse Reine d'Angleterre, etc. ne se sentit plus en mesure de refuser à l'opinion publique cette satisfaction... des plus platoniques, la réhabilitation.

Observons qu'à l'origine un des arguments juridiques les plus simples, mais les plus flagrants, présenté par l'avocat d'Evans, Me Curtis Bennett, était qu'un homme qui, en tout état de cause, se voyait convaincu d'avoir à tout le moins zigouillé six de ses contemporaines, était mal qualifié pour présenter un témoignage à charge contre un autre zigue prévenu d'avoir, lui, bouzillé seulement deux personnes! Sur le moment, ça n'a pas marché du tout!

Dans le rapport à la reine lors de la décision de 1966, le rédacteur, un certain juge Brabin, n'en continuait pas moins à faire la fine bouche et à suggérer subtilement qu'un homme qui, *à coup sûr*, n'aurait pas dû être exécuté était *peut-être bien* coupable quand même. Arrangez ça comme vous pourrez...

Un détail qu'on aurait pu fourrer dans la glotte du Brabin en question, c'est que les légistes avaient retrouvé dans le cadavre de la malheureuse la preuve d'une *signature* constante de Christie, le viol *post mortem*... qu'il était tout de même difficile de mettre *en plus* au compte du mari [1]!

Un dernier mot pour les touristes avides d'émotions pour leur petit appareil photographique : dans son livre sur *Les Grands Crimes sexuels*, Roger Delorme signale que les autorités ont changé le nom de l'endroit. Rillington Place a été remplacé par Ruston Close. Ce qui est tout de même plus discret.

Heureusement que la Ville de Londres ne s'est pas avisée d'appeler les lieux Josef-Stalin Allee, par exemple. Elle serait encore obligée de changer les plaques!

Un vice institutionnalisé?

Tout le monde peut se tromper, diront les optimistes.

A moins que ce ne soit les pessimistes!

D'accord. Mais tout de même, cette effroyable désinvolture, cet esprit de corps acharné à garder un cadavre entre les dents... Cette persévérance dans l'erreur... Ça se trouve tout de même plus souvent en politique ou en histoire que dans les dossiers de justice!

Une affaire récente nous permet de nous poser cette question angoissante : les vices que nous avons vu faire des ravages dans l'affaire Evans sont-ils partie intégrante de l'institution britannique de la justice?

En 1974, des bombes faisaient sauter deux pubs de Birmingham, causant vingt et un morts et cent soixante-deux blessés.

L'année suivante, six Irlandais de l'Ulster étaient condamnés à la prison à vie. On les avait coffrés alors qu'ils se préparaient à prendre

1. Encore qu'on ait aussi affirmé le contraire...

le bateau pour Belfast. Ils venaient effectivement de Birmingham et, a-t-on dit, étaient affligés d'un fort accent irlandais...

Mais rassurez-vous! Ils ont été libérés... seize ans plus tard, le 14 mars 1991! Déclarés innocents! Les tests « scientifiques » supposés prouver des manipulations d'explosifs étaient complètement bidon!

Notez qu'ils étaient contents, les mecs! Ils avaient les cheveux blancs, ce qui plaît toujours aux minettes et leur permettra peut-être de rattraper le temps perdu sur un certain terrain. Permettez que j'en doute un peu!

En fait, les six doivent leur libération à deux journalistes acharnés : Chris Mullen et Ian McBride.

Leur mésaventure... prolongée n'était pas un cas unique : en 1989, quatre lascars se sont fait quatorze ans de cabane pour deux attentats qu'ils n'avaient pas commis... Ils sont very flegmatics, les Anglois, mais alors, quand ils s'énervent, attention les yeux!

Le « scientifique » impliqué dans l'expertise des « six » s'appelait Mr. Scuse... tout un programme. Il avait trouvé des traces de quelque chose sur *toutes* les personnes arrêtées en même temps... Mais il n'avait fait état à l'audience que des traces trouvées (par lui!) sur les « six ». Quelque temps plus tard, il était mis à la retraite d'office pour *incompétence notoire*.

Le correspondant du *Monde* à Londres a rapporté quelques à-côtés plein de saveur.

L'un des « six », Patrick Hill, a raconté ceci : « Les policiers nous ont dit d'emblée qu'ils savaient que nous n'avions rien fait, et que d'ailleurs ils se moquaient comme d'une guigne de savoir qui avait réellement commis les attentats. Ils nous ont dit qu'ils nous avaient choisis et qu'ils allaient nous faire porter le chapeau. »

« Nous étions tous tellement naïfs, a déclaré un autre libéré. J'aurais signé n'importe quoi pour avoir la paix. »

« Jeunes, peu au fait des arcanes judiciaires, commente le correspondant Dominique Dhombres, les six hommes ont été battus, privés de sommeil et de nourriture et... invités à signer des aveux. Visibles sur les photos, constatées par des médecins, les brutalités policières ont fait l'objet d'un procès à part de la procédure principale et... quelque peu surréaliste. Le juge a bien convenu que les six hommes avaient reçu des coups mais n'en a tiré aucune conséquence : les policiers n'ont même pas été sanctionnés. »

Abjection, votre Horreur... euh! je voulais dire... enfin, vous m'avez compris!

Tout change et rien ne s'améliore, dit le proverbe.

Seize ans de taule, ça vaut encore mieux qu'une potence pour deux, même si l'un était innocent et l'autre fou à lier...

Peut-être...

Faudrait voir...

LE TEMPS DES RAVAGÉES

I. L'infâme du ministre

Au plus élevé trône du monde, si ne sommes assis que sur notre cul.

Michel de Montaigne
Essais, III, 13

Son como los amantes de Teruel.
*Tonta ella y tonto el**.

Dicton espagnol

* « Los amantes de Teruel », les amants de Teruel, sont le couple pathétique de l'Espagne légendaire, ses Roméo et Juliette.

On peut donc transposer ce distique ainsi :

Ils sont comme Roméo et Juliette :
Lui, il est con et elle, elle est bête.

Ça rime...

L'AFFAIRE
YVONNE CHEVALLIER

LES FAITS
Délaissée par son mari, Yvonne Rousseau épouse Chevallier l'abat à son domicile, le 12 août 1951, de cinq balles de revolver.

LA VICTIME
Pierre Chevallier, quarante-deux ans, docteur en médecine, député-maire d'Orléans, secrétaire d'État à l'Enseignement technique.

L'ACCUSÉE
Yvonne Chevallier, trente-neuf ans, sage-femme, mère de deux garçons de six et neuf ans au moment des faits. Fille d'agriculteurs. Grand-père et cousin germain morts par suicide (1924 et 1938).

LE PROCÈS
Ministère public : *Avocat général Raymond Lindon.* Défense : *Me Acquaviva.* Partie civile : *Me Mirat.*

LE VERDICT
Acquittement en novembre 1952 par la cour d'assises de la Marne (Reims), la cour du Loiret ayant été dessaisie pour suspicion légitime. Président : *le conseiller Jadin.*

LES COMMENTAIRES
« Eh bien ! quoi ! des femmes trompées ? Il y en a plus de cinquante pour cent. Ce n'est pas une raison pour tuer ! Il serait revenu quand il aurait eu des rhumatismes... Elle aurait dû penser à ses enfants. » Propos d'une cabaretière de Rebrechien (village familial de l'accusée), dans le Loiret, rapportés au moment du procès par Détective.

Comme le temps passe!

Et quelle étrange chose que la photographie...

Vivants et morts sont là sur le papier comme s'ils étaient passés la veille devant l'objectif... L'objectif... Je propose qu'on appelle ça *le subjectif*, tant une photo, c'est connu, ressemble davantage à celui qui appuie sur le bouton qu'à la tirelire qu'il envisage dans son viseur.

Pour les rêveurs, c'est formidable la photo! On peut se faire une pogne avec les anges en mirant les yeux pervenche de quelque petite bonne, ou les prunelles de braise de la femme du docteur... que dis-je... de la veuve du docteur...

Yvonne, ma belle... mon petit oiseau... Que tu es fascinante avec tes dents blanches et ton sourire qui... allez pas croire... n'a rien de carnassier. Un visage un peu perdu, un peu anxieux... mais comme la fragilité lui va bien! La photo, si j'ai bien compté, doit dater du printemps 1951... 1961... 1971... 1981... Merde! Voilà que je compte en décennies, maintenant! En *decades* comme disent les Anglais... qui s'y entendent pour nous berlurer avec leurs vocables à la noix...

Bien sûr, je le disais... le temps passe... Et surtout nous passons, signalait Ronsard, expert en fuite des amours... La photo a l'air de rien, comme ça, et, des fois, elle se superpose passablement au-delà des... décennies. Des fois, elle se superpose plus du tout... ou si peu, si mal...

Où sont les criminels d'hier,
Que sont leurs victimes devenues?
...
Mais où sont nos érections d'antan?

Pardonnez-nous, maître Françoys! Nous ne savons plus guère rimer, de nos jours. Heureusement que vous nous restez pour nous ramener, à juste titre, à la modestie...

Ceux qui refusent la fuite du temps ont pas conscience, croient pouvoir... retenir... tricher... font semblant... ils se réservent de fâcheuses déconvenues.

Ainsi Yvonne qui voulait rester sur ses acquis... à caution! les acquis! Qui croyait faire rimer... on y revient... *amour* avec *toujours.* Et l'a fait rimer avec *tambour* finalement. Et même avec *revolver... pistolet* plutôt.

Elle avait pas compris que le temps était passé, que la vie est pas un tapis roulant. Qu'il faut beaucoup d'efforts ou beaucoup de chance pour avancer du même pas sur le chemin de l'existence, crapahuter sur la côte, le golgotha de la réussite. Prendre le vent...

Elle a beaucoup souffert, Yvonne. Ça, j'en suis sûr. On est beaucoup, à beaucoup souffrir! On est orfèvre, comme on dit. On a tous voulu, plus ou moins... retenir le sable... l'eau des larmes dans nos mains fragiles. Essayé... tenter... Illusion! Promesses de putes! Dieu est farceur en un sens... Heureusement...

Les enfants de la guerre

Oserai-je dire que, finalement, elle s'en est pas trop mal tirée, Yvonne?

Elle est entrée en justice côté *cour.* Elle est sortie côté *jardin.* Elle a fait trois petits tours... Elle avait un rôle ingrat... avec un petit peu de texte... pas beaucoup. Et puis on pouvait pleurer. Le personnage permettait ça. Étouffer les répliques dans son mouchoir. Essuyer les yeux... Moucher son nez...

Toutes les marionnettes étaient là : Guignol, Gnafron habillés en gendarmes. Le juge... un grand ami de la France. Et le méchant... celui qui a le bâton, sans plaisanterie, le Proc! Des redoutables! Et puis le bon pantin. Le gentil... Le bavard... le débarbot comme on dit aussi. Le sculpteur divin lui avait fait la tête de Fernandel!

La pièce n'a pas été très longue. C'est normal. Les marionnettes ont un public patient, mais il risque de s'endormir. Alors on donne des coups... de théâtre bien sûr. Et le public apprécie, frémissant :

– Oh! la belle bleue! Oh! la belle rouge! Oh! le vilain! Oh! la salope! Hi hi! le gentil! Oh! oh! le salaud!

La pièce... la critique fut unanime... était parfaitement réussie. Manquait pas un bouton de guêtre. Pas un cheveu sur la langue... sur la soupe. C'est presque trop beau... Comme dit un de mes potes, qui fait plus volontiers dans l'Odéon que dans le Palais de Justice : « On voit les ficelles, mais ça fait partie des plaisirs... » Alors, silence. Place au théâtre !

Un théâtre où les comédiens ont de vraies angoisses et où les morts ne reviennent pas saluer à la fin.

★

Tout de même, la dernière réplique a un peu surpris. Les amateurs de classique étaient interloqués... peu nombreux dans la salle, faut dire. La marionnette président s'est dressée dans le castelet. Sur la « bande [1] » il y avait l'arme du crime, un pistolet de bonne taille qui tenait à peine dans la boîte de biscuits « Dupont d'Isigny »... j'invente rien. On a dit qu'il était vide. Je le crois. La marionnette Yvonne avait tiré cinq balles. Quatre... plus une. Diable ! Elle était superbe, la marionnette président, tout de rouge drapée, un col en coton hydrophile qui imitait l'hermine à s'y méprendre. Elle avait les bras tendus. Et elle a dit :

– Marionnette accusée, vous êtes condamnée à vivre.

Dans la salle, les enfants ont frémi. L'un d'eux a crié : « Bravo, guignol ! » Et ç'a été une ovation générale. La marionnette président a glapi : « Silence ! Silence ! Ou je fais évacuer... » Il était bien temps...

La marionnette au bâton s'est tapé la tête – pas la cloche – sur un petit bout de bois. Mais c'était pour de rire. La marionnette débarbot a exhibé deux rangs de canines. Un mécanisme breveté. On a fermé le rideau. Et les petits enfants sont partis avec leur sucette, tous bien contents mais un peu rêveurs, comme il sied au théâtre !

★

Toutes les époques ont leurs criminels, leurs délirants, leurs paumés... Broyés par la vie, par les autres mais surtout par leurs propres faiblesses, leurs lacunes intimes, leurs démissions et leurs déceptions. Toutes les époques connurent ou connaissent des trancheurs de nœuds gordiens... Bien des gens sont déçus par la vie ou par leurs

1. La « bande » est la rampe du castelet où les parties frappent, et déposent leurs accessoires.

partenaires. Tous ne pensent pas que leurs déceptions sont uniques et justifient une condamnation à mort par leurs propres soins, suivie d'une exécution *idem*!

Le lecteur aura remarqué qu'Yvonne occupe ici le premier volet d'un triptyque consacré aux ravagées, aux perdues entraînées à des gestes irrémédiables et dépourvues de rentabilité. C'est à l'évidence une immense tentation que de résoudre les complications de l'existence en supprimant purement et simplement cette dernière. Les trois femmes regroupées ici ont eu cette attitude en commun. Pour le reste, et réserve faite qu'elles furent toutes trois, à l'origine, séduisantes et à l'arrivée aussi ravageuses que ravagées, elles n'avaient rien de commun. On va le voir...

Yvonne a atteint sa maturité. Elle est mariée et mère de famille. Sa vie est « raisonnable ». Elle n'a pas de fonds de culture.

Pauline est jeune, libre. Sans doute trop libre pour son époque. Elle a eu, par ses études et sa vie familiale, une forte appréhension culturelle.

La troisième est jeune elle aussi, et bien plus belle que ses deux contemporaines. Elle dispose d'une liberté entière dont elle ne fait pas mauvais usage jusqu'au jour où elle rencontre un partenaire aussi perturbé qu'elle. Sa jeunesse ne lui a rien donné, mais son intelligence la pousse à grimper et son orgueil devrait la secourir. Il l'écrasera.

J'oubliais deux autres traits communs. Ni l'une ni l'autre n'est menacée par quiconque. Et elles sont toutes trois provinciales.

Mais l'essentiel sans doute n'est pas là. Leurs crimes, si obscurs qu'on a pu les dire « rituels » – car leurs mobiles « passionnels » sont bien faibles –, sont contemporains : les millésimes font d'elles des enfants de la guerre... j'allais écrire, des *victimes* de guerre.

Mais, bien sûr, elles ne sont pas les plus *victimes* de leurs histoires. Les *vraies* victimes sont un médecin du Loiret piqué par la tarentule de l'ambition politicienne, un autre médecin dont l'attitude « raisonnable » se marie mal avec les foucades de son amante (un prosateur avec une poétesse...), et enfin une pauvre enfant dont le seul tort est de se trouver là... Bien souvent le pire tort que puisse vous décerner le destin.

Revenons à l'essentiel.

Selon l'expression d'Henri Amouroux, elles aussi *règlent leurs comptes* dans une époque où ça se fait beaucoup. *Leur compte*... Leur compte intime. Mais il faut bien que quelqu'un paye...

La mécanique de l'homme, et moins encore celle de la femme,

n'est pas faite pour assumer les grandes violences. Quelques individus très forts ou très veinards se tirent de toutes les circonstances collectives. Mais la guerre fait souffler sur la plupart un vent de panique.

Deux millions de morts (en fait) pour 1914-1918, rien que pour la France, je veux dire. Et des années d'absence, de terreur, de fréquentation de la mort, de voisinage avec des cadavres, sans parler des traumatismes, de la peur et des chocs qui ne laissent nulle trace administrativement constatée. Sans la Grande Guerre, le docteur Bougrat aurait-il été le docteur Bougrat de l'affaire ? Et pourtant, au procès, on lui chicanera même des troubles enregistrés par l'autorité militaire...

Pour les Français, la Seconde ne connaîtra pas ces massacres. Et c'est heureux. Mais elle apportera, après la folie de l'*Exode*, l'Occupation, la tragédie des bombardements, les déportations, la sous-alimentation pour beaucoup, la lassitude, la crainte, les affres d'une sordide guerre civile, et tout ce qui s'ensuivit. Il n'y a pas à en sortir : à la guerre comme à la guerre. Et puis, deux millions de prisonniers vont connaître l'éloignement, la séparation, la désorientation intime.

Existe-t-il, au-delà des structures personnelles, un inconscient, un subconscient, un rêve collectif sur lesquels la violence institutionnalisée fait souffler des tempêtes ? Et que seront les générations suivantes, fils et filles de ces traumatisés ?

Les trois exemples évoqués ici ne nous imposent-ils pas, devant le trouble de leur esprit, de nous poser de telles questions ?

★

En 1939, Yvonne a vingt-sept ans (celui qui deviendra son amant, puis son mari et sa victime, trente).

C'est la fille d'un ménage d'agriculteurs du Loiret qui a voulu sortir de la glèbe et qui est devenue sage-femme. La réalité des choses voulant qu'on se serve avant tout de ce qu'on a sous la main, cette sage-femme va devenir moins sage et faire l'amour avec un toubib, Pierre. Quoi de plus normal ?

Elle est discrète, introvertie, brune aux yeux verts. Passionnée sans doute. On s'envoie en l'air comme des petits singes. Nous avons tous fait ça... enfin, j'espère. Et le 27 décembre 1939, la guerre aidant peut-être, ils s'épousent. Nul ne sait qui vit ni qui meurt! Y s'aiment! comme on dit. Je précise, parce que les parents de Pierre, ils sont pas chauds-chauds pour voir leur fiston, un médecin-major de trente balais s'enrôler dans les joies du mariage avec une sage-femme de vingt-sept ans. Il passe outre aux réticences. Elle aussi d'ailleurs.

Pas beaucoup de carbure d'un côté ni de l'autre. Le père du docteur est peut-être une espèce de personnalité orléanaise mais il n'en est pas moins maître potier, ce qui est tout de même financièrement moins important que la direction de la banque Rothschild...

On a vu que la fille a du charme : très mince, très brune, un peu crispée, un peu pruneau sur les bords. Des yeux brillants avec, au fond, une sorte d'océan de mélancolie... Y en a que ça fascine, surtout si ça se compense par une certaine alacrité au tafanard, comme c'est souvent le cas.

Lui, c'est-h-un « beau garçon ». Plutôt de petite taille, mais un beau sourire un peu appuyé. Après *le drame*, sa mère confiera à une journaliste: « Quelle vie dans ses yeux! Ce n'est pas parce que c'est mon enfant, mais tout le monde vous le dira. C'était un être extraordinaire, bon et séduisant. »

Sans doute, ma pauvre femme! Une victime aussi, elle! Le père pareil, qui ne s'en relèvera pas.

La guerre se passe... Tout passe... Comme la quasi-totalité des Français (mais tous ne seront pas homologués), les époux Chevallier sont « résistants ». Le facteur dira à une journaliste : « ... elle était encore plus résistante que lui, si c'est possible ». De la résistance à la politique, il n'y a qu'un pas que « le docteur », c'est ainsi qu'on l'appelle à Orléans, n'hésite pas à franchir. Et il devient maire. Maire d'Orléans, justement. Et ça a débuté comme ça...

La dérive d'Yvonne

On raconte que Talleyrand avait un jour nommé un ambassadeur à je ne sais quel poste supérieur. Conformément à la coutume, ce dernier sollicita une audience pour remercier et prendre les ordres. Il était pas seulement assis dans son fauteuil qu'il commençait à pleurnicher : « Ah, monseigneur! Comment remercier votre Excellence qui m'a enfin rendu justice! Je n'ai jamais eu de chance et... »

Talleyrand saisit sa nomination, la déchira et la jeta dans le feu en lui disant : « Retirez-vous, j'ai besoin de quelqu'un qui ait de la chance. »

Quel rapport ? Oh, presque rien... Yvonne n'avait pas d'aisance et ne faisait rien pour en acquérir. Pis : elle s'en excusait, comme on va le lire un peu plus loin. Je suis sûr qu'Yvonne était une très brave fille, qu'elle aurait très bien accouché les gardeuses d'oies de Rebrechien, son village natal, et qu'en plus, au lit, ses yeux verts faisaient merveille, et qu'elle aurait très bien nourri ses enfants.

Mais là, on lui demandait autre chose.

Yvonne était devenue la femme du maire d'Orléans, qui va bientôt devenir député. On pouvait plus l'appeler Guette-au-trou. On lui disait bonjour madame la mairesse.

Que répondre ? Eh ben, par exemple, bonjour monsieur le préfet, ou encore, si on a peur de se tromper : bonjour monsieur le président ! Je vous passe le tuyau... Ça veut rien dire, c'est souvent vrai (qui n'est pas président de quelque chose, dans ce pays ?) et ça fait toujours plaisir.

Si, en plus, elle avait pu se faire livrer une ou deux robes des Trois-Suisses, aller un peu chez le merlan et avoir recours à la manucure, tout le monde l'aurait trouvée parfaite, la mairesse. Pour peu qu'elle dise du bien de la Résistance, dont l'irrépressible vague portait le maire d'Orléans vers un destin national... on lui aurait trouvé du génie.

Mais non !

Notez, les femmes sont fragiles. Un petit pote spécialement pervers, il a un truc. Là encore, je vous le livre : il fait le baisemain ! Quand il a une idée derrière la tête, je veux dire... C'est simple, ça marche. La plupart des filles sont surprises, peu s'en offusquent, d'aucunes en sourient et... c'est là que les Athéniens s'atteignirent... quelques-unes se troublent. Il reste plus qu'à passer sous quelques jours pour confirmer l'effet et récolter les betteraves...

Mais tout de même... Yvonne, elle poussait un peu dans les bégonias ! Elle complexait. Comme l'ambassadeur, elle préférait s'asseoir par terre, pleurnicher et se ronger les ongles.

Une précision : quand on est joli garçon, qu'on a le vent en poupe, des ambitions dans la cale et des petites matelotes qui demandent qu'à embarquer... ça emmerde, ces attitudes-là.

Yvonne, elle a pas tardé à être cocue. Comme tout le monde, vous direz. Oui. D'accord... Mais elle, elle aimait pas ça. Et elle en devenait encore plus emmerdante : où qu' t'étais ? Quèqu' tu faisais ? Avec qui qu' t'as dîné ? Et ces deux tickets de cinéma que j'ai trouvés dans ta poche? C'est avec le président du Conseil que t'as été voir *Fantasia*? Tu me prends pour une conne? Tu saccages notre amour...

Et tutti...

Tous les témoignages ont concordé : le maire, il était bon, chaleureux, compatissant, séduisant... Mais quand sa bobonne avait refusé trente-quatre invitations à dîner, soixante-douze cartons de vins d'honneur, dix-huit commémorations en mairie et cent quatre-vingts dépôts de gerbes au monument aux morts... il commençait à le prendre aux dents, le mors!

– Tiens, t'es là, toi? Pourquoi t'es pas partie te promener?

Ce qu'il lui disait, le maire-député, quand il arrivait de Paris le samedi pour changer de chemise et faire la bise aux lardons...

Alors, elle faisait la gueule, Yvonne. Elle quittait la table. Elle allait dans sa chambre!

Les journalistes, à l'époque, ils ont souligné que c'était pas la prospérité, chez Yvonne. Le docteur, évidemment, avait largué sa carrière médicale, ses patients, pour entrer en politique. Et paraît qu'en ce temps-là c'était pas encore organisé. Ça rapportait pas lerche, la gloire nationale. Même que les parents d'Yvonne, les laboureurs, ils envoyaient heureusement les produits de la ferme, poulets, concombres, légumes à pot-au-feu, et des pommes les années où y en avait... Et que c'était pas superflu! Possible. Y a des frais partout!

Alors Yvonne, elle a commencé une fâcheuse dérive. Plus ça allait, plus elle introvertissait. Plus elle faisait la gueule. Moins elle sortait. Le docteur-député-maire, ça le faisait franchement caguer, cette attitude. Il se rendait bien compte que mieux ça roulait pour lui, plus Yvonne se faisait lourdingue. Que c'était un vrai boulet à traîner... Que ça aide pas quand on monte au cocotier... au mât de cocagne... Alors vous savez ce que c'est... D'un mot l'autre... On s'énerve. On renchérit... Je vous dis pas les vocables, souvent dépourvus de contexte... de sens...

Outragée par tous les bouts, abandonnée dans son plumard à une solitude qui n'a plus rien de conjugal, Yvonne file un mauvais coton...

Au procès, le président Jadin... un jadin qui n'est pas potager... après avoir évoqué les chambres séparées du ménage, embouche la trompette romantique avec une grâce que vous saurez apprécier :

« Plus la plaie de votre cœur s'élargissait [*sic*] et plus vous abusiez des excitants. Vous mangiez une côtelette par semaine, mais vous buviez un kilo de café. Vous fumiez sans cesse. Vous preniez des somnifères pour dormir et du Maxiton pour vous réveiller. Vous étiez intoxiquée. » Le nier serait puéril...

Cette intoxication ne l'empêche pas d'accumuler les conneries, si vous me passez le mot.

Faux pas : trouvant dans le porteuf du maire-docteur-député une bafouille d'une certaine Jeanne Perreau, patronne d'un grand magasin d'Orléans, elle se pointe chez la ravissante! A éviter, à éviter! Jeanne Perreau, dont les photos d'époque restituent très mal le charme, dit tout ce qu'on dit dans ces cas-là : « Chère petite madame, vous vous abusez! Et même vous me flattez! Il n'y a rien, voyons! entre votre mari et moi! Vous n'y songez pas! Un homme si important! Si vous croyez le contraire vraiment, je vous plains! Allons, allons... Permettez-moi de vous embrasser... »

Ce qui s'appelle noyer le poisson.

D'une bise l'autre... Le 17 juin 1951, réception pour l'élection du député-maire-docteur. Mairie d'Orléans. Yvonne se pointe, le bec enfariné. Elle veut le biser. Il la vire : « Gardons nos effusions pour tout à l'heure! » Certes, mais rentré à la maison, c'est une autre musique. Il en a ras l'urne, l'élu : « Casse-toi! Tu me dégoûtes! T'as qu'à prendre un amant eh, savate! » Des choses qui font pas plaisir, vous en conviendrez.

Comble des bourdes, elle fait comme l'ambassadeur. Elle pleurniche. En vacances aux Sables-d'Olonne, elle écrit ce désastreux poulet : « Je me rends compte que je n'ai pas volé ce qui m'arrive, mon petit Pierre chéri. On m'a monté la tête. J'ai de la déférence pour ta supériorité. » Oh là, calamité! Voilà des choses qu'il faut pas écrire. Là, le *supérieur* atteint aux limites...

A Paris, vous l'avez déjà deviné, Jeanne Perreau, qui doit compenser une silhouette approximative par un caractère enjoué et, peut-être, des qualités intimes, fait les choux gras du docteur-député-maire.

L'enfer des classiques

Je redonne la parole au Jadin de plaisance qui préside les assises. Ça serait dommage! Accrochez-vous aux branches, on va rigoler!

« Comme Phèdre affolée par l'amour d'Hippolyte et d'Aricie, vous ne pouviez supporter les jours clairs et sereins qui se levaient pour votre mari et Jeanne Perreau. Vous touchiez au délire! » Je vous jure!

Si vous voulez mon avis, elle était pas la seule... Quant au proc', un certain Lindon, il plaidait, madame, il plaidait!

« Je sais qu'elle adorait son mari qui écrivait à Jeanne Perreau : Je n'ai plus rien pour ma femme, le temps travaille pour nous. Patientez, ma chérie! Je sais que pour lui, les cendres d'un ancien caprice ne suffisaient plus, il lui fallait le brasier d'un nouvel amour. Je sais qu'un ministre, et un ministre de la Jeunesse, doit donner le bon exemple... » On sent que le maire-député-docteur va passer à la moulinette, et que Lindon le ferait bien condamner par contumace et à titre posthume... Tout de même, il n'abandonne pas l'accusation contre Yvonne!

Dans cette tragi-comédie qui semble réécrite par Pierre Dac, le bon maître Fernandel, Acquaviva pour le barreau de Paris, ne va pas rester à la traîne. Ouïssez-le :

« Comme l'Antigone de Sophocle, cette femme dont le cœur était fait pour l'amour porte sur ses bras son amour mort, et elle pleure! Regardez la pudeur et la dignité de cette femme qui refuse de livrer au public et les témoignages d'amour et les témoignages de haine de celui qui l'a détruite avant d'être abattu... »

Foin des nuances. Fernandel-Acquaviva met le paquet : « S'il la frappait à coups de pied dans le ventre, s'il lui tirait les cheveux, ce n'est pas elle qui vous l'a révélé... »

En effet, c'est lui! Et de poursuivre, dans un registre que Marcel Pagnol n'aurait sûrement jamais osé dans une de ses farces : « Voici quelques mois, alors que je disais à ma cliente de demander sa liberté provisoire, elle me regarda effarée : Oh non! me dit-elle. J'expie!... Eh bien, elle a suffisamment expié! Rendez cette mère à ses enfants. »

Mais je me suis laissé entraîner par ce festival des grands classiques à la sauce toutou... J'ai anticipé, et je m'aperçois que je ne vous ai même pas dit ce qu'on (ne) lui reproche (pas), à Yvonne... Là, en fait de classiques, on va quitter Sophocle, Racine, Ophicléide... et même les classiques du boulevard, Labiche, Feydeau et compagnie... Le classique qui entre en scène fait plutôt dans la balistique... Disons Gastinne Renette...

Un spécialiste de la percussion... de la bastos fatale! Un auxiliaire des pompes funèbres, en quelque sorte! Un fournisseur...

Ce qui a définitivement foutu la caille... la catastrophe irrémédiable... paradoxalement, c'est un succès. Vous savez, c'est pas neuf.

Déjà, en d'autres temps, le général Buonaparte (avé l'accent...), il conquérait l'Italie, le Pô, le monde... Il se pointait avec son sabre et son plumet et tout le monde se faisait la paire... Il conduisait les sans-culotte, les va-nu-pieds superbes à l'assaut du pont d'Arcole.

Mais l'idée qu'il avait, Poléon, *la Paille au nez,* comme l'appelaient ses congénères... c'était pas tellement l'Italie, les tableaux, les banques, les contessa... Non, c'était de faire mouiller Joséphine qui l'attendait au pays lointain... En fait, elle attendait pas du tout. Elle mouillait effectivement, mais en princesse concrète, pour les personnes présentes. L'Italie, elle savait pas où c'était... Elle en avait rien à cirer! (et pourtant cirer fait reluire!).

Un schéma inverse. Mais pareil au même...

V'là-t-y pas que le docteur Chevallier, qui siège dans les rangs de l'U.D.S.R., chez m'sieur Pleven qui lui, à l'heure où nous écrivons, n'est pas encore mort... Un survivant... Avec François Mitterrand à l'époque député de l'U.D.S.R. lui aussi.

Bonjour monsieur le ministre

V'là-t-y pas, disais-je, qu'il est nommé ministre. Enfin... pas tout à fait : sous-secrétaire d'État à l'Éducation technique. De loin, ça fait un peu sourire. C'est pourtant un marchepied... Sous-secrétaire d'État à un secteur qu'on ignore, ça annonce mieux : ministre à quelque chose qu'on connaît encore moins. Tenez : ministre de la Marine... ou de la Justice... Parfait pour un médecin... Formation oblige!

Enfin... disons ministre. Tout de suite, il a téléphoné : il passera le soir pour changer de liquette. Pis après, il a un dîner. Normal! Le petit môme, il est prévenu. Il dira pas « Bonjour papa » mais « Bonjour monsieur le ministre »...

Le docteur-ministre arrive, comme prévu... Le môme, il s'exécute. Charmant! On lui fait la bise, tapote la tête avec un bref sourire. Le docteur, il se sent plus pisser! Il est beau comme un camion! Brillant comme un vit de noce! Ministre, enfin... Sans doute que, dans l'imaginaire du nouveau membre du cabinet Pleven, la grinçante image d'Yvonne est encore plus foireuse que d'habitude... que d'hébétude... Merde! Moi, ministre, je vais me traîner cette saucisse, cette imbécile... Ah! quel plaisir! Quel boulet!

Gonflé d'importance et de hâte... il se récite déjà ce qu'il va bonir à table... à je sais pas qui... des personnalités locales, sans nul doute... Il a la tête ailleurs... Ma chemise! qu'il dit brièvement...

Notez, le seul témoignage sur les faits... la seule survivante... enfin, tout ça est vraisemblable... Notez que le mot *divorce*, à ce qu'on sait... n'a pas été prononcé... Comment ça a commencé? Plus personne n'en sait rien. On n'en sait jamais rien! Mais tout de suite, ça démarre...

Le ministre s'est déloqué... oh! pas pour ce que vous pensez... Hélas! Il a pas le temps... pas envie... Juste pour changer de calebard, de limace...

L'engueulade... Au moment où il se repasse sa leçon, envisage les propos... Yvonne vient le faire caguer. Râle. Pleurniche... On est le 11 août 1951, 13, rue Jeanne-d'Arc...

– Pense aux enfants, je t'en supplie...

– Les enfants, je m'en fous! J'ai à faire. J'en ai marre de toi. Va te faire foutre! Je vais aller vivre avec celle que j'aime... Et toi, tu resteras dans ta merde...

Des choses qu'on dit comme ça...

Entre son litre de café et sa boîte de Maxiton, Yvonne se sent plus. Elle a un gros pétard... un pistolet, je veux dire. Elle le sort. Le pistolet. Elle dit :

– Ben je vais me suicider!

Lui, il continue à suivre ses pensées... le Palais-Bourbon... les tapisseries des Gobelins, les trumeaux, l'ambiance feutrée des dégagements... Ça enivre, vous savez. Un autre univers... J'ai visité... L'hémicycle... les bancs de l'U.D.S.R... Mieux, les bancs du gouvernement... « La parole est à monsieur le ministre de la... » De la n'importe quoi... les voitures de fonction, les secrétaires du ministère, MON bureau, MON chauffeur, MES rendez-vous, MES avions du GLAM... Et puis tout de même, le pognon qui tombe. Faut pas rêver. Or, lui, justement, il rêve...

– Ah ben oui qu'il dit, spontanément... Très bonne idée. Tue-toi. Très bien. Ça arrangera tout. Mais attends que je me change, que je me casse. J'ai mon dîner qu'attend... Ça va refroidir!

Des mots... des mots... des mots... disait Hamlet...

Le docteur-ministre, il est quasiment à poil... Est-ce qu'elle a rêvé, elle aussi? Est-ce qu'elle a fait un geste? On saura jamais...

Lui, il est extrêmement désagréable... Je rappelle! c'est le récit de l'unique témoin survivant... l'unique témouine. Il lui désigne la chose que je ne nommerai pas... Elle, elle s'approche à genoux. Il la vire, il fait ce que le bon Jadin appelle « un geste outrageant » et lui balance une phrase que les magistrats, toujours pudiques, voilent soigneusement mais qu'on peut reconstituer ainsi : « Tiens voilà mon zob (air connu), et il viendra plus picorer ton mouron... Tout ça, c'est plus pour tes fesses. Toi, ma vieille, tu resteras dans ton caca. Terminé ! »

C'est vrai, à Jeanne, sa maîtresse, il ne cessait de parler divorce. L'autre esquivait car elle avait trois gosses et guère l'envie de repartir pour un tour... Si je dois donner mon avis, Yvonne, elle était conne, débordée, elle apprenait des pages d'écrivains par cœur pour les sortir à contretemps dans les dîners en ville, et compensait ses infériorités évidentes par des crises de rage frénétiques, parfois devant témoins. Je trouve son récit de cette soirée bien idyllique en ce qui la concerne... Enfin ! Le ministre-docteur, il aurait dû se gourer... faire gaffe ! Mais il avait la tête ailleurs. Elle, elle avait le pistolet au bout de la main. Elle l'a levé et... pan ! pan ! Quatre balles en rafale. A côté, le petit môme il chialait tout ce qu'il savait. Elle a été le chercher, l'a conduit chez la concierge et elle est remontée. Et pan ! La cinquième bastos. La bonne ! Le coup de grâce, comme on dit...

Si je suis revenue, elle dit à l'audience, c'était pour me flinguer sur le cadavre de mon amour... Mais j'ai vu la photo des gosses. J'ai pas pu... Alors, mon doigt s'est crispé sur la détente... Machinalement, hein ! Machinalement ! Et le coup est parti ! Elle a frappé ce pauv' Pierre ! Un accident ! Un malheureux hasard ! Je vous le jure... Sur tout ce que j'ai de plus sacré... Sur sa « merveilleuse mémoire »... Je brode un tout petit peu. Oh ! à peine...

« Dans un accord aussi touchant que rare, note le chroniqueur du *Figaro*, Pierre Scize, on vit alors le président, l'accusateur et la défense adopter cette version, cet accident, ce hasard providentiel ! »

On aura apprécié l'ironie du journaliste, et c'est vrai que... Toute cette entreprise n'est qu'une vaste machine à se foutre du monde... a dit quelqu'un !

Dans son box, Yvonne s'essuyait les yeux.

Au revoir, monsieur le ministre...

Satan en slip...

La femme d'un ministre de M. Pleven ne devait pas être soupçonnée... d'avoir eu de mauvaises pensées. Certes, la République avait perdu un de ses plus brillants serviteurs (que ne serait-il pas devenu, s'il avait vécu, conquérant et désinvolte ?...). Mais c'était irrémédiable de toute façon... Et tout cela, au grand jour des assises le 5 novembre 1952, ne pouvait apparaître que comme un déplorable malentendu. En plus, Yvonne, faut bien le dire, faisait aussi peu ou prou partie du sérail...

M'enfin, y avait mort d'homme ! Ça pouvait pas se passer comme ça... Il fallait un coupable, que dis-je ! UNE coupable. Elle était toute trouvée...

Lorsqu'elle s'est pointée dans la salle des audiences, à Reims... parce que je vous rappelle, on était à Reims pour cause de suspicion légitime... où – elle avait été bien prévenue – on EXIGEAIT qu'elle comparût, la foule attentive fut soulevée d'une houle de répulsion et de réprobation. C'était elle, Jeanne Perreau, la maîtresse qui avait tué le docteur-maire-député-sous-secrétaire-d'État... par cocue interposée ! Ah ! si elle avait pu ne jamais exister ! Il serait peut-être président de la République, le docteur, à l'heure qu'il est !

Salope !

On lui envoyait pas dire ! Les hermines elles-mêmes frémissaient sous les honnêtes visages de magistrats. Jeanne la tueuse, l'affoleuse d'hommes, la voleuse d'amours, la casse-ménages... La pute ! La pelée, la galeuse d'où venait tout le mâle... pardon ! le mal !

C'est pas une indiscrétion de dire que le docteur-etc., il avait un peu profité de ses avantages. Normal ! Tout le monde – ou presque – en aurait fait autant. Et puis tout de même, s'envoyer en l'air, ça n'a pas souvent tué quelqu'un...

Déveine pour Jeanne Perreau, elle était là au mauvais moment. Ça aurait pu en être une autre...

Jeanne, c'était Satan en slip « et soutien-gorge », selon la formule rituelle ! Elle avait fait deux victimes : le docteur-etc., et puis la pauv' femme qui se moisissait là-bas, et si injustement, dans son box... Le diable, on vous dit ! Heureusement les magistrats qui, en ce temps-là, jouaient volontiers les inquisiteurs n'avaient pas ou plus le pouvoir de brûler les sorcières sur un dossier sexuel. Dommage ! Moi, je l'aurais bien vue sur le bûcher, Jeanne. On aurait découvert des choses...

Qu'est-ce qu'elle a pris dans la poire ! Président, procureur... et Me Fernandel par-dessus le marché !

Lui, il se gratte pas !

– Vous devriez être assise à côté de votre victime, qu'il clame ! Mais il y a, là-haut, un Tribunal suprême auquel vous rendrez des comptes...

Il ne s'agit pas, bien sûr, du tribunal civil qui siège, peut-être, au premier étage! Il s'agit, vous l'aviez compris, du Tribunal *suprême*, comme il dit, qui siège dans les nuages! Dieu, président...

Rassurez-vous, mesdames, Me Fernandel passait ses prérogatives! Moi, je vous le dis en vérité, il ne sera jamais requis contre celles qui se seront mises en slip pour le bon motif... Et, comme l'a dit Jeanne, « Je suis sûre qu'on n'est jamais puni pour avoir aimé. » Et donc, après avoir aimé, vous pouvez dormir sur vos deux oreilles... Allez en paix!

Déjà que tous les avocats vont pas en cassation, alors vous pensez... au Tribunal suprême! Pour plaider, faudrait pas être n'importe qui!

Ce ton de farce saumâtre ne révulsait pas le public rémois. Au contraire. Il en redemandait. Il faisait les répons... Public de pommes conformistes bonnes pour la tarte et pour la compote. Public exemplaire de dignité prêt à tout avaler pourvu que ça fasse bien, et donc à entériner... à enterriner plutôt toutes les mixtures concoctées dans les arrière-cuisines du pouvoir, éternel légume à défilés, à pétitions. Public de cons en somme, si vous me permettez cette irrévérence!

Jeanne, on aurait pu l'appeler paratonnerre... Mais que dire de son légal époux qui, lui, ne se fâchait pas pour un coup de zob dans le contrat! Si je vous disais que cette attitude, après tout raisonnable, lui a valu des félicitations à l'audience, me croiriez-vous? Non, à coup sûr!

La frémissante Yvonne était venue lui balancer le morceau, espérant sans doute une réaction violente. Le mari savait déjà, et il savait en outre que « cocu », c'est une vocation. Il ne l'avait pas. Et les écarts de Jeanne lui paraissaient compréhensibles dans la mesure où ils étaient inéluctables. Les journaux ne le traitaient pas très bien... « Un mari de bonne composition. A la condition qu'on lui trouve une place lucrative, il accepterait tout! » De là à le traiter de maquereau, il n'y avait qu'un pas. En plus, il avouait... que le docteur-etc. « lui semblait très sympathique ». On n'est pas plus dégueulasse...

Il faut dire qu'au cours de sa déposition on avait tout de même noté les relations de couple à couple. Ils s'étaient rencontrés à la mairie le 14 juillet 1947 et, dit le journaliste Jean Laborde, « ils sympathisèrent. Ils devinrent non des amis, mais des relations ». Nuance subtile : « Ils sortaient parfois ensemble, dînaient chez les uns ou les autres. » En 1950, les Chevallier rendirent visite aux Perreau dans leur maison de campagne.

Et le président de demander :

– Votre femme était la maîtresse de...

– Exactement ! répond l'autre. Ma femme m'avait prévenu dès le premier jour de sa liaison. Nous avions passé une convention. Nous n'étions plus que des camarades. Seuls les trois enfants nous unissaient, mais pour le reste, chacun était libre...

– Je ne discuterai pas votre façon de considérer le mariage, laisse glisser le bon président Jadin.

Mais d'évidence, entre le caractère un peu facile du mari et l'attitude un peu difficile d'Yvonne, toutes ses préférences vont à cette dernière...

Ce qui, tout bien pesé, est tout de même à se taper le cul par terre : un président d'assises faisant, même implicitement, l'apologie du crime passionnel ! Décidément, à guignol, on aura tout vu ! Sainte Yvonne du Gros-Pétard et le Diable en slip... C'était ça :

– C'est vous la principale coupable, braillait Me Fernandel, vous devriez avoir honte.

Yvonne avait naguère confié à une de ses potes : « La mère Perreau est mieux habillée que moi : elle a de l'argent plein les poches, et puis elle entraîne mon mari vers des milieux littéraires : il aime ça. »

C'est drôle, hein, les éclairages. Un autre témoin, directeur du journal local, raconte un voyage Paris-Orléans : « Au moment de prendre la route, une violente querelle a éclaté. Ils étaient tous deux en retard et dans la voiture, sur le chemin, ce fut un débordement d'injures : Yvonne ne cessa d'accabler son mari de reproches. A la fin, le docteur en eut assez et répondit. La dispute ne cessa pas tout le long du voyage. A l'arrivée, le docteur me dit qu'il s'attendait à être tué un jour ou l'autre : sa femme entrait dans de violentes colères qui lui faisaient peur. » Et il lui avait demandé d'être le tuteur de ses enfants en cas que... On dira que le soir du « drame », il a pas montré beaucoup de crainte, le docteur... Exact. C'est oublier que, devant la peur, tout le monde ne réagit pas de la même façon. Il y a ceux qui pâlissent, ceux qui frémissent, ceux qui se couchent, ceux qui se tirent... et puis aussi ceux qui se jettent en avant, à la bouche du cheval enragé. Et c'est ce qu'il a fait...

Elle a beaucoup parlé de son amour, de sa passion, de son « adoration ». Oui... Si l'amant-mari de 1950 avait pu redevenir le carabin de 1939... S'il était redevenu amoureux et bandeur, plein de bons sentiments, sans exigences... Alors, oui !

Mais non ! Alors c'était la haine, les scènes incessantes évoquées par les témoins, la jalousie carnassière et... finalement... s'il voulait mettre les voiles dans ce climat de conflit incessant, le flingue, la salve... Tout ça parfaitement programmé dans le subconscient...

Un certain docteur Gouriou, alors expert-psychiatre fort répandu dans les prétoires... Je voudrais pas avoir l'air de faire de procès d'intention, mais c'était un « pro », Gouriou. Il savait ce qu'il fallait dire. Il était dans le système... Il a été d'une grande bienveillance! Supersympa! Mais il a dit quand même une phrase juste : « C'est l'infirmière qui a épousé le docteur. » Ce qui ne veut rien dire, sauf quant au symbole : il y a des infirmières de compétition qui épousent des docteurs imbéciles. Là, le docteur est devenu ministre et l'infirmière était plutôt débile! Fallait que ça craque. Elle était paumée. Ça ne se pardonne pas!

D'autant que de son côté, le docteur-ministre, il se sentait affolé, au bord du gouffre! A son ami le directeur du journal, il confiait son intention de mettre un des gosses en pension, bien que jeune, et se justifiait : « Vous savez bien que mes enfants sont à moitié détraqués. J'ai déjà trop attendu : il faut absolument que je les enlève à l'influence de leur mère. » Voilà qui va tout de même plus loin que le petit divertissement érotique qui trouble les bons ménages... Et curieusement, le même témoin affirme que le docteur n'avait nulle intention sérieuse de divorcer...

Conclusion, de ce très important témoignage :

– « On » a dit que le docteur s'était conduit grossièrement avec sa femme. Permettez-moi de m'en étonner, car il était très éloigné de la grossièreté dans la vie courante.

« Yvonne aimait son mari, c'est un fait. Mais à sa manière, férocement exclusive. Il y avait entre eux une disproportion d'attelage. S'il l'avait écoutée, il n'aurait rien fait en dehors d'elle, et c'était impensable! »

Le réquisitoire de Lindon était frisé au petit fer... Pour lui, l'accusée était « une biche aux abois ». Il « la comprend »... « Ai-je besoin de dire qu'il faut plaindre Yvonne? Non, je pense. Faut-il l'absoudre?... » Ah, ça! Difficile, tout de même, d'abandonner l'accusation! Alors? « ... Une solution qui apporte dans les cœurs et les esprits les clartés de la raison. » Fermez le ban!

On a su, malgré le secret, qu'au cours des délibérations un juré curieux avait demandé en quoi avait consisté, *selon le récit de l'unique survivante*, le geste « outrageant » qu'il aurait eu au cours de l'ultime scène de la tragédie!

– Je vais vous lire l'extrait de la déposition où Yvonne le décrit... Car nous n'avons que son récit...

Il le leur lut!

– C'est odieux, dit l'un...

– Il avait de drôles de manières, dit un autre.

On vota... Et les jurés condamnèrent le bon docteur-ministre « si grossier » à mort une seconde fois... Pardon, je voulais dire... ils acquittèrent Yvonne !

★

Vous me direz qu'un ministre de plus ou de moins... Okay ! Et que le geste d'Yvonne a sans doute privé le docteur, et surtout le ministre, de l'occasion de pas mal de saloperies ultérieures...

Bien sûr...

Presque un demi-siècle plus tard, j'ai retourné ce dossier dans tous les sens... Et si je dois vous dire, en mon âme et conscience, devant Dieu et devant les hommes... et puisque le mot est lâché un peu plus haut...

L'acquittement d'Yvonne constitua une véritable *saloperie* judiciaire.

Ne le répétez pas ! Je vous dis ça en confidence. Chez moi. Dans mon livre.

Le chroniqueur Jean Laborde a terminé son compte rendu par cette phrase : « Yvonne a véritablement détruit ce qu'elle aimait. » J'ajoute : ... et qui lui avait inéluctablement échappé !

LE TEMPS DES RAVAGÉES

II. Un revolver sans boussole

William Kramps – *Qu'est-ce qui est le plus horrible ?... Tuer ou être tué ?... Qu'est-ce qu'on en sait ?*

Jacques Prévert
Drôle de drame

Mais messieurs, vous n'aviez qu'à ne pas les laisser entrer...

Attribué à Cécile Sorel (1944)

L'AFFAIRE
PAULINE DUBUISSON

LES FAITS

Le 17 mars 1951, Pauline Dubuisson abat son amant, Félix Bailly, de trois balles de revolver à son domicile, 25, rue de la Croix-Nivert à Paris.

LA VICTIME

Félix Bailly, vingt-sept ans, étudiant en médecine. Fils du docteur Richard Bailly de Saint-Omer (Hautes-Pyrénées).

L'ACCUSÉE

Pauline Dubuisson, vingt-quatre ans, étudiante en médecine. Fille du colonel (de réserve) Dubuisson, centralien, entrepreneur de travaux publics. Suicidé au lendemain des faits.

LE PROCÈS

Président : *le conseiller Jadin.* Ministère public : *l'avocat général Raymond Lindon.* Défense : *Me Paul Baudet.* Partie civile : *Me René Floriot, Me Legrand-Guillot.*

LE VERDICT

Travaux forcés à perpétuité par la cour d'assises de la Seine le 18 novembre 1953. Le 26 octobre, l'audience avait été remise, l'accusée s'étant ouvert les veines dans sa cellule.

LE SORT ULTÉRIEUR

Libérée en 1959, Andrée Dubuisson (elle avait modifié son prénom) s'installe à Mogador (Essaouira) au Maroc. Interne à l'hôpital. Suicide par barbituriques en juin 1960 après l'ébauche d'une liaison qui semble avoir tourné court.

LES COMMENTAIRES

« *Je crois bien que ma famille est maudite, et moi aussi.* » *(Pauline Dubuisson aux assises.) L'affaire Pauline Dubuisson a inspiré au cinéaste H.-G. Clouzot le film* La Vérité *avec Brigitte Bardot.*

Je ne sais pas si le maire d'Orléans, le soir de sa mort violente, se dandinait à poil en feignant de mettre les pouces dans un gilet imaginaire et en chantant : « Je suis ministre ! Je suis ministre !... » La seule qui nous ait dit cela, le seul témoin survivant, étant justement Yvonne... celle qui l'a abattu de quatre balles de pistolet.

Plus une.

Je ne sais pas si, après avoir lu le petit récit qui précède, et qui tient compte, sans concessions, de tout ce que j'ai pu lire comme informations sur cette affaire, vous vous êtes fait une opinion, positive ou négative, sur cette Yvonne, sa manière de gérer ses amours et de mettre un terme à ses angoisses... Et par la même occasion sur la loyauté de l'appareil judiciaire en l'occurrence.

Mais ce que je sais, c'est que, s'il n'y avait pas eu la guerre, Yvonne n'aurait sans doute pas assassiné son mari...

En quelque sorte, le maire d'Orléans, c'est une victime de la guerre. Mais il n'y aura pas de monument pour lui. Il est vrai qu'il n'est pas mort au champ d'honneur.

S'il n'y avait pas eu la guerre, le maire d'Orléans serait resté un sympathique médecin de ville moyenne. Et comme il ne s'appelait pas le docteur Knock, il n'aurait sans doute pas fait fortune... Il n'aurait pas été maire d'Orléans... au titre de la Résistance... il n'aurait pas été député. Il n'aurait pas été ministre. Et les succès féminins qu'il n'aurait pas manqué d'avoir... il les aurait mieux dissimulés. Moins vaniteux, il eût été plus discret.

Mais... Mais surtout !

S'il n'y avait pas eu la guerre, Yvonne, tout en gardant ce caractère tendu, fragile et agressif qui était le sien, ne se serait pas trouvée propulsée à ce titre absurde et qui contrastait tellement avec son esprit médiocre et son impossibilité à s'arranger du contact des autres : femme du maire... femme du député... femme de ministre. La femme du ministre... pour devenir... l'infâme du ministre.

De plus, elle n'aurait pas subi, même si elle n'en a pas souffert au sens strictement personnel du mot, ces quatre années de tensions, de peurs, de violences et d'épreuves. Et en vérité, elle n'aurait pas été la même.

Peut-être qu'elle n'aurait pas eu de revolver.

Je ne crois pas me tromper en disant qu'on ne s'est pas beaucoup occupé, en justice, d'une question qui agite toujours les magistrats dans des cas analogues : d'où venait l'arme. L'arme du crime...

On se serait dit bien des choses, mais pas ce dialogue au téléphone entre les deux époux, dialogue retenu par la procédure :

– Le maire d'Orléans est cocu !

C'était d'ailleurs pas vrai...

– Le maire d'Orléans s'en fout !

Ils se seraient dit autre chose. Peut-être ceci, qui est tout de même moins spectaculaire :

– Le docteur de la rue Jeanne-d'Arc est cocu.

Ç'aurait peut-être été vrai...

– Le docteur de la rue Jeanne-d'Arc s'en fout !

Et ça, ç'aurait sans doute été vrai. Mais moins grave.

« Plus il s'élevait, plus il s'éloignait d'elle », a noté le chroniqueur Jean Laborde. Et le président, l'aimable Jadin, croit devoir dire à son accusée qu'il appelle courtoisement « madame » :

– Il fallait sortir, vous habituer à la nouvelle vie.

Et Yvonne a cette réponse spontanée, et vraie à l'évidence, celle-là... Cette réponse terrible et profonde comme un gouffre :

– Je ne pouvais pas.

La cause est entendue.

Le maire était condamné à mort.

Et Yvonne serait acquittée...

Comme elle le disait *avant* à ceux auxquels elle annonçait son intention de tuer, d'ailleurs...

Le président Jadin était bien de cet avis.

Et le procureur Lindon aussi.

Une affaire compliquée

Tout est bien qui finit bien : cette affaire était une affaire simple. L'affaire Pauline Dubuisson est une affaire compliquée. Et c'est pour ça qu'elle a mal fini.

Avait-elle bien commencé ?

Le 3 septembre 1939, elle avait douze ans, Pauline. La France Éternelle, enfourchant son destrier, partait pour la Croisade... Chevauchait en tête Édouard Daladier, brandissant le gonfanon : on l'appelait *le Taureau du Vaucluse* et son accent avait des arômes de Pernod-fils. Encore qu'on ne l'ait pas dit « à la triste figure », c'était un chevalier volontiers boudeur, air qui convient à une carrière conquérante. D'ailleurs, restant dans la tradition, Édouard concubinait avec un derrière à particule, concession des démocrates prolétariens à ce qu'ils croyaient l'habitude des rois de France... Avec cette différence que les rois, eux, se contentaient d'anoblir les bergères qu'ils troussaient dans les prairies...

Mais elle avait douze ans, Pauline, des socquettes et un cerceau...

Confirmant son engagement derrière ce *conducator* de circonstance, le seul qu'on avait sous la main, Jean Giraudoux embouchait le clairon de la propagande, lui qui pourtant avait écrit *La guerre de Troie n'aura pas lieu,* avec cette réplique mémorable : « Une minute de paix, c'est toujours bon à prendre ! »

Mais Pauline avait douze ans et n'écoutait pas le discours bizarre que Giraudoux avait prononcé à la radio à l'occasion de la rentrée des classes...

Elle s'en foutait, Pauline. Elle avait douze ans.

Et elle n'avait pas lu non plus l'article de *L'Œuvre* où Marcel Déat se demandait si on allait « mourir pour Dantzig »...

Elle avait douze ans... étant née à Malo-les-Bains en 1927...

L'année suivante...

L'année suivante, mal préparée, mal gérée, mal acceptée, la Croisade tourne en couille. D'autant qu'on n'avait pas très bien pris la dimension de l'Infidèle ! Assis sur leur derrière, les Croisés attendaient non que ça sèche mais que ça s'affame... Privés de beurre, de chocolat Tobler et de gitanes papier maïs, les reîtres ne pouvaient que se présenter à brève échéance aux avant-postes des Croisés, demander à parler à M. Daladier (lequel entre-temps avait pris... sa retraite) et solliciter l'octroi du R.M.I. et de la tartine de confiture qui avait produit si bon effet déjà en 1917 !

Hélas ! Cette politique était en retrait de celle du général... issime Gamelin, déclarant l'année précédente : Nous entrerons en Allemagne comme dans du beurre... (ter). Comme dans du beurre ?... Mais puisqu'ils n'en avaient pas ! Du beurre...

Une belle famille

A douze ans, elle avait tout pour réussir, Pauline. Elle avait une belle famille. Bourgeoise si l'on veut, protestante en tout cas, où l'on n'étale pas ses états d'âme. Une mère qui n'a pas grand-chose à dire dans la baraque.

Le père, c'est autre chose. Colonel de réserve, il est ingénieur de l'École centrale, ce qui n'est pas rien, et usine dans les travaux publics. Avec succès.

Elle a trois frères, Pauline. Deux aînés et un cadet. La guerre va vous changer tout ça. Le premier frère est aviateur. Chargé des appareils stockés dans les Landes, près d'Hourtin, il se tue dans un essai. Enfin... il est tué serait plus juste. Le deuxième va encore attendre un peu... mais il ne perdra rien... En 1945, il est marin ou, plus exactement, sous-marinier. La machine dans laquelle il est enfermé est coulée. Il ne remontera plus...

On a dit que son enfance avait été *triste*. Possible. Et que le père donnait à ses enfants les conseils de discrétion d'un joueur de poker endurci : travailler et se taire, et ne pas exhiber ses réactions... C'est bien possible aussi.

En 1940, puisque c'est de 1940 que nous parlons, Pauline habite Dunkerque. Aux premières loges, on pourrait dire. Un grand corps de troupe français et les restes du corps expéditionnaire britannique y sont coincés comme dans une nasse. Avec un étrange sang-froid, les armées allemandes qui pourraient les faire aux pattes en moins de deux restent l'arme au pied tandis que les avions hululent par-dessus... On a dit longtemps que sur la demande de Goering, maréchal de l'air, Hitler avait voulu laisser à l'aviation le plaisir de souffler le succès à l'armée de terre...

Il semble bien plutôt aujourd'hui (voir *Les dix jours qui ont sauvé l'Occident*, Olivier Orban, éd.) que cette attitude soit un volet de la politique allemande : ménager l'Angleterre jusque dans ses troupes tandis que des pourparlers se poursuivent en sous-main.

De tout cela, Pauline ne sait rien. Elle va vers ses treize ans et ne connaît des événements mondiaux et des « grandes pensées » qui y président que des bombes d'avion, des coups d'artillerie, des maisons effondrées et des cadavres répandus là par milliers... Sur la plage, la mer rejette l'écume marginale d'une armée en capilotade : encore des morts, et des pas beaux!

Au procès, évoquant cette aimable période, le président... Jadin, vous connaissez?... a ce mot d'anthologie :

– Vous avez eu une mauvaise conduite...

Prenons un instant de repos pour rigoler à notre aise...

L'armistice a eu au moins l'avantage de faire cesser les explosions... pour le moment. On peut s'asseoir dans les ruines et y rêver à l'aise, d'autant que le mois de juin se termine sous le soleil. Ça sèche, les ruines!

Et dans ces ruines, la vie tente obstinément de repousser. C'est comme ça, la vie...

Une fille occupée

On a tout dit et tout écrit sur les réactions de l'humaine nature aux passages de l'ange de la mort. Et si un diablotin mémorialiste pouvait répertorier un jour les copulations entreprises sous le ciel de l'exode, ça nous ferait un fort volume qui réserverait peut-être quelques surprises. Mais chut!

Il ne serait pas étonnant qu'elle ait pris tout ça de plein fouet, Pauline... Et que ce qui va suivre soit d'abord une réaction profonde au spectacle qu'elle a dû subir.

« Si c'est que ça, la vie... » Une réflexion qui relativise bigrement les conventions de naguère. Et puis il y a ce quelque chose dans le ventre qui bouge et qui crie non à la mort, non à l'absence d'avenir. Toujours est-il que Pauline, à quatorze ans, est déjà délurée pour son âge. Elle poursuit « ses études », et avec succès, mais un soir, l'occasion... l'herbe tendre... quelques bourgeois dunkerquois aperçoivent une jolie fille très juvénile qui s'enlace derrière les buissons d'un parc public avec un matelot qui n'a pas beaucoup plus que son âge. En fait, ils étaient assis sur un banc et deux poulets, peut-être téléguidés par l'indignation de quelque chaisière, avaient relevé leur identité, « légitimement indignés, note ironiquement Jean Laborde, de voir cette gamine qu'ils connaissaient, sachant qu'elle appartenait à une famille estimée, se conduire comme une de ces filles que l'on méprisait ».

Il faut dire, pour être très clair, que Pauline avait eu l'occasion, enfant, de fréquenter des parents germano... phones, et qu'elle parlait allemand très couramment. Ce qui, à l'évidence, modifiait un peu les perspectives d'une môme de quatorze ans...

La directrice du collège suggère alors au papa d'expédier sa progéniture vers un autre établissement.

Une mutation qui n'entravera pas les progrès de cette mauvaise « bonne élève ».

Les grandes personnes sont sévères avec les gosses, surtout dans les temps troublés. Elles les voudraient plus raisonnables qu'eux. Impeccables! Très drôle, en un sens...

– Pendant toute la guerre, vous avez fréquenté les Allemands..., dira encore le Jadin de la France.

Réponse : « Je servais d'interprète à mon père. » Comme entrepreneur en zone militaire, « il ne pouvait guère se dérober » note encore Jean Laborde. Conclusion : « L'essentiel pour Pauline était d'apprendre à vivre. Grâce à qui ? Elle ne s'en préoccupait guère. »

En 1944, elle a dix-sept ans, et décide de devenir médecin. Elle se fait embaucher à l'hôpital de Dunkerque.

– Je précise que c'était un hôpital allemand! souligne l'inévitable Jadin.

Permettez-moi ici une petite anecdote, un peu en dehors du récit. A la fin de la même année, Fernand Trignol, célèbre argotier, patron de figurants et responsable de courses cyclistes, passe en *commission d'épuration*... ça s'appelait comme ça... Hélas! On n'avait pratiquement rien à lui reprocher. Devant ce dossier vide, le président de la commission descend aux détails.

– Et puis, vos fréquentations, hein!? Vous étiez très copain avec Arletty...

Trignol ne peut qu'acquiescer.

– Et Arletty, hein ? vous saviez qu'elle fréquentait un officier allemand! Et ça ne vous faisait rien...

– Ah, évidemment, dit lentement Trignol... J'aurais préféré qu'elle soit avec de Lattre de Tassigny!...

La séance prit fin sur ce mot d'auteur. Un peu comme si Pauline avait répondu à notre Jadin national :

– Ah, évidemment... J'aurais préféré être infirmière à Villejuif chez le professeur Léon Schwartzenberg!...

Je me demande si ce genre de plaisanterie cadre avec l'aventure dramatique que j'essaie de vous conter... Enfin, faut bien se détendre un peu.

Toujours est-il que Pauline se donne là à son nouveau métier avec la passion qui lui est propre.

L'hôpital étant allemand, son directeur ne l'était pas moins. Fatalitas! Les choses tournent de telle manière qu'elle devient la maîtresse de ce « patron », le colonel von Domnick. Une circonstance qui faisait pas bien dans le tableau des assises, bien sûr...

Il n'est si bonne compagnie qui ne se quitte, et le colonel est amené en 1944 à quitter Dunkerque en compagnie de quelques autres.

La courageuse population de Dunkerque s'empare alors de Pauline, qui a toujours dix-sept ans, et la tond en présence d'un public en mal d'héroïsme. Un événement qui, note Jean Laborde, « l'enfermait un peu plus en elle-même. Elle prenait en haine le genre humain, fortifiait sa conviction qu'il existe des êtres à part dont elle faisait partie, et qui avaient tous les droits, surtout celui d'arriver à leur but par n'importe quel moyen. Si à vingt-six ans je n'ai pas réussi, je me suicide écrivait-elle à cette époque ».

C'est peut-être un peu moins simple que cela...

Pierre Scize dit mieux, dans ce livre *(Au grand jour des assises)* qu'il me semblerait si opportun de rééditer : « Une telle exécution succédant à ces années de désordre, pouvait disposer celle qui en était l'objet aux pires duretés. »

Le père juge préférable d'éloigner Pauline de Dunkerque. Une de ses tantes l'accueille à Lyon où elle s'inscrit à la faculté. Elle s'y ennuie et trouve les jeunes étudiants médiocres et ennuyeux.

Le respectable président Jadin lui reprochera la « disparité choquante » de son âge avec celui du médecin-colonel de Dunkerque. Il ne manque pas de mentionner qu'elle voit beaucoup « un homme de soixante ans », bien que Pauline lui ait précisé avec sécheresse qu'il « n'était pas son amant »... Surchargés de travail et de vertu, il semble que les présidents d'assises... de cette époque... aient une vue quelque peu idéalisée des rapports entre personnes de sexes différents... Enfin... Ces futilités-là aussi font partie du paysage.

A Lyon, où elle passe les examens du P.C.B., elle n'a fait que travailler. Pour être plus près de ce qu'il lui reste de famille, elle s'installe à Lille où elle reprend ses inscriptions.

Une rencontre fatale

Voies obscures du destin ! C'est à Lille que va se nouer la tragédie.

Nous ne saurons plus jamais qui était Félix. De lui ne reste qu'un peu de poudre, quelques photographies et une dizaine de témoignages... Était-il vraiment ce garçon un peu dur dont on découvre le visage dans les journaux, un peu hautain, un peu cassant ?... Était-ce au contraire le garçon souriant, charmeur et un peu fragile qu'évoquent ses amis ?

En tout cas, l'unanimité est faite sur quelques points : il est bien bâti, heureux de vivre, intelligent, pas très déluré, un peu conformiste... Pas au point de ne pas lorgner les filles cependant.

Ce fils de médecin qui n'est pas trop sorti du cocon familial n'en est pas, tout de même, à ne pas voir Pauline qui, semble-t-il, n'est pas de celles qu'on ne voit pas...

Et comme Pauline est assise non loin de lui dans l'amphithéâtre de la fac...

En outre, tous deux se retrouvent dans un groupe amical d'étudiants, et elle peut découvrir au garçon d'autres qualités sur lesquelles, encore, l'unanimité se fait : loyal, honnête, sans histoires, de caractère paisible. Pour lui, l'amour n'a que peu de rapports avec le scenic-railway des fêtes de son enfance. Sans calcul, il est sans doute sans fantaisie. Cela est à la fois bon et mauvais... Comme tout peut-être.

En ce qui concerne Pauline, en tout cas, c'est mieux que leurs caractères soient complémentaires. C'est mauvais qu'ils soient opposés. On est dans la nuance ! Des fois, ce genre de mélange prend bien parce qu'il intervient alors un autre ingrédient : l'amour, comme on appelle ça. Alors, on s'enchante des contrariétés, on s'amuse des surprises... On accepte l'autre comme il est et, bien sûr, on change son propre éclairage des choses de la vie.

C'est toute la question qu'il faudra voir à la fin de ces trois affaires affreuses : la part que l'amour s'y réserve. Car c'est bien facile pour nous de parler d'amour... un mot que Pauline n'aime pas à prononcer... Toute son éducation, sa personnalité maintenant lui interdisent cette indécence : exhiber ses sentiments. Le mot ne franchit pas ses lèvres...

Au procès, le président lui dira :

– On ne peut pas dire que vous lui ayez apporté le bonheur... du moins la paix.

C'est vrai ! Pauline n'apporte ni la paix ni la tranquillité, mais les tribulations. Et c'est ce qu'elle apporte à Félix lorsque, après quatre mois de cours, et... peut-être... de cour, ils se retrouvent dans le même lit.

– J'avais de l'affection pour lui..., dit Pauline aux assises.

Le mot le plus fort dont elle puisse user pour parler de son cœur... Affection... Ce à quoi le président répond lourdement, et hasardeusement :

– Vous n'aviez pas d'amour!

Et Pauline, toujours la même, ne proteste qu'en levant la main. Un geste! Nul magistrat n'a encore disposé de cet instrument pratique qui aurait sa place au salon des Arts ménagers : l'appareil à mesurer l'amour...

Et – pourquoi pas? – ses éléments constitutifs... Avouez qu'un tel objet apporterait un progrès considérable dans la connaissance de l'âme humaine.

Pauline, elle, est incontestablement flattée par les sentiments de cet Adonis. Lui, qui sort d'un œuf, est terriblement attaché à cette jolie fille, non conformiste, mûre déjà. Et remuante...

Tellement qu'elle ne manque pas de se laisser aller à quelques autres tentations. Oh! sans doute rien que physiques. Mais ça ne fait pas toujours plaisir. Dans la convention du couple, c'est Pauline qui est *l'homme*. Qui « court »... C'est Félix qui râle et qui pardonne. Qui accepte.

A une copine, Pauline dira : « Félix? Il est décoratif... mais collant. » C'est qu'en plus il n'hésite pas à lui parler mariage... un mot qu'elle n'est pas prête à entendre. Pour un peu, il la présenterait comme « sa fiancée ». De quoi faire grincer cette fille de liberté et de plaisir. Cette orgueilleuse. On a déjà compris qu'elle va prendre un malin plaisir, j'allais écrire *une revanche*, à l'emmerder aussi fort que possible...

Un soir, elle le largue au bal où ils étaient allés ensemble et accompagne chez lui un de leurs chargés de cours, un médecin de trente ans. Félix est peu ou prou au parfum. Il fait sur-le-champ une brève enquête et débarque... chez le gars! Pauline est dans son lit, on s'en doute.

Le médecin, surpris du coup de sonnette, ouvre en robe de chambre. Échange de répliques. Évidemment, le maître de maison nie : Pauline n'est pas là, elle n'est pas « sa maîtresse »! Félix pleure! Terrible, non? Pathétique... et un peu ridicule!

Pauline a tout entendu. Lorsque le beau médecin retourne au plumard, elle rigole : quel con, ce Félix!

Tout de même, l'autre proteste.

– Écoute, il t'aime!

– C'est justement ce que je lui reproche! lâche notre incorrigible héroïne. Il me court après. Moi, j'ai voulu rompre. Pas moyen!

C'est le pot de terre contre le pot de fer... Félix continue de « coller ». Il sera brisé un jour ou l'autre. Mais comment? Pour le moment, il accepte et, « pour prouver son amour » mais surtout pour attacher la chèvre folle, il relance son idée de mariage. Elle s'attendrit, mais refuse! C'est trop tôt, c'est pas assez... Pauline a d'autres plaisirs encore, d'autres perspectives et d'autres ambitions. Elle a, dira-t-elle, insisté pour rompre. Mais Félix ne veut rien entendre... et chaque jour elle le retrouve sur les bancs de la fac.

Il y a le cœur. Et puis, quel que soit l'âge des partenaires, il y a le reste. Pauline devait être une ardente compagne sexuelle et cela aussi, c'est difficile d'y renoncer! Faut du caractère!

Même leurs images de carrière ne coïncident pas... Félix se voit bien en province, faisant de la clientèle et bichonnant la veuve et l'orphelin. Pauline est attirée par la recherche : elle pense que la médecine serait une belle chose s'il n'y avait pas ces emmerdeurs de malades... Des vues qui se défendent... Mais qui ne se superposent pas!

Si l'on en croit Pauline... Car dans ce genre de procès, on en est toujours réduit à écouter le seul, l'ultime témoin du drame!... A la fin de l'année scolaire, elle avait décidé de rendre les armes devant l'obstination amoureuse de Félix... de l'épouser.

Admettons!

Chacun sait que les plaisirs de l'amour sont composés de retournements.

Félix en a-t-il eu marre de se faire traiter comme de la panne? De se faire rabrouer, au mieux tapoter avec un vague sourire? Et elle? Quelle passion l'avait saisie? C'est parfois au bord d'une rupture que l'on a longuement provoquée mais dont on n'a pas pris l'initiative que l'on sent le feu vous gagner dans la poitrine... dans la cervelle!

Il semble bien qu'il en ait été ainsi. Parfois, l'amour s'appelle regret!

En l'espèce, regrets éternels...

A l'automne, il paraît que les vacances ont porté conseil. Mauvais conseil peut-être... Sans doute, Félix a pris peur. Partir sur le chemin de la vie en attelage avec cette cavale farouche? Vaste entreprise! Et puis... il a rencontré quelqu'un... Monique... étudiante en lettres de vingt-deux ans... que l'on découvrira au procès, blonde, vaporeuse, paisible et pathétique dans cette aventure folle où le diable l'a contrainte de jouer les utilités.

C'est Félix maintenant qui casse les ponts, qui renonce, opère, arrache les pansements... qui torture!

L'instinct de mort

Que s'est-il passé dans la cervelle de Pauline, dans ses reins, dans son cœur, durant tous ces mois où elle n'a pas revu Félix, depuis cette entrevue de Lille, en novembre 1951, où cette tête folle l'a supplié à genoux de ne pas l'abandonner?

Quel désespoir? Quelle solitude? Quels songes?

Quelle mystérieuse tendresse interdite? Quelle nostalgie de cette fée maudite et familière qui a accompagné son enfance : la mort?

Quoi?

Un an plus tôt, à l'un de ses amants temporaires, alors que depuis juillet 1949 Félix avait annoncé à Pauline à la fois son départ pour Paris et la fin de leur liaison, elle écrivait cette lettre que je lis dans le beau livre de Jean-Marie Fitère *(La Ravageuse)*, un roman, mais un roman historique obéissant aux lois du genre :

« Maurice chéri. Hélas! A moi aussi le temps me semble long. Encore trois semaines... Je pense à toi le matin en me réveillant et le soir dans mon lit... Heureusement, j'ai une bonne provision de souvenirs pour attendre la tendresse que tu me donnes et qui m'est si précieuse. Maurice, je t'aime tant! Mon chéri, je t'ai aimé si vite, presque sans m'en apercevoir! Mon amour est aussi profond qu'inattendu. C'est la première fois que le bonheur d'un homme me préoccupe plus que le mien. Je te dis bonsoir, mon amour chéri, et je te couvre de mille baisers. »

Et ainsi de suite... De tels accents ne peuvent s'inventer. Où est la joueuse, la farceuse qui drive ses conquêtes comme des chevaux de cirque? Où est la volonté de puissance? Où le cynisme?

La liaison avec ce garçon va partir en filoche sans que ni l'un ni l'autre en souffre, insiste beaucoup. Et durant ce temps, jusqu'à ce que, définitivement, ce soit fini avec celui-là en 1951, où est l'ombre de Félix?

La question restera à jamais sans réponse... Cet amour intérimaire n'a-t-il été qu'une tentative d'échapper au désespoir qui la submerge?

L'amour est un jeu d'ombres. Un kaléidoscope de souvenirs et d'illusions. Telle s'évanouit en rencontrant l'objet d'une passion défunte, mais il ne sortira rien de cette faiblesse.

Si l'amour est folie, passage souverain de l'irrationnel, quelle *vérité* ira chercher le scalpel maladroit de la machinerie judiciaire? Et voilà pourquoi, en particulier dans ces sortes d'affaires, on sortira toujours insatisfait des audiences et des dossiers!

D'autant qu'ici, on l'a déjà perçu, Pauline ne fera rien pour s'expliquer, pour mettre à plat ses sentiments, son cœur... ses contradictions.

Dans ce procès-là, Pauline devra se battre, outre la machine que l'on va examiner, contre un fauve redoutable : René Floriot, l'avocat de la partie civile.

En plein milieu d'une audience, il lui jette à la figure :

– Vous mentez!

La réponse de Pauline est aussi courte, aussi froide et aussi sèche :

– Non.

Le dialogue s'arrête. Au président qui mentionne une déclaration à l'instruction, une contradiction, elle dit de même, « penchée en avant avec un sourire de persuasion », note Jean Laborde qui l'observe :

– Non, non. C'est faux.

Il faut bien dire d'ailleurs que ces discutailleries portent sur des dates, des tons, des histoires de ruptures définitives ou suspendues qui n'ont pratiquement, dans la conduite du procès et en tout cas dans celle de Pauline, aucune importance! Aucune des deux formules ne l'accable, aucune ne l'innocente... Dès lors, à quoi bon?

C'est peut-être seulement qu'en amour les souvenirs ne sont pas plus sûrs que les sentiments, que les mobiles...

S'il avait alors renouvelé sa demande en mariage... Elle dit aujourd'hui qu'elle aurait accepté avec enthousiasme. Et c'est vrai! Était-ce vrai alors? Au fond? Pauline ne sait plus. Dans le box, elle dit : « J'ai passé quinze jours dans ma famille. Je réfléchissais et je me rendais compte que je l'aimais, que je devais l'épouser. Je lui ai écrit une longue lettre. Je ne savais pas qu'il avait changé à ce point. Quand j'ai reçu sa réponse où il m'expliquait que tout était fini, j'ai eu beaucoup de chagrin. »

Et si la rupture seule pouvait faire bouillir le cœur de Pauline?

Nous sommes, je rappelle, en novembre 1951. La rencontre... Félix arrache à Pauline un flacon de cyanure dont elle prétendait faire usage... Le cœur fou... la tête... sont partis dans la dérive et la mort est là, appuyée au chambranle, qui attend avec ses orbites indifférentes... Dès lors, Pauline ne l'a pas caché, la sonate se joue avec « la mort à la clef ».

Aux assises, où l'on s'enquiert de tout, sauf de ce qu'on a décidé de ne pas voir, on s'est enquis du cœur de Pauline à ce moment-là. « Votre sœur savait que vous n'aimiez pas Félix », lui dit-on. Elle répond : « Je ne me confiais pas à ma sœur. » « Votre mère a déclaré qu'elle était prête à vous écouter, à vous soutenir. » Elle répond : « J'aurais voulu... C'était impossible. J'avais toujours été habituée à cacher mes sentiments, mes chagrins. Et ce sont les êtres que l'on fréquente le plus que l'on connaît le moins. J'étais formée de telle manière que si j'éprouvais une peine, ma seule idée était de la garder pour moi. »

Pauline qui était, a-t-on dit, la préférée de son père (on peut comprendre pourquoi) avait bien retenu sa leçon : « Le monde ne mérite pas qu'on se confie à lui. »

Ce silence, ce « rideau de fer », écrit Jean Laborde, on peut l'appeler *dignité,* tout simplement. Il suffit d'accepter ce point de vue, qui n'est pas forcément du *mépris.* Mais où l'orgueil en tout cas est constamment présent.

– Sa mère a dit cependant qu'elle l'avait vue pleurer ! intervient son avocat, Me Paul Baudet, une sorte de moine voué à l'expiation, un inquisiteur à l'envers si l'on veut. Tout le monde a toujours admiré le talent et l'abnégation, la morale de Me Baudet. Un peu moins les résultats obtenus, face à ceux d'avocats plus combinards, voire un peu canailles sur les bords !

Passons.

Longtemps, elle reste à Lille, silencieuse.

Partie civile, Me Floriot... qui, lui... le lui reproche : « Paris et Lille sont à deux heures de train ! Peu de chose vous séparait. » Réponse : « Je n'y ai jamais songé. »

Floriot renvoie la balle... « Votre passion n'était pas dévorante ! » Et elle répond : « Je ne connaissais pas l'adresse de Félix. »

Là, Pauline esquive. La vraie réponse, adresse à part, était à coup sûr : « Je m'étais renfermée en moi-même. Je ne voulais pas m'efforcer. J'aurais eu honte de solliciter au nom de ma douleur !...

Et cela aurait expliqué la suite !

... Je ne voulais rien demander, rien confier à personne. Je voulais me taire. Et je crois, maître, que vos passions et les miennes ne dévorent pas les mêmes choses. »

Cette réponse-là, justement, elle ne pouvait la formuler.

Les vacances lui permettent une balade en Autriche et en Allemagne. D'abord elle rencontre un garçon, qu'elle tient tout à fait en lisière. Pas même un flirt. Et celui-là, qu'elle abandonne un peu brusquement, va s'éprendre à tel point qu'il lui adressera des lettres enflammées... auxquelles elle répondra. On croit rêver, mais c'est Pauline qui rêve :

« Je pense à toi. Ta tendresse et ta douceur me sont si précieuses! Je t'aime de tout mon cœur... Tout dans la vie n'est pas aussi laid qu'on le dit : on voit tant de belles choses autour de soi. Avec toi, je n'ai pas envie d'être coquette. Mon chéri, que m'est-il arrivé ? » Et ainsi de suite. Étrange fuite dans un songe, *ein Liebestraum!* : « Je t'embrasse cinquante mille fois, je reste ta repentante Pauline et je voudrais te prouver de vive voix que je suis restée la même, celle que tu as connue en Autriche. »

Tout ça est lu par le joyeux président Jadin!

Comment ces lettres sont-elles parvenues jusqu'au tribunal... ? Je préfère ne pas le deviner.

On chicane Pauline sur ces passades, sur la visite qu'elle rend au médecin-colonel... Elle explique, comme si cela ne la concernait pas : « Je me disais que les chagrins ne sont pas éternels. J'aurais bien voulu m'attacher à quelqu'un... » Et nous, c'est vrai, on ne s'y retrouve plus très bien. « Mystère de la passion », écrit un journaliste. J'ajoute : ... de la passion des autres. Déjà que pour nous, ce n'est pas évident de s'y retrouver...

Floriot voulait comprendre, sachant qu'en ne comprenant jamais il enfonçait la malheureuse. Plus il insistait, plus ça marchait. Il n'évoque que l'extérieur des choses, alors que tout se passe à l'intérieur! Pauline ne bouge pas et... presque... *on* le lui reproche.

Et l'*on* trouve une explication : pour l'accusation, la décision de renouer avec Félix est la conséquence des difficultés financières du père. La femme de Félix vivrait plus confortablement que la fille de Dubuisson en faillite...

Peut-être...

Mais cela explique-t-il la fin de l'aventure?

Toujours est-il que Pauline se pointe à Paris, et descend chez un oncle pasteur qui a l'habitude de lui réserver la chambre d'amis.

Au carrefour de l'Odéon, qui rencontre-t-elle? Félix bien sûr, pas précisément enchanté de ce retour du passé. Il va se marier Félix... Monique, on l'a dit, est l'antithèse de Pauline : blonde, tranquille, douce, transparente... On se croirait dans un dessin de Peynet : le beau carabin entre l'ange (c'est Monique!) et le démon (c'est Pauline!).

La réaction de Félix, plutôt négative, plonge Pauline dans un abîme de stupeur. Est-ce possible? A aucun moment elle ne peut imaginer que l'Ange (c'est Monique!) convienne évidemment mieux à Félix que le démon... si séduisant qu'il ait pu paraître! Je ne sais pas si le fric fait *aussi* partie de l'amour. Mais je suis sûr que la tranquillité et la perspective de sécurité... oui! à coup sûr... c'est de l'amour aussi. Tant il est vrai que *tout* peut être de l'amour!

Dès lors... toujours le ciel et l'enfer... s'opposent deux éclairages : le bleu ciel et le rouge. Comme au théâtre...

Projecteur rouge : cette salope de Pauline n'a peur que d'une chose, manquer de carbure, ce qui signifie l'arrêt de ses études et la perspective d'une vie médiocre. Parce que son père est en difficulté, que l'ami autrichien n'a pas grande fortune à offrir, Pauline a choisi l'autre parti. Le plus aisé. Et cette fille « intéressée », cette ambitieuse, cette orgueilleuse, cette non-conformiste opte pour la vie bourgeoise d'une femme de généraliste à Saint-Omer, Hautes-Pyrénées, patrie comme chacun sait de M. Joseph Prudhomme, professeur d'écriture...

Projecteur bleu : bourrelée de remords et de regrets face à ses erreurs passées, la pauvre Pauline a senti monter au plus profond de son âme un vif amour pour celui qu'elle avait conquis et malmené. Devant son refus, elle est bouleversée, désespérée, perdue, prête à tous les excès sous l'effet de la déception passionnelle, de la douleur qui l'envahit. Elle ne se connaît plus. Elle ne sait plus ce qu'elle fait.

Deux vérités judiciaires font-elles une vérité humaine?

En attendant, le temps chemine. Le reste aussi... Encore une fois, c'est le témoignage de Pauline qui apporte, bien sûr, l'unique son de cloche.

Félix occupe un petit apparte, rue de la Croix-Nivert. A-t-il invité Pauline? C'est vraisemblable. A-t-elle, comme le disent certains, insisté pour cette invitation? Ce n'est pas impossible! Encore que, dans ce cas, on verrait plutôt la scène dans un bistrot de quartier que dans un appartement de célibataire!

Quoi qu'il en soit, on se fait une petite bouffe. J'aimerais connaître le menu, et savoir qui l'a préparé. C'est drôle, hein! Ça a l'air indifférent, et pourtant j'y verrais comme un signe de l'une ou l'autre hypothèse...

Mais cette question, le président, toujours Jadin, ne la pose pas. Il demande, en revanche :

– De quoi avez-vous parlé ?

– De choses insignifiantes.

– Pourtant, vous étiez venue à Paris pour avoir une conversation sérieuse...

Voilà décidément un président qui connaît bien mal la vie, bien mal les êtres...

Jean Laborde écrit : « Comment cette indifférence de Félix [et cette retenue de Pauline, ajouterai-je] se transforme-t-elle aux environs de minuit en un regain amoureux ? » Eh bien, cher ami journaliste, seriez-vous aussi vertueux, aussi pudique qu'un président d'assises ? Ne vous êtes-vous jamais trouvé vers minuit dans un lieu clos, en compagnie d'une jeune femme dont vous aviez un temps partagé la couche, et que vous retrouviez après une si longue absence ? Sceptique, avec ça ! Repassez-moi les projecteurs, voici l'acte final !

D'abord, Pauline avait dit qu'elle était partie... Le Jadin lui jette cette déposition à la figure. Pourquoi cette contradiction ?

– Je n'avais pas l'habitude de parler de ces choses.

Encore l'introversion... Elle aurait changé de formule après avoir appris la mort de Félix ? Peut-être... On ne sait plus. On n'y était pas.

Le docteur-maire d'Orléans a-t-il dit des gros mots à Yvonne ? Félix a-t-il couché avec Pauline ? Même incertitude... même combat. Résultats différents ! Le témoignage controuvé d'une cousine, une fille du pasteur j'imagine, nous met le doute dans l'esprit.

La magistrature, qu'elle soit assise ou debout, est tout à fait incrédule devant cette aventure nocturne. Quant à la magistrature sautillante, et c'est à Me Floriot que je fais allusion, qui occupe le coin de la partie civile, elle l'est encore bien davantage. Félix, dit-elle, était incapable de cette *vilenie*. Quels que soient les faits, le mot semble fort ! Vilenie, une nuit d'amour avec ses souvenirs ? Avec cette maîtresse de naguère qui, à coup sûr, s'offre à vous au coin du lit ? Le mot est gros !

A-t-il été inélégant après... coup ? Je ne sais pas. Ça arrive, et aux hommes comme aux femmes, de ne pas avoir, même à chaud, la reconnaissance du ventre ! Elle dit :

– Il m'a embrassée comme jadis. J'étais délivrée d'un cauchemar. Puis au matin, il m'a renvoyée. La vie n'avait plus de sens pour moi !

Et elle fond en larmes. « C'est à ce moment que j'ai décidé de nous entraîner tous deux dans la mort. » Un propos nouveau, car jusqu'alors elle a affirmé n'avoir voulu que se suicider. Puis accident parce que Félix avait tenté de la désarmer... etc.

Elle regagne Lille après cette nuit agitée. A l'amie qui l'héberge, elle dit : « Je ne veux pas l'oublier! Je n'ai pas assez d'amour pour le laisser être heureux avec une autre, pas assez d'élégance pour renoncer à lui! » Phrase étonnante.

– Tu ne le forceras pas à t'aimer!

L'évidence!

– J'en viendrai aux solutions extrêmes, dit Pauline sombrement.

Le 10 mars elle est à Malo-les-Bains : anniversaire! Vingt-quatre ans! Son père lui offre cinq mille francs. Elle va chez l'armurier. Refus de vente. Elle demande alors un permis au commissariat : les rues ne sont pas sûres! On le lui donne. Elle retourne à la boutique et achète cette fois un pistolet 6,35. Une bricole! Elle regagne Lille où elle reste deux jours dans sa chambre. Sans sortir. Le 15, elle prend sa valise, et aussi la porte! Son amie avait repéré le flingue. Pauline était partie sans dire un mot. Sur sa table, une enveloppe. Son testament!

L'amie panique. Elle a peur soudain pour Félix... réaction significative. L'amie connaît Pauline depuis son enfance... Elle téléphone au père de Félix. Gare! Celui-ci télégraphie à son fils. L'amie de Pauline en fait autant de son côté.

Étrange climat tout de même, que cette mobilisation pour une souris furax!

A ce moment du récit, Jadin pose à Pauline la question que nul n'a posée l'année précédente à Yvonne :

– Qui a armé le revolver [qui est en fait un pistolet]?

– L'armurier.

Bon.

Pauline se pointe chez Félix dont, cette fois, elle connaît l'adresse. Félix est avec un copain, tout surpris des deux télégrammes auxquels il ne comprend rien. Pauline demande à le voir seul. Il diffère. Il n'a pas le temps. Il part faire du sport en Angleterre...

– Très bien, dit Pauline, on se verra après les vacances.

Il file à la poste. Appelle Lille au téléphone. C'est l'époque où l'on a rarement le téléphone chez soi...

Là, il apprend l'existence du 6,35. Brrr... Au retour, le copain lui propose de l'accompagner. C'est plus prudent. Félix a une réaction... raisonnable :

– Elle va tout de même pas me tuer!

Tout de même, tout en rigolant, il commençait à avoir les foies. Diable! Il décide de ne plus coucher chez lui. Pauline fait le pied de grue devant la lourde, dans le crachin et les courants d'air. En vain! A une heure du mat' elle se décourage. Le lendemain, les métros sont en grève... comme aujourd'hui! Elle ne sort pas de chez l'oncle et... signe des temps... elle lit un roman... policier!

Le 17, elle retourne rue de la Croix-Nivert, le pétard dans son sac. Horreur! Félix est là, avec ce pote qui lui a tenu compagnie toute la nuit.

Suit une histoire de rendez-vous dont le détail, ici, serait oiseux.

Toujours est-il qu'elle attend au bistrot d'en face. Projecteur bleu : Pauline est égarée dans une sorte de désespoir. Projecteur rouge : Pauline a bâti un scénario de mise à mort qui lui réserve des alibis. Machiavéliques...

Quoi qu'il en soit, Félix rentre chez lui. Elle sonne. Il ouvre, pensant, a-t-on dit encore, qu'il s'agissait d'un camarade, d'un garde du corps!

Pauline dans la place, il ne se dira plus grand-chose :

– J'ai fini par lui dire que je ne pouvais plus vivre sans lui...

La réponse est perdue à jamais dans les brouillards du temps. « Il paraissait lointain », a-t-elle dit.

Trop proche, hélas!

Elle prend son flingue. Trois balles : une au front, une dans le dos, une derrière l'oreille. Des arguments auxquels il est difficile de résister!

La danse macabre

Son coup fait, si j'ose écrire, Pauline retourne l'arme contre elle. Enrayé : constaté. Le chargeur a bloqué la culasse. Pauline saute dans la cuisine, arrache le tuyau à gaz et se couche à terre.

Une heure après, trop tôt sans doute, les pompiers arrivent et la raniment. Ils témoigneront qu'il s'en fallut de peu. Ils l'emmènent à l'hosto.

Le lendemain, apprenant les nouvelles, le père s'enferme dans la salle de bains, avale du Gardénal, s'enroule dans un drap humide, se fixe un tuyau à gaz dans la bouche... On devine la suite. Là ça marche.

Je vous propose un arrêt d'un instant pour faire ce que, je crois, aucun mémorialiste n'a fait jusqu'ici : songer à Mme Dubuisson.

Voilà une femme qui, j'ai dit, n'a pas souvent l'occasion d'ouvrir la bouche à la maison. Son fils aîné tué à la guerre, l'autre noyé dans son sous-marin, étouffé serait sans doute plus juste ! son mari mort comme vous savez, qu'elle découvre derrière la porte. Sa fille... Je suis en train de raconter l'histoire... Hallucinant calvaire ! Cette danse des morts se passe de commentaires !

Pauline n'a pas eu l'humble soumission de sa mère, cette soumission aux arrêts du destin, plus tragique que toutes les violences.

Dissipons toute équivoque : la mort de Félix est une saloperie ! Un acte impardonnable. Une exécution ignoble. Quoi qu'il ait pu se passer entre ces deux êtres, cet abattage que Jouhandeau aurait qualifié de rituel passe l'imagination. Devant ce crime, comme souvent, on reste sans voix, sans explication ! La seule chose qu'on puisse dire pour un jugement *dans l'absolu*, et ce n'est pas une excuse, c'est que Pauline était tombée, fascinée, dans les bras de la mort qui l'avait tant accompagnée au cours de son enfance et de sa jeunesse.

Et que ce crime est aussi, avant tout, un suicide. Autour de ce genre de criminel(le)s, et cela non plus n'est pas une excuse, il y a souvent de belles ordures. La tragédie de Pauline en comporte, comme ce chargé de cours qui vient parader à la barre entre le cadavre de Félix et l'agonie de Pauline. Ce minable-là, Pauline, il croit se l'être *faite*, comme on dit. Mais pour une quizaine de jours, c'est sans doute Pauline qui se l'est *offert*.

Lorsque Jadin lui demande s'il a fait miroiter une perspective de mariage pour « séduire » la belle, il répond ces deux phrases qui méritent d'être gravées au Panthéon de l'immondice :

– Est-ce qu'on épouse ces filles-là ! Et d'abord, je n'ai pas l'habitude de faire de telles promesses...

Comme le suggère Pierre Scize, on comprend qu'il doit avoir « l'habitude » de se farcir ses élèves. Ce qui est d'ailleurs sans doute le cas.

Il appartenait à l'accusation de lui damer le pion à ce dégueulasse. On pouvait lui faire confiance :

– En somme, dit-elle, l'accusation, elle est devenue votre maîtresse pour mieux réussir à ses examens.

Et comme personne dans la salle d'audience ne demande la cuvette pour mieux gerber, le mirliflore rive le clou du sordide.

– Ça aurait été un mauvais calcul, en tout cas, dit-il en ricanant : je ne fais pas passer d'examens.

Du Marivaux, on vous dit ! Du Lamartine !

Heureusement, le garçon qu'elle avait rencontré en Autriche relève le niveau. Lui s'estimait inférieur à Pauline, et peu digne de demander « sa main ». Ce n'est pas l'envie qui lui en aurait manqué ! Il dit :

– J'ai bien vu qu'elle n'était pas heureuse : il y avait en elle quelque chose de brisé. Elle parlait toujours de mourir.

Le passage à la barre de la fiancée de Félix fut, pour cette môme, une épreuve superflue et ce que Pierre Scize appelle « un coup bas qui devrait être interdit ». Les bons journaux, on s'en doute, l'ont photographiée avec voracité.

Le défilé des trente-sept témoins (pour un crime qui s'est déroulé entre quat'z-yeux, c'est pas mal) est clos. On a vu et entendu le copain de Félix, celui du dernier rendez-vous. Il a affirmé que Félix n'avait pas couché avec Pauline la nuit d'avant le drame : il le lui avait dit. Il a le tort d'entourer ce moka de vérité d'un ensemble de fruits confits moraux (« un garçon droit, loyal et pur qui adorait sa fiancée ») qui en altère un peu la crédibilité. N'empêche...

On a entendu aussi une amie... peu bienveillante... dire une phrase importante qui confirme les analyses : « Je pense qu'elle n'a commencé à l'aimer que lorsqu'il l'a quittée. Elle m'a dit un jour qu'elle avait fait une bêtise en le laissant partir : non qu'elle eût du chagrin, mais Félix était un parti fort convenable. »

Un autre a dit : « C'est une fille qui n'a pas eu de chance. On la disait *facile* et on lui courait après. En réalité, elle poursuivait un amour qu'elle n'a jamais trouvé. Elle recherchait l'affection désintéressée de quelqu'un qui voudrait d'elle, et si elle l'avait trouvée, elle aurait été sauvée. »

Le dernier témoin est l'amie lilloise. Qui déclare :

– Elle ne peut s'arrêter en chemin lorsqu'une idée s'est emparée d'elle. Elle est entraînée par son propre personnage. Une passionnée, déséquilibrée, qui suit le chemin dont elle est prisonnière.

Une amie de la famille Dubuisson a pu dire encore :

« Malgré un caractère orgueilleux, volontaire, ambitieux, fruit d'une enfance sans joie, on lui voyait beaucoup de fraîcheur d'esprit. Elle était nette dans ses pensées comme elle l'était sur elle... Les enfants l'aimaient beaucoup. »

★

Le « procès Dubuisson » s'était tenu avec quelque retard. Une première fois, Pauline s'était ouvert les veines dans sa cellule et les bonnes langues de la basoche avaient, encore une fois, parlé de simulation !

Mais enfin, il s'était tenu, et dans les règles du genre. Comme il convenait. Comme à l'opéra, il s'était achevé sur les grands airs des ténors et des basses. A l'époque, les soprani et les contralt... i n'étaient guère répandus dans les prétoires.

Voyons un peu ces morceaux de bravoure. Très vite.

Les débats avaient montré une accusée pantelante, pitoyable encore que crispée. En tout cas une accusée en chair et en larmes. « Cela avait passé sur Floriot comme la rosée du matin sur un canard », note joliment Pierre Scize. Floriot avait un talent fou, mais c'était, en même temps qu'un talent d'avocat, un talent de comédien capable de passer d'un caractère à l'autre. C'est parfois gênant. Et qui donc a suggéré un jour que, comme il y a des avocats spécialisés pour la Cour de cassation, il devrait y en avoir pour la partie civile ?... Je sais bien que la partie civile *défend* les victimes... Mais parfois... on est surpris d'entendre certains accents.

S'ensuivit le réquisitoire de l'avocat général Lindon. Je ne m'étendrai pas. Il y a dans le livre de Pierre Scize que j'ai cité plusieurs fois trois pages que je ne reproduis pas, mais qui constituent une terrible mise au point sur cette personnalité aujourd'hui inscrite dans l'histoire avec, gravé sur le visage (autrefois, c'était sur l'épaule), le nom d'Henri Béraud. Dieu merci, partie civile lui aussi, Me Legrand-Guillot eut davantage de tenue que le procureur... Du réquisitoire de Lindon, je ne citerai rien. Je préfère un commentaire de Scize : « La cruauté ayant été monopolisée par Floriot, il n'eut plus que la ressource de la brutalité. Il s'aida de mots dont le plus modéré était *hyène*. Faiblesse des mots que n'anime pas la conviction : la *hyène* de Lindon fit sourire ! » Conclusion, que notre récit peut-être aidera à *juger* : « Vous ne lui accorderez aucune circonstance atténuante. » Un an plus tôt, comme dit plus haut dans ce livre, Lindon participait à l'acquittement d'Yvonne Chevalier.

Paul Baudet, comme d'habitude, plaida avec dignité. Beaucoup de dignité. Il ne dit pas, c'est sûr, ce que Floriot avait dit qu'il aurait dit s'il avait été de l'autre côté de la barre! affirmant qu'il aurait fait remonter aux jurés l'escalier d'Yvonne qui, après avoir déposé son enfant chez la concierge, était remontée donner le coup de grâce à un mari déjà truffé de quatre bastos... « Et on se serait arrêté à chaque palier! »

Qui a raison? Qui a tort?

On y songeait durant la délibération, qui dura quarante minutes. *Ils* revinrent. Pauline était condamnée aux travaux forcés à perpétuité. Les pronostiqueurs eux « donnaient » vingt ans. « S'abattant sur une jeune fille, ce châtiment prenait un aspect barbare, inhumain presque. Un *Oh!* horrifié courut sur la foule. »

★

Résumons la fin. Rapidement, parce que ce n'est presque plus notre sujet. Pauline s'est retrouvée dans la fameuse centrale d'Haguenau, « une des plus sinistres prisons de France ». Elle y a passé sept ans. Ce qui semble peu... si l'on n'y est pas... beaucoup plus long si on y est. En 1962, onze ans après l'arrestation, Pauline, qui a changé de prénom et s'appelle désormais Andrée, est engagée par le ministère marocain de la Santé et affectée dans un centre hospitalier d'Essaouira.

Là, elle retrouve son métier médical avec ses joies et ses servitudes. Elle est officiellement « étudiante faisant fonction d'interne ». Elle retrouve aussi... l'amour, comme on dit. Un ingénieur s'attache à elle, et elle s'attache à l'ingénieur.

Mais un jour, les choses deviennent plus sérieuses. Pauline... pardon, Andrée pense qu'il faut dire « la vérité ». Elle le fait au retour d'une longue promenade en voiture, aux confins d'Essaouira. Elle avoue... qu'elle ne s'appelle pas Andrée et que...

Il y a bien des réactions possibles à un tel aveu. On n'en dressera pas le catalogue.

L'ingénieur en a une qui n'était pas reprise à notre nomenclature. Il y a toujours du nouveau... On n'en finit jamais d'avoir tout vu... tout entendu...

Il arrête la voiture et il dit :

– Descends...

Andrée n'a plus qu'à rentrer à pied. On n'est pas plus chevaleresque.

Quelques jours plus tard, le dimanche 22 septembre 1963, un disque tourne sans répit dans la chambre d'Andrée... enfin, de Pauline. On s'inquiète. La porte est fermée à clé. On entre tout de même. Pauline dort à côté de quelques tubes de barbituriques. Définitivement. Sur sa table, un mot pour le commissaire demandant qu'on lui épargne l'autopsie. Un second sollicitant d'être enterrée, sans nulle indication, dans le cimetière local.

Ainsi fut fait. Avec dix-sept ans de retard, la guerre avait tué Andrée... pardon, Pauline.

★

Et puisqu'à toute chose il faut une bonne conclusion, laissez-moi citer quelques mots d'un homme intéressant, Stephen Hecquet, avocat et chroniqueur judiciaire, publiés au lendemain du procès :

« La différence des traitements infligés à Yvonne et à Pauline vient en ligne droite, par un curieux retournement, de la similitude des magistrats chargés de juger les deux meurtrières. Que le même procureur Lindon ait pu, à un an de distance, réclamer l'acquittement de l'une et la tête de l'autre n'a surpris que les profanes. Les connaisseurs savaient que Lindon ne tolérerait pas que la meurtrière d'un ministre fût, pour cette raison, plus sévèrement traitée...

« Ils n'ignoraient pas que le passé de Pauline, ses amours, provoqueraient le déchaînement de celui qui s'offrit à requérir la mort, au pied levé, contre l'écrivain et journaliste Henri Béraud.

« Qu'enfin M. Jadin, qui présida les assises de Reims comme celles de Paris, fût généralement sensible aux arguments de Lindon, n'était pas un secret pour les gens du métier. Les dés étaient jetés d'avance... Ainsi va la justice ! »

Pierre Scize, une fois encore : « On joue le mélodrame place du Châtelet. A l'autre bout du pont aussi. » Nulle irrévérence dans cette formule bien frappée : le chroniqueur ne parlait que des magistrats concernés, et de leur conception de la Justice.

LE TEMPS DES RAVAGÉES

III. La cervelle dans le mixer

Il n'y a point de passion plus égoïste que celle de la luxure.

D.A.F. marquis de Sade
Aline et Valcour

Les déplaisirs talonnent toujours les contentements.

Henri IV, *Lettres*

L'AFFAIRE

NOTE

Les accusés de cette affaire ont purgé leur peine. Ils sont toujours vivants et la justice leur accorde le droit à l'oubli. C'est pourquoi leurs noms sont changés dans ce récit.

LES FAITS

Le 8 novembre 1954, une jeune femme, que nous appellerons Lucile, noie sa fillette dans la cour de la maison de sa sœur.
Lucile avait déjà tenté par trois fois de tuer sa fille.

LA VICTIME

Louison, deux ans et demi, fille naturelle de Lucile et d'un étudiant en médecine.

LES ACCUSÉS

Lucile, vingt-huit ans. Fille d'un facteur rural qui s'est suicidé par noyade en 1940. Secrétaire. Auteur principal de l'assassinat.
Valère, vingt-quatre ans. Fils naturel d'un commandant d'infanterie et de son infirmière. Élève à l'école militaire de Coëtquidan.
Accusé de complicité par instigation, surtout par correspondance ambiguë.

LE PROCÈS

Ministère public : *L'avocat général Gay.* Défense : *Pour Lucile : le bâtonnier Simon et Me Maurice Garçon. Pour Valère : Me Michel Mercier et Me René Floriot.*

LE VERDICT

Lucile : travaux forcés à perpétuité.
Valère : vingt ans de travaux forcés.

LE COMMENTAIRE

« Il est dérisoire de demander à des êtres terre à terre comme ceux qui composaient le jury de sanctionner un crime dont les mobiles dépassent de toute évidence leur compréhension... » (André Breton)

Ce n'est pas de gaieté de cœur que je rouvre les dossiers de ces affaires! Et celui-là moins que tout autre.

Mais je l'ai dit déjà, toute affaire judiciaire est un fait de l'histoire, qu'elle soit entachée d'erreurs de jugement ou simplement qu'elle éclaire conflits et mentalités.

Aux indiscrétions que je pourrais commettre, je n'ai qu'une excuse : essayer de voir clair dans des événements qui nous concernent tous. Et sans nul préjugé. Sans aucune censure. Essayer de comprendre. C'est-à-dire refuser de porter aucun *jugement*... Essayer de savoir, sans l'aide d'aucune lunette, quelle qu'en soit la couleur. Certains me taxeront d'immoralisme à propos d'une révélation indiscrète ou d'un trait d'humour selon eux mal venu. Qu'ils me pardonnent...

Je ne refais pas les procès, même si j'ai l'air d'en réviser quelques-uns : j'en éclaire quelques aspects cachés ou simplement *oubliés*! Et je crois être plus utile en rapportant loyalement des faits souvent déformés par la mémoire collective qu'en prononçant un nouveau verdict.

Je ne me suis pas senti le droit de renoncer à l'affreuse histoire que voici, non pour ses péripéties ni pour les émotions qu'elle apporte, mais pour le témoignage qu'elle suppose. Plus que tout autre, ce crime semble généré par l'époque. Et à ce titre, on ne saurait l'écarter du triptyque qu'on pourrait appeler, paraphrasant Goya, *Les Erreurs de la guerre*. Toute guerre tue et bien après qu'on l'a crue morte à son tour. J'en atteste.

Voici donc l'histoire impossible de ceux que j'appelle Lucile et Valère... deux noms que j'ai trouvés dans Molière. On peut fouiller plus mal.

Si j'en crois les images, elle devait être une belle enfant, Lucile : à vingt et un ans, c'est déjà une fille admirable. Nez droit, regard direct, bouche enfantine et sensuelle, cheveux blonds brossés sans apprêt. Habillée pourtant comme l'enfant d'une veuve pauvre qui a élevé au village plusieurs gosses. Dans sa Normandie natale elle n'est pas mise en valeur. Les beautés authentiques ne s'en révèlent que davantage.

Là où elle est née en 1927, elle n'entend pas finir ses jours, moins encore les y passer. En 1939, donc, elle a douze ans, elle aussi. On ne vit pas trop mal : le père facteur, bien vu bien reçu, a toujours un petit coup de blanc dans les maisons, un petit coup de cidre, un petit coup de calva... On bout les crus, dans le secteur !

En juin 1940, comme en beaucoup d'autres endroits, la foudre tombe sur le village ! La foudre verte... Toujours la même histoire : des voitures couleur gris-vert avec des gaillards dedans. Des uniformes inconnus. Des allures surprenantes. Des drapeaux insolites. Des petites musiques. Des bruits de bottes...

Il semble qu'Albert n'en soit pas revenu ! Un dimanche du mois d'août, il a endossé sa tenue, enfourché sa bécane. D'abord, on n'a retrouvé que son kébour qui flottait sur l'eau du canal. La bécane était là, contre un arbre... Le reste...

On a dit... on a dit... Qu'il était pas très heureux en ménage... Qu'il avait pas accepté les visiteurs... les petites musiques, les gros drapeaux... Pour le curé, c'était plus simple : un accident de tous les jours, qui peut arriver à tous les paroissiens. On l'a accueilli à l'église et inhumé en terre chrétienne. Merci, curé. C'est ça, la charité. Lucile avait treize ans.

Cet incident familial n'était pas, c'est sûr, de nature à l'attacher davantage à son village natal. Pourtant, elle grandissait, n'était pas mauvaise élève... Les gars du cru la regardaient sans acrimonie. Son destin était tout tracé : bonne à tout faire d'abord (ce qu'elle fit), et puis un mariage villageois dans la même petite église. Pourtant un jour, Lucile a dit non. Et, comme dans les chansons de Gilles Vigneault, elle est partie pour la ville.

Là, elle a partagé son temps en deux.

D'abord, le travail. Elle apprend tout ce qu'il faut pour devenir une secrétaire. Elle entre dans une entreprise sérieuse. Déjà, elle appartient à une autre planète. Comme elle dit : « Sortie de l'ornière. »

Ensuite, le plaisir.

Mais Lucile est trop intelligente pour ne pas garder les pieds sur terre. Elle choisit ses partenaires. Elle veut pouvoir parler un peu, *après*. En 1950, dans un bal peut-être (ça se pratiquait beaucoup à l'époque), ou dans un « café » comme on disait, elle fait la connaissance d'un carabin.

Oh, ce n'est pas l'intérêt qui la pousse. Il est plutôt fauché le carabin. Ça doit être l'amour... Et un peu plus tard, elle est enceinte.

Avec un carabin... penseront certains...

Eh bien non. Et une petite fille vient au monde. Appelons-la Louison... encore pris chez Molière.

Si le carabin avait été riche, il n'y aurait pas eu de problèmes. Comme il était pauvre, que l'installation coûte cher... le carabin s'engage. A l'époque, l'État ne demandait que ça. Il n'avait pas encore résolu de réduire l'armée à la passion congrue... ou incongrue. On demandait du monde en Indochine. Et c'est là qu'il est allé.

Lorsqu'il reviendra, il tentera de reprendre Lucile. Mais il n'est plus le même. La « campagne » l'a marqué. L'Orient féerique lui en a foutu un coup dans l'aile... Lucile n'est plus partante. Et puis... entre-temps... elle a vécu. D'autres amours sont venues. C'est râpé.

Forte du métier qu'elle exerce, Lucile a le droit de choisir. Et elle choisit.

La petite fille est en nourrice. Une amie dira plus tard :

– Oh, je suis certaine que Lucile aimait beaucoup Louison. Elle allait la voir pratiquement tous les dimanches. La petite était coquettement mise, bien soignée... Vraiment... je ne comprends pas.

Nous non plus. Mais n'anticipons pas.

Danse de mort

– Accepteriez-vous de m'accorder cette danse ?

Le pimpant jeune homme accompagne cette formule rituelle d'un petit rictus assassin, non exempt d'ironie.

Bof... Pas mal de sa personne. Un profil fin, l'œil brillant... Et puis, le prestige de l'uniforme...

Lucile accepte d'un sourire. Elle se lève, la miousic commence. En avant sur la piste...

Chemin faisant... ou plutôt, chemin dansant, le jeune homme

accentue son étreinte. Des allusions se précisent, des choses... On bavarde. C'est aussi à l'oreille que les couples se reconnaissent. A des riens... des inflexions...

– Vous aimez la danse, mademoiselle...

– Lucile, monsieur...

– Valère... aspirant Valère!

– Oh, Valère! Quel joli nom! Et aspirant! Quel joli titre. Ainsi, monsieur Valère, vous aspirez...

– A vous plaire, mademoiselle. Rien qu'à vous plaire, si vous voulez bien.

– Oh! Monsieur, si vous pouviez aspirer à ne pas m'écraser les pieds! Au prix où sont les chaussures...

– Je suis confus, vraiment. Vous me troublez, voyez-vous... vous me troublez.

– Je n'en crois rien!

Ils éclatent de rire... Le tango se termine...

Le plus beau
De tous les tangos du monde
C'est celui
Que j'ai dansé dans tes bras...

Vieille chanson... On la fredonne encore. On la connaît... Le surlendemain, ils la reprennent au refrain. Sans aucun risque, cette fois, de s'écraser les pieds. Valère, il apporte pas que des promesses. Il paie comptant... content... et contente! Pour tout dire, ils se lâchent plus.

Lucile présente Valère à ses amis, à ses amies même. A un ménage qui, pourquoi pas? exerce la profession de marbrier funéraire...

Le contact est pas très bon... Valère n'est pas très bavard. Il a toujours un peu l'air de se foutre du monde... Ce contact est peut-être une erreur... Des fois, avec les relations... on est déçu. Enfin, cette amie funéraire, elle racontera ce qu'elle a constaté. Des choses...

– Valère était tout à fait désinvolte... Elle, Lucile, elle était tendue, pas à son aise, elle se surveillait beaucoup...

Et comme le couple n'exhibe pas ses passions, l'amie trouve qu'ils ont pas l'air très amoureux. C'est comme ça, les gens. Si on leur met pas tout sous le nez...

Un jour, c'était convenu, le téléphone sonne chez l'amie funéraire. C'est Valère. Fort poliment, il demande qu'on fasse une commission à Lucile. Qu'elle rappelle vite fait, et avant deux heures.

Prévenue, Lucile va à la poste avec l'amie. Ça cause un peu.

Quand Lucile sort de la cabine, à ce qu'on a raconté, elle est blafarde. Elle bafouille :

– Valère va venir... enfin, je sais pas... Il voudrait que...

Tout ça reste en pâte. Bizarre.

Elle rentre chez sa mère. Là, elle s'effondre... Toujours les récits.

– Oh ! c'est terrible ! Il m'a dit des choses épouvantables. Parfois, j'ai envie de me tuer. Je le lui ai dit.

– Et alors ?

– Il m'a dit de le faire. Que c'était la plus belle preuve d'amour. Mais tu sais, alors, je laisserai une lettre. Je raconterai tout... Tout ce qu'il m'a demandé !

Qu'est-ce que c'est que cette histoire ?

On est bien obligé d'y croire. C'est raconté. C'est su' l' journal... Mais ça semble tout de même un peu irréel, non ?

Imaginez-vous dans la situation... On peut dire des tas de choses dans le téléphone... D'accord. De là à... tout de même...

Quoi qu'il en soit, la danse de mort venait de commencer. Un drôle de tango... En Normandie !

Grandes amours pas muettes

Si on faisait seulement l'amour avec son derrière, le monde serait un paradis... terrestre ! D'ailleurs, c'était sans doute comme ça, avant la Pomme... l'Épée de feu... tout le tremblement. Adam et Eve baisaient sans y penser. A loilpem, genre île du Levant, parmi les groseilles et les tigres... les caïmans qui ne bouffaient que des nénuphars. La tranquillité, on vous dit. Sauf pour les nénuphars.

Hélas ! La tête s'en est mêlée. Que dis-je ? Qu'insinué-je ? Elle a pris l'initiative. On est devenus des cérébraux. Tout un petit cinoche qui se déclenche, parfois au plus mauvais moment, permet de multiplier les initiatives, les sensations...

L'herbe tendre du Jardin d'Éden, c'est fini. Qu'on se le dise. On copule désormais sur des moquettes, devant des feux de bois... Ou alors sur la plage, après le bain de minuit. On cherche la petite bête. L'insolite.

Y a des mignonnes qui exigent de l'inédit. Ça existe : j'en ai rencontré. Des mecs aussi. Qui voudraient qu'on les surprenne. Des Sacher-Masoch de banlieue, des Divins Marquis en blouson de cuir... Des rigolos... Normalement, naguère, ça se calmait dans les lupanars de luxe, ou ça se terminait à Charenton. Maintenant, on sait plus. Y en a qu'on retrouve dans les journaux, les faits divers...

Des fois ça amuse, ça excite. Des fois ça emmerde. Ça dépend des jours. Des allures.

A l'évidence, Valère, il était de ceux-là. Bonne queue dit-on... Il faisait de jolies conquêtes. On a vu à son procès... Je vous dis pas les prénoms... ça signifie plus rien aujourd'hui. Mais on peut imaginer... Véra... Martine... Marie-Hélène... Cécile... Nina... Anne... Des brunes ou des blondes. Des belles dans l'ensemble, qui sont venues non sans courage... à l'époque... ça coulait pas de source d'aller déposer son intime dans le giron des chats-fourrés. Affirmer qu'on avait péché avec le monstre. Qu'il était tout à fait normal et pas sadique pour deux sous. Qu'il faisait bien reluire et demandait rien de bien extraordinaire. Y en avait même une qui avait conçu... avec péché.

Des filles bien. Je les salue en passant, au-delà des décennies...

Lucile, elle a vu qu'elle était pas la première, mais y a pas de honte. Faut pas s'en faire pour si peu... Lui, il était pas le premier non plus.

D'ailleurs, photos en main, c'était elle la plus belle. Elle les passait haut la main. Alors...

Oui, elles ont témoigné, les mignonnes. Et pourtant, avec Lucile, ça paraît incontestable. Y a eu des propos, des exigences... Des bizarreries verbales...

Le procureur, il a même noté une chose... Qui fait sourire. Il a su, je sais pas comment : Valère, il griffait le dos... en copulant... Il y voyait un signe de perversion, le proc'. Une évidence de culpabilité. Moi, je veux bien, mais enfin... Il devait pas arder souvent, c't' homme-là! Sortir... S'informer... Ou alors il se rongeait les ongles.

L'amour, c'est chaque fois pas la même chose. C'est même pour ça qu'on recommence. Qu'on cherche... tant que ça peut... Le cas de le dire.

Un petit mot de Valère, si vous voulez. Pour qu'on essaie d'y voir clair. Il s'appelait Valère Chousteau. Un nom que j'invente, hein... On est dans une fiction, oubliez pas.

Avec Lucile, ça a changé. De l'amour classique, on est passé à l'avant-garde. Quelques années plus tard, tous les cadres supérieurs, les attachés-cases, ils faisaient à peu près la même chose. En ce temps-là, c'était nouveau.

Oh, c'était pas la tragédie. Mais enfin, on accédait à l'insolite, on se chatouillait le cervelet. On a su... parce que le magistrat est indiscret par nature... y veut savoir... sauf quand il faut pas, bien sûr. Valère, il se contentait pas de gratter le dos. Des fois, il était cruel. Au milieu de la nuit, il laissait quimper la belle. Il allait sauter une outsider. Lucile, elle restait dans son plumard toute solitaire, à mordiller le traversin. Ça doit être terrible, ça, non?

Et puis des fois, c'était le contraire, si je puis dire. Il l'envoyait au taureau. La faire copuler... A condition qu'elle raconte, qu'elle boive sa honte... le cas échéant! Les jeux de l'amour et du bazar, quoi... Des enfantillages, si vous voulez mon avis.

Au retour, ça excitait terrible. On partait pour les septièmes ciels. On a les escalators qu'on peut.

Des trucs de gosses...

Les perversions commencent ailleurs.

A cette époque, où l'on sortait de la guerre, les « enseignants » déjà voulaient être à la page. Côté littérature, on allait dans l'immoral. Gide, déjà rencontré, Sartre, *Les Chemins de la liberté*, un roman en trois volumes qu'on aurait dû réserver aux élèves punis, aux incorrigibles, aux chahuteurs. A petites doses, hein! Consommez avec modération! « Tartemolle! Encore vous! Vous me lirez trois pages des *Chemins de la liberté*! » « Oh non, m'sieur, je l' ferai plus! » « Je serai inflexible! » Le malheur des enfants commence avec la mauvaise littérature. On lit plus les Fables de La Fontaine, La Bruyère. C'est pour les cons, les ringards. On lit Marguerite Duraze, Broc-Fouillé, et tutti chieurs.

Les hasards des bavardages nous ont fait connaître que Valère faisait lire des livres à la pauvre Lucile. Pauvre gosse! Lui, pur produit du collège... il avait des goûts... enfin, je ne juge pas! On a su quels livres il lui avait donnés: *Les Nourritures terrestres*. Faudra que je relise... J'ai un peu oublié depuis le temps. Ça devait être la mode. Comme livre de base, pour emmener sur l'île déserte... c'est pas le pied! Et puis un livre que j'ai pas vu, jamais lu à plus forte raison, *L'Intrus*, un roman, je crois, de Gabriele D'Annunzio... Si vous en avez un exemplaire, derrière votre huche à pain... Merci d'avance. Je vous promets de le lire et de vous le renvoyer.

Je vois dans tout cela une formation à l'épate. Elle devait en bayer, Lucile. Elle, au village, sans prétention, elle en trouvait pas autant au cul des bovidés. Vrai qu'elle avait pas beaucoup eu le temps. La culture de la betterave exclut l'autre malgré les maisons adéquates.

Valère lui avait eu le temps.

Il était pourtant plus jeune qu'elle. De quatre ans. Une chose qui compte aussi. Vingt-quatre et vingt-huit... Il était excité. Elle, étonnée, réceptive. Les conversations devaient être intéressantes à enregistrer... Personne a jamais dit que les grandes amours étaient muettes, remarquez!

Les étapes du malheur

J'ai sous les yeux un long article de presse tout fondé sur les déclarations de la dame que je vous ai dite... Il résume bien les faits. Pour les détails, on est bien obligé de le croire. D'autant qu'il n'est pas invraisemblable, notez. Et puis de toute façon, on est dans le roman, hein! Tout ça n'a jamais existé...

Tout de même, que je vous précise, Valère Chousteau avait eu une enfance bizarre.

Il était le fils, adultérin et tardif, d'une personne très à son aise... Oh, il avait manqué de rien. J'ai même une photo de lui, là à huit ans, pour une fête, déguisé en Aiglon. Un petit visage gracieux mais un peu fermé. Un regard un peu dur...

Il avait un demi-frère nettement plus âgé que lui... Paul-Henri Chousteau... ça vous dit plus rien aujourd'hui. D'autant que j'ai changé le nom, hé! A l'époque, il était connu. C'était un journaliste plutôt important de la presse collaborationniste et comme l'époque voulait ça, en 1945, on l'avait condamné à mort. Les confrères en avaient fait leurs choux gras!

Valère, à ce moment-là, il avait quinze ans. Au lycée, les petits camarades, ils voulaient à toute force que Paul-Henri soit le père de Valère... La différence d'âge justifiait l'hypothèse. Alors là, Valère, il en a chié. Les petits humanistes, ils lui en ont fait voir. Des ayatollesques, c'était. Des moralistes. Ils causaient pas au nom de Dieu Tout-Puissant et Miséricordieux... oubliez pas les majuscules... Ils causaient au nom de... Passons.

Las d'être mis en quarantaine, boxé, insulté, bombardé à coups de règles et de bouteilles d'encre, Valère était allé faire des études ailleurs... Échapper aux impeccables et aux conformistes. Pas intérêt à s'obstiner, je vous signale...

Que se passe-t-il dans une tête d'enfant quand des choses comme ça surviennent?

A présent, il collectionnait les bonheurs sexuels et, après tout, les succès d'élève. Lucile avait dû lui faire bouillir le carburateur. Ça répondait terrible! Une vraie bête de rallye... La pression a monté!

J'accuse personne, remarquez. J'innocente personne. Je suis pas là pour ça. J'ai d'autres plaisirs. D'autres sources de revenus. J'essaie seulement... je vous ai dit... de décrypter... d'y voir clair. Là non plus, tout de même, on n'est pas des ilotes!

Alors, en confidence, il me semble que, dans les événements qui vont suivre, Valère n'a pas pu rester totalement étranger, indifférent... En dehors.

C'est une espèce de chemin de croix bizarre et sordide qui a commencé. Un blocage...

Deux explications, d'abord.

Première : je ferais tout pour le garder. N'importe quoi.

Deuxième : on s'est engueulés à cause du père de Louison. Il m'a menacée de coucher avec une autre. A moins que...

Là, un blanc. Elle laissait tomber la voix. Elle osait pas dire... Quoi ?

Valère, en plus, il lui avait donné le venin. La littérature. Les philosophes. La passion totale. L'amour absolu. Le sacrifice humain. L'acte gratuit. Le don suprême... Toute une cancoillotte de mots ronflants... Nietzsche, Gide, Sartre, Camus... La gamelle du collège. Des acrobaties verbales. Les jeunes gens aiment ça. Ça digère mal. Ça a l'impression de penser... Sûr que Valère, ça l'amusait. C'est intéressant d'avoir un bon sujet : Lucile. Elle, qu'avait été qu'à la communale, elle y allait bon jeu bon argent... Elle marchait comme un seul homme. Elle tremblait de tous ses membres, à l'idée d'être abandonnée.

Elle avait déjà vingt-huit ans. Mais tout le monde n'a pas la même façon de grandir. Les numéros intellectuels... numéros de cirque... de Valère, ça lui faisait un effet pas possible.

Je ne l'ai pas connue, Lucile. J'imagine qu'elle avait un bel esprit, un beau jardin. Mais vide. Sans végétation. Il lui en a amené, Valère, de la végétation. Des contraintes, des guignolades, du sadisme à la petite cuiller... Elle savait plus où elle en était! Elle était entrée dans une passion « exceptionnelle ». Fallait payer.

La première fois, ç'a été à la fenêtre. Je m'explique...

Il l'avait bien dit, le Seigneur Tout-Puissant :

– Faites gaffe, les enfants! Si vous bouffez de la pomme, je réponds plus de rien. Vous connaîtrez le bien et le mal...

Tu parles!

Lucile, elle avait retourné la proposition. Elle connaissait plus la différence. Le bien? Le mal? Elle connaissait plus rien. La pomme lui était restée en travers de la glotte. La panique, quoi...

Bon. Alors, la fenêtre... Il faut bien l'évoquer, l'épisode! Je traîne... je traîne... Vous allez comprendre.

Lucile, elle habitait au troisième étage.

Un jour, une voisine, elle entend brailler dans la rue... Un gosse qui hurlait. Une gosse plutôt.

Elle regarde. Elle voit Louison à la fenêtre, tendue à bout de bras. Elle comprend pas, bien sûr. Elle gueule à son tour. Le coup de l'émotion. Lucile alors, elle rentre le paquet. Tout le monde rentre. Incroyable!

La voisine elle avise la grand-mère qu'arrivait du marché :

– Eh! Louison a failli tomber par la fenêtre!

La grand-mère, elle ouvre la bouche. Elle radine avec son cabas... son filet... ses pommes de terre.

Lucile lui dit la même chose :

– La petite a failli tomber par la fenêtre!

Le lendemain, on posait des grillages...

Or, il se trouve qu'à la rencontre suivante, chez les amis funéraires, l'ambiance était pas au rendez-vous. Le militaire, il tirait la gueule et Lucile elle tremblotait.

Mais le pire restait à venir.

A quelques jours de là, la copine, elle voit le militaire arriver. Sous-lieutenant, il était maintenant. Cette promotion n'avait pas dû l'enferrer dans la modestie et Lucile... peut-être... paniquait encore plus. Un officier consentirait-il à continuer de baiser une fille de facteur rural qu'avait lu ni Jean-Sol Pouacre, ni Merly-Pouteau.

Valère, il portait un petit carton, avec un moka... toujours homme du monde. Il était en avance. Oui. Il attendait Lucile. Elle devait le rejoindre. Avec la petite... La conversation languissait.

La copine avait pensé... supposé... qu'ils lui emprunteraient encore une fois sa chambre à coucher, histoire de se gratter un peu le dos en musique et se farcir une bonne part de tarte aux poils, afin de se remettre en jambes et de repartir pour un tour. Elle était sympa, la copine. Compréhensive. Hospitalière. Peut-être que ça lui plaisait aussi, de prendre le thé seulabre en ouïssant les grincements du plumard, les gémissements des ressorts et les cris de porc frais de la copine en extase... Ça fait rêver.

Hélas! Il n'en fut rien! On lui jouerait *Thé et sympathie* une autre fois. Elle est restée en carafe.

Valère, en avance donc, s'était pointé à quatre heures et demie. C'est une demi-heure après que Lucile a débarqué pâle et défaite.

– Écoute, dit-elle à la copine, Louison est tombée dans le canal...

Ça s'était passé sur l'écluse, une étroite, avec un cheminement de piétons juste technique, sans garde-fou. Un passage qu'ils connaissaient bien tous deux, les amants! Ils s'étaient baladés dans le secteur quelques jours plus tôt. Eux aussi avaient emprunté la passerelle.

– Est-ce qu'on l'a repêchée? Ce qu'il a demandé le militaire, d'après le récit de la copine.

– Oui!

Et les hôtes voient soudain Lucile se jeter au cou de Valère, éperdue... Elle expliquera après :

– J'avais passé le canal avec Louison dans mes bras. Au milieu de la passerelle, j'ai glissé et la petite m'a échappé.

Heureusement, l'éclusier n'était pas loin. Il s'est précipité. Il a attrapé l'enfant que ses vêtements maintenaient à la surface. Elle n'avait pas souffert de sa chute mais, terrorisée et glacée, elle pleurait tout son saoul.

Curieusement, Lucile demande à ses amis de donner une autre version de l'incident... pour expliquer l'état de l'enfant : qu'elle est tombée chez eux, dans une cuve.

Ça devenait complètement dingue.

A l'instruction, Lucile a donné une version des entretiens suivants. Elle a dit à Valère que jamais elle ne recommencerait. Et puis, selon elle, il lui a répondu :

– Mais moi, j'exige que vous recommenciez. Et que cette fois, vous réussissiez! M'entendez-vous? Je l'exige!

Valère le nie.

– Et vous ne m'avez pas dit encore, peut-être, qu'une femme devait être capable de tout pour son amour, qu'elle devait n'être qu'une chose entre les mains de son amant, et tuer s'il le lui ordonnait?

Valère hausse les épaules.

– Bah, si j'ai dit ça, c'était par boutade. Une image intellectuelle. Un paradoxe littéraire...

Par malheur, ces « paradoxes » coïncidaient fâcheusement avec des « accidents » symptomatiques. Difficile de ne pas penser à un rapport de cause à effet.

Toutes ces fariboles vous épatent? Vous semblent invraisemblables? Ce serait oublier que, comme on dit à Brest, tous les bouts sont dans la mâture...

La secrétaire de rédaction d'une importante revue couchait avec son patron, et non par accident cette fois! Elle me racontait : « Il s'interrompt de me faire l'amour pour me parler de Nietzsche! »

Vous voyez bien...

Si Valère arrêtait de faire l'amour pour parler de Gide à Lucile, était-ce si innocent? Lui disait-il, comme elle l'a affirmé : « Vous êtes sa mère, on ne vous soupçonnera pas! »?

Après coup, Valère affirmera que tout cela n'était qu'un jeu d'étudiant et que, pour lui, les tentatives manquées de Lucile semblaient seulement des leurres, l'autre partie du jeu. Des comédies simplement un peu poussées... Des feintes!

Drôles de boy-scouteries!

La vérité tient sur le tranchant du couteau!

Une autre réplique de Lucile à l'instruction :

– Quand vous aurez supprimé votre fille, vous pourrez devenir ma femme. Voilà ce que vous me disiez. Et vous m'avez écrit : « Si vous avez besoin de moi pour devenir la femme que je veux faire de vous, je serai là. »

Est-ce vrai?

Et si c'est vrai, est-ce un jeu?

Où s'arrête le jeu, si c'en est un?

Et Lucile a-t-elle vraiment négocié son avenir amoureux contre ce cadavre d'enfant?

Voyage au bout de la mort

– Oui, peut-être... Mais, si j'ai écrit cela, je ne donnais pas aux mots la signification, le poids que vous leur prêtiez.

– Après le canal, rétorque Lucile, vous m'avez dit qu'il fallait que tout soit terminé le lundi suivant... J'avais bien pensé à un puits, mais...

Mais... il y avait une certaine petite rivière.

Dans le village où Louison a passé son enfance, va-t-elle cette fois achever son martyre?

Lucile est ballottée par d'étranges épreuves. Le père de Louison est rentré d'Orient... en piteux état on a dit. Et si Lucile a refusé ses propositions matrimoniales... et tardives, c'est qu'il ne voulait pas voir la petite. Entre celui-ci qui n'aimait pas sa propre enfant et l'autre qui souhaitait qu'elle disparût...

Un jour d'octobre, Lucile revient au village en compagnie de Louison : la nourrice habite là et et a demandé à voir la gosse qu'elle aime beaucoup...

Sur-le-champ, un journaliste conclut ainsi son enquête : « Merveilleuse occasion pour Lucile ! Son amant allait être satisfait. Elle allait supprimer sans risque son enfant. Car il lui fallait tuer l'innocente pour satisfaire les élans de sa misérable chair vers l'homme qui mettait cette condition à leur amour. C'eût été trop simple de donner Louison à sa nourrice qui l'idolâtrait et demandait à l'adopter. Ce n'eût pas été le sacrifice total réclamé par un monstre sadique. »

Toutes réserves faites sur ce style fleuri comme une tombe, l'hypothèse évoquée là n'est certes pas invraisemblable. Elle semble d'ailleurs confirmée par deux éléments.

Le premier c'est que la nourrice insiste pour cette adoption que la grand-mère accepterait volontiers, mais que Lucile rejette d'une phrase orgueilleuse :

– C'est moi qui décide du sort de Louison.

Une formule que le second élément confirme tragiquement.

L'automne est arrivé et Lucile accepte l'invitation de sa sœur, mariée à un bricolo d'affaires, un certain... et incertain Félicien Larsène.

Josette Larsène habite, dans une petite ville bretonne, une maisonnette qui comporte une cour intérieure cimentée. Un matin que Josette et la grand-mère sont allées faire des achats, Lucile, seule avec Louison, emplit d'eau une lessiveuse en zinc. Au milieu de la petite cour, elle amène l'enfant près du récipient, la bascule la tête la première et la maintient sous le liquide. Au bout d'un moment, Louison, cassée en deux sur le bord de la lessiveuse, ne bouge plus...

C'est une heure après que Lucile alerte les pompiers. Les accidents qui, dans les habitations, causent la mort des petits sont, hélas ! bien trop fréquents.

Pour ces hommes habitués à tous les secours et qui ne peuvent que constater que l'enfant a cessé de vivre, il n'y a ni surprise particulière, ni soupçons exceptionnels. Lucile a d'ailleurs préparé son explication.

– J'avais laissé la petite sur son pot (l'objet est d'ailleurs resté là, bien en vue). Je me suis absentée un moment et, quand je suis revenue, elle était la tête dans la lessiveuse. Elle a dû vouloir jouer avec l'eau. Et puis, je me suis évanouie. J'ai appelé en revenant à moi.

Sur le moment, on ne s'étonne pas d'un fait que les journalistes ont relevé : bizarre de s'installer ainsi en plein air au début du mois de novembre pour faire ses besoins.

Il ne reste plus qu'à enterrer le petit corps.

Au cimetière, la nourrice éclate en imprécations! On a préféré tuer l'enfant que la lui remettre. Elle accuse. Elle pleure. On met cela sur le compte du chagrin! On passerait...

Mais tout le monde n'a pas oublié les accidents précédents. Un gendarme apprend la mort de Louison et fouille dans ses fiches. C'est dans son secteur que l'histoire de la rivière a eu lieu. Il envoie un rapport au parquet... *L'affaire* commence.

Valère, de son côté, n'a pas chômé. Objectif n° 1, détruire sa correspondance avec Lucile. Les bafouilles passent dans le poêle avec leurs confidences, leurs objurgations... leurs conneries. On en a tous écrit... pas du même genre heureusement.

Autre élément. Le beauf', le Félicien Larsène, est un drôle de gus. Il se fait enchrister pour une petite folie... une mini-escroquerie de deux briques... de l'époque! De quoi voir venir, je vous signale! Y a parfois des drôles de gens, dans les familles... C'est comme en prison, c'est très mélangé, comme public! Alors, que fait le Larsène? Il obéit au syndrome du *mouton* et il essaie de se faire bien voir, de se mettre dans les petites gâteries des magistrats en balançant tout ce qu'il sait des tentatives antérieures.

De son côté, bien sûr, Lucile s'effondre. Et pratiquement, elle ira se dénoncer...

Sincèrement, on reste pantois.

Marcel Jouhandeau (1888-1979) a inclus cette affaire dans un petit livre : *Trois crimes rituels*. C'est vrai qu'il y a du cérémonial diabolique dans cette histoire sinistre... Au procès, auquel Jouhandeau refusa d'assister, par un réflexe de dignité (« A quel titre m'y serais-je présenté ? écrit-il. Magistrat, avocat, juré, témoin, passe encore. En spectateur, pour défrayer la curiosité ? J'ai refusé »), le crime lui-même était sans mystère. Mais les mobiles... les cheminements... Quelle obscurité!

Bien sûr, le fond du débat était la répartition des culpabilités, donc la mesure de la culpabilité de Valère. Jouhandeau a posé les questions pour lui-même, devant le tribunal de sa conscience. Il observe :

« Ce drame pathétique a beau appartenir proprement, typiquement à notre époque, il eût pu se produire sous tous les climats et en n'importe quel temps, aussi s'en dégage-t-il un souffle, un accent, une leçon, un exemple qui intéressent l'humanité entière. Y contribuent l'atrocité du dénouement et le doute qui en entoure le principe. Est-ce une phrase imprudente, un écart fortuit d'imagination, plus voisin de la plaisanterie que d'une gageure qui a provoqué le drame ou une proposition lucide explicite, formulée sérieusement, solennellement ? Toute la part de responsabilité de Valère est là. A-t-il émis une suggestion risquée par légèreté, ou prononcé avec autorité une injonction qui avait je ne sais quoi d'un ordre ? Y eut-il, quand il prononça l'arrêt, dans sa voix un ton, dans ses yeux une ardeur qui relevaient de la magie et par là pesa-t-il sur la volonté de Lucile fascinée au point de rendre inévitable un si grand malheur ? Tout le procès repose sur ce dilemme et de ce côté rien ne nous permet aucune investigation ; c'est là le domaine des intentions qui demeure interdit, où il n'y a pas de témoin possible. »

Il aurait pu dire aussi, évidemment, que l'amour est un délire et le plaisir un envoûtement...

Et puis, au fond des actes les plus passionnés, les plus *passionnels*, il y a souvent un calcul trop concret et le partage de ces composantes est difficile. Marivaux nous a raconté cela sur un ton heureusement moins tragique, sinon plus badin !

Qu'était exactement Lucile ? Qu'étaient son ambition, son but au niveau de l'horizon ? D'où venait Louison, de quelle intention déçue ? Il ne manque pas de filles qui piègent l'homme-gibier en se faisant faire un enfant... Quel échec, quelle déception incarnait la malheureuse petite ? Sur quel terrain est tombée la graine « intellectuelle » de notre fort en thème ?

« En Lucile, note subtilement Jouhandeau, il y a quelque chose d'Hermione, davantage peut-être de la Cléopâtre de *Rodogune* qui ne se repaît que de sa volonté de tout anéantir avec elle ; de Médée meurtrière aussi de ses enfants, et qui de leur mort ne fait pas un deuil, mais l'occasion de son triomphe : *Moi, dis-je, et c'est assez.* »

Et faut-il compter pour rien l'ambivalence des sentiments qu'éveillent trop souvent les enfants ? La jalousie irrationnelle qu'ils suscitent ? Tout enfin, dans un voyage aussi frénétique vers la mort aux yeux caves ?

« Ce qui décourage la sympathie qu'on essaie de garder à ces héros, ajoute Jouhandeau, c'est, du moment qu'ils se sont aimés, le peu de générosité dont ils font preuve l'un à l'égard de l'autre et, sans jamais se démentir dans leur commun désespoir. »

Et puis... une fois encore... Comment oublier les traumatismes de ces jeunes, la guerre, la violence, la mort toujours présente dans leur enfance, le mépris et la haine que se partageaient les adultes ? Pour elle, la mort du père, dérisoire et équivoque ! Pour lui, le destin du (demi-) frère et l'image méprisable de la société que, par suite, lui ont imposée ses petits contemporains !

Tout cela est entré en eux. Est devenu une composante de « leur amour ».

★

Dans les choux, on se débat comme on peut. Cela, Jouhandeau l'a constaté, l'a déploré : « A Valère il n'importe que de rejeter toute la faute sur Lucile. A Lucile d'entraîner Valère dans son propre désastre. Comment ceux qui s'aiment pourront-ils ce soir ne pas se regarder avec un soupçon de défiance, de terreur, à la pensée qu'une seule parole de l'un, mal interprétée par l'autre, pourrait faire d'eux des ennemis irréconciliables pour l'éternité ? »

L'éternité...

Peut-être Lucile a-t-elle eu une ombre de satisfaction au fond de sa détresse, alors que Valère ne pouvait plus avoir pour elle que mépris puisqu'une fois encore... et de quelle manière... elle avait *échoué* !

Car, tout de même, il lui appartenait à jamais dans la débâcle.

Tout cela était bien subtil pour les procureurs, magistrats et jurés appelés à en trancher. Ont-ils si mal jugé ?

Ils ont envoyé Lucile à perpète et ont réservé à Valère vingt ans de cabane qui, tout de même, ont fait se gratter l'intelligentsia chatouillée dans son attribution la plus irréfragable (quel joli mot !) : déconner. Si on se mettait à distribuer des années de bagne aux déconneurs, il n'y aurait plus qu'à lâcher le pinceau... à condition de bien tenir l'échelle.

François Mauriac n'a pas manqué de se sentir visé. Il s'est demandé si Dédé Gide, avec son *acte gratuit*, n'allait pas se retrouver en calebard au bagne de Toulon, bonnet rouge en tête... Un séjour où, le connaissant, on peut se demander s'il n'aurait connu que des mécomptes...

Déjà qu'on avait un peu tendance à fusiller les journalistes...

Et puis, c'est vrai ça! *Acte gratuit... acte gratuit... Femme objet!* Je t'en foutrai, moi, des *actes gratuits*! Au lieu de lire *Les Caves du Vatican*, « sotie » d'un homme qui n'aimait pas beaucoup les femmes, peut-être qu'il aurait mieux fait, Valère, de lire autre chose...

Par exemple, ceci :

Combien j'ai peiné
Combien n'ai-je pas peiné
Pour faire naître son âme
Pour donner à ces éléments un nom et un centre
Elle est belle comme le jour
Et aussi fluide
Elle n'a pas de nom pas de place
Combien j'ai peiné pour dégager son âme
Pour lui donner son nom et son être...

Valère avait préféré la démarche inverse. Mais il est vrai que ce poème d'un « obscur » auteur américain [1] n'était pas disponible à la bibliothèque du collège!

★

Et voilà. Nos trois victimes de la guerre... Victimes-assassines... sont à présent étendues sous le sable du temps.

C'est vrai.

Elles sont toutes trois des victimes. Des traumatisées. Des ravagées, habitées par quel étrange désespoir. Sont-elles pour autant égales? Bien sûr que non.

Yvonne tue par rage, par bêtise, par refus de vivre.

Pauline tue par colère, par désespoir intime. Par suicide.

Lucile tue par suggestion, semble-t-il. Et par quel secret besoin de faire place nette en elle-même. Par quelle revanche sur la mort!

1. Ezra Pound.

Toutes trois succombent sous une avalanche d'échecs! Les biens matériels sont-ils absents du paysage?

Yvonne tue par frustration : elle ne sera jamais la femme du ministre et repartira sans doute bientôt vers la solitude et les accouchements de village.

Pauline ne sera jamais la femme du docteur de Saint-Omer.

Lucile ne sera jamais l'épouse du docteur de Normandie, ni celle du brillant officier qui avait de si jolis discours et de si bons coups de griffe.

Alors... quoi?

Le crime?

Mais voyons, mignonnes, le crime ne paie pas, tout le monde sait ça! Et vous le saviez aussi!

Alors... il y avait autre chose...

LE DIABLE À L'AUTEL
ou
Les malentendus du presbytère

Comme un diable dans un bénitier...
Locution

L'AFFAIRE
LE CURÉ D'URUFFE

LES FAITS
Le 3 décembre 1956, le curé de la paroisse d'Uruffe, en Meurthe-et-Moselle, tue d'un coup de revolver sa maîtresse qu'il avait menée en plein champ, lui ouvre le ventre et tue et défigure son nouveau-né.

LES VICTIMES
Régine Fays, fille d'un ouvrier verrier, dix-neuf ans, et Marie-Line.

L'ACCUSÉ
Guy Desnoyers, prêtre, trente-sept ans, fils de cultivateurs.

LE PROCÈS
Président : *Falc.* Ministère public : *le procureur général Borel, chef du parquet de Nancy, a tenu à requérir lui-même en place du substitut Parisot.* Défense : *le bâtonnier Gasse.*

LE VERDICT
Condamnation. Travaux forcés à perpétuité par la cour d'assises de Nancy.

LE SORT ULTÉRIEUR
Libéré le 5 août 1978 après vingt-deux ans d'emprisonnement. Entre au couvent.

LES COMMENTAIRES
« Les pires bourreaux sont aussi des victimes, tributaires souvent d'une lourde hérédité [la sœur de Desnoyers est folle et nymphomane] et d'une nature mal faite pour la voie où les circonstances les ont poussés. » (Béatrix Beck, Prix Goncourt 1952 pour... Léon Morin... prêtre.*)*

L'affaire du curé d'Uruffe est de celles qui déconcertent. Qui laissent sans voix. Si elle n'était pas si atroce, on dirait qu'elle est matière de fable, ou de fabliau. L'histoire de l'homme d'Église qui trousse les fillettes n'a jamais été prise au tragique : elle court les folklores, les satires, les blagues... Pourquoi a-t-il fallu que celui-là, justement, rompe avec la tradition ?

Mon ami Alexandre Breffort, l'auteur d'*Irma la Douce,* avait pour les faiseurs d'embrouilles sentimentalo-sexuelles une très jolie formule. Il disait : « Il se prend la bite au sérieux ! » Hélas ! Malheur à celui par qui le sérieux arrive, là où il n'a que faire... Pour bien pécher, il ne faut pas se départir d'une certaine légèreté.

La formule ne s'applique pas qu'à cette tragédie de grand-guignol, mais à toutes celles – et on en trouve dans ce livre – où des personnes qui auraient pu se déclarer contentes après tout de leurs bêtises ont cru les embellir en glissant dans l'atrocité. Il y a du diable là-dessous, que vous pensiez ou non qu'il existe !

Pas au départ. Mais à l'arrivée.

Si, au cours des temps, on a été tenté de sourire des débordements des moines ou des prêtres, c'est qu'ils représentaient des transgressions fondamentales, et qu'on les rendait ainsi plus supportables.

De par leurs fonctions, ces canards boiteux sont introduits dans le poulailler. Si ces canards boiteux se doublent de renards, leur tâche devient trop facile.

Leur autorité leur fait la part belle. Trop belle. Le code civil a prévu cela, et pas seulement pour eux.

De surcroît, ils incarnent une certaine image de la fatalité, certains diront « du divin ». C'est le syndrome de Raspoutine qui embarquait ses proies, au vu et au su de toute une assistance, s'envoyer en l'air dans la chambre voisine en susurrant : « Viens avec moi petite, je vais te sanctifier ! » Et ça marchait, sans jeu de mots... encore que ça se passait en Russie Georges !

Un poète du ... XVIIIe siècle, je crois, donnait pour conclusion à une indiscrétion de quelque moine :

...c'est le doigt de Dieu, mon enfant.

Ces gens-là riaient de tout. La pirouette n'est pas si drôle dans la mesure même où bien des gens sont enclins... enclines à tout croire, du moins à tout accepter.

Le procureur, au procès d'Uruffe, parlait plus sérieusement, disant à l'accusé : « Vous avez trompé tout le monde : votre Dieu, vos supérieurs, la société, vos victimes. » Il aurait pu dire : vos ouailles.

Un malentendu complet

De son côté, le défenseur n'avait pas tort lorsqu'il risquait cet argument : « Autrefois, le prêtre ne quittait guère son église. Il y passait ses journées à méditer, quand il n'y faisait pas retentir les orgues. Aujourd'hui on a fait de lui un chauffeur de taxi, un cinéaste, un amateur de sports. »

Bien sûr, bien sûr... Dans ses *Trois crimes rituels,* Marcel Jouhandeau, qui était orfèvre, observait : « Il entendait suggérer que de telles activités, en rapprochant le prêtre du commun des hommes, finissent par le détourner, en même temps que de sa solitude, de son sacerdoce. Si *saint* veut dire *séparé,* du moment que le prêtre ne mène plus une existence à part, il tend à se conduire en profane et de là à profaner sa vocation il n'y a qu'un pas. »

Pour ce qui est de profaner, l'abbé n'y était pas allé avec le dos de la cuiller.

Certes les tentations étaient fortes... et que celui qui n'a jamais péché lui jette la première caillasse. Mais enfin, tout se gère, et le désordre plus que toute autre chose. Avec une méticulosité de biographe, le président des assises a tracé l'itinéraire de cet étrange déviant.

Né dans une famille de cultivateurs, il avait un frère et une sœur, une *handicapée mentale* comme on dit à présent, qui se fit un jour violer par deux abrutis sans doute encore plus handicapés qu'elle! L'abbé ne fit pas d'abord de solides études : il ne décrocha, selon le président, ni son certificat d'études, ni son bac... Ça arrive à des gens très bien.

Je vous mets à l'aise, pratiquement, il répondait *oui* à tout ce qu'on lui disait, l'abbé...

Personnellement, je suis un peu surpris qu'un type de ce genre puisse devenir curé à son tour... Il est vrai que la crise des vocations peut faire des miracles.

Comme on était en un millésime où c'était la mode, le président mentionne que l'abbé avait été... résistant! Comme, il est vrai, 39 999 950 Français. Qui n'avait pas résisté peu ou prou, à un moment ou à un autre, sous une forme ou sous une autre?... Les corps constitués participaient à cette vérité quelque peu illusoire, et la magistrature, qui avait résisté plus que toute autre, n'était pas la dernière à entériner. Passons...

– On vous a ordonné prêtre..., dit le président.

– En effet.

– Sans tenir compte des préoccupations et des penchants qui étaient les vôtres, incompatibles avec le sacerdoce.

– Oui.

L'accusé n'était pas contrariant... Un beau titre pour un roman d'Agatha Christie. Une piteuse enseigne pour une nouvelle du marquis de Sade!

Une chose qu'on ne saurait dénier à l'abbé, c'est qu'il était un sacré queutard.

Dans sa première paroisse, où il n'était encore que vicaire, ça n'a pas baigné dans l'huile... Le président le dit, avec beaucoup de discrétion. Mais on comprend qu'entre la fonction de l'abbé et son tempérament il existait un malentendu complet.

Les tentations devaient être fortes. Après tout, l'abbé n'a jamais violé personne. Mais, comme disent les Belges, il profitait avec.

Alors, finalement, le vicaire, il a eu des mots avec son curé... la hiérarchie. Déjà, il tapait dans la paroissienne, que c'en était un vrai bonheur. Alors, il s'est fait jeter. Enfin... déplacer...

– ... mais vous êtes revenu en cachette, comme on retourne à son péché...

– Oui.

– De conquête en conquête...

La formule est heureuse, et situe bien le rythme de la performance!

– ... il vous est arrivé de marier à un soldat une jeune fille dont vous aviez fait votre maîtresse?

– Oui.

– Ce qui ne vous empêcha pas de prononcer le discours d'usage au cours de la cérémonie...

– C'est vrai.

– Et ensuite, vous n'avez pas cessé d'avoir des rapports avec la jeune femme dont vous aviez béni le mariage. Ce qui veut dire que votre faute s'aggravait de sacrilège. Et d'adultère.

– Oui.

On comprend, dans ces conditions, que le curé de la paroisse ait montré quelque irritation. On comprend moins bien que ce bon abbé, si compatissant pour les peines de... cœur de ses pénitentes, n'ait pas été retiré de la circulation par une organisation que l'on estime généralement efficace. Non certes excommunié, faut pas pousser... mais expédié dans quelque communauté à faible risque, aumônier d'une maison de vieillards, par exemple, ça lui aurait été comme un gant.

Il n'en fut rien, hélas!

Rien!

Je veux bien admettre aussi que le prestige d'une supposée supériorité culturelle ait joué pour lui... qu'il était charmeur... que les cals du goupillon laissent des mains plus douces que la récolte des betteraves... Mais enfin, à quoi elles jouaient, toutes ces paroissiennes? Qu'est-ce qu'elles voulaient? Qu'est-ce qu'elles attendaient, mis à part ce que vous et moi avons sur le bout de la langue!?

Après tout, si le citoyen curé ramassait tous les suffrages, fallait-il en faire six caisses et trois tonneaux? Y avait pas de quoi fouetter une chagatte!

En milieu rural il est vrai, les attitudes sur ce genre d'activités sont parfois très contradictoires... On se marre de tout, on est pas feignant sur la bagatelle et bien souvent, même en famille, le tuyau de poêle est à l'ordre du jour. Mais la fille mère, on apprécie pas terrible! Allez vous y retrouver, si vous avez pas trop le sens des nuances... En ces temps d'obscurantisme médiéval tempéré par les communiqués de la Démocratie chrétienne, le curé tringleur pouvait être mal perçu.

Et là encore, on entrait dans la zone de turbulence des grands malentendus.

Il faut bien dire aussi que notre curé, il se sentait plus. Il était dominateur et sûr de lui. Il accumulait les succès, donc les risques. Il voyageait... Pour les curés comme pour les femmes adultères, la voiture a changé la vie. D'un coup de bagnole on peut se retrouver à l'autre bout du département... connaître des vacances exotiques... aller confesser à Saint-Trop... Saint-Paul-de-Vence... Saint-Saturnin... Saint-Flour! A Paris, les dames changent d'arrondissement comme de chemise... découvrent la banlieue... le bois de Meudon! Les accueillants parkignes... On m'a raconté des choses... Le fiacre d'Emma Bovary n'était rien à côté de ces facilités. Les voyages forment plus la jeunesse... ils dessalent la maturité. Multiplient les hypothèses! C'est le progrès.

– Il vous est arrivé souvent, n'est-ce pas? reprend le président, de laisser votre soutane au vestiaire pour faire avec une de vos conquêtes des voyages dans le Midi?

– Oui.

La réponse... Toujours la même!

– C'est au cours d'une de ces randonnées qu'un prêtre a essayé de vous ramener dans le droit chemin et vous n'en avez rien fait...

Ces propos... ces allusions, c'était au sujet d'une certaine Michelle, qu'on ne verra pas mais dont le magistrat parle avec des accents qui mettent l'eau à la bouche :

– Avec Michelle qui passa pour belle, et même très belle et qui n'avait pas quinze ans, dites-moi lequel de vous deux a fait le premier pas vers l'autre...

– Je pense que c'est moi, répond l'abbé, pour une fois nuancé.

– Un de vos confrères alors vous a alerté?

– Oui. Mais j'ai nié.

– On a dit que vous lui aviez proposé le mariage, à cette Michelle...

– Oui, mais elle a refusé.

A l'évidence et malgré son jeune âge, la Michelle en question savait ce qu'elle voulait. C'est parfois le cas! Et puis de toute façon, un curé marié, c'est plus un curé. Peut-être qu'elle avait des goûts un peu spécialisés, Michelle.

L'étrange dérive...

Le président, il avait le sens de l'anecdote... Faut leur rendre cette justice... tous les magistrats sont pas des rabat-joie.

– A Uruffe, vos liaisons coupables ne se comptaient plus!

Bordel! C'était l'Artilleur de Metz, ce curé-là :

Quand le curé d'Uruffe
Arrive en garnison,
Toutes les femmes d'Uruffe...

Vous connaissez la suite. Mais n'interrompons pas le président!

– Il vous arriva même de confondre les sacrements que vous apportiez au mourant et les consolations offertes à sa femme...

Diable! Notre vieux Georges vous eût mis ça en chanson, je n'en aurais pas été surpris, et l'Oncle Archibald n'en aurait guère été choqué! Mais il y a mieux... ou pire!

– On vous soupçonne même [?...] d'avoir soutiré de l'argent à une veuve parce qu'elle n'était plus jeune et que vos services lui plaisaient particulièrement...

Là, silence! Il répond rien. Que c'était pas vrai, ce *soupçon*. Que c'était pour les pauvres de la paroisse... car... que signifie ce « soutiré »? Qu'à l'époque, y avait des curés plongeurs qui organisaient des séances pour acheter des cloches... Alors...

Non. Il répond rien.

Pas même pour demander... après tout... l'origine de ces révélations, de ces bavardages... L'extrême-onction, j'imagine, la famille était pas rassemblée... J'imagine! Ou alors... y aurait plus qu'à tirer l'échelle.

On ne prête qu'aux riches.

Mais tout cela *se savait...* Si le président a pu recueillir tout cet album d'images... peu pieuses! Si c'était de notoriété... biblique... Comme disait le général de Gaulle, y avait un... consensus, ou quoi? Cet aspect de l'affaire me donne à penser.

On n'a d'ailleurs pas fini de penser...

D'ailleurs, la liaison avec la sémillante Michelle, dont nous ignorerons sans doute toujours l'image, elle avait failli tourner vinaigre. Déjà, l'étrange dérive du curé commençait...

Les débuts dans le village avaient pourtant été brillants. Marcel Montarron les a évoqués avec cette *patte* de journaliste-écrivain qui fait de lui l'égal des meilleurs :

« Il avait succédé à un jeune prêtre maladif qui s'était jeté dans l'apostolat avec une ferveur austère poussée jusqu'au port du cilice. »

C'était, en effet, tout à fait autre chose comme profil mental. Son successeur devait être surtout un actif et un grand jouisseur. Oyez plutôt les très étranges circonstances de son entrée en fonctions :

« Au mois de mars 1950, l'abbé René Barrat était mort à l'autel en récitant le dernier évangile. Il avait eu un éblouissement et, en s'agenouillant, il s'était brisé la tête contre une des marches de pierre. »

Seigneur! Marcel Jouhandeau a raison de voir là « comme un signe prophétique » et d'observer que le successeur immédiat du criminel, « le chanoine, à qui fut confiée la paroisse tout de suite après le drame, trouva lui aussi tragiquement la mort durant un pèlerinage en Terre Sainte comme si une malédiction pesait sur ce canton et en particulier le clergé qui l'administre ».

Le Diable ? Vous connaissez ?

Revenons aux débuts, qu'évoque Montarron :

« Le nouveau curé n'était pas comme les autres. Il semblait vouloir dépenser dans une activité débordante l'excès de ses forces physiques. Pour la jeunesse du village, il multipliait les occasions de se distraire, de rompre la monotonie de la vie quotidienne. Tout de suite, il s'était mis à remonter la chorale, à organiser des séances de cinéma, des sorties champêtres, des excursions sur les plages... »

On pense, bien sûr, à la silhouette vue dans un film... encore que la vie du curé d'Uruffe n'ait pas été un long fleuve tranquille...

« Les sacrements, la prière, la messe lui apparaissaient comme des manifestations extérieures, les rites d'une profession qui ne lui imposait d'autres devoirs, d'autres impératifs que ceux d'être aux yeux de tous l'ami qui peut frapper à toutes les portes, s'asseoir à toutes les tables, et gagner toutes les confiances. »

Par malheur, les visites du curé ne s'arrêtaient pas à la salle à manger. Témoin de ce temps, Marcel Montarron a admirablement situé la psychologie de notre personnage :

« Cet être doué d'un besoin jamais assouvi d'activité, demeurait primitif et fruste. Chez lui, la maturation des instincts n'était pas allée de pair avec la maturation affective. Il avait été seul dans sa tendre enfance. Tout jeune, il s'était vu retranché de la vie familiale derrière les murs d'un séminaire [en effet, sur l'insistance d'une généreuse grand-mère, on l'avait collé là à douze ans]. Il avait eu des études difficiles, souvent interrompues par les difficultés d'une époque troublée : il lui avait fallu plus de dix ans pour être ordonné prêtre. Il avait dû faire un grand effort de ténacité dans le travail pour combler son insuffisance intellectuelle, mais déjà, il portait le drame en lui. »

Lumineux.

Mais il rencontre Michelle.

Celle-là aussi se retrouve enceinte d'œuvres... qui ne sont pas des œuvres pies. Elle a plus de chance... davantage de souplesse que celle qui lui succédera. Elle accepte un voyage dans le Midi, accouche et abandonne l'enfant à Donzère. On devine le *ouf*! du curé... A son retour, elle affirme que l'enfant était mort-né.

Une de ses camarades de travail à la verrerie voisine, où travaille également le père de la future victime du drame, plus lucide ou plus méchante que d'autres, devine la vérité et la colporte. Vain Dieu!

Notre fougueux curé prend le mors aux dents et lui envoie... une lettre recommandée. Des lettres recommandées, y en a pas beaucoup à Uruffe. Affolée, la mémère va montrer la chose aux gendarmes qui lui suggèrent d'aller régler ça au presbytère. Non, non! N'imaginez pas que...

Simplement, le curé... dominateur, je vous disais... la morigène, et conclut :

– Ça va! Je vous pardonne. Mais que ce soit la dernière fois qu'on entende de si abominables calomnies!

– Je ne m'étais jamais douté de rien, déclara le maire à la barre.

Et l'instituteur :

– Je plaignais l'abbé d'être autant calomnié, et je l'incitais à mépriser les ragots. Quand j'ai su la vérité, j'arrivais pas à comprendre comment il avait pu tromper tant de monde!

Tout de même, même les marmousets étaient écœurés :

– Les enfants ont été profondément marqués par cette tragédie, dit encore l'instit... Il a fallu un grand effort de patience pour leur faire reprendre le chemin de la confiance et du respect...

On les comprend!

Toujours est-il qu'avec Michelle ça avait l'air de bien marcher. Lorsqu'un des policiers qui l'interrogeait lui posa cette question très subjective :

– Mais enfin, avez-vous un cœur, monsieur l'abbé?

Le bougre répondit :

– Ah oui, j'aimais bien Michelle. C'était ma préférée! Elle avait du caractère.

Un peu comme le berger des Pyrénées vous parlerait de sa chèvre... Étonnant pasteur! Étonnant bonhomme!

Hélas, comme chacun sait, il n'est si bonne compagnie qui ne se quitte. Le curé se retrouva un jour disponible, frais comme l'œil et en pleine possession de ses moyens. C'est alors qu'il jeta son dévolu sur Régine... simple homonymie!

Le chemin de la croix des morts

Je crois qu'il avait une case de vide, ce curé. N'empêche qu'il fit encore une fois une conquête. Des fois faut insister. Des fois y a qu'à demander. On perdrait tout à fait le réel de vue, et même le principe de la conservation de l'espèce, si on oubliait que, bien souvent, la mortaise en a tout aussi envie que le tenon. Vous mettez pas la tête sous l'aile. Vous savez bien que c'est comme ça. Et que l'envie de se distraire fait faire aussi bien des bêtises.

Régine était une personne simple et gentille.

Elle tenait pas un cabaret dans les faubourgs d'Uruffe, ou même une discothèque... Ça existait pas à l'époque, d'ailleurs. C'était une fille assez pieuse, issue d'une famille tranquille dont le père était ouvrier à la verrerie. Une fratrie sympathique.

De braves gens.

Pour le reste, y a pas, le curé d'Uruffe, il pouvait pas se tenir tranquille. Il concubinait terrible. Y a des gens comme ça, notez. Régine était souvent à la sacristie où elle s'occupait des objets sacrés, des étoffes... de la lessive. Le curé a pas été chercher plus loin. C'est courant : le chef de rayon lutine la vendeuse, le rond-de-cuir saute la secrétaire, le chef de train s'offre la poinçonneuse, le labourateur honore la gardeuse d'oies, le jeune Eliacin va retrouver la bonne et le père de famille persécute la nurse... C'est courant! On va pas chercher bien loin. On se donne pas beaucoup de mal. On réduit les frais. Les efforts. L'imagination.

Régine était là. Le curé aussi. Boum!

Ici, observons un fait, un détail : Uruffe, c'est une tragédie d'avant la pilule. La voiture était en avance sur son temps : il manquait l'essentiel! Aujourd'hui, c'est autre chose : téléphone plus voiture plus pilule égale... Égale quoi, au juste ?

Les mêmes causes produisant la plupart du temps les mêmes effets, la petite Régine se retrouva enceinte à dix-huit ans. La famille accueillit la nouvelle avec bonté. Michelle, alors qu'elle se trouvait dans la même situation, avait évoqué la fable d'un viol en rase campagne. Régine, plus simple et plus franche, avait refusé de répondre et nul ne l'avait obsédée de questions. Après tout, y aurait un bébé de plus à la maison. La famille était assez solide pour accepter ça. On s'acheminait donc vers une fin heureuse, une *happy end*, comme disent les Chinois qui parlent anglais.

Le sort ne l'a pas voulu... le Diable, on disait... Il a poussé le curé d'Uruffe sur le chemin de la croix des morts. *Most horrible*! non ?

Le curé d'Uruffe ne voyait pas ça de cette oreille! La venue du moutard le paniquait, irrationnellement! Craignait-il que Régine eût la langue trop longue ? Pas vraiment. Ce qui l'obsédait, c'était la ressemblance... que tout le village se marre et avertisse l'évêché. Que déjà il avait eu des mots avec la hiérarchie... que les propos trottaient dans les chemins de terre... qu'il fallait pas alimenter la calomnie!

Absurde !

Faire des choses pareilles pour pas avoir d'ennuis! Il existe une telle disproportion entre les risques de l'une et l'autre chose... Même si c'était terrible pour lui de se faire arracher de sa cure... C'était vraiment pas jouable! S'il avait réfléchi une seconde!

S'ils avaient tous réfléchi une seconde! Eux, les criminels... Qui peuvent pas imaginer qu'ils vont passer inaperçus... que ça va s'arranger...

Enfin... S'il y avait plus de choses comme ça... les tribunaux feraient faillite! Les gaffes, les débarbots, les huissiers, les gendarmes... Tout ce petit monde! Que déjà y a plus souvent des guerres... Qu'il faut inventer des ennemis... Fabriquer des prétextes! Monter des combines. Ça ferait encore des chômeurs... Que de nos jours, les curés, ils disent que les affaires s'affolent pas. Qu'ils sont à la portion congrue!

Régine, pour tout vous dire, elle avait subi des suggestions. Avorter ? On n'en a pas parlé. L'idée du curé plutôt, c'était de renouveler l'opération Michelle... Que c'était possible, puisqu'on l'avait fait une fois. Là, il insistait. Mais Régine n'avait pas le caractère arrangeant. D'abord, elle « le gardait », forte de l'appui de sa famille qui avait accepté la convention : elle demandait rien sur l'origine des choses. Le curé d'ailleurs, il appuyait : il disait qu'il fallait pas chercher... que le père, il était pas très recommandable. C'était vrai, d'ailleurs...

Ensuite, Régine, elle voulait accoucher là. Pas partir en voyage... Peut-être qu'elle se méfiait des initiatives...

S'étant forgé un alibi en allant à Nancy voir l'évêque, le 3 décembre 1956, l'abbé demande à Régine de le rejoindre, un rendez-vous du côté du calvaire. Tout un programme...

La sœur de la petite lui propose de l'accompagner.

– Non, merci, dit-elle. J'en ai pour trop longtemps.

Le cas de le dire!

Le curé nous a raconté la chose :

– Il était à peu près six heures. Régine était debout devant le calvaire. Je lui ai fait signe par la portière, qu'elle monte dans la 4 CV. Elle est montée et j'ai pris la route de Plagny... On a roulé deux kilomètres et je me suis arrêté derrière une haie.

Quelles idées il avait en tête, à ce moment-là ? Son sort ? Son destin ? Le ridicule de la situation si la petite vendait la mèche... qu'on reconnaisse le marmot...

Et puis... vidé ? Quel était le sort d'un curé vidé ?

Un qui se défroque, c'est pas la même chose. Il s'est préparé, c'est son affaire. Des fois, il est récupéré... la politique... un journal... un institut... les immigrés... Mais là... Viré ? La pénitence ? Une cellule conventuelle ? Non. Plutôt un petit poste emmerdant... Ou Bamako... Évangéliser les petits nègres, qu'ils sont déjà tous musulmans... marxistes à ce moment-là ! Abandonner l'animation culturelle ? Le Saint Sacrifice ? la position dominante dans le secteur... la soutane alors...

Ou bien, rompre... partir dans la nature... La chaîne à Billancourt... Jongler avec les betteraves dans les glèbes humides... Sa hantise... peut-être... c'était surtout rien changer. Effacer les erreurs, les risques. Il avait pris la gomme : un pétard 6,35 acheté récemment au su des gendarmes.

Arrêté dans la 4 CV, le curé dit à Régine :

– Je vais te donner l'absolution... Est-ce que tu me pardonnes ?

– Oui, je te pardonne. Mais je ne veux pas de ton absolution.

Ça lui paraissait superflu ! Il a insisté. Elle a haussé les épaules et ouvert la portière :

– Tu m'ennuies. Je pars. Je rentre à pied.

Et elle s'est éloignée. Le curé l'a appelée... Elle s'est pas retournée. Alors il a défouraillé... tiré ! Elle était à un mètre... Elle est tombée sur le dos, « les bras en croix » il a précisé...

Il s'est agenouillé... Et puis il voulait plus dire... pouvait plus.

C'est le président qui a continué :

– Penché sur le corps, vous l'avez dévêtu et, à l'aide d'un couteau, vous avez pratiqué une monstrueuse césarienne qui vous a permis d'extraire l'enfant du cadavre encore chaud.

Là, il a parlé :

– Oui ! Mais je le jure, je n'ai pas coupé le cordon ombilical... L'enfant n'a pas crié. Il avait les yeux ouverts sur moi...

– Alors, reprend le magistrat, vous l'avez baptisé, poignardé dans le dos avant de lui taillader le visage pour le défigurer.

– Oui, il a répondu. Encore un coup.

– Puis, vous êtes allé dîner chez votre frère comme si de rien n'était, et de retour à Uruffe, comme on s'inquiétait, vous avez été prévenir le maire et faire sonner le tocsin. Bientôt vous preniez la direction des recherches comme s'il se fût agi du crime d'un autre et grâce à vous, deux heures plus tard, on découvrait les cadavres où vous les aviez laissés. Il était deux heures et demie du matin.

– Oui.

Faut dire, ces assassins qui se montrent encore plus froids que leurs victimes, ça coupe un peu le sifflet. Jouhandeau non plus, il en revenait pas. « Ce qui donne à méditer sur les racines profondes que pousse en nous le mal, quand il passe à l'état d'habitude, écrit-il, c'est qu'après son double crime le curé semble ne s'être rendu chez son frère que pour y attendre un appel au téléphone de cette Michelle qu'il avait aussi rendue mère. Ainsi n'existait plus pour cet homme que la fascination irrésistible qu'il exerçait sur ses proies et qu'elles exerçaient sur lui, au point qu'il restait lié à chacune d'elles jusque dans les situations extrêmes qui auraient dû le forcer à réfléchir, à lâcher prise. Non. En lui les ténèbres sont profondes jusqu'à l'inconscience, son sens moral n'est pas seulement hébété, mais aboli. Plus rien n'existe pour lui que la fornication. »

De ce coup de fil d'abord peu croyable! j'ai une autre analyse. Je ne crois pas, comme Jouhandeau, qu'il pouvait en attendre « un alibi » ou « l'oubli de son crime dans de nouveaux plaisirs ».

Faut pas pousser.

J'ai tendance plutôt à voir là le signe d'une profonde, amère solitude. A croire que ses sentiments pour Michelle étaient forts, profonds. Qu'un reflet de sa voix dans l'appareil lui était un secours nécessaire, indispensable. Et que ça valait l'effort de cet extravagant repas de famille...

Quand on a eu trouvé les corps, il les a réunis, recouverts de son manteau. Il a dit :

– A genoux. Prions.

Il a dit le *De profundis*. Et ajouté :

– Pauvre Régine. J'espère qu'elle a eu le temps de se préparer à la mort.

« Paroles machinales », souhaite Jouhandeau. Nous aussi.

Pour finir, il a eu un mot de circonstance :

– Maintenant, allons prévenir sa pauvre mère...

Enquête et châtiment

Après, tout s'est réglé très vite.

Il avait remis le pétard sur la table de la cuisine, au presbytère. Comme les gendarmes, fins limiers, commençaient à flairer le pot aux roses, il a dit que l'assassin s'était confessé à lui... Qu'il pouvait vraiment pas en faire état. Que c'était défendu..

– Ainsi, note le président, jusque dans le crime et le mensonge, vous restiez prêtre : l'absolution, le baptême, le secret de la confession...

Le nier serait puéril!

Finalement, il a craqué. Les gendarmes avaient fait le rapprochement entre le pétard et une douille trouvée sur les lieux. Il a jeté le couteau qu'il avait sur lui. Il a dit :

– Eh bien oui, c'est moi! Allez au cimetière et vous y trouverez le mouchoir taché de sang avec lequel j'ai essuyé la lame...

Et c'est ce qu'on a fait.

★

Le reste est fait de notations quelque peu superflues. Lorsqu'on lui demande ce qu'il a pensé quand il a su que Régine était enceinte, il répond :

– J'ai éprouvé de la crainte d'abord, mais sans songer à une solution...

Et quand on évoque le crime :

– J'avais perdu tout contrôle.

– Pas tant que cela... pour avoir fait les choses atroces qui ont suivi!

– Justement. C'est cela que je ne peux m'expliquer.

Au cimetière, les parents ont fait graver sur la tombe une formule imparable : « Assassinés par le curé de la paroisse. » Difficile de dire le contraire!

★

En définitive, le curé n'a pas été condamné à la peine de mort, qui semblait pourtant s'imposer en la circonstance. Ça a surpris... On a dit que les magistrats avaient suggéré... recommandé au jury... les circonstances atténuantes. Les horreurs du crime n'étaient pas... atténuables! Mais les circonstances... Quoi? L'affolement? Mais la préméditation était patente. Ce climat de facilité aveugle qui s'était développé autour de lui? Ses antécédents familiaux? Je dirai seulement qu'on a vu plus saugrenu, comme verdict.

Peut-être aussi qu'on a fait entrer en ligne de compte cette violence faite à un enfant de douze ans, pour le forcer à devenir... un jour... le curé d'Uruffe.

Et puis, aussi, le président de la République d'alors, c'était René Coty, un catholique pratiquant. La perspective de lui filer le marron entre les pattes... grâce ou pas grâce... pour un ministre du culte... ça la fichait mal... On a préféré éviter. Autant que possible.

Alors, le curé est entré en cabane.

Lui qui avait tellement peur de la solitude, les détenus lui causaient pas. Ils voulaient pas le fréquenter. Juste les matons lui adressaient la parole.

Loos-lès-Lille, Saint-Malo, Muret... Toujours discret, l'assassin. Irréprochable.

Alors, les « mesures de grâce », les remises de peine. On l'a laissé s'envoler le 5 août 1978, l'oiseau. Il était tout de même resté vingt-deux ans en cage... Un bail... Une paye... Tout de même...

Après l'Église l'a pas laissé tomber. On lui a trouvé un boulot dans un couvent tout à fait isolé... quelque part par là... Tout de suite à gauche. Il fait les courses. Il bine. Il vit...

Un jour, on l'a identifié... interviewé.... Il a dit « J'y pense toujours ». On le croit sans peine.

Un qui en connaissait un bout dans ces choses-là, saint Augustin, si vous voyez qui je veux dire... Il a écrit une phrase qui s'applique bien...

« Si j'étais Dieu, j'aurais pitié du cœur des hommes. »

Tout est là...

AUTOROUTE POUR L'ÉCHAFAUD
ou
L'auto-stoppeur de la mort

Quelques-uns meurent trop tôt. Beaucoup meurent trop tard. Très peu meurent à temps.

Friedrich Nietzsche

Quand on a pas d'imagination, mourir c'est peu de chose, quand on en a, mourir c'est trop. Voilà mon avis.

Louis-Ferdinand Céline
Voyage au bout de la nuit

L'AFFAIRE BUFFET

LES FAITS

Le 19 janvier 1967, Claude Buffet charge une cliente à bord d'un taxi volé la veille, Mme Besimensky, vingt-six ans, mannequin et femme de médecin. Sur une voie déserte, il s'arrête et tente de la dévaliser. Mme Besimensky résiste. Claude Buffet, qui a un pistolet en main, tire sur elle et la tue.
Buffet est arrêté le 8 février.

L'ACCUSÉ

Claude Buffet est né à Reims en 1933. Son père, peigneur de laine, était violent, pas très honnête et alcoolique. Enfance difficile. Engagement à la Légion étrangère où il ne s'insère pas. Campagne d'Indochine. Buffet passe au Viêt-minh où il ne reste pas. Démobilisé, il entre dans la délinquance, pratique le vol à l'arraché. Bilan très impressionnant d'agressions.

LE PROCÈS

Cour d'assises *de Paris le 15 octobre 1970.* Président : *Fournioux.* Avocat général : *Dubost.* Défense : *Mes Rémi Crauste et Thierry Lévy.*

LE VERDICT

Réclusion criminelle à perpétuité.

ROGER BONTEMS

Roger Louis André Bontems, né le 20 septembre 1936 à Aydoilles, près d'Épinal (Vosges) de parents cultivateurs. Certificat d'études en 1950. Divers essais de métiers où il est jugé sobre et courageux. Devance l'appel fin 1955 (18e régiment d'infanterie parachutiste de choc). Algérie. Mariage le 29 juin 1957 avec Josette Marie-Thérèse Grégoire, dix-neuf ans, ouvrière en usine, enceinte, fille d'un petit garagiste. Naissance d'un fils mort en bas âge, puis d'une fille, Claudine, le 3 septembre 1959.
Octobre 1958. En garnison à Toulouse, il est victime hors service d'un grave accident de motocyclette. Renvoyé dans ses foyers le 24 mars 1959.
Son état de santé consécutif à l'accident ne lui permet pas de se rengager. Juin 1959, prend un emploi de plombier à Audincourt (Doubs). Le 6 novembre 1959, ivre en compagnie d'un certain Gilbert M., vol de voiture. C'est son entrée dans la délinquance.

LES PROCÈS ET LES VERDICTS

9 juin 1960, tribunal correctionnel de Saint-Dié : un an de prison ferme pour vol de voiture.

26 janvier 1961, tribunal correctionnel de Colmar : huit mois de prison pour vol de voiture et vol avec effraction.

17 décembre 1962, tribunal correctionnel de Rochefort : quatre ans de prison pour vols et tentatives, falsification de documents administratifs, faux et usage de faux en écriture privée, rébellion.

17 novembre 1963, tribunal correctionnel de Briey : quatre mois de prison pour coups et blessures. Confusion des peines avec le précédent jugement.

27 janvier 1965, cour d'assises de Nancy : vingt ans de réclusion criminelle pour l'agression contre le « taxi » M. Grégoire.

L'itinéraire pénitentiaire de Roger Bontems est marqué de plusieurs tentatives d'évasion et de suicide.

AFFAIRE BUFFET-BONTEMS

LES FAITS

Claude Buffet et Roger Bontems détenus à la prison centrale de Clairvaux prennent en otages, le 21 septembre 1971, Mme Nicole Comte, infirmière, et M. Guy Girardot, surveillant stagiaire.

Après une journée de négociations infructueuses avec les autorités judiciaires, ils égorgent leurs victimes.

LE PROCÈS

Du lundi 26 juin 1972 au jeudi 29. Cour d'assises de Troyes. Président : *M. André Robert.* Ministère public : *procureur Richon; avocat général Fraisse.* Défense : *Mes Philippe Lemaire et Robert Badinter pour Roger Bontems. Mes Rémi Crauste et Thierry Lévy pour Claude Buffet, celui-ci ayant finalement récusé les défenseurs désignés d'office, Mes René Vigo et Roger Honnet, alors que Buffet avait... récusé les précédents.*

LE VERDICT

Condamnation à mort pour les deux accusés.

SORT ULTÉRIEUR

Exécutés dans la cour de la prison de la Santé le mardi 28 novembre 1972. A cinq heures treize pour Roger Bontems, à cinq heures vingt pour Claude Buffet. « Les deux hommes moururent courageusement. »

Si un jour, sur l'autoroute, vous apercevez une grande signalisation avec une flèche rouge : GUILLOTINE, écrit en gros comme ça, envoyez la gomme... champignon à la planche... vous êtes sur la bonne route, celle de Buffet. Mais attention aux accidents. Signalez bien vos mouvements. Ça serait dommage de mourir comme ça, bêtement, avant d'arriver au but ! Parce que le but, il est là... Vous pouvez pas le louper. Y a qu'à suivre.

Bontems, encore qu'il soit arrivé à la même destination, n'avait pas utilisé le même moyen de locomotion... Lui, il faisait de l'auto-stop sur le bord, avec sa bouille pas plus mauvaise qu'une autre... ses baskets... son allure de routard défraîchi et son jean usagé... D'un véhicule l'autre, lui, il allait vers le pire. Mais c'était pas délibéré... Pas méchamment. Son diable à lui, c'était un paumé. Celui de Buffet, un éminent spécialiste... Y a des catégories comme ça, chez les démons.

Claude Buffet, pour vous dire les choses plus simplement, il en voulait... C'était un amateur de mort. Il y croyait, quoi. Un personnage genre extra-terrestre pour un moderne Edgar Poe. C'est par lui, bien sûr, qu'on va commencer. Un amant du diable. Un concubin de la Mort... La question de savoir dans quelle mesure il appartenait à l'espèce humaine ne sera pas posée. Disons qu'il était un être double avec un pied dans ce bas monde et un autre... ailleurs. On sait pas où.

Un destin extravagant

Robert Badinter, qui épousa les intérêts défensifs de Roger Bontems au procès final, a situé Claude Buffet d'un mot : « Je compris que j'avais là, derrière moi, dans le box des accusés, un homme dont le personnage et la personnalité se recouvraient complètement.

Comme chez les grands acteurs, il était impossible de déceler où pouvait commencer la composition : il allait à l'évidence assumer son rôle à la perfection, apparaître tel que les juges et le public l'avaient imaginé. »

En effet... On retrouvera cette analyse lorsqu'en bout de parcours Buffet part pour cette guillotine qu'il a, par deux fois, réclamée publiquement comme son dû. Scènes finales d'une trop longue tragicomédie...

Pour nous, pour le moment, Claude Buffet n'est encore qu'un petit enfant. Un bébé...

Présumé innocent...

Il est né à Reims, Claude Buffet, capitale incontestée du champagne, le 19 mai 1933. Son père, on l'a beaucoup répété, était *peigneur de laine*. On a souvent dit également qu'il était brutal, pas très honnête et notoirement porté sur la boutanche... champagne oblige! Possible... tous les pères ne sont pas parfaits!

En 1935, hélas, la petite famille émigre à Drancy... joli port de pêche vraiment pimpant de la moyenne banlieue de Paris... Et lorsque la France immortelle décide, en 1939, de repartir pour un tour... de remettre en cause une fois de plus sa supposée immortalité, papa Buffet opte pour un nouveau déménagement.

Le point de chute semble indiquer que, cette fois, il n'avait pas manqué de nez : Cognac! Un nom dont les effluves devaient faire rêver notre amateur de liqueurs fortes. Cognac!

En 1940, Claude a sept ans.

Mais à quel millésime affecter l'histoire selon laquelle, envoyé par le paternel, Claude est pris à voler du picton, la main sur la canelle, à la futaille du proprio ? On ne sait... Neuf... dix ans peut-être avait-il. Toujours est-il que, selon les mémorialistes de la cour d'assises, le moujingue aurait reçu une rouste monumentale de son indigne papa, soucieux de s'exonérer en l'occurrence de toute responsabilité dans le larcin!

De tels incidents forment un caractère.

C'est en 1951 que cet injuste père quitte notre vallée de larmes. Un an plus tard, Claude Buffet, qui n'a fait jusqu'ici que de très médiocres études, *emprunte* un vélomoteur.

Ce grand garçon, aîné de cinq enfants, se montre aussi insolent au magistrat qui le morigène qu'il l'était précédemment devant son instit' : *J' f'rai c' que j' veux!* aurait-il déclaré sec au serviteur de la loi.

Ce curieux caractère, au fond moins rare qu'on ne dit, aurait de surcroît subi le traumatisme d'une mère inattentive, pauvre, souvent dérouillée par son pochard d'époux, contrainte de torcher, habiller et nourrir une équipe de sept unités. Elle en aurait eu quelque peu ras le bol! On peut le comprendre, nous. Mais les enfants sont plus exigeants...

« Faute de pouvoir respecter les siens, note Me René Vigo dans son ouvrage magistral *Tragédie à Clairvaux*, il les détesta avant de sombrer dans une redoutable indifférence. » Un peu plus tard, et même trop tard, un psychiatre a donné un profil de Claude Buffet adulte : « aigri, hostile et méfiant par principe devant les hommes ». Lisons-le lorsqu'il formule ces intéressants détails :

« Pourvu d'une grande prétention, observe le Dr Paul Droguet, il n'arrivait à rien dans la vie et ne tolérait pas ses échecs. Il n'a découvert nulle part une insertion qui le satisfasse : engagé à la Légion, il a déserté. Passé chez les Viets, il n'y a pas trouvé sa place. Tous les emplois qu'il a tenus l'ont dégoûté, toutes ses compagnes l'ont déçu. Au lieu de rechercher en lui-même l'origine de sa médiocrité, il en accusait les autres. C'est un révolté, d'une révolte globale qui s'exprime contre tout le monde. »

Enfin! Voilà un psychiatre qui n'est pas un extracteur de quintessence psycho-machinchouette... Qui voit le concret et nous livre une image vraisemblable encore que peu flatteuse... Qui pourrait d'ailleurs être celle de bien des criminels : coincés dans leur propre impasse, ils tapent dans le noir.

Le *mauvais départ dans le monde éducatif*, l'*ambiance familiale extrêmement perturbée* ou la *très grande pauvreté des échanges affectifs qui aboutit à une prééminence des pulsions agressives sur les pulsions d'amour* sont sans doute dignes d'être notés. Mais, observe encore l'avocat René Vigo avec un solide sens de la justice... évidente : « les frères et sœurs qui vécurent sous le même toit et atteignirent des situations honorables pourraient protester là contre. »

Cette phrase restitue sa juste valeur à la ribambelle des circonstances absolutoires qu'on s'efforce toujours de déployer dans ces cas-là.

Quoi qu'il en soit, il faut savoir pour comprendre les choses.

Dépourvu, avant que ce soit la mode, de tout certificat d'études, Claude Buffet voulut devenir mécanicien agricole. Ses parents s'y opposèrent : ils jugeaient le métier peu rentable. Et curieusement, c'est comme artisan vannier que Claude entre dans la vie active... Une profession qui ne devait pas payer beaucoup plus.

Au demeurant, il en eut vite marre... et son patron aussi, d'ailleurs. Claude privilégiait quelque peu la promenade sur la sédentarité évidente du métier...

Voici maintenant notre héros employé dans une entreprise qui dissimule sa véritable activité sous une dénomination sociale joliment technique. La Société charentaise d'engrais est en fait une usine... d'équarrissage. J'imagine que vous savez ce que c'est.

Claude n'est d'ailleurs pas sans qualités. En réaction à l'intempérance paternelle, il est fort sobre. Son intelligence n'est pas niable. Il est plutôt beau mec et, surtout, son orgueil n'est pas forcément une tare, tant s'en faut. Hélas! Il en fera un fort mauvais usage. A la maison, la mort du père lui a donné la grosse tête : il ne supporte pas, lui l'aîné, l'autorité de la pauv' mère...

Alors, on va entrer dans la partie judiciaire de la carrière.

Le 18 mars 1952, histoire de vélomoteur volé et le 23 avril, petite condamnation avec sursis. Le 22 mai, il repique une mobylette pour rentrer du bal... Repiqué lui-même! La date du 18 juin élue pour l'audience correctionnelle vous a des allures de symbole. La révolte, messieurs! La révolte!

Le sapement étant cette fois inévitable, Claude Buffet est libéré en novembre, et visiblement écœuré de la vie civile. Que faire? Il décide de s'engager dans la marine mais son casier, à tort ou à raison, dégoûte l'état-major de la Royale.

Reste la Légion, où Claude en prend pour cinq ans et débarque en Indochine... encore un 18 juin! Le calendrier du diable a de ces ironies.

Là, Buffet a trouvé un bon emploi : la cuisine... On dit qu'il y excellait. Hélas! Il ne sera pas Bocuse!

L'aventure asiatique de Buffet s'achève à Diên Biên Phu, la cuvette fatale, la cuvette du diable : encore lui. La dernière grande trouvaille de la pensée militaire française! En 1954, c'est le cessez-le-feu...

Décidément, Claude Buffet n'a pas de chance!

Traumatisé par la stupidité de l'itinéraire national, saisi sans doute de quelque curiosité, il file chez les Viêt-congs... Mais Buffet n'est pas Boudarel. Visiblement, les inénarrables leçons dialectiques des commissaires du peuple aux yeux bridés ne l'ont pas convaincu... Elles l'ont même un peu fait caguer. Il se tire encore...

Hélas, mon vieux Claude, on ne peut pas se tirer de partout! Faut bien être quelque part... Note que je ne fais pas l'apologie posthume de ta légèreté. J'essaie juste de te comprendre un petit peu... Le monde est si mal fait.

Tout de même, ses compatriotes se montrèrent plus raisonnables : une condamnation à dix-huit mois de prison, et avec sursis encore, ce n'était pas tragique pour sanctionner une *désertion*.

Et voilà mon Claude à Agadir, prudent, poli, impec et propre sur lui. De surcroît économe... Au régiment, si on picole pas, on peut mettre un peu de carbure à gauche.

Vers quel objectif va se tourner ce curieux bonhomme lorsque l'année 1958 le restitue à la vie civile ?

Grâce aux petites annonces du journal *Ici-Paris*, il fait la connaissance d'une « marraine » : Huguette, vingt-deux ans, pas jolie-jolie, polio mal guérie, mais amoureuse folle de ce beau gaillard... dont on s'étonne qu'il n'ait pu user d'un autre moyen pour rencontrer l'âme sœur... Il en rencontrera bien d'autres!

Enceinte, elle épouse le 28 mars 1959 à la mairie du XIXe et lui restera follement fidèle... Jusqu'au bout!

Et c'est pourtant au cœur de cette ambiance amoureuse que Claude Buffet va sauter dans le toboggan du malheur.

Le toboggan du malheur

Ni l'amour d'Huguette (faut lire ce qu'elle lui écrit dans les instants de catastrophe!), ni la bouille réjouie de leur gosse ne peut le retenir. Vraiment, c'est du délire!

Engagé comme valet de chambre, il fait d'abord merveille : briqué, discret, pimpant et tout... Bon maître queux de surcroît.

Ça a duré deux semaines! au bout desquelles il se fait la paire en embarquant... les économies de la cuisinière! On croit rêver... Ça lui rapporte treize mois de cabane!...

Et bougez pas! Voilà l'inévitable personnage des piteux mélodrames... le mauvais génie... l'infâme fatale... Une certaine Marie, une divorcée née en 1940 et qui a un petit peu le feu au cul... Une maladie parfois attachante et dont le remède est bien connu. Et voilà notre Buffet en charrette avec la Marie... qui se fait appeler Marylène.

La grande déprime sociale va commencer.

Malgré l'attrait du pucier qui doit réclamer pas mal de main-d'œuvre, Claude Buffet travaille comme chauffeur-livreur... et se fait remaquer : il œuvre en chemise immaculée, cravate et gants blancs... Un certain souvenir de la Légion sans nul doute, transposé par le prisme de son orgueil.

Hélas, il ne se satisfait pas de cela : le plus clair de ses revenus provient de sacs à main arrachés aux passantes de la portière des Citroën volées où il se pavane.

Le premier sac, c'était le 21 mars 1966... Et le 18 février, il venait de purger une peine de prison pour... vol de voiture. Ça va vraiment pas, la tête!

« La rue était déserte, note Me Vigo. Une force le poussait et il s'en délectait malgré la peur. »

C'est bien ce que je disais...

Que l'on ne s'y trompe pas. C'est seulement en juin, donc trois mois après ce coup d'essai, que Buffet a rencontré Marie, la mignonne « qui, note gaiement Me Vigo, sacrifiait facilement aux assauts de l'amour ».

Tout de même, y a pas que la fesse, dans la vie.

C'est ainsi que *Marylène*, toute conquise qu'elle fût, n'en avait pas moins quelques ennuis à éponger. Mariée à dix-sept ans, elle s'envoie joyeusement en l'air tant que son petit mari est griveton. Et en 1961 (d'autres disent 1963) elle se fait la malle avec un copain de régiment de l'époux. Elle avait déjà trois gosses... Tous en nourrice.

Ce nouvel amour de Claude Buffet jongle un peu avec le pognon des autres. Pour rembourser un abus de confiance de celui qui l'a enlevée aux bonheurs conjugaux... 15 000 francs d'alors... elle s'endette et se trouve tout heureuse et tout aise de dénicher Buffet, beau gars qui se dit plein aux as et qui roule en superbes voitures quasi neuves... qui ne lui appartiennent pas!

C'est alors que Buffet, déjà sur la mauvaise déclivité, se met à déconner sec!

Il met Marylène au parfum et l'emmène dans ses expéditions... C'est vrai, quoi! On se sent moins seul! Et puis, paraît qu'un couple, ça inspire mieux confiance... Et il continue d'arracher des sacs. Des sacs à main et même... c'est trop beau pour qu'on y croie... des sacs à provisions avec choux-fleurs, pot-au-feu, langoustines décongelées et pommes golden!

Vraiment n'importe quoi!

Ça devait mal finir...

Et ça n'a pas loupé.

Le 24 octobre, il attaque successivement *quatre passantes*!

Le samedi 14 janvier 1966, il vole le taxi, un vert à toit blanc, comme c'était la mode, d'un certain Albert Bourseronde... Un nom guère prédestiné...

Le mercredi 18, à onze heures et demie du soir, juste après qu'il s'en est servi pour une nouvelle agression, Buffet maraude avenue

Mozart. Là, il charge un ravissant mannequin de haute couture, Françoise Besimensky, l'épouse d'un gynécologue...

On a dit que, la veille, Buffet l'avait repérée en allant traîner rue de Miromesnil où elle travaillait...

Bizarre... Cela n'a pas été retenu... non plus que l'étrange agression dont avait été effectivement victime la gosse de Jo et Viviane Boutrin. Une pulpeuse, celle-ci, une ravissante qui avait tapé dans l'œil de Buffet quelque temps avant. Cette curieuse aventure encore fut laissée de côté par la justice et, à ma connaissance, par les enquêteurs... Tout ne peut pas être sanctionné...

Mystère.

Toujours est-il que, vraisemblablement chargée au hasard par le faux chauffeur, Françoise, se croyant dans un vrai taxi, demanda à aller à Boulogne, rue de Paris où elle habitait.

Le long de l'hippodrome, Buffet arrête la voiture, se retourne et, racontera-t-il... une fois encore seul témoin survivant... exige le sac à main...

Admettons.

Seulement la cliente n'est pas du bois qu'on fait les flûtes. Au lieu de passer la monnaie – dira-t-il – elle serre l'objet sur elle et hurle de toutes ses forces.

Faute de mieux, on est bien obligé de croire à cette version.

Sans doute y avait-il dans ce cri autant de terreur que de révolte et davantage de colère que d'espoir d'alerter quelqu'un dans ce lieu désert... Si ça s'est bien passé comme ça...

Quoi qu'il en soit, elle eut tort, la pauvre Françoise... « Le hurlement éclata dans la tête de Buffet », explique avec vraisemblance Me Vigo.

Il avait le pétard braqué, Buffet ! Et cet homme qui, avec quelques années de baroud derrière lui, devrait avoir une certaine maîtrise des armes à feu, tire à bout portant sur la malheureuse ! Et nous voici dans un scénario pour le Festival d'Avoriaz !

Il rentre à Boulogne avec un cadavre dans son « taxi ». Allée des Pins, le voici en panne sèche et, déconfit, au lieu de se tirer des pattes, il se lance dans un effrayant cinéma. Pour – dira-t-il... – maquiller le crime, il dépouilla la pauvre fille de sa fourrure et, comme un cycliste passait, prit le corps parfumé dans ses bras pour une sinistre étreinte.

Il le tint serré..., raconte-t-il.

Et Me Vigo précise : « Ensuite, il déchira le chemisier, arracha le soutien-gorge, défit la jupe, ôta les chaussures, tira sur les bas et la gaine-culotte. Totalement nu, le corps fut allongé sur le plancher de la voiture et, pour qu'on n'eût aucun doute sur la nature du crime inventé par lui, Buffet enfonça brutalement entre les jambes de sa victime un poudrier tombé du sac. »

C'est Me Vigo qui parle, je rappelle.

Moi, l'histoire du maquillage en crime sexuel, j'y crois guère. Plus j'y songe, moins j'y crois.

Et plus je pense que Buffet a accompli là quelque atroce pulsion qui sommeillait au fond de son âme de merde. Quelque horrible songe réveillé par la grâce et le parfum de la morte.

Le 8 février suivant, Claude Buffet était arrêté... avec *Marylène*, dénoncé par les parents que j'ai dit comme l'auteur de l'agression contre la petite Sylviane... L'enfant avait autour du cou d'incontestables marques de strangulation...

Vous avez dit bizarre ? Comme c'est bizarre...

« Troublante histoire, dit encore Me Vigo, qui ne fut jamais éclaircie. Buffet connaissait l'enfant et surtout la mère qui avait eu des faiblesses pour lui avant de lui présenter *Marylène* », une de ses copines de travail...

L'enfant avait cinq ans et fut attaquée chez elle, dans le noir. Elle avait été quitte pour la peur et on n'en put rien tirer.

Quoi qu'il en soit, voici notre homme bien engagé sur la pente judiciaire. Chez lui, lors de son arrestation, les policiers ont mis la main sur le trésor d'Ali Baba : des sacs de dames comme s'il en pleuvait... Des chéquiers... des bricoles... Il pouvait pas ranger ses affaires, ce mec ! Alors il a bien fallu qu'il s'explique. Qu'il raconte les innombrables vols à l'arraché. La présence de *Marylène*... les bagnoles.

Et puis, les poulets se sont rappelé... Dans le taxi du crime, on avait trouvé aussi un autre sac arraché quelques heures plus tôt... La police est parfois convaincante... Il a fallu vraiment se mettre à table... Difficile de nier, d'autant que la propriétaire du sac a reconnu son agresseur !

Y avait un prisonnier

Là, tout de même, Buffet, il était au placard pour un bail. Alors... normal... il s'est senti un peu seul. Et il a pensé à une petite pote à lui, Marie dite *Marylène*... que s'il la collait dans le bain, ça serait tout de même plus agréable, plus valorisant... plus marrant !

Une attitude qui éclaire un peu ce qui s'est passé après Clairvaux...

Me René Vigo, il a bien noté la chose, que le 10 avril 1967, il met la gomme. *Marylène*, elle s'était pas contentée d'être là quand il arrachait les sacs à provisions... les autres... Il lui trouvait un profil de *mauvais génie*... un personnage obligé pour les mauvais romans psycho-policiers. Et, lorsqu'il a abattu Françoise, *Marylène* était là, dans le taxi, et c'est elle qui a tiré pour défendre son amant chéri! Y en a, je vous jure, qui doutent de rien du tout!

« Le 28 octobre, nouvelle version : Buffet déclare que Marie avait abattu la victime au cours d'une tentative d'enlèvement perpétrée avec l'aide d'un tiers. Version fantaisiste », précise Me Vigo. Le moins qu'on puisse dire!

Buffet, qui a plus d'un tour dans son sac, s'acharne à convaincre le juge d'instruction par des moyens indirects : en rédigeant une vaste correspondance qui, bien sûr, est lue par l'Administration pénitentiaire, et transmise... Au milieu de cent détails plus pittoresques les uns que les autres, piquons cette phrase, non dépourvue d'intérêt, à un titre ou à un autre : « C'est une impulsion plus forte qui m'a poussé et qui agissait à ma place. »

C'est le temps que Buffet vire au mysticisme et tutoie volontiers la Puissance Divine... C'est drôle, tout de même, le nombre d'ordures qui éprouvent le besoin, à un moment ou à un autre, de se gargariser avec de l'Eau Bénite, et de brailler en vain le nom du Seigneur sur une grande échelle! Saint Buffet, priez pour nous! Pour un peu, y avait de la canonisation dans l'air...

Et aussi cette phrase, que vous lirez avec l'attention qui s'impose :

« Marie est un démon. C'est elle qui est responsable des motifs de mon arrestation. »

Fondamentalement exact. Je vous ai dit que la mère de la petite Sylviane entretenait d'agréables rapports de traversin avant de lui présenter Marie, sa copine de travail... Qui lui avait succédé dans les bonnes grâces de Don Juan Buffet...

Quelle était la responsabilité de Marie ?... Indirecte comme on vient de le suggérer. Ou plus directe... pour de secrets échanges légers qui lui seraient restés en travers ? La jalousie est parfois mauvaise conseillère!

Et puis, il faut bien répéter ces questions auxquelles la puissance publique n'a pas jugé utile de donner de réponse :

- Quels étaient devenus les rapports entre ces quatre adultes ?
- Qui a serré le kiki de Sylviane au point de lui faire les marques que révèlent les photos de presse de l'époque ?

• Pourquoi police et magistrats ont-ils laissé quimper avec une telle désinvolture ?

Premier *mystère* de l'affaire Buffet...

Le second étant – *qui ne sera guère évoqué aux assises* – le pourquoi de l'infâme traitement réservé par le criminel au cadavre de sa victime.

Je vous l'ai dit : Françoise, menacée, ne s'en était pas laissé conter. Face à son agresseur armé d'un pistolet *balle dans le canon*, elle avait hurlé, peut-être bougé. On a dit alors qu'elle sortait d'un dîner où, sans doute, elle avait pu boire quelques verres. Ça donne toujours du nerf.

• L'ancien soldat Buffet avait-il tiré alors volontairement ou par réflexe. Par affolement ?

• Il prétendit avoir enlacé le cadavre pour donner le change à un cycliste qui passait. Ce geste, le parfum de la jolie femme, le grain de sa peau encore tiède avaient-ils déclenché l'horrible folie qui lui fit imposer un sinistre strip-tease au cadavre ?

• Cette version est-elle exacte ?

• Pourquoi, mais vraiment *pourquoi* avait-il commis ce viol dérisoire avec un instrument de maquillage ?

• L'hypothèse d'une mise en scène pour muer un crime crapuleux en crime sexuel est-elle vraisemblable ? Qui pourrait, dans de telles circonstances, concevoir une telle astuce juridique au demeurant bien glandilleuse : un crime sadique serait moins cher payé qu'un crime crapuleux ?

Il faudrait un miracle pour qu'on en sache jamais plus.

D'après les assistants au procès, Claude Buffet n'était pas seulement un assassin crasseux et un voleur, mais encore un sacré truqueur, un fabulateur... Un fouteur de merde ! Un mythomane !

L'accusé avait choisi deux avocats, alors tout jeunes, subtils et agressifs : Mes Rémi Crauste et Thierry Lévy. Malgré les efforts de la partie civile, plus passionnée que le ministère public, ils sauvèrent, comme on dit, la tête de Buffet.

Un tour de force, en l'occurrence, puisque Buffet lui-même réclamait la peine de mort et affirmait que, s'il sortait un jour, il recommencerait à tuer.

Toujours est-il que, le 19 juin 1971, le condamné Claude Buffet entrait à la Centrale de Clairvaux, un « hôtel » sans étoiles où résidait depuis le 9 septembre 1970 un certain Roger Bontems.

Bontems...

Un nom qui chante. Un beau nom du terroir... la tradition... l'image d'Épinal... Roger Bon-Temps...

D'ailleurs, c'est du côté d'Épinal qu'il était né en 1936... Et le petit était sans doute sage comme une image...

Un bricolo de la délinquance

Les parents étaient de sympathiques ruraux. Des gens bien pour qui la vie est dure, et auxquels ceux qui organisent nos destins n'ont pas facilité la tâche...

C'est sans doute pourquoi, alors que Roger était môme, ils ont tenté de venir travailler « en usine ». Et puis, ça n'a rien donné de bon. L'homme crève, si vous lui coupez ses racines, et celles des Bontems plongeaient en pleine terre.

Dur pour dur, autant être chez soi, à son rythme, dans sa petite ferme. Roger a suivi.

Roger qui, bon enfant, n'était pas un écolier haut de gamme. Et puis... il y a la chance! C'est précieux, la chance. Si vous trouvez un trèfle à quatre feuilles, le bonheur est sur vous...

A onze ans, il tombe d'un arbre où il cueillait des cerises... Un cerisier *of course*... Il se casse les poignets. On le soigne mal. Il en garde des séquelles. En plus, il est myope comme une taupe.

A quatorze ans, tout de même il décroche le certif'. Bonne occasion pour entrer dans la vie... et en usine par la même occasion. Il fait son apprentissage dans le... tissage. A l'époque, ça se faisait encore.

C'était pas la joie, mais le boulot, c'est le boulot. Alors, il a souvent changé d'employeur, Roger, de bâtiment en plomberie, d'un chantier l'autre. Gentil garçon d'ailleurs, courageux, pas bagarreur, pas ivrogne pour deux sous... Ce qui ne l'empêche pas d'en avoir un peu marre de la condition ouvrière.

A dix-neuf ans, il devance l'appel et s'engage chez les paras. Depuis un an, c'est la guerre en Algérie. Bontems préfère ça à la discipline de caserne : il est courageux, cité à l'ordre du régiment et nommé caporal. On le dit bon camarade, bon soldat, brave type, s'arrangeant de la vie de campagne.

Le 29 juin 1957, il épouse une petite ouvrière qu'il avait étourdiment mise enceinte : Josette. Une connerie de plus... une malchance... si vous préférez. On épouse celles qu'on baise et on baise celles qu'on peut. Garçon, l'addition!

Le fruit de ses amours vit le jour quand il était de retour au corps.

Dix-huit jours plus tard, l'innocent quitta cette machine ronde... et décevante. Roger ne s'occupera plus guère de son épouse d'occasion et, lorsqu'il sera muté à Montauban, elle ne le rejoindra pas. Exit Josette...

On est en 1958.

Ça vous dit encore quelque chose, 1958 ? Un millésime : *le De Gaulle nouveau est arrivé!* Et, cette année-là, Bontems retrouve la *scoumoune*, la cerise, la déveine.

Lui qui a traversé une guerre sans se faire massacrer, il en prend un coup sans méfiance : en octobre, en balade près de son cantonnement, sa moto dérape sur une route humide et un arbre malveillant lui décape les vertèbres, lui casse le genou et lui cogne sur la tête. Il s'en tire avec deux jours de coma et quelques mois d'hôpital.

En mars 1959, il est démobilisé et les toubibs le trouvent trop fragile pour rempiler.

Un sale coup! En plus, lors de l'accident, il n'était pas en service...

Le sergent Bontems éponge assez mal. Séparé de Josette, las de la famille, il traîne tout seul. Que faire quand on s'emmerde ? Qu'on n'a pas tellement l'habitude de réfléchir ? Picoler, madame! Et c'est ce que fait Bontems.

Un soir, fin saoul avec un compagnon de comptoir, euphorique comme on l'est dans ces moments-là, Bontems *emprunte* une bagnole. Le voilà dans l'engrenage : c'est la merde, mon adjudant!

A Gerardmer où ils sont allés derechef se piquer la truffe au calva de contrebande, Bontems emplafonne un véhicule... La moindre des choses prévisibles. Confus, il se tire comme un péteux au volant d'une autre bagnole... Un contrôle de gendarmerie lui est fatal...

Il essaya de nier l'évidence, mais cela ne lui rapporta rien, sauf peut-être l'indulgence du tribunal, épaté devant ce zèbre qui ne se reconnaît pas au récit des fariboles de son frère poivrot... J'étais saoul donc c'est pas moi! L'équation n'a pas le mérite de l'originalité mais elle vaut à Bontems une peine modérée : un an de prison et cinq ans de trique qui seront supprimés en appel.

Mais cette année-là ne lui sera pas favorable.

En cabane, Bontems rencontre des gens peu recommandables. Récupéré à la sortie par une de ces relations, il repique des voitures, trafique des plaques minéralogiques, plonge dans la grivèlerie, l'effraction, la récidive. Encore six mois ferme.

Il sort à nouveau.

Il essaie bien d'être raisonnable. Mais il se fait tard. Son caractère s'est aigri et il devient teigneux. Encore des querelles, des échecs, des petits emplois foireux... Pourtant, il s'est remis avec Josette et lui a trouvé une place de serveuse en faisant une livraison dans un rade... Il est devenu livreur de spiritueux.

Hélas! Ce regain de vie commune naufrage dans les engueulades. Et voici encore notre Bontems, d'un pastis à l'autre, flageolant dans les brouillards de l'ivresse.

Un soir, il rencontre son camarade de la dérive précédente, un certain André Mayeux.

Mal conseillé par celui-ci, il participe à l'attaque d'un bistrot de chef-lieu de canton, également loueur de taxi, l'infortuné Roger Grégoire, assommé pour le compte... Et puis c'est la cascade des calamités, l'ennemi public au rabais : l'attaque de deux très jeunes filles qui sauvent leur vertu d'un poil, le braquage d'un café-tabac et encore des voitures à l'abordage, des virées dans la campagne sans bourse délier...

L'arrestation fut brutale, Roger Bontems ayant d'abord évité de s'arrêter à l'injonction d'un gendarme.

Ils prirent d'abord quatre ans au tribunal de Rochefort, les deux compères, pour faux et vols. Restaient en compte les malheurs du taxi Grégoire et le tabac de Vittel.

Le deuxième acte eut lieu aux assises de Nancy après des hypothèses d'évasion, des tentatives de suicide... Tout ça raté! Décidément, la vie s'annonçait mal. Le 27 janvier 1965, l'ami Mayeux prit perpète. Un compagnon du coup du taxi, un nommé Moulaï, nia avec assez de frénésie pour se faire acquitter.

Roger Bontems reçut, pour son fade, vingt ans de trav. A force de faire le con et de ramasser toutes les occasions de se faire paumer, il entrait dans une nuit dont il ne devait plus sortir qu'à travers une très petite lucarne!

Il n'avait pourtant pas dit son dernier mot. Au pénitencier d'Ensisheim, après de multiples conflits, ce turbulent parvint à s'évader à la faveur d'une hospitalisation. Il se rendit trois jours après : trop malade! Une appendicite aiguë. Chemin faisant, il avait dévalisé un auto-stoppeur qu'il écrabouilla sans plus de scrupules après l'avoir déshabillé! Curieusement, pour cela, il ne reprit que deux ans de plus au tribunal de Mulhouse.

Opinion des *experts* : « Bontems n'est pas atteint de perversion instinctive, mais il témoigne de perversité, de malignité, de méchanceté. » Bref, le brave sergent Bontems était vraiment devenu hargneux. Et désespéré. Il continua à s'ouvrir les veines de temps à autre, sans succès il va sans dire....

Après diverses balades carcérales et examens psychosomatiques divers, le détenu Roger Bontems intégra la Centrale de Clairvaux, comme on a dit, le 9 septembre 1970...

« Son numéro d'écrou fut le 3 091 » précise Me René Vigo, à qui rien n'échappe.

Sur fond de murailles grises, le décor était en place pour la grande tragédie.

Rendez-vous à Clairvaux

Voici donc, sous le même toit, deux anciens soldats sans grand-chose de commun dans le tempérament : Buffet ombrageux, orgueilleux, déséquilibré, broyé par une machine stupide qui aurait pu en faire, peut-être, quelque chose... Bontems, plutôt un mou, un défaillant.

Si différents qu'ils soient, ça ne les a pas empêchés de se retrouver à la même chaîne. Ils avaient rendez-vous pour le destin... non pas à Samara, comme le type du conte arabe, mais à Clairvaux (France). A l'ombre.

Le premier, noté « très dangereux, capable de tout, sournois, pervers, à surveiller de très près ». Le second : « réactions brutales à craindre ». Une belle équipe pour une bonne partie... d'échecs.

A la Centrale de Clairvaux, si l'on en croit les bonnes et les mauvaises langues, c'était le bordel. Le bordel contradictoire... comme la plupart du temps. D'une part, les gars étaient traités comme de la merde. Et l'on verra tout à l'heure le sort réservé à des demandes... après tout prudentes et raisonnables. D'autre part, un vent de réforme brisait la discipline ordinaire et laissait bagoter les taulards avec une absurde liberté.

Un jour, quelques lascars avaient imaginé de se casser par les égouts... Y en a bien qui arrivent à la considération générale par le même chemin...

Hou là là! Aperçus, ils furent coincés dans les tubulures et on ouvrit les vannes. Inutile de préciser qu'ils ne demandèrent pas leur reste et se rendirent avec soulagement à messieurs les matuches. Ce qu'ils n'avaient pas prévu, c'était la rouste grand format qui leur fut collectivement offerte en fait de banquet de bienvenue... L'enfant prodigue n'avait pas connu ça!

Au nombre d'une trentaine, MM. les Matons leur en offrirent

publiquement plein la gueule pour pas un rond. Le spectacle était impressionnant, a-t-on dit. Même le juge d'application des peines, M. Albert Petit, en faisait des gorges chaudes. Ce qui d'ailleurs ne lui a pas tellement réussi. Son beau rapport, on lui a suggéré qu'il se l'administrât par voie rectale, et dans les meilleurs délais. Et puis finalement, on l'a viré, M. Petit. Voilà c' que c'est...

Le directeur de l'A.P., la Tentiaire comme on dit, il s'appelait alors Le Corno, Henri pour les dames.

Quant au Garde des « sots », c'était un nommé René Pleven. Une longue silhouette et une bille impassible qui semblait sculptée dans du mastic et eût été parfaite pour caler les roues de corbillard.

Cette structure hiérarchique, si vous voulez m'en croire, était mal faite pour régner sans partage sur ses semblables et moins encore pour gérer une situation de crise.

Dans ce micmac, Buffet et Bontems n'avaient pas été très longs à copiner.

Tous deux en avaient ras le bol, de la Centrouse, de ses pompes, de ses œuvres, de ses matons et pis encore de leurs joyeux camarades de chiourme.

En un sens, on les comprend. Ce qu'ils pouvaient pas supporter, en particulier, c'était les pédales, les schbebs, les croqueurs de la brioche infernale qui retrousse qui peuplaient cours et jardins de leurs petites confidences alanguies. Les autres, ils les blairaient pas lerche non plus mais alors ceux-là, ils les faisaient franchement gerber... Chacun son goût, disait ma concierge.

Buffet avait demandé une faveur : qu'on le foute tout seul dans une cellotte, qu'il y serait comme un coq en pâte, qu'il ferait le boulot qu'on lui donnerait. Il voulait plus voir la gueule de ses contemporains. Même le type qu'a fait la pire des choses (et c'était le cas...), si on veut pas le tuer, par parcimonie ou par hypocrisie, y a des choses qu'on peut pas lui imposer. Ça devrait être inscrit dans les droits de l'homme, celui de pas voir la gueule des autres!

Il envoyait des suppliques. Au bout d'un bon bout de temps, il a eu satisfaction pour la nuit, mais le jour, c'était l'atelier de rempaillage comme tout le monde. Il continuait à pétitionner et finalement, le directeur lui a même pas répondu. Et allez donc... En milieu carcéral, la méthode est habituelle. Dehors aussi, d'ailleurs.

Le directeur de Clairvaux, il avait peut-être ses raisons de vouloir écrabouiller les taulards. Il avait oublié qu'une seule chose, c'est que pour emmerder les gens, faut être le plus fort ou le plus malin. Ou mieux encore, les deux à la fois. Sorti de ça, on court à la cagade!

« Bontems se déplaisait à Clairvaux », note Mᵉ Vigo. Tiens donc! Privé de visites, il s'ennuyait ferme. A l'atelier, il se blessa avec une machine et fut amputé d'un doigt.

Quant à Buffet... « on faisait de ce loup sauvage un rempailleur de chaises, observe encore Mᵉ Vigo. C'était, selon lui, dérisoire et absurde. [De plus] on l'obligeait à une écœurante promiscuité, celle des mouchards et des homosexuels ».

« Dès que j'ai compris qu'il ne me serait pas possible d'obtenir l'isolement, j'ai envisagé de m'évader », a dit plus tard Claude Buffet. Sans vouloir excuser en rien un criminel comme cézigue, force m'est de reconnaître que le destin qu'on lui imposait était indigne. La peine de réclusion contre laquelle il ne protestait guère, était muée en *peine de pourrissement*. Indigne sinon d'un assassin sépulcral comme Buffet, du moins d'un pays – la France – et d'une institution – l'A.P. – en charge de vies humaines, quelles qu'elles soient.

Tous les interprètes de la pièce étant désormais en place, on va frapper les trois coups : crime et châtiment des malfrats.

En attendant, Claude Buffet écrivait beaucoup, des considérations philosophico-religieuses un peu opaques, qui surprennent encore chez cet esprit dégondé.

C'était alors la grande campagne des médias pour la libéralisation de l'avortement, et Claude Buffet s'en exaspérait : « Il faut que les femmes sachent que la vie commence à la fécondation. » Et de pester contre celles qui « tuent leurs enfants parce qu'elles n'ont pas le courage de les élever ».

Il ajoute, avec une intéressante prescience : « Faudrait-il tuer ses parents âgés parce qu'on n'a pas assez d'argent, pas assez d'espace ? »

Curieux dédoublement de la personnalité, qui plonge l'auteur d'un assassinat équivoque et sordide dans un abîme de réflexions morales... On dirait que certains pans de son passé ont été recouverts par l'oubli... Mais n'écrivait-il pas encore : « Je ne sais pas qui je suis... J'ai un caractère bizarre... Je ne me reconnais plus... »

La mode n'était pas seulement à l'avortement. Elle était aussi à la prise d'otages. Une image qui chemina vite dans ce *caractère bizarre*.

L'évasion! Il n'était pas à Clairvaux depuis quinze jours qu'il confiait à un camarade son intention de se faire la cavale. Le mec n'était pas partant... le cas de le dire! Une administration... intelligente... si toutefois ces deux mots peuvent être rassemblés dans la même phrase, aurait sans nul doute, fût-ce au prix de quelque effort, donné satisfaction à ce « convict » dangereux au moins sur un point : l'isolement. Il n'en fut rien.

Buffet continua donc de fabuler sur le thème de l'évasion. Après son échec, il parla du projet à un autre codétenu, un certain... Roger Bontems... Celui-ci était plus réceptif. Mettre les voiles! Bontems était un récidiviste de la chose. Avec sa bonne bouille de rengagé, Bontems avait tout de même un joli palmarès sur l'échelle de la criminalité. Lui certes n'avait pas, comme Buffet au procès du meurtre de Françoise, réclamé la mort immédiate, la guillotine à portée de la main. Mais il voulait sortir... voir des espaces... du monde... reprendre un peu de pognon ici et là... se pocharder... piquer des bagnoles... Je dirai : *repiquer au truc.* C'est plus simple.

Buffet et Bontems concoctèrent. Le drame fut qu'ils vivaient hors des réalités. Comme dans un songe...

L'idée de l'infirmerie... *de l'infirmière* s'imposa immédiatement. C'était pour eux la partie faible de la chaîne pénitentiaire. Le plus riche moyen de chantage. Le point de rupture... Un ultime sens de l'humain, hautement perverti et criminel, mais humain cependant, leur faisait prêter à l'Administration un réflexe de pitié pour eux très évident.

Face à Bontems, Buffet s'exprimait avec autorité. Il avait pensé à tout. Il était décidé. Il l'avait déjà montré! On ne résisterait pas à la volonté souveraine d'un mec tel que lui. C'était *in ze pokett*!

Bontems acquiesçait.

L'étrange, l'extravagante liberté avec laquelle les détenus circulaient dans l'enceinte de la Centrale facilitait leurs rencontres, l'élaboration de leurs plans.

On se prépara.

De la fenêtre de sa cellule, Buffet observait les lieux... les allées et venues...

L'infirmière, elle était de plus en plus dans son collimateur. Mais voici qu'il apprend que la personne en poste, Mme Renard, couvait un congé de maternité. Elle allait s'absenter... Et pas question de hâter le mouvement! Buffet était pour la préservation de la vie, du moins dans sa période incubatoire. Diable! Ça l'embêtait. Il rongeait son frein...

Tout s'arrangea lorsqu'il apprit qu'une remplaçante était prévue...

De sang-froid

Elle s'appelait Nicole Comte. Elle n'était pas enceinte celle-là. On pouvait y aller.

Le 1er septembre, à sept heures et demie du matin, elle prit son premier service. Polie, attentionnée, et tout et tout... Elle disait « monsieur » aux convicts. Elle ponçait, lotionnait, ôtait précautionneusement les pansements, repansait et piquousait les petits taulards. Un instant de détente, en somme...

Buffet réfléchissait énormément.

Bontems s'occupait de l'intendance. Elle suivait.

On disposait déjà d'un itinéraire de fuite. Normal : durant leurs loirsirs, les emplacardés apprenaient la géographie...

On mettait au point le matériel nécessaire. Déjà on disposait d'une matraque artisanale achetée dix ballots de pipes à un autre taulard. Et puis du fil, des planches. Un poignard : une lame de sommier affûtée sur un bord de chiotte et emmanchée dans un bout de bois. Encore dix paquets de pipes d'investis... L'étalon-tabac en cabane.

Notez bien... tout le monde était plus ou moins au parfum du complot-programme des deux pieds-nickelés. Y a guère de mystères dans une prison... C'est comme dehors... en pire.

Faute de bonnes volontés alentour, le recrutement d'un troisième complice ne se fit pas... Ce qui ne plaide pas forcément *contre* l'Administration.

Néanmoins Buffet guettait de sa fenêtre l'ouverture de l'infirmerie. A 7 h 25, Nicole Mignard, épouse Comte, mère de famille et infirmière, arriva et s'installa à son poste de travail.

Un maton ouvrit les cellules et les détenus se mirent en file pour l'atelier. Un sac plein de matériel à la main, Buffet franchit isolément, sans encombre, six portes-grilles alors ouvertes. Il n'inquiéta nul surveillant : c'était l'heure des déplacements. Les matuches assumaient machinalement la routine, rêvassant ou discutaillant, évoquant la téloche de la veille.

« Tout baigne dans l'huile », dit la sardine...

Après la sixième grille, il retrouva Bontems qui, chaque matin, allait se faire panser son doigt amputé. Buffet lui glissa la matraque.

En poste à la porte de l'infirmerie, à l'intérieur, le surveillant Guy Girardot ne s'étonna donc pas de voir arriver Bontems. Il lui ouvrit. Buffet suivit, sans laisser le loisir de fermer la porte... Et lorsqu'il se jeta sur Guy Girardot pour le maîtriser, l'autre, surpris, n'en crut pas ses impressions. Il lâcha ce mauvais conseil :

– Allons, voyons! Soyez sérieux!

Buffet le prit au pied de la lettre!

Pour commencer, il ficela Girardot, l'infirmière qui n'avait pas bougé, et un « auxi », un détenu-infirmier qui purgeait dans la routine une peine de vingt ans de durs.

Cela fait, il décrocha le bigorneau et causa dans les moustagaches au directeur de l'établissement, un certain Nabias... qui ne nous semble pas avoir inventé l'eau tiède. Huit heures sonnent au clocher du village. Buffet reprend le style militaire :

– Allô la direction ! Ici Buffet ! Nous occupons l'infirmerie ! Nous retenons trois personnes ! Nous sommes armés [ils avaient en effet un coutelas, une matraque, plus un *Opinel* dont nous reparlerons...]. Appelle le procureur. Délai : une heure et demie. Terminé.

Il raccroche.

Dans les cellules de l'infirmerie, durant ce temps, Bontems enferme les malades, tous ceux qui ne veulent pas se mouiller dans un pareil coup tordu !

Buffet croyait, sur des on-dit, que Nicole Comte était l'épouse d'un greffier de justice. En parlant avec elle, il apprend qu'il n'en est rien. Tant pis... Il l'autorise tout de même à téléphoner à son mari. De même, le jeune gardien put appeler sa femme Dominique, une gosse née en 1952...

De l'autre côté du front, c'était le branle-bas de combat... On branle comme on peut.

Dans le bureau du *dirlo*, les « personnalités » s'entassaient. Christian Achard, sous-préfet de Bar-sur-Aube. Henri Leteneur, directeur régional de la *Tentiaire*...

Sans barguigner, Buffet avait demandé deux voitures, trois revolvers 9 mm, une mitraillette, deux chargeurs, deux cent cinquante cartouches et... un million de centimes d'alors en petites coupures.

Et avec ça, monsieur ? Faut-il vous l'envelopper ?

Bien entendu, les deux lascars avaient fortifié les lieux avec des planches clouées, bloqué les portes et accumulé des matelas arrosés d'éther et d'alcool médical.

A ses moments perdus, Bontems fabriquait des « cocktails » artisanaux.

Ce fut midi.

Au téléphone, Leteneur noyait le poisson, tâchant de gagner du temps...

Je ne veux jeter la pierre à personne...

Mais à lire la sténographie de ces conversations, j'ai bien l'impression qu'il était un tantinet désinvolte, ce Leteneur... Qu'il voyait ça par-dessus la jambe. Au fond, pour un administratif civil ou militaire vous savez... un être humain de plus ou de moins, ce n'est jamais qu'une *unité* statistique.

Lorsque, le soir, Nicole Comte angoissée, qui sans doute pense à sa famille, lui dit au téléphone :

– Je vous supplie de ne rien entreprendre cette nuit ! Ils vont tout faire sauter !

L'autre répond :

– Je ferai l'impossible pour votre protection. C'est tout ce que je peux vous dire, madame. Je fais le maximum...

Bien sûr, il n'était pas question d'informer les deux pingouins de ce qui se tramait... Mais le ton sent mauvais, si vous voyez ce que je veux dire.

La journée s'acheva tristement, non sans que Mme Comte soit parvenue à détourner le féroce Buffet de saigner le malheureux surveillant.

Côté état-major, l'assistance s'était enrichie d'un procureur, du commissaire Pellegrini du S.R.P.J. de Reims, et d'un pimpant militaire, le capitaine de gendarmerie Hourdain.

Des discutailleries sans fin concernèrent l'envoi d'aliments à l'infirmerie bloquée... « pour les malades », précisait Buffet. Finalement, rien ne fut livré. Pas très grave : au fond, personne n'avait beaucoup d'appétit.

La vérité, c'est que les instructions de la Chancellerie (le ministère, je précise pour les profanes, donc le ministre) avaient bloqué toute évolution des choses. Quand on est loin de la bagarre, les choses semblent tout de suite plus faciles...

La nuit tombait...

Buffet obligea les otages à absorber un somnifère et ce petit monde partit au pays des songes. Buffet et Bontems, eux, tâchaient d'assurer un tour de garde. Buffet commençait à transpirer : rien ne se passait selon son plan.

Une lassitude s'installait...

A quatre heures du matin, BOUM ! Le brave capitaine Hourdain mit le feu aux poudres : « Une formidable explosion fit trembler le bâtiment sur ses bases », écrit Me Vigo.

Sur-le-champ, deux conséquences qui se révèlent tragiques.

De une... l'explosion a mis le feu aux matelats imbibés d'éther et d'alcool. A moins que ce ne soit... comme l'ont dit certains... que ce ne soit Bontems qui ait envoyé un de ses « cocktails »... Un petit peu comme dans la guerre du Golfe, si vous vous rappelez... les puits de pétrole, la marée noire... Voyez comme l'histoire se répète...

De deux... l'explosion a bien fait sauter les portes... videmment... Mais elle ne les a pas écartées, elle n'a pas dégagé les blocages mis en place.

Dans les cervelles militaires tout comme dans celle de Buffet, il y avait un schéma... Les réalités n'étaient pas conformes! Vaches de réalités!

D'ailleurs, le brave capitaine avait trop fait confiance aux explosifs. On n'avait préparé ni bélier, ni outillage. Tout ça a créé du retard : jets d'eau pour l'incendie, dégagement des obstacles, hésitations.

Ça a pris quoi? Quelques secondes, on a dit... Optimiste, le décompte... Enfin...

Toujours est-il que ça a suffi pour que Buffet réagisse et qu'il égorge ses deux otages : Guy Girardot et Nicole Comte furent saignés sans recours. Hoen, le détenu-infirmier, s'en tira sans dommages.

Quatre heures du matin!

Claude Buffet avait tenu sa sinistre promesse.

Le capitaine Hourdain et son subordonné le lieutenant Boisgarnier avaient certes vaincu. Mais à quel prix! Mentalement, ils ressassaient leur minutage... Dix secondes... Des meubles... des matelats... des flammes... vingt mètres à parcourir... un escalier... le feu... la fumée... Dans la salle de radiologie, Bontems s'était arc-bouté contre la porte...

Après une courte bagarre, les deux pirates furent maîtrisés et les gendarmes durent les protéger contre la légitime colère des matuches.

Les médecins présents ne purent que fermer les yeux des deux cadavres.

Paumé pour paumé, Buffet, amant de la guillotine, n'avait pas fait grâce. C'était sa nature. Quand Buffet disait, il faisait. Au-delà de toute raison. Ce militaire écarté, perverti, se donnait des consignes à lui-même et les exécutait!

Bontems? On verra tout à l'heure...

Ça ne devait pas être joli dans la cambuse!

Deux détenus étaient mis sous bonne garde : Hoen, et un certain Sassi, pâle comparse bloqué là, étranger à l'action. Ils n'en avaient pas moins risqué leurs os dans la confusion générale.

Mais que faire de Buffet et de Bontems...? Vous allez voir.

L'épisode qui suit serait resté à jamais ignoré des historiens... et ç'aurait été bien dommage... sans le document effarant que j'ai là sur ma table, et dont je vais vous livrer l'essentiel.

Impossible de vous donner le nom de l'auteur. Mais la pièce est authentique, et restitue la vue d'un témoin direct.

« Le 21 septembre 1971, toute la France sait par les médias ce qui se passe à Clairvaux.

« Le soir, vers 21 heures, l'antenne du S.A.M.U. de l'hôpital de Troyes est requise pour se rendre sur les lieux. Le véhicule, son chauffeur, l'interne, la jeune infirmière de garde y passeront la nuit. On peut le regretter, mais cette nuit-là, le département entier fut privé des secours qu'on pouvait en attendre... Admettons que le risque était, là, plus grand qu'ailleurs.

« A l'issue du drame, l'interne et l'infirmière sont entrés dans les locaux. Ils en ont gardé une impression tellement horrible qu'ils refusent d'en parler, et je n'ai jamais pu éclaircir si cette horreur était due au carnage réalisé par les criminels ou bien si elle était le résultat de l'assaut donné par les forces de l'ordre.

« Tout le monde savait que les bandits étaient parfaitement capables d'exécuter leurs otages : l'infirmière Nicole Comte l'avait dit dans la journée au téléphone. Pourtant, à aucun moment, il n'a été envisagé d'autre solution que la force vive qui fut un échec.

« A quatre heures du matin, donc, pas de blessés, deux cadavres, et il faut évacuer d'urgence les deux détenus qu'on ne peut laisser sur place.

« Or, aussi incroyable que cela paraisse, rien n'a été prévu pour l'évacuation des deux criminels : ni véhicule, ni lieu de destination... A moins qu'on n'ait compté sur leur mort pendant l'assaut...

« Alors fut prise une décision que les médecins jugent inadmissible : les deux bandits seront transportés en ambulance à l'hôpital qui possède, il est vrai, une chambre forte pour les détenus malades, avec une double cloison vitrée et un sas généralement occupé par des policiers qui jouent aux cartes... traditionnellement !

« Buffet et Bontems n'étaient pas blessés. Leur transport en ambulance et leur hospitalisation n'étaient pas justifiés. Quoi qu'on ait pu croire, il y avait sur place plusieurs praticiens qui auraient pu constater leur état... Si la médecine et ses moyens sont par définition disponibles, les praticiens n'aiment pas les voir employés abusivement !

« Encore un degré dans l'invraisemblable : la garde et la surveillance des prisonniers, la sécurité du personnel ne sont pas prévues pendant le transport. L'interne et l'infirmière refusent de partir seuls dans l'ambulance avec deux criminels qui viennent d'assassiner leurs otages. Ils réclament une assistance policière. On leur donne une escorte de policiers *qui ne montent pas dans l'ambulance* mais suivent le véhicule à distance dans leur propre voiture! Les deux jeunes gens ont été bien naïfs d'accepter!

« En somme, après l'échec de leur intervention de vive force, la police donne aux criminels ce qu'ils réclamaient : une voiture, un chauffeur, *et deux otages tout frais*! On se demande ce que les occupants de la voiture suiveuse auraient pu faire en cas de... reprise d'otages!

« A l'arrivée, l'invraisemblance passe toute imagination! L'ambulance franchit le portail de l'hôpital. *La voiture suiveuse continue tout droit, sans s'arrêter.* Les policiers abandonnent ceux qu'ils sont chargés de surveiller *et vont tout bonnement se coucher*! L'hôpital n'est pas prévenu! Pas un seul garde! Aucune disposition prise!

« Imaginons l'arrivée, au petit matin, dans le hall d'entrée de l'hôpital, alors que le service des urgences n'était pas même construit. Il y avait là le chauffeur, l'interne, l'infirmière... et la veilleuse de nuit, une brave dame traditionnellement obèse.

« Si Buffet et Bontems avaient décidé de s'en aller, *ils étaient libres de le faire* : personne ne pouvait les retenir. Bien plus! *Ambulance et chauffeur étaient à leur disposition. Et des otages à leur portée.*

« Et quel merveilleux véhicule pour une évasion qu'une ambulance!

« Je le dis : si les deux criminels avaient pris conscience de la situation invraisemblable, ils auraient réussi leur évasion!

« Au lieu de cela, ils étaient parfaitement immobiles... inertes! sans doute persuadés qu'une garde armée était prête à tirer sur eux au moindre geste!

« Un quart d'heure plus tard, l'instant de grâce était passé!

« Alertée par un sous-directeur, la police arrivait enfin et les deux détenus se retrouvaient dans la chambre forte, mouillés jusqu'aux os mais sans nulle blessure. L'un d'eux se plaignait d'un coup de crosse qui n'avait laissé aucune trace décelable. Leur état ne demandait aucun soin!

« Vers treize heures, le directeur et le sous-directeur regardaient, plutôt satisfaits, par leur fenêtre, le fourgon cellulaire qui embarquait les deux assassins vers leur nouvelle destinée. Personne n'avait rien demandé aux médecins ni aux administratifs. Inutile de dire que le personnel médical et soignant fut profondément choqué des abus qui furent commis en ces circonstances. »

Cette invraisemblable histoire n'avait jamais été révélée. Et ajoute le témoin, « Buffet et Bontems sont morts sans savoir qu'ils avaient réussi ! »

On va compléter par un autre récit. A regret, je dois lui garder aussi son anonymat.

« Le médecin-conseil de la Sécurité sociale locale, une femme, se rendait régulièrement à la Centrale pour attribuer des rentes d'incapacité permanente partielle aux détenus victimes d'accidents du travail. Elle a connu l'ancienne infirmerie, plus sûre, mieux agencée, plus luxueuse, que les détenus détruisirent en l'incendiant au cours d'une mutinerie précédente. Celle qui fut le théâtre de la tragédie était une installation de fortune... provisoire et beaucoup moins sûre. L'accès que décrit Me Vigo permet d'affirmer que le visiteur y était piégé. En revanche, qui s'y retranchait était indélogeable.

« Là, le médecin-conseil était enfermée à clé, seule et sans témoin... secret professionnel oblige. Nul bouton d'alarme, malgré la présence de dangereux criminels. Elle avait sous les yeux le motif de la détention, dont la lecture ne manquait pas de l'édifier !

« A la suite de l'affaire Buffet-Bontems, la S.S. décida de ne plus exposer ainsi ses praticiens.

« Et voici pourquoi le mari de la dame en question n'est pas veuf... »

Et l'on comprend qu'aux obsèques des otages un cri se soit élevé dans l'église : PLEVEN ASSASSIN !

Procès et expiation

En préface au procès, je donne un extrait des œuvres complètes de M. Buffet. Je rétablis l'orthographe, tant pis pour le pittoresque qui d'ailleurs n'apporte rien :

« Un homme qui désire se faire tuer ainsi pourra mourir comme témoin de sa foi. C'est un martyr. Et dans la primitive de Dieu, les martyrs sont honorés comme modèles et intercesseurs. J'ajoute que la mort du martyr éclaire rétrospectivement toute sa vie. S'il y avait eu des fautes, elle rachèterait les fautes par son sacrifice *volontaire*. Pour obtenir la foi en Dieu, il faut improviser sa mort [sans doute pour " organiser "]. Et la mort révèle la vie. Il n'y a pas de plus grand amour en Dieu que de donner sa vie pour Lui. En me donnant volontairement à Dieu dans la mort, c'est la grâce de ma vie : c'est la récompense suprême, la couronne donnée par Dieu. »

Fallait l'écrire... non ? Ceci enfin :

« Le bourreau devrait autoriser le martyr à voir venir sa propre mort en le faisant se coucher sur le dos, la tête vers le haut afin d'apercevoir cette lame. »

Tout de même, hein ! De Lacenaire à Gorguloff... la continuité littéraire du crime est diablement assurée !

Les victimes partent plus discrètement !

Et nous voici enfin pour le dernier, enfin, l'avant-dernier acte, dans la salle des assises de Troyes. Une occasion d'encore en entendre de belles !

Quand Claude Buffet s'est pointé dans le box, on a vu tout de suite à qui on avait affaire. Me Vigo, qui faillit être son défenseur, l'a bien croqué : « Sans être laide, sa figure déplaisait. Un visage froid, absent, un regard inexpressif. Du mépris et de la dureté à travers une politesse formaliste. De trois ans son cadet, avec une tronche de lutteur de foire, Bontems paraissait presque bienveillant par comparaison... »

La presse ayant beaucoup déconné... Buffet esquisse une protestation que, d'ailleurs, le président Robert reprend à son compte... tout en y coupant court... Le ton se calme. Et Buffet fait cette déclaration... je vous ai dit déjà...

– Il m'est difficile d'émettre une opinion. Moi-même je ne sais pas qui je suis... Par instants, je ne me reconnais pas.

Vasouillard et peu assuré, Bontems fit moins bon effet. C'était pas l'intello de la troupe !

Et puis, l'assistance s'intéressait peu aux préliminaires : la prise d'otages avait seule toute son attention. Dommage : le tableau que firent les accusés de la gestion de Clairvaux ne manquait ni d'intérêt, ni de rapports de cause à effet avec la péripétie principale.

C'était l'été. La température montait. On transpirait et on somnolait. Mais Buffet avait de la présence, comme on dit au théâtre.

Signalant qu'il n'avait, ni à Mulhouse ni à Clairvaux, rencontré le juge d'application des peines, le naïf Bontems lâcha simplement :

– Je me demande sur quoi il fonde son opinion à mon égard !

Entre Buffet et le président, le dialogue se nouait mieux :

– A Clairvaux, je me suis retrouvé avec deux autres détenus dans une cellule infecte avec des paillasses pourries. On se lavait à douze dans la cour... au même robinet. Pour nos besoins, on avait un bidon de cinq cents litres pour faire devant tout le monde.

Rien n'est parfait, pas même la prison !

Tout de même, comme je vous ai raconté, Buffet finit par obtenir de dormir dans une cellule seul. Mais on lui refusa de travailler tranquille dans la journée et il dut gagner l'atelier des chaises.

– Je ne supporte pas la promiscuité. Je ne suis pas meilleur que les autres, mais je ne m'y fais pas. Et puis... je considérais qu'à Clairvaux c'était la pagaille...

Durant ce temps, Bontems gardait l'œil vague. Il était myope, on le sait. Et on ne lui avait pas restitué ses lunettes pour l'audience ! Comment voulez-vous parler à des gens que vous ne voyez pas.

Dans son livre, *L'Exécution*, Robert Badinter qui défendait Bontems ne dit rien des efforts qu'il a faits... qu'il a peut-être pu faire... éventuellement, pour que l'on restitue cette prothèse à son client ! C'est l'un des petits secrets de cette affaire...

Un autre et peut-être plus grave, c'est la façon dont les défenseurs de Bontems firent la parade aux accusations suggérées par Buffet.

Question fondamentale : Bontems avait-il *aussi* frappé Mme Comte, égorgée sans conteste par son complice ?

Il était facile de mettre au jour la malveillance fondamentale de Buffet... Il eût suffi de rappeler comment, dans l'affaire de l'assassinat de Françoise Besimensky, il avait tenté avec acharnement de repasser le marron... ou du moins une partie du marron à sa maîtresse Marie. Sa mauvaise foi perverse sautait aux yeux.

La mise en lumière de cet épisode aurait permis de ramener à leur juste diapason les allusions que Buffet faisait pleuvoir quant à la reponsabilité de Bontems dans la mort de Mme Comte.

D'autre part, on s'étonne de voir la faible place tenue dans l'argumentation par l'arme éventuelle du crime : un petit couteau *Opinel* vendu officiellement à la cantine de la Centrale.

Qu'est-ce qu'un *Opinel* ?

C'est un couteau simple originaire de Savoie. Une lame et un manche de bois fendu plus, pour certains modèles, une virole de sûreté.

Il existe une vaste gamme d'*Opinel*, depuis la miniature logée par deux dans une coquille de noix, jusqu'au géant qui peut découper un rôti.

Or, comment était celui de Bontems ?

On mentionne officiellement les dimensions de la lame : moins de huit centimètres de long (Vigo) et 12 millimètres de large (Dr Martin). Examen fait, c'était donc un *Opinel* référencé n° 4 dans la gamme, qui mesure, fermé, *six centimètres et demi* et ne comporte aucun système de blocage (comme une virole dite *Virobloc* en place sur les plus grands modèles).

L'exhibition de cet objet de grande série suffit à faire estimer ses faibles possibilités... criminelles! Certes, on peut blesser avec une lime à ongle, arracher des yeux avec une fourchette à bigorneaux, torturer des ongles avec une allumette... Enfin!

En outre, le bois en est fendu pour recueillir la lame. Toute trace de sang... sauf nettoyage soigneux et pour tout dire à peine possible... bien difficile en tout cas... toute trace de sang aurait maculé cette fente du bois, ainsi que l'encoche de la lame, et que la marque qui y est gravée. Une imprégnation du bois paraît à peu près inévitable.

Si les experts ont épilogué à perte de vue sur la nature des blessures de Mme Comte, ils ne semblent pas avoir beaucoup poussé l'analyse de l'objet lui-même. De l'arme...

Le rapport de l'expert, le Dr Raymond Martin, fut le prétexte d'un incident tragique. Dans un premier rapport, il attribuait toutes les blessures à l'arme de Claude Buffet.

Parce qu'un juge d'instruction providentiellement nommé Poignard avait posé une de ces fameuses questions *illégitimes* (demander à ce médecin de déterminer *l'intention de l'agresseur*), le rapport fut juridiquement annulé. Ultérieurement, le Dr Martin attribua une blessure à Bontems... et à son *Opinel*...

Notez qu'en définitive Me Badinter eut gain de cause : le verdict exonéra Bontems du chef de meurtre... Et c'est, *simplement*, pour sa complicité qu'il fut condamné à mort ainsi que Buffet enfin exaucé!

Aux applaudissements de l'assistance.

Buffet-Bontems... On faisait plus la différence... Rivoire et Carret : toutes les nouilles dans le même sac... Une association désormais indissoluble. Buffet devait être content : il voyagerait pas tout seul.

Bien que Claude Buffet ait *réclamé* la peine de mort et refusé, interdit toute demande de grâce, le ballet des avocats se développa à l'Élysée.

Le Président était alors Georges Pompidou, un homme globalement mesuré, raisonnable, et guère porté aux mesures extrêmes...

Toutefois...

L'*opinion* était montée... La mort de Nicole Comte la foutait mal.

Quant au Le Corno plus haut cité, n'avait-il pas déclaré qu'en cas de grâce les condamnés ne tarderaient pas à... se suicider en prison!

Mais il n'y eut pas de grâce!

Et un matin de novembre 1972, deux têtes tombèrent dans la cour de la Santé. Personne ne fit d'histoires. Buffet, qui avait proclamé : « Si on me gracie, je recommencerai », mourut comme un suicidé heureux.

Bontems mourut comme un petit soldat, complètement perdu et tout à fait discipliné. Il avait fait de l'auto-stop au bord de la vie et c'était la mort qui conduisait la voiture. Et pas qu'une fois!

Après que les spécialistes en eurent discuté, on fit passer Roger Bontems le premier... comme le plus fragile.

Entre-temps, on lui avait rendu ses lunettes.

UN CADAVRE EN MAUVAIS ÉTAT
ou
Le suicidé des contradictions

Il m'a semblé plus utile de rechercher la vérité du fait des choses que les imaginations qu'on s'en fait.

Nicolas Machiavel

Aimer les femmes intelligentes est un plaisir de pédéraste.

Charles Baudelaire

L'AFFAIRE
PIER PAOLO PASOLINI

LA VICTIME

Pier Paolo Pasolini, peintre, écrivain, poète. Le cinéma lui a apporté la célébrité avec une certaine odeur de scandale.

Né à Bologne, le 5 mars 1922. Études au lycée Galvani. En 1938, un professeur lit en classe un poème de Rimbaud. Pasolini dira : « Ce jour-là, j'ai cessé d'être fasciste. »

En 1942, son père, officier de carrière, est fait prisonnier sur le front d'Afrique et interné au Kenya où il restera jusqu'en 1945.

La brigade de résistants locaux où s'est engagé le frère cadet de Pasolini est abattue par les partisans communistes « Garibaldi » en février 1945.

Pier Paolo a publié ses premiers poèmes en 1942 : Poesie a Casarsa.

Ses livres suivants paraissent en 1945, 1946 et ainsi de suite.

Des inédits et entretiens paraîtront encore après sa mort.

A partir de 1954, Pasolini se tourne vers le cinéma. Sa première réalisation, Accatone, *sort en 1961. L'année précédente, il a joué dans* Il Gobbo *de Carlo Lizzani.*

Ses principaux films sont : Mamma Roma *(1962),* La Rabbia *(1963)* Comices d'amour *et* l'Évangile selon saint Matthieu *(1964),* Rapaces et passereaux *(1966),* Œdipe Roi, Théorème *(1967),* Porcherie *(1969),* Médée, *avec Maria Callas et Laurent Terzieff (1970),* Le Décaméron *(1971),* les Contes de Canterbury *(1972),* Les Mille et Une Nuits *(1974),* Salo ou les 120 journées de Sodome *(1975).*

Il publie durant ce temps des romans comme Les Ragazzi *ou* Une vie violente *qui sont des succès. Ils se déroulent parmi les « paumés » de la zone.*

En tout, Pierre Paolo Pasolini a publié quelque soixante volumes, entretiens compris. Il a écrit, interprété ou dirigé près de cinquante films ou sketches. Ses articles de presse, ceux qu'il a suscités, ses interviews sont impossibles à chiffrer ici.

Le soir du crime, après avoir dîné avec son ancien ami intime et interprète favori, et l'épouse de celui-ci, il reprend son Alfa-Roméo sport gris métallisé. Près de la gare centrale, Piazza de Cinquecento, il invite un garçon de dix-sept ans à l'accompagner. Après l'avoir emmené dîner dans un bistrot sur sa demande, il l'entraîne dans un bidonville proche de la plage d'Ostie. On est à présent le 2 novembre, jour des morts. Pasolini fait une caresse buccale au garçon auquel il a promis vingt mille lires... une petite somme. Lorsque celui-ci se lève pour uriner, Pasolini se munit d'un bâton. Il en frappera le garçon à la tête.

LES FAITS

« Maintenant, je veux que tu fasses la femme », lui dit-il. Le garçon le frappe à son tour, le repousse, se saisit du bâton et l'assomme. Après avoir perdu sa

bague sur place dans des circonstances non établies, il monte dans la voiture et, dans sa fuite, passe sur le corps de sa victime. Il est arrêté quelques instants plus tard dans un sens interdit où il s'est égaré. Au commissariat où il avoue d'abord le vol de la voiture, il fond en sanglots et dit : « Maman, pardonne-moi ce que j'ai fait ! »
Il passera ensuite aux aveux. Il sera condamné à neuf ans, sept mois et dix jours de prison.

Pier Paolo Pasolini a été un homme comblé.

Il voulait tout.

Et le contraire de tout.

Il l'a eu.

Même sa mort spectaculaire et atroce. Dérisoire... Cinématographique ! Un cadavre dans la boue ! Quel *plan* ! Mais quelle mort quotidienne. Commune. Logique.

Même l'exploitation qu'on a tenté d'en faire... après. C'était encore du cinéma...

Rappelez-vous. La nouvelle est arrivée comme un tonnerre. C'était un crasseux dimanche, le 2 novembre 1975. Le jour *des morts*, tiens. Justement. Un hebdomadaire a publié les photos. Un cadavre, sauf exceptions méritoires, c'est jamais joli joli. Mais celui-là était sérieusement attigé. Même qu'une voiture était passée dessus... la sienne, d'ailleurs. Tout ça dans un coin tranquille plein des brumes de l'automne... Oh, rien de joyeux. Plutôt le genre terrain vague avec des saloperies un peu partout, des boîtes de soda vides... des bouteilles... des tessons... Près de Rome, du côté de la plage d'Ostie.

Vous me direz... un cadavre, une voiture. C'est bien commun de nos jours... Ouais ! Mais ce cadavre-là, c'était celui de Pier Paolo Pasolini, un personnage... une vedette. Super connu, sinon apprécié de tout le monde...

Qu'il soit contesté par bien des gens... même par des institutions, ça ne faisait que renforcer sa renommée... ajouter l'odeur du scandale. Et puis, à Rome, il faisait partie des figures familières. Une séduction très particulière avec sa bagnole trop luxueuse, ses costards en soie... Oh, pas le genre minet... le genre beau jeune homme qui plaît aux dames et impressionne les messieurs. Une beauté plutôt genre Avoriaz... Un masque buriné, dramatique, avec un front bombé sous des cheveux très sombres, des yeux enfoncés, perçants, le plus souvent dissimulés par les lunettes noires qu'une fragilité de la vue l'obligeait à porter.

Des lèvres minces, une mâchoire dure et volontaire. Finalement une expression de mélancolie, de force maléfique que dissipait parfois un rare sourire.

Qui a dit qu'à partir d'un certain âge on a la gueule qu'on s'est faite ? La gueule qu'on mérite ? Il avait cinquante-trois ans. Un âge très moyen pour mourir après une vie bien remplie... Sauf si on y met de la bonne volonté !

On le disait volontiers *enragé*... Un mot à la mode. Facile. Lui-même l'avait employé, comme tout le monde :

« Ma rage à moi est presque unique en Italie... A mon sens, le plus bel enragé de l'histoire c'est Socrate ! Pas de rage plus sublime que la sienne, dans une société elle-même sublime. Et pourtant, c'est bien au nom du conformisme de son époque qu'il a été condamné. Et à cela, il a répondu, non en devenant un révolutionnaire mais en restant un *enragé*, va-nu-pieds qui vaguait autour d'Athènes d'un gymnase l'autre... »

Pier Paolo, une carrière...

Pour le public français, Pasolini ce fut d'abord un cinéaste. Mais il était encore bien d'autres choses. D'abord un poète, essentiellement. Puis un romancier, un essayiste, un critique... Un peintre aussi... Et aussi dramaturge, traducteur, comédien... Je dois en oublier.

Il a publié plus de quarante volumes, établi vingt scénarios, réalisé treize films, depuis *Accatone* en 1961, l'histoire d'un petit maque roulant en moto vers la mort, poursuivi par la police pour un vol de... saucissons, jusque *Salo ou les 120 journées de Sodome* en 1975. Il y transpose les fantasmes sexuels du marquis de Sade, les siens peut-être, dans la localité où siégea la République sociale italienne de Mussolini entre 1943 et 1945. En tout trente ans d'activité débordante ! En plus la politique que Pasolini avait approchée de très près... de trop près peut-être. C'était l'époque qui voulait ça, d'accord, mais la politique ne grandit pas ses serviteurs, ses profiteurs... Guido, son frère cadet, s'était laissé influencer par l'éloquence, les discours enflammés de Pier Paolo. Il était né en 1925, Guido. Il avait dix-neuf ans en mai 1944 lorsqu'il a rejoint dans cette fin de guerre un groupe armé, proche des groupes socialistes : la brigade *Ossopo Friouli* qui se réclamait de la province dont Pasolini faisait alors la promotion : le Frioul, dont il pratique et écrit le dialecte. Une manière de dire *non* à une patrie en train de sombrer.

Non loin de là, les communistes ont organisé des brigades *Garibaldi* qui, curieusement... du moins pour nous... vont bientôt rallier le dictateur yougoslave Tito et rejoindre les formations slovènes.

Pier Paolo ne reverra jamais son frère : en février 1945, les *Garibaldi* stalino-titistes (la rupture n'est pas faite) massacrent les *Ossopo Friouli*.

Cela ne l'empêchera pas, lui, de s'inscrire au parti communiste en janvier 1947 tout en continuant à militer pour l'autonomie frioulane.

Pasolini est l'homme des contradictions!

Les communistes l'éjecteront en octobre 1949, alors qu'il est enseignant et il doit faire face à une accusation de pratiques homosexuelles. Par ailleurs se poursuit le procès du massacre où son frère a laissé sa vie.

Pourtant, n'avait-il pas écrit dans le quotidien *La Libertà* : « C'est aux communistes qu'il appartient de suggérer ou d'instaurer une mentalité nouvelle capable de transformer la préhistoire en histoire et la nature en conscience... » ?

Vaste entreprise! eût dit l'Autre.

Le père, Carlo Alberto, était resté prisonnier près de quatre ans en Afrique où il combattait. Il n'avait pas le moral. Rentrer pour trouver un de ses fils assassiné et l'autre en état de révolte tous azimuts...!

Bien sûr, je vais pas vous conter la vie entière de Pier Paolo, sa carrière... Dominique Fernandez a publié un gros et superbe roman où certains n'ont pas hésité à découvrir une biographie sentimentale du cinéaste : *Dans la main de l'ange...* Il a 456 pages tout en muscles, et bien serrées. Ça nous mènerait loin.

Faut tout de même expliquer quel chemin a conduit le bambin du Frioul, avec sa bonne bouille d'enfant, son regard droit et sa chemise noire de *balilla*, les scouts fascistes, du lycée Galvani de Bologne à la plage pourrie d'Ostie où il devait succomber sous les coups de bâton d'un *voyou*, comme ont imprimé les journaux...

Avec ses talents multiples, sa sensibilité d'artiste, et puis bientôt son prestige d'auteur reconnu, de cinéaste fameux, Pier Paolo Pasolini est demeuré longtemps déchiré entre le besoin de joindre un groupe, un parti, et une farouche nécessité d'indépendance et de marginalité.

Contradictions! Certes, il les a accumulés... les malentendus, les rebuffades.

Avec au fond de lui l'amour qu'il portait à la mère, bientôt échappée à l'enfer conjugal du mari ravagé par la guerre et le désespoir, il est resté nostalgique de son coin natal et des rues de la jeunesse, celles de Casarsa écrasé en 1944 par les bombardiers américains... Une mélancolie suicidaire ? En tout cas une certaine tendresse pour la mort. Lisez ce poème cité par le critique Alain-Michel Boyer dans son *Pier Paolo Pasolini* [1] de la collection « Qui êtes-vous ? » :

Oh fontaine de mon pays!
Il n'est eau plus fraîche qu'en mon pays.
Fontaine de rustique amour.

Le soleil noir de fumée
Sous les branches des mûriers
Te brûle, et à la frontière
Toi seul chantes les morts.

Oh grillons! Chantez ma mort
Haut et fort, chantez ma mort à travers champs.

Voilà le Pasolini *écologiste* qu'il ne cessera jamais d'être, affolé par la pollution, horrifié du génocide des lucioles, lumignons magiques qui enchantaient ses yeux d'enfant et que la putréfaction des cours d'eau, l'envahissement des insecticides ont à jamais effacés des nuits d'été.

Dans ces années italiennes, c'est un pari que d'être à la fois écologiste, autonomiste frioulan, et secrétaire de la *cellule* communiste de San Giovanni. Pasolini veut le tenir.

A.-M. Boyer signale qu'en 1949 il diffuse des placards bilingues : italien et frioulan. Dont celui-ci :

« Camarades! La propagande invite les chrétiens à approuver une guerre contre l'Union soviétique présentée comme une croisade! Au nom du Christ, Notre Seigneur à tous, nous les supplions de comprendre que cette " croisade " serait un crime contre l'humanité et qu'ils ne peuvent en charger leur conscience. »

Doux Jésus!

Il faut dire qu'il y a toujours eu beaucoup de catholiques en Italie...

Las... six mois ne s'écoulent pas qu'il est, comme j'ai dit, viré par les communistes « pour indignité morale et politique ». Il songe alors au suicide...

Avec sa mère ils s'exilent en banlieue, à Ponte Mammolo. Il raconte :

Je vivais comme un chat perdu des ruines du Colisée
Pauvre, dans une bourgade toute de chaux

1. Éditions de la Manufacture.

Et de poussière, loin de la ville,
Loin de la campagne, chaque jour coincé
Dans un bus brinquebalant.
Chaque aller, chaque retour
M'était calvaire de sueur et d'angoisse.

La maisonnée vit des heures de ménages que se farcit la mamma, et c'est là que Carlo Alberto vient achever son existence ruinée.

Déjà, la puissance de travail de Pier Paolo est considérable. Il suffit de voir la liste des livres publiés dès 1942... C'est en 1961 qu'il entre en cinéma avec *Accatone* dont il signe sujet, scénario, dialogues et réalisation.

La gueule qu'on mérite... on a dit... Faut-il pas dire plutôt : la gueule que la vie vous a faite ? Ce visage d'enfant qui disparaît et fait place à la dureté d'une gueule de gladiateur...

Pourtant, il a obtenu tout ce que cherchent la plupart des gens, Pier Paolo : argent, considération, notoriété... bagnole rutilante et méchant costard vermoulu ! Mais n'est-ce pas déjà trop tard ?

Désormais, le cinoche est son univers. Les films se succèdent, pratiquement un chaque année. En 1962, *Mamma Roma* qu'il aurait pu sous-titrer *La tragédie débile*... La *mamma* est jouée par la fulgurante Anna Magnani. Elle n'a pas un sou vaillant et se fait marchande de légumes pour échapper à son destin de pute sur le retour. La fesse ne paie plus, et il s'agit d'élever son lardon dans l'honneur et la dignité. Mais une place sur le marché est un paravent translucide, et quand le fiston découvre les états de service de la mamma, il prend mal la chose. C'est la dérive, et qui finit mal : arrêté pour une vétille, il refuse la discipline de la taule et meurt sanglé sur une table de contention. On devine l'état d'esprit de la mère ! Le noir et blanc sied à cette pellicule ravageuse. On a dit que le scénario est d'un sinistre réalisme. Pour Pasolini, il est surtout l'occasion de promener sa caméra dans les coins sordides de la capitale, les perspectives des banlieues perverses, terrains plus ou moins vagues où parmi les ronces, la jeunesse paumée va s'enfiler avec mauvaise humeur.

Deux films en 1963, trois en 1964, deux en 1966. En 1967, c'est *Œdipe roi* où Pasolini, après *La terra vista de la luna*, se convertit au technicolor et à l'eastman-color. N'oublions pas, en 1965, *Rapaces et passereaux (Uccelacci e uccellini)* à propos duquel il écrit : « C'est un tournant individuel mais qui s'inscrit dans le visage de l'histoire italienne, de la crise du marxisme et de la mort de Togliatti »... Rien d'étonnant à ce que certaines intentions du film aient échappé au grand public...

En 1969, c'est le fameux *Théorème* dans lequel un jeune homme se pointe dans une famille respectable et rend des points aux célèbres Trois orfèvres à la Saint-Éloi... Il n'y a vraiment que le chat de la maison qui échappe à sa concupiscence... encore que, si ma mémoire est bonne, il n'y a pas de chat dans la maison!

Ne croyez pas d'ailleurs que vous allez vous payer une bonne pinte de bandaison rigolarde. Pasolini habite alors un univers où l'amour est triste et la copulation allusive.

« *Théorème* est une œuvre scandaleuse mais seulement dans le sens idéologique », écrit Pasolini.

Pour une raison qui échappe à mon esprit obtus, et à mon âme plus obtuse encore sans doute, cette œuvre respectable, qui réussit le *miracle* de faire de la grisaille en eastmancolor, obtint le grand prix de l'Office catholique du cinéma.

C'était accorder à Pasolini une publicité du feu de Dieu, si j'ose m'exprimer aussi irrévérencieusement... Tous les hommes qui touchaient de près au Divin... et bien entendu tous les critiques... firent des gorges chaudes de cette distinction. Quelques exemples?

L'aigre François Mauriac : « C'est superbe, c'est important! Quant au prix de l'Office catholique, c'est une autre histoire. » Marcel Jouhandeau : « Ce film me semble admirable à cause de son implacabilité même. » Le Père Setvais, président de l'O.C.C. : « En donnant le prix, l'intention était de faire savoir que les chrétiens sont véritablement ouverts au monde et qu'ils peuvent admirer la sincérité, la beauté et la profondeur d'une œuvre, faire savoir aussi que le chrétien peut avoir une connaissance, un respect et un amour passionné du cinéma et des exigences artistiques. »

Voilà, vous savez tout.

Il faut tout de même dire qu'un certain abbé Berthier n'était pas d'accord du tout avec cette épectase : « Le prix peut attirer des familles chrétiennes ou encourager le grand public à le voir. Cette sacralisation du sexe n'a rien de chrétien ni d'humain : le résultat en est une tristesse et une effroyable solitude de chacun des personnages. » Au fond, pas si con, l'abbé...

Côté critique, c'est à coup sûr Michel Aubriant dans *Paris-Presse l'Intran* qui a tapé le plus juste : « Il me semble un peu vain de chercher un message dans *Théorème* dont la symbolique est assez nébuleuse pour que chacun ait le loisir d'interpréter le film selon sa propre optique... Si l'on s'en tient aux apparences, nous avons affaire à une sorte de passion selon saint Freud, une opération de défoulement sexuel vaguement teintée de religiosité et de marxisme. » Conclusion : « De quoi faire frissonner Auteuil, Neuilly et Saint-Cloud et délirer le Quartier latin. Mais les bons pères peuvent dormir sur leurs deux oreilles. A défaut d'avoir récupéré Pasolini, ils auront réussi à désamorcer le pétard qu'il lançait sur leurs ouailles. Tout le monde se sent visé mais personne n'est atteint. »

Reste que Pasolini affirme que ses films peuvent être décodés à l'aide d'une triple grille : marxiste, chrétienne et pédérastique... Heureux temps ! Le mélange serait-il suffisant aujourd'hui ?

La course à l'abîme

Ce triomphe paradoxal était une étape sur la pente savonneuse. Tout se paie, au fond. Et Pasolini le savait mieux que personne. Mais la fin finale l'attirait irrésistiblement.

D'autre part, les malveillances ne lui manquaient pas. Ses multiples militantismes lui avaient valu quelques antipathies de compétition. Un critique parisien a gribouillé dans un journal du soir que Pasolini « avançait en semant autour de lui un *brouillard idéologique*. Il a pu faire de *Rapaces et passereaux* une fable sociopolitique, d'*Œdipe roi* une symphonie dramatique et psychanalytique, de *Médée* un spectacle fabuleux pour Maria Callas. Il a pu se réclamer de Brecht [dramaturge anarcho-communiste allemand, directeur de théâtre à l'Est, percepteur de droits mondiaux à l'Ouest et... Autrichien quant à la nationalité optionnelle... Excusez cette parenthèse] avec *Porcherie*, quitte à devenir, dans les années 70, le peintre d'illustrations grivoises et pornographiques ». Fin de citation !

Là, Mimile, tout de même, il poussait un peu le bouchon dans les orties ! Réduire *Le Décaméron*, *Canterbury* et *Les Mille et une nuits* à cette ultime formule, fallait l'écrire ! Au fond, la critique, c'est toujours ça ! Toujours *objective*, quoi ! Avec Pasolini, ils étaient nombreux à emboîter le pas à ce Mimile anonyme. Et pôrkoâ ? demandait Grock, le clown génial...

Eh ben... passque... Pasolini énervait dans la mesure où sa mobilité décevait les *militants*. Ses impulsions intimes avaient le pas sur les systèmes et les discours. Au fond à peu près inclassable... Il jouait les *loups solitaires*, et on n'aime pas tant ça !

Et c'est vrai que les trois films qu'on vient de nommer procédaient d'une belle écologie intérieure, d'un goût du plaisir, de la beauté du corps, et non des tragédies sociales contemporaines. Le Pasolini supposé *marxiste*... ou autre chose la mettait en veilleuse.

D'où l'ire du Mimile. Il voyait là du *brouillard idéologique.*

A sa compatriote, la journaliste Dacia Maraini, Pier Paolo disait en 1970, évoquant son enfance : « Je me souviens des Jardins Margherita, d'une rue de Bologne où l'une de mes tantes venait me promener... J'avais pris l'habitude de lui faire une comédie pour rentrer à la maison en calèche. On voulait me convaincre de rentrer à pied. On m'a grondé. Mais en définitive, j'ai eu gain de cause : j'avais des caprices, violents, absolus ! » Et Dacia Maraini lui demande comment il était alors. Réponse :

« Comme maintenant ! En plus amusant. J'étais naïf. On pouvait me tromper aisément : j'étais enthousiaste. Et puis aussi, je cherchais à comprendre. J'étais curieux, obstiné. Et puis timide. Vraiment empoté... »

Trois jours avant sa mort, à Stockholm, il déclare : « J'ai fait d'abord des films assez simples, accessibles au grand public, et ça jusqu'à *l'Évangile selon saint Matthieu.* Mais à ce moment-là, on a eu en Italie l'arrivée de la culture de masse, et moi, je n'ai pas voulu continuer : ces films auraient été exploités par la *société de consommation,* manipulés enfin... Alors, j'ai fait des films plus difficiles, élitistes... comme *Médée* ou *Porcherie...* Ceux-là n'étaient guère récupérables. Et puis après, j'ai tourné ce que j'appellerai *La Trilogie de la vie* sur l'image physique des humains, sur le sexe, assez faciles, ceux-là. Ils opposaient aux rapports humains bien réels de jadis l'irréalité perverse des rapports dans la *société de consommation...*

« Et voilà pourquoi, au point où nous en sommes à présent, j'abjure cette *Trilogie* somme toute populaire, simple : ces films ont été dépassés par le climat de permissivité de cette société-là. Et dès lors, j'avais pris du retard, avec mon combat pour la liberté sexuelle. Un combat qui avait dix ans de retard désormais.

« Et maintenant, je vais sortir un film, les *120 journées de Sodome.* Vraiment, je ne sais pas pourquoi je l'ai fait... J'y utilise le sexe, mais pas joyeusement, comme dans la *Trilogie,* où il est quelque chose de beau, mais bien pour montrer ce qu'est l'utilisation du corps comme une marchandise... Comme le fait notre société ! »

Dans cette interview, Pasolini nous explique comment il faut faire pour ne donner satisfaction à aucun idéologue, à aucun enrégimenté. Il disait : « Je suis un indépendant de gauche. » Indépendant ? joli programme pour être accepté et défendu ! Avec, en plus, son goût de la provocation !

Les rapports de Pasolini avec le système judiciaire démontrent les risques qu'il assumait. L'indulgence n'était pas au rendez-vous. La bienveillance non plus.

Des provocations ? On les a vues...

Communiste et Frioulan autonomiste...

Professeur et pédéraste...

Lorsqu'en octobre 1949 Pasolini est expulsé de l'enseignement... et du parti communiste, un journal titre : « Un professeur accusé d'immoralité. » Et à la fédération communiste, il écrit une longue lettre désemparée : « Il y a un mois, un député démo-chrétien m'avertissait que son parti préparait ma chute. Et voilà... hier, ma mère était près de devenir folle. Mon père est dans un état affreux : il a gémi et pleuré toute la nuit. Oh, je ne m'étonne pas de la diabolique perfidie de la démocratie chrétienne. Mais je m'étonne de votre manque d'humanité. »

Il y a bien de l'enfance, et de l'enfance malheureuse, dans cette diatribe, dans ces confidences! Rien pour faire une carrière... politique. Et voici Pier Paolo inculpé de détournement de mineur et d'outrage à la pudeur. Il sera acquitté en 1952... Lors de son inculpation, il est parti pour Rome, sans prévenir personne, entraînant sa mère. Là, il écrit son premier roman, *Les Ragazzi* (traduit en français). Et lorsqu'il le publie en 1955, son éditeur reçoit du papier bleu : assignation pour *publication obscène.*

Un an plus tard, le parquet abandonne l'accusation... Le poète Giuseppe Ungaretti a parlé pour lui, et le livre a reçu l'important prix Colombi-Guidotti. Son deuxième roman, *Une vie violente* (traduit aussi), est couronné par la ville de Cretone.

Un soir de juin 1960, dans une petite rue de Rome, il se jette dans une rixe pour séparer les combattants... Mais il est arrêté et accusé de *complicité de violences.* Acquitté encore une fois... Faute de preuves.

En octobre 1961, un instituteur d'Avelino porte plainte contre lui. Il l'accuse de lui avoir dérobé, revolver en main... le manuscrit d'un roman qu'il a écrit! Et deux jours plus tard, ce connard avoue avoir inventé la chose de toutes pièces pour se faire de la pub!

Le mois suivant, c'est plus embêtant : un pompiste le dénonce pour attaque à main armée...

Bizarre! direz-vous. Certes! Mais voilà plus bizarre encore : Pasolini, affirme-t-il, brandissait : « un revolver noir chargé d'une balle en or ». Un détail qui change tout... Qu'on a peine à lire sans rire.

Mais la presse en profite pour l'engueuler. Par exemple *Il Secolo* : « Pasolini est un pornographe, un apologiste des voyous et des prostituées, un manieur d'excréments littéraires auquel on doit tant de matières nauséabondes que certains présentent comme des œuvres d'art alors qu'il ne s'agit que d'obscénité systématique, de saletés destinées à abaisser la nation jusqu'au niveau qui permettra l'emprise des socialo-communistes. »

Lors de la sortie d'*Accatone* (1962), un certain Pugliaca dépose plainte : dans le film, un personnage répugnant porte le même nom que lui...

Entre-temps, l'histoire du pompiste à la balle en or vient à l'audience : condamnation à vingt jours de prison et dix mille lires d'amende pour... port d'arme prohibée. La lire est pour rien, à cette époque ! Acquitté en appel... encore une fois faute de preuves !

Mamma Roma lui vaut une plainte des carabiniers... Et ça se bagarre dans les salles ! Un autre film, *La Ricotta,* est mis sous séquestre pour atteinte à la religion : quatre mois de prison... re-acquitté en appel !

Quel cirque !

En mars 1965, dans *l'Espresso,* Pasolini évoque ainsi l'histoire du pompiste au trou de balle en or : « Un fou m'accuse de l'avoir volé, muni d'un chapeau et de gants noirs, avec des balles en or dans mon revolver. Et on trouve ça vraisemblable ! C'est qu'à un certain niveau de sous-développement culturel, on se laisse aller à confondre un auteur avec ses personnages ! »

C'est vrai : à certaines époques, on attendait à la sortie les comédiens qui jouaient le rôle des traîtres dans les mélodrames, pour leur filer une rouste !

A la lecture de cette interview, que fait le pompiste ? Question à dix francs ! Eh bien, le pompiste, il porte plainte pour diffamation !

Certes, tout ça tourne en filoche... Mais enfin, la mer est mauvaise, commandant, si vous voulez m'en croire. Et je dirai même plus : la mer est mauvaise.

En 1967, la Cour de cassation décide le séquestre de *La Ricotta*, un épisode du film qui s'appellera successivement *Rogopag* puis *Laviamoci il cervello...* Inutile de traduire ! (joué par Orson Welles, Laura Betti, etc.).

En 1968, le film est *libéré* après de menues coupures. Mais en compensation, le parquet de Rome réclame la saisie de *Théorème* qui vient de sortir.

Devant ce harcèlement, Pasolini ne montre d'abord qu'une grande lassitude. Et puis, on peut le comprendre, il en a marre : en 1971, une trentaine de plaintes sont enregistrées contre *Le Décaméron.* Sans doute des personnes d'accord avec le critique que je citais tout à l'heure. Plus d'accord encore... les procureurs d'Ancône et de Salmona obtiennent la saisie du film dans leur ressort. En revanche, une plainte contre *Les Mille et Une Nuits* est classée sans suite.

Chemin faisant, dans des déclarations publiques, Pier Paolo prend position contre la drogue, l'avortement, et la *dégénérescence* de la jeunesse... suite à une initiative des communistes. Encore un truc pour se faire des amis... et des amies.

Vous me direz que toute cette accumulation de fariboles, ça n'est pas bien grave... Exact.

Mais à la longue, ça énerve...

Le bidonville d'Ostie

Il travaillait beaucoup, Pier Paolo. Il écrivait énormément. Et il suscitait encore plus de commentaires. Et puis quand il est mort en 1975 (*L'Espresso* de février 1979 a publié les insoutenables photos de ce qui restait de lui dans la boue d'Ostie), tous les abstracteurs de quintessence sont arrivés comme des mouches faire entendre leurs bourdonnements. Chacun y est allé de sa crotte... Un moyen comme un autre de ramener sa fraise. Et puis...

... Plus atroce injure...,

le parti communiste a pris les obsèques à sa charge et s'est chargé de balancer l'encensoir...

Beaucoup à dire là-dessus.

Ou rien du tout...

Comme on voudra.

Après tout, un cadavre qui sert à quelque chose sent toujours bon.

Le livre qui m'a le plus appris sur ce destin tragique, il a été écrit par un Anglais il y a un siècle. Ça s'appelle *Le Portrait de Dorian Gray.* L'auteur ? Oscar Wilde.

Le héros a le culte de la beauté et de la passion. Il a reçu le privilège de transposer sur un portrait peint les ravages que la vie impose à son visage. Lorsque, désespéré de la dégradation qu'il contemple, Dorian Gray plonge un poignard dans la toile, il tombe mort. Et le tableau resplendit d'une jeunesse nouvelle. Mais le cadavre n'est pas beau à voir : « flétri, ridé, repoussant »... Méconnaissable !

L'image s'impose quand on regarde les photos de P. P. P. au fil des âges. De l'adolescent au regard fier jusqu'aux hideuses photos de *l'Espresso* en passant par les innombrables témoignages des années : tout jeune homme presque intact, combattant de l'impossible tendu de révoltes contradictoires, homme mûr dont la dureté s'inscrit dans les traits, masque dur aux yeux dissimulés, temps des absurdes défis... Film étrange qui reflète le cheminement vers l'inéluctable bidonville d'Ostie...

Fascinant.

Bien sûr... bien sûr... si Pasolini n'avait pas été *une vedette*, sa carcasse n'aurait pas suscité cent lignes dans les quotidiens... Rien qu'un *fait divers*, crime sans mystère auquel on n'attache pas d'intérêt... Crime de guère! La presse a une formule immonde pour désigner ça : *les chiens écrasés*... Qui dit mieux?

Là, nous sommes loin du compte!

Le 3 novembre, un quotidien calabrais, *La Gazzetta del Sud* insère un éditorial pas piqué des doryphores. Voyez plutôt :

« Sa mort violente escomptée, programmée, ne nous trouble pas. Ce fils du *boom* économique, de l'euphorie du *développement* monstrueux n'a jamais renoncé à son " euphorie vitale " qui s'exprimait en nuits de violence psychique et physique connues de tous. Cela s'est confirmé à l'occasion de son dernier rendez-vous... Il n'y aurait pas eu de 1975 si, dans le Jardin d'Éden, au lieu du couple d'Ève et d'Adam, il y avait eu deux Pasolini... Infortuné, l'écrivain qui, à l'inverse des *blousons dorés* de *La Dolce Vita*, a payé le prix d'une rébellion d'un gars des faubourgs qui lui a rendu la monnaie de sa pièce en affirmant, fût-ce par la *contre-violence,* le droit à son propre corps, payé d'avance par un dîner au restaurant, version prolétarienne du verre de champagne bourgeois avant l'alcôve... »

Il y en a un paquet comme ça, avec allusions au meurtre récent d'une jeune fille, Rosaria Lopez, assassinée par les *blousons dorés* en question... Et mise en parallèle des deux crimes.

Car les circonstances du drame, on les a sues tout de suite.

C'est triste à dire. Mais la pauvreté mène à tout, dans bien des cas.

Ils sont des dizaines, à la Cinquecento ou à la Stazione Termini sur le bitume romain, à glander au bord du trottoir prêts à cent complaisances pour n'importe qui leur glissera une liasse de lires dévaluées ou les emmènera bouffer dans quelque restau du voisinage. Malgré le service trois pièces qui fait de la figuration dans leur slip grisâtre, on ne sait jamais très bien dire à quel sexe ils appartiennent. Sans être en aucune manière les adeptes d'une philosophie universaliste, ou même d'ailleurs de quelque philosophie que ce soit, ils ne se sont, semble-t-il, jamais vraiment posé la question. Si quelque débauchée de haut vol avec son décolleté agressif et son porte-jarretelles gorge-de-pigeon avait la fantaisie de s'en expédier un dans ses draps roses, ça lui coûterait le même prix que si elle était le confortable directeur d'une

P.M.E. désireux de se faire brouter le poireau par un minet, et de revenir par ce moyen vulgaire aux fantasmes de sa propre adolescence évanouie.

Disponibles, quoi !

Pier Paolo passait dans sa flamboyante tire, une Giulia GT, tout de suite reconnaissable à ses lunettes noires sur sa tronche de Frankenstein des beaux quartiers, avec sa parole brève...

Le garçon qu'il aperçoit, Giuseppe Pezzoli, a dix-sept ans, une tignasse négligée de cheveux noirs. Dans le quartier, parce que certains lui trouvent des yeux de batracien, on l'a surnommé *Pino la Rana*, autrement dit *Toto la Grenouille*. Et c'est comme ça que je vais l'appeler maintenant. C'est fâcheux, mais la bouille vulgaire et pâlotte de ce paumé, de ce laissé-pour-compte de la prospérité transalpine, va usurper celui de la Mort... Elle a pas de préjugés, la Mort. Elle s'en fout. Toutes les apparences lui sont bonnes.

Et d'ordinaire elle paie comptant, avec le pognon des autres, de préférence...

Donc la Grenouille fait le tapin... Du moins l'a-t-on écrit. Lui s'en défend... Objection, Votre Honneur !

« Moi, j'allais au ciné avec trois copains, du côté de la gare. On se demandait si on irait au *Moderno* ou au *Modernetta* »...

Alors, Paso est arrivé...

« Il m'a proposé d'aller faire un tour avec lui. Moi j'ai dit d'accord... J'avais bouzillé mon scooter, alors on s'est entendu pour vingt mille lires. On a dit que je faisais le tas ! C'est faux, bordel ! C'est faux ! Ils ont tous dit des tas de conneries, tous ! Y en a même qui ont dit qu'on s'était mis à plusieurs pour commettre le crime, et que comme j'étais le plus idiot, que c'était moi qui risquais le moins, j'avais qu'à porter le chapeau... Qu'on était en groupe, et que moi, je resterai là pour me faire coincer... »

Vous imaginez ?

Et, en effet, la télé italienne avait affirmé qu'il s'agissait d'un guet-apens monté par une équipe de malfrats, et que Toto la Grenouille, à l'issue de je ne sais quelle transaction, avait accepté d'assumer le crime, vu son jeune âge. Affaire réglée...

Un fameux écrivain, Alberto Moravia, a donné son avis. Le voici :

« Pour une fois, nous donnerons tant soit peu raison aux lieux communs... oui, certains hommes mourront comme Pasolini s'il est vrai – et comme il est vrai – que Pasolini n'était pas seulement un homosexuel mais un écrivain-cinéaste-communiste-polémiste-poète-dramaturge... Que voulons-nous dire ? Simplement qu'il est mort de façon accordée non à sa vie, mais bien aux préjugés et aux convictions de la société italienne : non par sa faute, mais par celle des autres. Pour être tout à fait clair, disons que Toto la Grenouille et consorts [Moravia ne précise pas qui sont ces consorts-là. Dommage] ont été le bras qui a tué, mais les responsables du crime sont légion, pratiquement toute la société italienne dans son ensemble.

« Nous ne prenons pas seulement en compte l'aspect politique du crime : c'est plus compliqué et plus subtil... »

Le texte d'Alberto Moravia est des plus intéressant, dans la mesure où il explique... et peut-être suscite... les fantômes qui vont se dresser sur le bidonville d'Ostie au lendemain du drame.

La carotte et... le bâton

Moravia émet ensuite un commentaire – subtil en effet – quant à la moralité des partis politiques. Sa conclusion : « Alors Pasolini sera détesté non pas seulement parce qu'il est communiste et homosexuel, mais parce qu'il est les deux à la fois et en outre poète, homme de culture, polémiste et artiste sous toutes les formes... Dans ce cas, la bourgeoisie a pris la défense de la morale communiste, l'a revendiquée. Pasolini savait qu'il était scandaleux, mais il ignorait le danger mortel qu'il courait en scandalisant... »

Dans la phrase qui suit, Moravia se refuse à écarter l'hypothèse, peu vraisemblable, d'un meurtre collectif, d'un guet-apens en bande :

« Nous ne sommes pas loin de la vérité en affirmant que dans l'inconscient de Toto la Grenouille et " des inconnus ", il s'était obscurément déposé la conviction que l'on pouvait et même que l'on devait tuer Pasolini. La fatalité a fait le reste. »

Oui, n'est-il pas captivant de voir, dans ce texte, se lever les ombres d'une *réalité* médiatique, d'une *réalité* irrationnelle contredite par tous les éléments concrets, par tous les enseignements d'une enquête correcte ?

Il semble que Moravia fournisse un bel exemple de la fabulation intellectuelle avec tout ce qu'elle a de risqué, de dangereux... de pervers.

On lira tout à l'heure l'analyse fournie par un autre écrivain, français celui-là, et dont nul ne saurait soupçonner qu'il nourrisse la moindre hostilité, la moindre réserve à l'égard de Pasolini : Dominique Fernandez.

Je lui emprunte, pour le moment, le récit qu'il donne dans son « roman », *Dans la main de l'ange*, et qui semble lumineusement vraisemblable. Le récit est mis dans la bouche de son personnage, P.P.P. Toto la Grenouille y est appelé de son diminutif italien, Pino. Les deux compagnons roulent dans la luxueuse voiture :

« – Freine, dit brusquement Pino. J'ai faim !

« J'arrêtai la voiture cent mètres après le restaurant, sur le bas-côté. L'hôte, un vieil ami, nous annonça tout joyeux qu'il lui restait un demi-poulet à la diable.

« – Pour une fois que j' sors, dit Pino, j'aurais mieux aimé autre chose. Y a pas d' la langouste ?

« – T'en as déjà mangé ?

« – C'est pas si bon que ça ! Mais la langouste, c'est la langouste, décréta-t-il en achevant la cuisse de poulet rissolée et juteuse, malgré son dédain de cette cuisine pauvre... »

Bon.

Le repas expédié, ils remontent en voiture.

Seul Toto la Grenouille avait mangé, P.P.P. s'étant contenté d'un verre de bière. En effet, Pasolini avait déjà dîné. Dans un restaurant romain, il avait pris son repas en compagnie d'un couple ami : des jeunes mariés. Avant d'épouser la belle Annamaria présentement enceinte jusqu'aux yeux, l'homme avait été l'interprète et l'amant de Pasolini... Enfin, l'amant ou la maîtresse ?... Les deux, mon général.

Étrange programme pour une étrange soirée...

La voiture a repris la route. Bientôt elle s'arrêtera dans un coin désert, au milieu des papiers sales malaxés par le vent, des vieilles boîtes de Coca... des étrons... de la ferraille rouillée.

Malgré les hésitations de la justice, lorsqu'elle eut saisi Toto la Grenouille au volant de l'Alfa... dans une petite rue romaine en sens interdit... Malgré les clabaudages des intellectuels... la suite paraît assez simple. Inéluctable.

La Grenouille fut condamné par le tribunal des mineurs de Rome à neuf ans, sept mois et dix jours de prison... Étrange précision, encore qu'aucun nombre d'heures ne soit mentionné ! Un vrai tiroir-caisse ! C'était au printemps 1976. La cassation confirma le jugement... et le fait que la Grenouille était seul au moment du crime. Toto la Grenouille est sorti de cabane en 1983. Une fleur... On lui en avait quand même pas fait beaucoup, de fleurs, à la Grenouille ! Un verdict et une peine sur lesquels il est loisible de réfléchir, compte tenu des circonstances...

On observe tout de même avec intérêt qu'entre ce pauvre, cette victime incontestable d'une société dégradée et abjecte, et l'homme mûr, arrivé, riche et pervers, les *humanistes* incontournables n'ont pas hésité à choisir. Et ils n'ont pas choisi le petit pauvre.

Vous me direz que le riche était la victime et le pauvre le meurtrier...

Que la victime, pour reprendre le propos de Moravia, était « communiste et homosexuel », et que le criminel n'était rien du tout... Non! pas même ça... Un occasionnel dans toute la force du terme.

Mais, dira-t-on, que s'était-il passé dans le bidonville entre la Grenouille et le grand artiste ?

On va le voir, à travers un témoignage qui semble sincère, désintéressé... le sien, qui mène à se demander si notre Grenouille avait assez d'esprit pour fabuler logiquement...

Le 13 mai 1983 à dix heures, Toto la Grenouille, sortant de taule, avait rendez-vous avec une rédactrice de la revue homosexuelle italienne *Babilonia*... tout un programme, une certaine Andrea Pini. Pino... Pini... ils étaient faits pour se rencontrer, ces deux-là.

Faut dire tout de suite, elle était pas trop bienveillante pour le délinquant, mame Pini. Elle le blairait pas beaucoup. Voici quelques extraits de l'entretien qui fut publié. Symptomatiques, je crois...

– Quel âge as-tu, à présent ? qu'elle lui demande.

– Presque vingt-cinq ans, dont huit en prison, qu'il lui répond.

Là, on va tout savoir sur cet incident, ce crime mineur, sans jeu de mots, devenu crime médiatique, crime politique... crime de société! Un événement... majeur! Toujours sans jeu de mots.

Mame Pini n'a toujours pas la larme à l'œil. Elle pose ses questions sans tendresse. Le souci de mouiller la Grenouille dans un climat « social » est sensible.

Question :

– Penses-tu que dans une société différente, qui considérerait l'homosexualité comme une chose comme les autres, il te serait arrivé de tuer un homosexuel ?

Réponse :

– Tuer! Je n'aime pas ce mot-là. Si je suis responsable de la mort de Pasolini, c'est involontairement. Paumé pour paumé, je me défends comme je peux. J'étais d'accord pour avoir avec lui un certain *rapport*. Pas pour un autre. Et au type qui essaie de m'avoir par la violence, je réponds par la violence. Il voulait me violer, mais j'ai eu peur aussi qu'il veuille me tuer.

Et comme Mame Pini lui demande : « Il voulait te violer ou il voulait te tuer ? », il rétorque :

– Il voulait me violer, mais pour le reste... je ne savais pas ce qu'il voulait faire. Peut-être me donner un coup de trique sur la tête et me violer pendant que j'aurais été évanoui. J'ai suivi mon impulsion. J'ai senti une trique derrière moi. J'ai réagi. J'ai essayé de m'échapper et il m'a rejoint comme j'étais en train de pisser.

– Tu te sauvais en pissant ? demande sournoisement Mame Pini. Mais la Grenouille a la réponse :

– Mais non ! J'étais descendu pour pisser après que Pasolini m'ait fait une pipe dans la bagnole. Et c'est là que j'ai senti son bâton...

« Moi, je voulais prendre le pognon qu'on avait convenu et me tirer, rentrer chez moi. Et puis... j'ai senti le bâton. Je n'ai plus rien compris. Non mais, tu te rends compte... un petit gars de dix-sept ans face à un adulte qui veut le frapper, le tuer...

– Et si un jour, tu te retrouvais dans une telle situation ?

– Hé là ! Mais ça, c'est des mots ! Il n'y a pas que les mots ! Quand on est dans le coup, on réagit d'instinct et voilà tout. Moi, j'essaierais tout ! Évidemment, si on me colle un revolver sur la tempe... Il faudrait bien que j'y passe ! Mais écoute : ensuite, je le chercherais, le mec, et le couteau que je lui planterais dans la gorge, personne n'aurait le loisir de le lui ôter !

Alors Mame Pini va poser la question clé, la question essentielle de notre société. La question fondamentale :

– En somme, ton cul a la même valeur que la vie d'un homme ?

Ce qui permet à Toto la Grenouille de répondre, et non sans dignité :

– Non vraiment ! Ce ne sont pas des choses à dire ! Mais enfin, je ne me juge pas mal pour ça !

– Alors, et la prison ?...

– Oh, la prison, on ne peut la souhaiter à personne, pas même à son pire ennemi. Mais au fond, il vaudrait mieux que tout le monde ait fait un an de prison. Ça met du plomb dans la cervelle... Tu sais, il y a tellement de gens qui n'ont rien dans la tête ! Moi-même, d'ailleurs, à l'époque.... j'étais bien comme ça aussi.

Curieuse moralité pour une nuit bizarre, non ? Et après tout, n'est-elle pas extensible à toute notre époque ?

Fondamentalement...

Qu'est-ce qui vaut « la vie d'un homme » ?

Dans le livre que j'ai indiqué, Dominique Fernandez a fait le point... Et il faut bien rappeler d'abord qu'il n'a aucune hostilité à l'égard de Pier Paolo Pasolini... de P.P.P... Voici :

« Ah ! qu'il serait tentant de présenter ce qui se passa la nuit du

1er au 2 novembre comme le dénouement de la conjuration qui s'ourdissait dans l'ombre depuis si longtemps!

« Une voiture qui m'attend près du bar *Italia* et qui démarre en douce derrière la mienne. Trois ou quatre sicaires qui nous suivent jusqu'à l'Idroscalo et se jettent sur leur proie... De mèche avec eux le mineur, à qui son âge ne vaudra que quelques années de prison s'il consent à se charger du meurtre...

« Un scénario parfait, à me blanchir de mes habitudes nocturnes, à me canoniser entre Winkelmann et Lorca! Un guet-apens plausible, une probabilité raisonnable qui deviendra dès le 2 novembre une certitude absolue pour mes amis, pour mes camarades du parti communiste, pour la gauche en Italie et hors d'Italie, pour tous ceux à qui l'amour, la sympathie, l'intérêt politique ou l'esprit partisan montrent l'assassinat de P.P.P. dans un terrain vague comme l'aboutissement logique de la campagne de dénigrement et de haine commencée il y a vingt ans.

« Pendant vingt ans, la presse, la magistrature et l'opinion ont délivré contre lui des permis de tuer. Il fallait bien passer un jour ou l'autre à l'exécution du verdict.

« Et pour servir de linceul au cadavre, où trouver un décor plus approprié à ses crimes que ce désert de pierraille et de boue?

« Camoufler la turpitude d'un crime de mœurs sous la gloire d'un assassinat politique?

« L'heure n'est plus à l'hypocrisie personnelle ni au mensonge par dévouement à une cause, quelle qu'elle soit! » Fin de citation.

Quand il s'est emparé du bâton, Toto la Grenouille, le paumé qui ne voulait pas « faire la femme » a tapé comme un sourd. Et puis, affolé dans la nuit froide, il est remonté dans la bagnole, à la place du conducteur cette fois. Il a fait demi-tour. En vitesse. Et il est reparti vers Rome. Par malheur, le corps était là devant ses roues... Je passe le tableau.

Et pendant qu'il roulait, avant d'arriver dans cette petite rue en sens interdit où la police l'a fait aux pattes, peut-être que dans sa tête tournait la question fondamentale que lui posera plus tard Andrea Pini :

– En somme, ton cul a la même valeur que la vie d'un homme?

Ton cul...

Ton cul... La question est là.

Or, Toto la Grenouille estimait qu'il avait eu la chance de tuer Pasolini plutôt qu'un autre pédé... Simplement parce que la notoriété du cinéaste ne laissait aucune place au doute quant à ce qui s'était déroulé entre eux. Un autre « client »? On aurait pu croire à un coup monté, à une agression crapuleuse...

Compte tenu des circonstances, la Grenouille a été, me semble-t-il, condamné lourdement. La notion de défense... plus ou moins légitime, n'a pas joué en sa faveur. Il était pauvre, paumé, il avait dix-sept ans, le rendez-vous ne devait rien à ses initiatives... Dans d'autres circonstances, sous d'autres climats, c'est l'adulte qui aurait été condamné... La victime! Le détournement de mineur, ça existe encore dans certains pays...

A quel souci ont obéi les juges?

On ne le saura jamais.

Mais on sait bien pourquoi certains *humanistes* ont poursuivi la Grenouille de leur rancœur, de leur hargne. Il n'était pas un *gay*. Il ne faisait pas partie de la secte. Il n'était rien... qu'un petit paumé des faubourgs de Rome qui avait cassé son scooter et que personne, nulle autorité, nulle institution ne protégeait de lui-même ni des autres. Je me répète. Il faut!

Quantité négligeable.

Écume marginale.

Rien qu'un individu...

Un de ceux que Pasolini aimait peindre dans ses films. Toto la Grenouille! C'est le héros de *Mamma Roma* que Pier Paolo a dragué près de la gare alors qu'il allait avec ses potes choisir un cinoche, voir peut-être un de ces vieux films de Pasolini où la caméra se penche sur l'enfance défavorisée qui va aller crever en prison après avoir crevé d'ennui dans les bidonvilles de la sainte démocratie.

Toto la Grenouille a eu du pot. Il n'est pas mort en prison. Il en est sorti. La fin de l'aventure n'aurait pas fait une bonne fin de scénario.

Tout de même, il aura été condamné à... je rappelle... neuf ans, sept mois et dix jours de prison. Et il aura tiré, compte tenu des remises de peine, quelque huit ans de taule.

Ça ne se fait pas sur une jambe, croyez-en ma vieille expérience.

Huit ans durant lesquels il a eu le loisir de se poser, au jour le jour, à la nuit la nuit, quelques autres questions que celle qui l'attendait à sa sortie en liberté surveillée...

– En somme, ton cul a la même valeur que la vie d'un homme?

Son cul...

Faudrait voir!

Principaux ouvrages consultés

Mémoires, révélations et poésies de Lacenaire écrits par lui-même à la Conciergerie. 2 vol., Paris, 1836. (Portrait gravé en frontispice.)

Lacenaire, ses crimes, son procès et sa mort, suivi de ses poésies et chansons et de documents authentiques et inédits, recueillis par Victor Cochinat. Paris, 1857.

LUCAS-DUBRETON Jean : *Lacenaire ou le Romantisme de l'assassinat.* Paris, 1930.

LAPAQUELLERIE Yvon : *Lacenaire.* Paris, 1934.

LACENAIRE : *Mémoires, poèmes et lettres*, suivis de témoignages, enquêtes et entretiens, présentés par Monique Lebailly. Paris, 1968.

MOGUI Jean-Pierre : *Lacenaire, l'assassin romantique.* Préface de Jacques Laurent. Paris, 1980.

LACENAIRE : *Mémoires et autres écrits.* Édition établie par Jacques Simonelli. Paris, 1991.

BRETON André : *Anthologie de l'humour noir.* Paris, 1940, 1944 (réédité au Livre de Poche).

PRÉVERT Jacques : *Les Enfants du paradis.* Film. Scénario et dialogues in revue *L'Avant-Scène cinéma*, numéro double 72/73. Lacenaire est incarné par Marcel Herrand. Cassette vidéo.

LOCARD Edmond : *Le Fiancé de la guillotine, Lacenaire.* Paris, 1954.

LANOUX Armand : « La vraie Casque d'Or », in *Le Roman vrai de la IIIe République, La Belle Époque.* Paris, 1957.

CHAUTARD Émile : *Goualantes, de La Villette et d'ailleurs.* Paris, 1929.

DRACHLINE Pierre et Claude PETIT-CASTELLI : *Casque d'Or et les Apaches.* Paris, 1991.

STEINHEIL Marguerite : *My Memories.* Londres, 1912.

LANOUX Armand : *Madame Steinheil ou la Connaissance du président.* Paris, 1983.

LOCROY Edmond (Étienne Simon) : *Au hasard de la vie, notes et souvenirs.* Paris, 1913.

ZURLINDEN général Émile : *Mes souvenirs depuis la guerre 1871-1901*. Paris, 1913.

COMBARIEU Abel : *Sept ans à l'Élysée avec le président Loubet*. Paris, 1932.

FRANCE Jean : *Trente ans à la rue des Saussaies, Ligues et complots*. Paris, 1931 ; *Autour de l'affaire Dreyfus*. Paris, 1936.

FLORIOT René : *Deux femmes en cour d'assises. Mme Steinheil et Mme Caillaux*. Paris, 1966.

GALABRU André : *L'Assassinat de Félix Faure*. Paris, 1988.

GORSE Pierre de : *La Justice égarée par les femmes*. Paris, 1946.

ALLARD Paul : *Les Favorites de la IIIe République*. Paris, 1942.

REINACH Joseph : *Histoire de l'affaire Dreyfus*. Paris.

DUTRAIT-CROZON Henri (colonel Larpent, etc.) : *Précis de l'affaire Dreyfus*. Paris.

LEBLOIS Louis : *Coup d'œil sur l'affaire Dreyfus*. Paris, 1910.

THOMAS Marcel : *L'Affaire sans Dreyfus*. Paris, Paris, 1942.

MIQUEL Pierre : *Une énigme ? L'affaire Dreyfus*. Paris, 1972.

LOMBARÈS Michel de : *L'Affaire Dreyfus. La clef du mystère*. Paris, 1972. Édition augmentée : Paris, 1985.

GAULLE Charles de : *La France et son armée*. Paris, 1938.

MILITÄRATTACHE V. SCHWARTZKOPPEN : Die Wahrheit über Dreyfus, aus dem Nachlass herausgegeben, von Bernhard Schwertfeger. Berlin, 1930. Traduction française d'A. Koyré : « Les Carnets de Schwartzkoppen (La vérité sur Dreyfus) », préface de Lucien Lévy-Bruhl. Paris.

BLUM Léon : *Souvenirs sur l'Affaire*. Paris, 1935.

ZÉVAÈS Alexandre (A. Bourson) : *L'Affaire Dreyfus*. Paris, 1931 ; *Sur l'écran politique, ombres et silhouettes*. Paris, 1928. *Histoire de la IIIe République*, 1870 à 1926. Paris, 1926.

WEIL Bruno : *L'Affaire Dreyfus*. Traduit de l'allemand. Paris, 1932.

GUILLEMIN Henri : *L'Énigme Esterhazy*. Paris, 1962.

ROGET Jean : *L'Affaire Dreyfus. Ce que tout Français doit en connaître*. Préface du commandant Cuignet. Paris, 1925 ; *Bois de Boulogne, bois d'amour*. Paris.

QUINCHE Eugène : *Haarmann, le boucher de Hanovre*. Reportage par l'envoyé spécial du *Petit Parisien*. Paris, 1925.

DOUMER Paul : *Livre de mes fils*. Paris, 1905. Rééditions : 1906, 1923, 1931.

La Fin tragique du président Paul Doumer racontée par deux témoins oculaires. Nombreuses photographies. Compte rendu illustré des obsèques nationales. Paris, 1932.

FRANKLIN-MARQUET Henry : *Ceux qui ont tué Doumer... La vérité sur l'affaire Gorgoulov [sic]*. Préface de Paul Vaillant-Couturier (Paul Charles Couturier). Paris.

GOLEN Henry de : *Le président Doumer accuse... En marge de l'histoire*. Paris, 1933.

Affaire Gorguloff, accusé d'assassinat sur la personne de M. Paul Doumer, président de la République française. Compte rendu des débats de la cour d'assises de la Seine. Audiences des 25, 26, 27 juillet 1932. Melun, 1932.

OUDIN Bernard : « L'Affaire Violette Nozière », in revue *Historia*, n° 379.

AYMÉ Marcel : *Du côté de chez Marianne* (série d'articles reprise en un volume), Paris, 1989. Notamment deux articles « Le Détective amateur » et « Incestes », datés respectivement des 27 septembre 1933 et 24 octobre 1934.

SICOT Marcel : *Servitude et grandeur policières. Quarante ans à la Sûreté*. Paris, 1959.

TOURNOUX J. R. (Raymond) : *L'Histoire secrète*. Paris, 1962 (et *Le Monde* des 6 juin, 7 juin, 21 novembre, 21 décembre, 22-23 décembre 1991).

LABORDE Jean : *Amour, que de crimes...* Paris, 1954.

L'Affaire Alain Bernardy de Sigoyer. Compte rendu sténographique. Paris, 1948.

ISORNI Jacques : *Mémoires, 1911-1945, 1946-1958, 1959-1987*. Paris, 1984, 1986, 1988.

VARAGUAT Jean-Jacques : *Déchiffrer une énigme : L'affaire Laetitia Toureaux*. Inédit.

PASOLINI Pier Paolo : *Les Ragazzi*, roman. Traduit par Claude Henry. Paris, 1974 ; *Une vie violente*, roman. Traduit par Michel Breitman. Paris, 1961 ; *Le Rêve d'une chose*. Traduit par Angélique Levi. Paris, 1988 ; *Théorème*. Traduit par José Guidi. Paris, 1968 ; *Actes impurs, amado mio*. Traduit par René de Ceccaty. Paris, 1973 ; *Descriptions de descriptions*. Traduit par René de Ceccaty. Paris, 1984 ; *Poésies (1953-1964)*. Paris, 1973 ; *Lettres aux amis*. Traduit par Philippe Di Meo. Paris, 1980 ; *Passeggiate romane / Promenades romaines*. Morceaux choisis. Paris, 1989.

BOYER Alain-Michel : *Pasolini. Qui êtes-vous ?* Lyon, 1987.

Pasolini. Séminaire dirigé par Maria-Antonietta Macciocchi. Paris, 1980.

Pasolini : chronique judiciaire, persécution, exécution. Collectif dirigé par Laura Betti. Paris, 1979.

Pier Paolo Pasolini – Les dernières paroles d'un impie. Entretiens avec Jean Duflot. Paris, 1981.

BELLEZZA Dario : *Mort de Pasolini*. Paris, 1983.

FERNANDEZ Dominique : *Dans la main de l'ange*. Roman. Paris, 1982.

Interview de Pino Pelosi in *Babilonia*, mensuel d'information gay n° 6, 1983.

« Une mort violente », interview de Pino Pelosi par Andrea Pini (traduction par René de Ceccaty) in *Masques*, revue des homosexualités, n° 20, hiver 1983 (ainsi que « PPP, Souvenirs d'enfance », interview réalisée par Dacia Mariani, 1973).

PASOLINI Pier Paolo : *Œdipe roi.* Film. Scénario et dialogues d'après Sophocle. Avec « Le dossier complet de *Théorème* ». In revue *L'Avant-Scène cinéma*, n° 97.

GHEUSI P. B. : *Cinquante ans de Paris.* T. I : « Paris 1939 ». T. II : « Leurs femmes », Paris, 1940. T. III : « La danse sur le volcan », Paris, 1941. T. IV : « Revivre », Paris, 1942.

Mémoires de Monsieur Claude, chef de la police de Sûreté sous le Second Empire. 2 vol. illustrés (252 livraisons) Paris, s.d. (ca. 1875).

Mémoires de Canler, ancien chef du service de Sûreté. Paris, 1882 (2e édition).

Les Mémoires de M. Goron, ancien chef de la Sûreté. T. I : « De l'invasion à l'anarchie ». T. II : « A travers le crime ». T. III : « Haute et basse pègre ». T. IV : « La police de l'avenir ». Paris, s.d. (ca. 1895).

Goron : L'Amour à Paris. T. I : « L'amour criminel ». T. II : « Les industries de l'amour ». T. III : « Les parias de l'amour ». T. IV : « Le marché aux femmes ». Paris, s.d. (ca. 1880).

FITÈRE Jean-Marie : *La Ravageuse. Le roman vrai de Pauline Dubuisson.* Paris, 1991.

MARTIN Raymond : *Souvenirs d'un médecin légiste.* Paris, 1989.

SCIZE (PIOT) Pierre : *Au grand jour des assises.* Paris, 1955.

DELARUE Jacques : *Le Métier de bourreau.* Paris 1979.

GUILHERMET Georges : *Comment devient-on criminel ?* Paris, s.d. ; *Souvenirs d'un avocat de la Belle Époque.* Paris, 1953 ; *Souvenirs et histoires vécues.* Paris, 1956.

TISSOT Olivier de : *Sans âme ni conscience.* Paris, 1975.

NADAUD Marcel & André FAGE : *Les Grands Drames passionnels.* Paris, 1926.

NADAUD Marcel & Maurice PELLETIER : *Les Morts mystérieuses, les sorciers modernes.* Paris, 1926.

DELORME Roger : *Les Grands Crimes sexuels.* Paris, 1969.

MASSON René : *Basse pègre.* Paris, 1970 ; *Haute pègre.* Paris, 1969.

SOULEZ LARIVIÈRE Daniel : *Justice pour la justice.* Paris, 1990.

REOUVEN René : *Dictionnaire des assassins.* Paris, 1986.

NOSSINTCHOUK Ronald : *Le Crime transparent.* Paris, 1989.

LOCARD Edmond : *La Criminalistique à l'usage des gens du monde et des auteurs de romans policiers.* Lyon, 1937.

SAINT-AUBAN Émile de : *La Justice sous la III*[e]. Paris, 1931.

VIGO René : *Tragédie à Clairvaux.* Paris, 1974.

BADINTER Robert : *L'Exécution.* Paris, 1973.

PIAT Colette : *Une robe noire accuse. La justice démasquée.* Paris, 1976.

MONTARRON Marcel : *L'Affaire Denise Labbé-Jacques Algarro.* Paris, 1956; *Tout ce joli monde*, Paris, 1965; *Les Grands Procès d'assises.* Préface de Me René Floriot. Paris, 1967; *Histoire du milieu. De Casque d'Or à nos jours.* Paris, 1969; *Histoire des crimes sexuels.* Paris, 1970.

DELPÊCHE René : *Affaires classées, les grandes énigmes d'hier et d'aujourd'hui. Crimes sans châtiment.* Paris, 1968.

KER Jean : *Le Carnet noir du bourreau. Les mémoires d'André Obrecht.* Paris, 1989.

PÉRIODIQUES DIVERS, notamment : *Détective, Qui ?, Police, Le Nouveau Détective...*

TABLE

Cet ouvrage a été réalisé par la
SOCIÉTÉ NOUVELLE FIRMIN-DIDOT
Mesnil-sur-l'Estrée
pour le compte des Éditions Belfond
en mars 1992

Imprimé en France
Dépôt légal : mars 1992
N° d'édition : 2856 – N° d'impression : 20127